李嘉诚传
预见

LI
Ka-
shing

李忠海 著

国际文化出版公司
·北京·

图书在版编目（CIP）数据

李嘉诚传：预见／李忠海著. —北京：国际文化出版公司，2014.11

ISBN 978-7-5125-0732-6

I. ①李… II. ①李… III. ①李嘉诚－传记 IV. ① K825.38

中国版本图书馆 CIP 数据核字（2014）第 245171 号

著作权登记号 图字：01-2014-2327 号

李嘉诚传：预见

作　　者	李忠海
责任编辑	潘建农
统筹监制	葛宏峰
策划编辑	刘　毅
美术编辑	秦　宇
出版发行	国际文化出版公司
经　　销	国文润华文化传媒（北京）有限责任公司
印　　刷	北京盛兰兄弟印刷装订有限公司
开　　本	710 毫米 ×1000 毫米　　16 开 24 印张　　391 千字
版　　次	2015 年 1 月第 1 版 2015 年 1 月第 1 次印刷
书　　号	ISBN 978-7-5125-0732-6
定　　价	39.80 元

国际文化出版公司
北京朝阳区东土城路乙 9 号邮编：100013
总编室：（010）64271551 传真：（010）64271578
销售热线：（010）64271187
传真：（010）64271187-800
E-mail：icpc@95777.sina.net
http://www.sinoread.com

▲ 1998 年 5 月 4 日，李嘉诚出席北大新图书馆落成仪式，与时任北京大学校长陈佳洱在竣工仪式上。

▶ 2003 年 2 月 20 日，李嘉诚与时任国务院副总理李岚清一同出席第五届“长江学者奖励计划”颁奖礼。

◀2005 年 9 月 25 日，李嘉诚以“强者的有为”为题，勉励 320 位长江商学院 EMBA 和 MBA 毕业生。

▲2008 年 6 月 26 日，航天员杨利伟赠予李嘉诚水晶座。水晶座内显示航天员漫步月球。

▲ 2010 年 9 月 29 日，李嘉诚参加“李嘉诚知识研究中心”的命名典礼，赠送一张清朝考生在科举考试中使用的作弊答案纸予斯坦福大学医学院。

◀ 2011 年 4 月，李嘉诚基金会和“天比高创作伙伴”共同策划《你还可爱么》系列微电影，随时捕捉当代科技最前沿的信息。

▲ 2012 年 10 月 26 日，李嘉诚基金会主席李嘉诚、时任广东省委书记汪洋和广东省长朱小丹在广州一同主持“集思公益 幸福广东”支持妇女计划启动仪式。

▲ 2013 年 11 月 19 日，李嘉诚亲赴陕西见证“展璞计划（农村社区发展项目暨村女‘两委’和民政基层干部能力建设项目）”正式启动。

目录 Contents

第三章　中药国际化

第四章　整合玩具业

第五章　拓展长江基建

第六章　幸福的家庭

第七章　创办长江商学院

第八章　家族传承

第 九 章　收购香港电讯

第 十 章　TOM 上市

第十一章　商界的领袖

“有志则断不甘为下流，有识则知学问无尽，不敢以一得自足，有恒则断无不成之事。成功的关键，在于我们能否凭着我们的意志，凭着我们的毅力，运用我们的知识、我们的原创力，将之融入我们的生命，融入我们承传的强大文化，使之转化成为我们的智慧，使之转化成为我们的力量。”

第一章

内地地产布局

◀2000年6月1日，李嘉诚捐赠港币一亿元予香港理工大学。左为香港理工大学校董会主席胡应湘。

▲ 2004年12月26日，李嘉诚大规模投资内地的同时，不遗余力地推动“关心是潮流”的奉献文化。

在过去二十年中，李嘉诚一直以慈善家和爱国绅士的形象出现在内地。但让人不能忽视的是，李氏帝国已将超过600亿港币的资金悄悄投向神州大地的东西南北。

从码头到写字楼，从超市到互联网，从石油到电讯，从洗发水到中药，和记黄埔为旗舰的长江集团已经成为渗入内地领域最多、覆盖区域最广、业务网络最完备的企业巨头。迄今，几乎无人能望其项背。经过二十多年的辛勤耕耘，内地已孕育成为和黄最重要的利润源泉。

1980年，李嘉诚应邀重返内地，与郑裕彤等企业家合组公司，在广州兴建中国大酒店，这是中国首家五星级酒店，这也是长和系进入中国内地的第一步。尽管这最初的第一步是如斯艰难，如履薄冰，战战兢兢。不论如何，也算是牛刀小试。从那以后，李嘉诚保持着同官方及社会各阶层的密切良好关系。

1982年，环球海运业一片萧条，连世界闻名的船王包玉刚也受其冲击，何况技术力量不强，资金实力有限的大连造船厂。正是李嘉诚属下的青洲英泥有限公司向大连造船厂订购四艘万吨巨轮，总造价5600万美元订单，使濒临绝境的船厂起死回生，渡过难关，壮大实力，提升技术等级，今天能跻身于世界造船业先进行列，有能力造出30万吨油轮。

此举同行和媒体均不好理解，如此巨额订单为何要冒着风险给大连船厂？李嘉诚坦然地说道："我对大连造船厂有信心，而且我是中国人，我订购祖国的产品是很自然的事。”谁知下订后，船价大跌，价钱几乎不及原来的一半，但李嘉诚并未反悔，仍然原价买船，如期下水。事后，他在北京遇到一位当时船厂的负责人，那人对李嘉诚说：“你是唯一没有向我们提出减价，或者希望取消部分订购的人。”

在李嘉诚的一生中，在对待国家民族的问题上，又何止这一个“唯一”。李嘉诚还参与投资由中国发射的美制“亚洲一号卫星”。他认为，这是一件值得高兴的事。

1990 年 4 月 7 日，李嘉诚偕次子李泽楷等亲自到西昌观看卫星发射。那天晚上天阴，甚至有雨，发射时间已多次延后，亦有人建议改期发射。虽然当时香港有许多事情等待他办理，但他对同事说，即使在西昌再等一星期也是乐意的。他说：“想到以中国人制造的火箭把美国人生产的卫星射上太空，那种兴奋之情难以形容。”在发射之前的两三分钟，他仍在控制室，当快接近倒计时之时，难掩兴奋激动心情的李嘉诚立即跑上观望天台。

当看见火箭在轰鸣中拖着长长的火舌，从头顶掠过，飞向太空，他欢呼跳跃，异常激动，比他幼时过新年第一次点燃爆竹时的那种兴奋心情更胜多倍。他说，自己这样年纪的人还这样天真，真有点不敢相信，但他愿意保留这份天真。许多时候，李嘉诚确实很天真，尤其是在内地。

李嘉诚投资内地，不仅注重经济效益，而且更试图注重社会效益。进入 20 世纪 90 年代，能源、交通等基础设施建设迫在眉睫，这些行业成为国家鼓励投资的项目。诸如，北京、上海、广州、福州、重庆、深圳、珠海、青岛、汕头等地，许多项目都是属于当地发展的重点。

尽管这些项目一般涉及巨额资金，每笔投资动辄数十亿乃至百亿，且回报期较长。但是，李嘉诚还是签下了许多合约。

2004 年 8 月 23 日，李嘉诚在长江集团中期业绩发布会上承认：“全球经济放缓无疑令正在复苏的香港经济蒙上阴影。”但他同时又高调地告诉投资者：

> 内地经济持续强劲，已经加入世贸，并将主办奥运，均会缔造庞大商机，为整个大中华地区注入无限生机及活力，有利于内地及香港的长远经济发展。本人对两地的经济前景抱有极大期望及信心。

几乎同样的话，他在2004年3月的和黄年度股东大会上已经讲过。

在内地，李嘉诚被公认是一个乐善好施的爱国实业家。迄今为止，他向国内的慈善教育事业捐出逾60亿港币，这为其赢得如日方中的声望，也在某种程度上，为其投资提供了种种便利。这是一个无可争辩的客观事实。不过，李嘉诚从来都未承认这一点。就连北京的东方广场项目，李嘉诚也照例否认其中的一切，再三强调，公开的一切都是看得见的，这里没有看不见的东西。

一个证明是，外交部当年在香港投资一亿美元建外交部香港大楼，李嘉诚亲自督建，严格把关，费用却分文不收。缺钱的地方政府也常常找上门来，请求合资搞基础设施建设。李嘉诚都一一慷慨答应，尽可能最大限度地满足他们的愿望。

李嘉诚旗下的长江基建在内地五个省份的收费公路和桥梁拥有权益，总长约660公里。另外，在内地四个省份的发电厂持股，总发电量高达2500兆瓦。

超人也非常看重在港发展的中资企业，甚至一而再、再而三地带头认购在港发售的中资股票。中国电信、中国石油、中国人寿保险、中国银行等，李嘉诚都是策略投资者。

当年，荣毅仁之子荣智健只身来港，赖以发家的第一桶金便是这位超人先生帮忙。如今中信泰富已经是香港市值最高的红筹股之一。

对于这种与内地政商的人脉通畅，李嘉诚并不讳言。他坦承，从未用个人声誉或私人关系去赚不该赚的钱。但这足以帮助他进入高门槛的行业。甚至，可以先人一步突破许多政策禁区。因为，许多时候，这是潜在的无形资产。

开发地产，绝不可能放过上海

李嘉诚的真正兴趣所在是港口和房地产。地产开发是李嘉诚的拿手好戏，对于盖楼卖楼，李嘉诚挥洒自如，得心应手。李嘉诚的地产触角首先伸向上海。

> 你要相信商场上的每一个人都精明，要令大家信服并喜欢和你交往，那才最重要。

李氏麾下的和记黄埔地产有限公司宣布，在上海推出旗舰物业发展项目——豪华住宅汇贤居及甲级商厦 The Center。该公司中国市务部总经理谭健旭接受采访时说：“这次和黄要在沪缔造最优质的生活居所和最理想的办公环境，和黄的地产要成为上海新一代的豪华商业地标。”由此，香港地产商争夺上海物业高端产品市场的格局已经形成。

业内人士认为，上海土地转让已趋市场化，内外销房业已并轨，在这些利好政策和市场因素的激励下，香港地产商纷纷转向进入上海圈地造房，港资圈地如火如荼，愈演愈烈。而此时，香港房地产市场已趋饱和，行业利润稀薄，在此背景之下，未来几年，上海房产市场将成为港商的发展突破口。

作为香港主要上市公司之一，和记黄埔在全球 52 个国家都有投资项目。在和黄主要从事的五项核心业务中，除了电讯、能源、港口、零售，地产业一直是李氏家族最重视的部分，也是长和盈利的核心部分。

和黄地产一位高层透露，该集团在北京、上海、青岛、重庆、深圳、广州、西安、天津等城市的地产项目已经超过 30 个，比如北京的东方广场，在某种意义上已经成为京城的标志性建筑。开发地产，和黄绝不可能放过上海。

“上海拥有极优厚的潜力。”和黄地产中国总经理谭健旭如是说，这已经透露出和黄对上海房地产市场充满了信心。其实和黄已先后在上海开发了多项大型发展项目，其中包括梅龙镇广场及商厦、四季雅苑及其毗邻的 Regency Park、古北项目。

除了和黄的业绩，其他港资在上海也是极其活跃。香港新鸿基集团斥资 60 亿元人民币构建陆家嘴金贸区旗舰商务项目，香港兴业集团也在洽谈一个金额达 30 亿元人民币的静安地产项目，香港瑞安集团已经在太平湖兴建了一个 40 万平方米的商业区等。

曾经有一位科学家约瑟·亨利（Joseph Henry）这样说过：“伟大发明的种子不断在我们周遭浮现，但却只会在那些已准备好迎接它们的人心中萌芽。”

全球化竞争剧烈，工商业的竞争就是智慧的竞争，难以容纳滥竽充数的人，要不被淘汰，就要以视野和好奇心为主要的推动力，这也是我们今天所标榜的创新精神。怀着锲而不舍、敢于向前的勇气，以及求创新求完美的心，成为李嘉诚一生最重要的资本。

长实过去在内地的发展步伐较和黄慢，长实执行总裁赵国雄解释，作为兄弟公司，长实与和黄在内地的发展是有分工的，基本上每一个项目都是各占一半股份，谁找回来谁主理，但以前一直以和黄为主，投标土地是和黄，项目亦交由和黄经营。“以前内地项目少，有和黄做就成了！两家都去，只是同自己人争！”上车盘也好，豪宅也好，毛利都相若，“大概 15% ～ 30%，视乎土地成本。”赵国雄称，就算楼市向好，毛利亦不会有太大的变动，“不算暴利。每个地产项目的发展周期要四五年，即使有 20% 的回报，算起来每年只有 4% 或 5%，是正常的投资回报；外间觉得暴利，是因为金额大而已。”

李嘉诚要对上海地产市场慷慨挥金的迹象已非常明显，种种迹象表明，和黄的投资重点在上海。在上海的问题上，和黄一改以往给人的低调印象，高价夺地，隆重盖楼，大张旗鼓地卖广告。

和黄在上海的项目包括四季雅苑、汇贤居、世纪商贸广场、御翠园、梅龙镇、华尔登广场一期、古北区七个项目，其中汇贤居更是在上海创造了一项新的售楼纪录。汇贤居由长江实业与和黄联手兴建，其中一套位于四十三层的顶楼单元，共计 550 多平方米，曾以 6500 美元／平方米的价格售出，创了上海房地产单价新高。和黄负责中国业务的一高层人士透露，这套豪宅的买家是一位已经在上海居住多年的马来西亚华侨。

李嘉诚投资上海，最吸引他们的是上海房地产市场的高回报率。和黄地产一位高层曾经透露，单以纯回报率计，上海楼市的利润在亚洲属偏高，去除各项成本，写字楼每年纯回报率有 5%～ 7%，住宅的纯回报率高达 8%以上。自 1992 年开始，和黄地产在上海的投资据保守估计已超过百亿元以上。2004 年，和黄又投资 12 亿港元开发古北新区二期高档物业。

上海滩，五十年后，又成为人们竞相追逐的理想天国。

2005 年 4 月 18 日，上海陆家嘴中心区 Z3−2 地块给初定入围者发送投标邀请书。李嘉诚旗下长和系已领取了该地块标书。

此次引起李嘉诚兴趣的地块无论是地理位置，抑或规划容量，都可堪称明星。陆家嘴中心区 Z3−2 地块位于陆家嘴核心位置——北至花园石桥路，东至东泰路，与金茂大厦和在建的上海环球金融中心在丁字路口形成三足鼎立态势。地块占地面积 2.03 万平方米，规划容积率 9.83，为商办综合用地。目前暂为高尔夫球练习场。按规划地积比率来看，该项目一旦建成，将是一座八十层至一百层的超高层建筑，与金茂大厦和上海环球金融中心构成上海建筑的制高点。此外，该幅地块的天价市值，也使许多觊觎此地块的企业被迫出局。

业内人士指出，以陆家嘴地区商办物业当前每平方米1200美元的售价推算，该幅地块的市值将超过2亿美元。有实力夺地者不多，这一次，李嘉诚又遭遇哪些劲敌呢？李嘉诚在上海地产市场不断出手，大手笔必然伴随激烈争夺。

精明的商人只有嗅觉敏感才能将商业情报作用发挥到极致，那种感觉迟钝、闭门自锁的公司老板常常会无所作为。

此前，长和系还参与另一幅起拍价为23.5亿元人民币的地块竞标，该地块用途为商业金融和商业住宅，同样位于浦东陆家嘴地区，与Z3-2地块相去不远。那一块地，李嘉诚遭遇了他在香港的老对手新鸿基郭炳湘的强有力的挑战。

2006年12月26日，上海三号土地公告推出十七幅土地，其中最引人瞩目的普陀区真如城市中心综合地块因为只招全球五百强企业而备受关注，却并无多大悬念地被李嘉诚以底价22亿元人民币收入囊中。

分析人士则表示，地块出让条件苛刻反映出相关主管部门对外资、大企业的期待，希望借助他们的实力与声誉推动区域发展，如今李嘉诚成为真如地块的真命天子，对该区域市场的发展应是大有裨益。

尝试再尝试

没有实验，我便一无是处，尝试再尝试，谁知道什么是可能的。

这也许是李嘉诚纵横商场数十年的经验之谈。2005年6月28日，李嘉诚在汕头大学长江商学院“与大师同行”系列讲座中强调：

好的管理者真正的艺术在其接受新事、新思维与更新的能力。人的认知力由理性和理智的交融贯通，我们永远不是也永远不能成为无所不能的人。有时我很惊讶地听到今天还有管理人以“劳累”为单一卖点。

天行健，君子以自强不息。自强不息的方法重要，君子的定义也同样重要，要保持企业生生不息，管理人要赋予企业生命，这不单只是时下流行在介绍企业时在 powerpoint 打上使命，或是懂得说上两句人文精神的语言，而是在商业秩序模糊的地带力求建立正直诚实的良心。

这路并不好走，企业核心责任是追求效率及盈利，尽量扩大自己的资产价值，其立场是正确及必要的。商场每一天如严酷的战争，负责任的管理者捍卫企业和股东的利益已经天天精疲力竭，永无止境的开源节流、科技更新及投资增长，却未必能创造就业机会，市场竞争和社会责任每每两难兼顾，很多时候，也只能是在众多社会问题中略尽绵力而已。

我常常跟儿子说，要建立没有傲心但有傲骨的团队，在肩负经济组织其特定及有限责任的同时，也要努力不懈，携手服务贡献于社会。这不能只是我对你的一个希望，而是你对我的一个承诺。

长和系在公司网站上声称，“于 1992 年签署第一份合资合同，自此不断参与内地的地产发展项目（很多物业是与和记黄埔合作发展）。”十年间，该集团在内地的土地储备超过 400 万平方米，可谓“失败和成功多少都有一点”。2002 年到了加大投资力度，全面出击内地市场的关键时刻。

2002 年 8 月，和黄地产副董事总经理徐建东在珠海，11 月 14 日和黄地产中国总经理谭健旭在东莞都表示，2003 年是和黄在内地的售楼高峰期，推出 3500 ～ 4000 套，包括北京姚家园、广州番禺大石、重庆江北、深圳黄埔雅苑、宝安、珠海海怡湾畔以及东莞海逸豪庭七个项目。

虽然，李嘉诚在内地地产的投资呈爆发之态势。但是，来自各方的隐形挑战对李嘉诚的内地房产影响渐显。在金融中心上海，除了梅龙镇广场及浦东的高级低密度住宅四季雅阁等，和黄未再大举扩张。其他的港资巨头的表现则十分抢眼——香港地产五虎上将之一恒隆集团集中投资上海，投资额已超过 12 亿美元。2003 年上半年，新鸿基地产大动作曝光：投资 8 亿到 9 亿美元，在金茂大厦附近兴建一座标志性建筑；随后，恒基地产主席李兆基宣布，正考虑投资靠近上海浦东的一两块地。

2002年国庆过后，和黄开始全力出击上海，毗邻世纪公园，将建北美风情的别墅；豪华住宅楼汇贤居于年底发售，甲级商厦The Center 2003年预租；并斥资3.9亿美元买下上海古北新区一块地皮。

上海市政府方面对港商开发地产也给予了充分支援，徐汇区建委一位官员就公开说："我们十分重视和黄的投资，对和黄开发徐汇区地产项目我们将尽可能提供便利。"众所周知，和黄一向以公关能力著称，尤其在政府方面，和黄的口碑相当出色。其他发展商可谓望尘莫及，妒忌有加。虽然它一直低调，但是未来在上海地产界后来居上也极有可能。

和黄在上海地产扩张的步伐非常迅速，一切都在按部就班地低调进行。在当地业界眼中，李嘉诚麾下的和记黄埔"捂地"功夫确实了得。从广州的黄沙地铁上盖物业到上海的汇贤居，以至北京的逸翠园地块，均是和黄"捂地"获取地产开发高额利润的典型案例。

实际上，在御翠豪庭之前，和黄上海的项目几乎都有过"捂地"加"捂盘"的经历。最早且最有名的是汇贤居。这座位于上海长乐路、乌鲁木齐路的高档豪宅曾经是上海的"楼王"，2003年就以一套顶层复式6500美元／平方米的单价引起市场轰动。而该项目的地块早于20世纪90年代中期已获得，其间经过将近十年的时间才将楼盘推向市场，成为和黄"捂地"惜售的典范之一。和黄于2005年在上海取得的三个项目，至2007年中仍无一正式动工。位于上海浦东的世纪大道项目在地块拆平近一年后几无动静。

实际上，除了在上海"捂地"外，和黄在内地其他城市也在悄然"捂地"。同样于2005年取得的重庆渝北区的陡溪项目，至2007年8月还处于"做土方"的状态，并且已经"接近9个月都还是这个状态"。

以这种开发及推盘速度，和黄目前已列入发展计划的内地31个项目中，除已经接近尾声的项目外，其余的项目想不"捂盘"都难。推盘的速度减慢，就意味着开发的速度也将随之放慢，"捂地"也成为顺其自然。

当然，对和黄而言，不论"捂地"或"捂盘"，为其带来的直接结果就是项目售价抬高，利润倍增。尤其在楼价飞涨的今日，其效益更是不言而喻。"捂地"四年、"捂盘"两年之后的御翠豪庭，其售价在最后即将开盘的几个月之内就已在公司内部被多次抬升。

这是李嘉诚的“惯用策略”，素以获取“边缘”土地、待土地升值后获取超额利润的地产开发手法著称。和黄在内地的种种“捂地”行为，不过是李嘉诚将上述手法在内地“故技重演”。和黄地产公司上海总经理佘耀庭此前针对媒体关于公司“捂地”的提问时曾解释：和黄本身并没有故意拖长一个项目，只是具体考量市场对于项目会不会产生收支差异，从而决定项目的进度和推出时间。

而上海某开发商曾对和黄有过一个评价：和黄很会卖房子。这个评价与佘耀庭上述解释的意思一致：和黄总是选择最适当的时机将项目推向市场。御翠豪庭此次开盘时间正好是上海楼市重回景气之时，从这一点来说，和黄对市场的判断是非常精准的。

统计资料显示，香港发展商投入上海房地产的金额高达103亿美元，大部分是综合商务办公楼及高级住宅。以近年港商特别看好的徐汇区为例，香港的和黄、新鸿基、恒隆、东方海外、九龙仓、嘉华、永新等，在该区内均有逾10万平方米的开发量，近五年来，港商已在徐汇区完成房地产投资数十亿美元。

上海证大投资管理公司总裁戴志康认为，房地产业有典型的属地化特征，即本地的地产公司有明显的地缘属地优势；相对来讲，和黄则开发成本偏高，对市场的动态分析可能与实际脱节。

李嘉诚的大手笔大写意甚至大夸张大跨进式的运作，到了内地，指点江山的李嘉诚难道真的水土不服吗？人们期待李嘉诚，期待地产大王李嘉诚能够将内地房地产运作，引领到一个新的起点，新的高点，新的爆发点。

街头推销少年，谦和、腼腆、勤奋。加工塑胶花企业家，精明、和善、诚信。所有这些，虽然还在人们的理解范畴内，但已在人们昨天的记忆中。

可是到了地产中人弃我收，到了要挑战置地，要举资兴建汕头大学，要弄潮新经济，八十高龄了还难得半日闲，还不愿半日闲，劳劳碌碌，随心所欲，为所欲为。着实叫人看得眼花缭乱，目瞪口呆，不可思议。

不过，他的身体很好，精神很好，心境很好，思维很好，一切都很好。李嘉诚的生活和内心已超乎了寻常人的理解，已非寻常人所能窥视和把握了，更非寻常人所能认知与体察。

当然，凡夫俗子又如何揣度？也许，你我仅仅是凡人而已；也许，仅仅是某种偏见支配下的鼠目寸光；也许，仅仅是某种利益影响下的坐井观天；也许，仅仅是某种夜幕笼罩下的人云亦云；也许，仅仅是某种烟雾迷惑下的东施效颦。

尤其在擅以名利富贵来揣度人的市俗眼光看来，李嘉诚的行为更叫人不可思议不可理喻不可捉摸了。但是，人们尤其是那些舞文弄墨的文人骚客，依然好此不倦，用十分幼稚的语言绘声绘色地在那里喃喃自语。

李嘉诚自己也说过，第二个一千万比第一个一千万元要容易，到目前，钱对他而言已经没有了早先的意义。

李嘉诚依然那么执着，是完全不能放低的责任与使命吗？是如同有人说的，只知道股票机的数目字吗？对于人的生命极限的挑战与冲刺是多数人难以理解，难以领悟的，也是多数凡人难以超越的。

老老实实做人、踏踏实实做事、实实在在做生意，这就是做人、做事、做生意的铁定规律，是立身处世的法宝，是纵横商场常胜不败的奥秘。

这是一个简单到再也不能简单的道理。这是一个根本就不是秘密的秘密。但，却是成就商圣李嘉诚的基石。

李嘉诚遵循这些信条行事，万试不爽，成为一个举足轻重、魅力与实力并存，人格与品格并重的响当当的大人物。

李嘉诚实实在在地在多个领域里，做了尝试做了挑战。这里有着老子的智慧，无所不在，无所不包，无所不为，无为而为；有着孔子儒道最深的底蕴发挥作用，生生不已，其命唯新，其言唯慎；有现代最本质的要求，唯新则尚变，变通即生命，超凡乃入圣。

由今天起到跨越 21 世纪，这是亚洲人的时代，亦是中国人的时代。没有人否认，这也是李嘉诚的时代。

李嘉诚在北京大学授予名誉博士学位仪式上感言道："从过去二三十年至今，崛起的亚洲国家已直追欧美。70 年代东亚经济的平均增长率已达 5.5%，比同期欧美经济的增长率高出一倍。80 年代东亚地区平均增长率是世界之冠，90 年代地位更加确定。而在这波经济的增长中，中国内地扮演了无可替代的火车头作用。"

李嘉诚，极其幸运不失时机地搭上了这趟百年罕遇的历史顺风车。

角逐武汉

种种迹象表明，和黄斥巨资杀入武汉，也许只是为长和系内地新一轮投资拉开序幕，好戏还在后头。实际上，自 2004 年 6 月“汉港经贸洽谈会”在港开幕当天，和记黄埔集团与武汉市就上述项目签署合作意向协定那一刻起，李嘉诚麾下的长和系航空母舰，就缓缓驶入了长江边上这座繁盛的也是古老的三镇。

据了解，除了位于汉口硚口区占地千亩的旧城改造项目基本尘埃落定外，和黄还有意在市中心江汉路商业区开发一个建筑面积 10 万至 15 万平方米的大型商场，两项总投资额达数十亿元人民币。“这里商机无限，我们很有信心取得好的发展。”前来武汉考察的和记黄埔执行董事徐建东曾表示。

2005 年 2 月，和记黄埔与世茂集团共同争夺武汉鹦鹉洲，当许世坛为武汉鹦鹉洲喊出 31.5 亿元人民币的报价，整个拍卖场鸦雀无声，坐在旁边的父亲许荣茂沾沾自喜。此时的李嘉诚，只是静静地坐在千里之外的长江中心大楼内，若无其事，好像什么事没发生过一样。

这又令人不禁想起李、许二人房地产投资理念的许许多多。许荣茂卧薪不尝胆，隐没两年之后，再度发飙，天价博得武汉地王。而参与这场角逐的竞争对手中，人们甚至看到李嘉诚坐帐军中。许荣茂此时天价拍地，到底是出奇制胜，还是兵行险棋？许荣茂豪气冲天地说：“等到武汉发展了，万商云集之时，我们再想拿这样好的地就没有可能了。”这位地产大亨对于此次掷出的 31.5 亿元人民币显然充满了信心。

许荣茂首次接受访问时，坦诚自己喜欢读关于李嘉诚的传记，显然，因为敬仰崇拜李嘉诚。看来，本书出版后，一定要知会老许买一套，赚他十几元的版税。看来，他从李嘉诚身上偷师不少，甚至可以说，某些方面已经炉火纯青。青虽出于蓝，但不知什么时候可以胜于蓝。

李、许二人的第一份工作都与地产无关，第一桶金均来自香港。许氏 1970 年来到香港，从药店伙计开始做起，后来又做了好多份工。因为一个偶然的机会做了证券经纪人，并以此掘得第一桶金。

许荣茂的发迹史比李嘉诚多了一点点的就是，许荣茂曾经以北京为跳板，最终才转战上海滩。不过最终奠定许荣茂根基的还是上海世茂滨江项目。“我们是以每平方米300美元从浦东新区政府手里买的。当时，他们的开价就是300美元，我一点都没有还价。当时浦东根本还没发展起来，很多人都认为我拿得不划算，但我们的眼光和别人不一样。”多年以后，许荣茂对此依然津津乐道，沾沾自喜。

虽然李嘉诚看中的是武汉汉江北岸地块，但此前武汉方面给和黄开出了580万元人民币一亩的天价。而按照挂牌价，鹦鹉洲地块只有245万元人民币一亩。

2005年5月10日，香港会展中心回归大厅，2005年“香港—湖北周”隆重开幕，来自香港商界五十多名重量级人物李嘉诚、郑裕彤、许荣茂、罗康瑞等人的莅临将武汉捧成一片热土。10.4亿美元的合同投资额为大武汉奠定了牢固的地基。

2005年4月30日，和记黄埔地产出资16.23亿元人民币，独家拿下江汉路周边花楼、老甫两块地。而已在武汉投资13年总投资超50亿元人民币的香港新世界集团董事长郑裕彤在考察武汉之后，表示将加大在武汉投资力度。

在短短六十多天时间，香港地产界的三大巨头先后登陆武汉，83.27亿元港资砸向江城，并接连制造全国两大地王。武汉真的像火炉一样，突然间，炙手可热。长期徘徊在内地地产主流话语圈边缘的洼地武汉，一夜之间忽然站到了地产的潮头浪尖，成了香港富豪的新宠。

有人认为“武汉人住不起好房子”，而李嘉诚却认为“武汉人没有好房子住”。武汉这个价格洼地同时也是资本的洼地，资本家的福地。

2005年4月30日，李嘉诚旗下和记黄埔集团的志力有限公司走进武汉市土地交易中心，在无人竞价的情况下，和黄地产以16.23亿元人民币拿下汉口闹市区两幅土地，其中一幅每亩价格达950万元人民币，为武汉市历来土地出让最高单价纪录。

此前两天，温文尔雅的瑞安集团董事局主席罗康瑞亲临武汉土地交易中心演绎一个人的精彩：他在最后时刻亮出33.9亿元人民币的底牌，未遇任何挑战，轻描淡写地将汉口永清片719亩商务及住宅用地收入囊中。

罗康瑞夺得的永清片地块，其楼面价高达2339元人民币／平方米，但最让人吃惊的是，李嘉诚摘得汉口两宗地，其楼面价分别高达3163元人民币／平方米和3167元人民币／平方米。不论是单宗地的价格，还是楼面价格，香港地产的巨头，不断在武汉刷新着一个又一个全国最新纪录，成就着一个又一个全国地王。

一个饶有趣味的背景是，就在瑞安集团夺得新地王前一天，即 2005 年 4 月 27 日，温家宝总理主持召开国务院常务会议，提出进一步加强房地产市场调控和引导的八条措施（民间通称“国八条”或“温八条”），其中第二条正是“加大土地供应调控力度，严格土地管理”，要求地价、房价上涨过快的城市，适当增加中低价位商品房和经济适用房的用地供应量。

这边是短短三个月内 80 亿元港资空袭武汉，接连制造两大全国地王，那边是中央政府连出猛招严控房地产投资过热，如此情形让人雾里看花。

“武汉房地产业发展相对滞后，楼价仍有不少上升空间，投资风险较低，对外来投资商会有更多吸引力。”深圳德思勤地产武汉公司副总经理江浩表示，无论是为了规避风险进行投资组合，还是挖掘潜在的商机，精于计算的长和财团此时逐步移师武汉等二线中心城市，都是合理的选择，在调控政策风声趋紧之时，武汉无疑成了一块资本洼地。

武汉中天置地投资顾问公司总经理朱戈说：“除资本洼地效应外，武汉市政府近年来极力倡导的中部崛起战略，也是本地楼市的一剂强心针。”他认为，该战略构想如果得到国家认可，武汉作为中部地区的龙头老大，优惠政策及基建投资方面的倾斜自不待言，对外来投资者来说，这是一个极大的利好消息。

可以说，李嘉诚来武汉发展不是一时的心血来潮，而是经过长期的计划和打算，同时，背后还有很深的原因。近几年香港住宅出售总数不断下滑，房地产市场已经临近饱和，不再适合大规模的操作，利润空间越来越窄。最主要的是，香港已经没有李嘉诚喜欢的大块地皮，难以运作大兵团作战的大气势。谁都知道，地产大王李嘉诚不喜欢小打小闹，就好像他本人走路一样，总是一副大模大样的大气候大姿势。

而内地从停止福利分房全面实行住房商品化的 1998 年开始到 2003 年，六年间房屋销售额平均每年增长超过 30%，投资额平均每年增长率超过 20%，内地房地产业的高利润与高回报也像巨大的磁场一样吸引了地产大鳄的投资目光。统计资料显示，同样是写字楼或住宅项目，内地比港台地区的利润平均高出 5% ~ 8%。如此大的利润，港资财团怎能不觊觎大陆巨大的市场和商机？李嘉诚又怎么能错失良机？

此外，包括和黄在内的香港地产巨头2005年在内地大肆圈地还有两个原因：一是CEPA的实施进一步加强了香港和内地的联系；二是当年中央实施宏观调控政策，一些资金不足、实力不强的中小型地产开发商已无力承担地产开发所需的巨额资金，这对资金实力雄厚的港资地产商恰好是以低成本扩大市场份额的千载难逢的良机。

武汉虽在吸引外资的竞争中于20世纪90年代败给上海，但上海的投资成本已大幅上升。比较武汉与上海目前的房价，武汉的普通住宅价格仅为上海的三分之一，豪宅价格为四分之一，武汉的劳动力成本不到上海的三分之一。因此，武汉对外资显得比以往更有吸引力。

"我们计划十年内持续投资一百亿，在该片区内开发中高档住宅、高级酒店和商务办公物业。"拿下永清片后喜气洋洋的罗康瑞宣称："我们的首要目标就是要在武汉再造一个新天地。"

和记黄埔中国地产副董事、总经理徐建东也表示，江汉路的两块地正在进行规划设计，初步意向是，在老城地块上做精品商场，融餐饮、零售、娱乐于一体；伴有居住，紧邻长江的花楼片区以居住为主，尝试与江汉路步行街对接，建设一些特色零售物业。

由于港资注重地产专案的长线投资，其产品线能弥补城市功能的一些不足，这也是各城市对香港地产资本追逐的另一个目的。

扩张二线

2005年4月29日，李嘉诚计划投资5.73亿元人民币在长沙和长春购买两块土地，这是这位地产巨头又一次在中国地产业非热点投资区域烧钱烤地。

李嘉诚近年在内地圈地、布局的策略明显有变。知名地产咨询公司仲量联行公司商务部总监陈立民称，李嘉诚关心的未必是地产投资热点区域。2004年10月，和记黄埔有限公司投资烟台港八角港区和重庆渝北区，之后又在12月在西安签下总面积达67万平方米的遗址性主题公园，以及一处占地达千亩的规划住宅区。

2005年2月底，李嘉诚旗下的国诚公司在成都近郊温江光华大道西延线拍下了一块面积 560 亩、价值 3.47 亿元人民币的土地，当时和记黄埔有限公司已在成都拍得 1000 多亩地。3 月底和记黄埔（重庆江北）有限公司又以 5 亿元人民币揽得重庆北部新区经开区陡溪片 B17 路西侧地块。

“李嘉诚选择这些非热点区域进行房地产投资可低成本先行进入这一区域市场，并利用雄厚资金进行配套建设。这样可抬升当地地价。”陈立民分析说，李嘉诚的这种投资策略，完全可以保证其在购买土地初期就得到相应回报。

但是陈立民同时指出，李嘉诚旗下公司的财务预算非常严谨，对成本把握也很严谨。在 2005 年 2 月武汉有史以来最大宗的一场土地竞标中，和记黄埔有限公司出价 28 亿元人民币最终输给出价 31.5 亿元人民币的世茂集团，李嘉诚“未必以价格取胜”的拿地策略由此可见一斑。

从实际拿地动作看，和黄向内地二线城市扩张的力度更大。半年左右，就有五个重要城市被纳入其在内地的投资版图。通过这一系列动作，李嘉诚在五座城市已拥有超过 300 万平方米的土地储备。而之前，它在这些城市的投资还属空白。

2004 年下半年，和黄连下两城：10 月 29 日，以 21.35 亿元人民币拍得成都“城南地王”，总面积为 69 万平方米；12 月 6 日，以 10.05 亿元人民币拍得西安高新技术开发区六幅土地。

港资开发商进入二线城市的浓厚兴趣，被各界以不同的原因分析，包括：一线大城市投资过热，回报率下降，风险增大；中西部崛起的契机；二线城市处于刚开始迅速发展的阶段，机会更大；可以拿到大幅土地，这等城市更热切盼望外资进入等。

“我们进行长线投资。”增加在内地的投资，已成为港资开发商发展的总体方向，这个方向丝毫没有受到宏观调控的影响。

2004 年以来，国家有关部门调控房价措施陆续出台后，上海、杭州等一线城市居高不下的房价开始回稳，特别是二手房楼盘急剧增加，带动增量房市场开始松动，由卖方市场向买方市场转变，但在二线城市，由于市场炒作气氛不浓，房地产投资维持在合理水平，因此市场波动较小。

李嘉诚就是属于洞悉先机的政策层人士，所以“九七”之前，进京最早，投资最好最大的项目如东方广场，坚持不售，搏的就是政策。所以，政策不根本好转，十几年也不再投入。李嘉诚的政策入市可以说包含这样几个层次：

其一，坚持看定政策风向，在未确认政策走势变化时，绝不贸然行动。

其二，坚持以政策确定投资，在政策范围内，确保能够有必要的利润空间。

其三，坚持政策决定调控市场，要在现有政策的框架范围内，能够把握到未来变化的可能性。

其四，政策的变动必须能够在可以预见的将来为投资带来更大的便利，即投资的规模必然与未来动态的社会政治气候相适应。

其五，任何情况下，都能够做到事在人为，灵活掌握政策变化及相关的人事因素的弹性尺度，在其约束范围内，尽可能地用尽政策之灵活性。

其六，如果能够争取到地方政策为我所用，以政策确保利润，甚至是唯我独尊的政策，如武汉投资项目、成都投资项目、西安投资项目等，等于不战而屈人之兵，实为上谋。

李兆基则属技术面，香港投资内地形成多头排列时便跟一把，但技术心态强，追高就跑，跑得也快，恒基中心不仅率先开卖获利，而且也卖得不错。郑裕彤则有市场层面分析，来得略晚，投资高档综合楼不利，便立刻考虑北京市场的供求关系，率先投资崇文区的住宅开发，坚持如今，虽有闪失，也是收获颇丰。至于其他人，或多或少有点羊群心理。

实质上，技术派的李兆基，获利最先，损失最少，基本上没有土地储备，只能是一个短平快的投资决策；而市场面的郑裕彤，因定位于住宅项目开发时有大量土地储备，所以，回报正在全面铺开，陆续有来。

表面看起来似乎大有损失的李嘉诚，因为政策牌好，一方面东方广场早通过银行巨额贷款解套并成为长和系在内地地产投资的招牌；另一方面持续投资普通住宅势必获得巨大利润。当然，从市场角度看，李嘉诚的以我为主，为我所用，未雨绸缪，进退自如，伸缩如常的投资战略，显然技高一筹。

2004 年 11 月，传出了和黄地产将在西安投资 100 亿元人民币的消息。11 月 20 日，和黄中国市务部总经理谭健旭更亲口证实："这个项目将于 12 月初签约。"

早在 10 月下旬，有消息称，据西安曲江新区管委会官员透露，李嘉诚曾先后四次派员到该区及西安高新技术产业开发区，研究考察包括一个总面积达 67 万平方米的遗址性主题公园，以及一处占地达 1000 亩的规划住宅区在内的若干大型项目，涉及投资额高达百亿元人民币以上。消息还引用该官员的话说：

“已向和黄递交多个合作方案，并于近期展开实质性洽谈，一旦落实，就在下个月（即11月）赴港签署协定。”

2004年12月，李嘉诚旗下的和黄地产以总价10.05亿元人民币，成功拍得了西安高新区727亩国有土地的使用权，此举标志着李嘉诚的和黄地产正式进入西安房地产。该宗土地位于西安高新区二期，净用地727亩，建设项目集中小学、广场、停车场、写字楼以及高档住宅等于一体。土地拍卖消息传出后，立即引起全国多家房地产企业的关注。

由于整个项目对资金的要求非常高，西安市国土资源和房屋管理局高新分局最终选定李嘉诚的公司与另一家中国五百强企业进行现场竞价。土地挂牌起始价7.26亿元人民币，每次竞价增幅不少于1000万元人民币。在经过29轮的角逐后，和黄地产最终以10.05亿元人民币的价格竞拍成功，平均每亩地价高达138万人民币。据了解，10.05亿元人民币的土地款将在两个月内全部付清，和黄地产将在三年内首批完成30亿元人民币的建设项目，然后继续在西安高新区CBD内投资高档商业写字楼、商务酒店等大型商业设施项目，规划总投资将达百亿人民币。

2004年7月，在香港举行的西安香港经济合作项目推介会和11月下旬在香港举行的陕西香港经贸合作周上，李嘉诚与西安方面达成了合作意向。经贸合作周一结束，和黄地产的代表就马不停蹄地赶赴西安实地探察。

据和黄公关部门核实，和黄在内地的地产项目已有20余个，截至2004年11月8日，和黄在内地的土地储备已达238.78万平方米。而和黄内部透露，20余个项目全部开发所需资金在五百亿元以上。

种种迹象显示，在内地投资一贯谨慎、以稳健作风著称的李嘉诚，蓦然重演了香港资本天下围攻、板块腾挪、大盘开发、分段推出、加价惜售的又一幕精彩好戏。一个月时间，大手笔甩出两个百亿。李嘉诚在内地的豪情投资，超出了内地企业的想象。

回顾和黄2004年4月以来在内地的圈地运动着实令人炫目：

4月22日，和黄地产集团董事总经理周伟淦到武汉寻地踩点，稍后不久即拿下了汉口硚口区占地1000多亩的旧城改造项目，并规划在市中心江汉路商业区营造一个建筑面积10万至15万平方米的大型主题概念商场，两项总投资额粗略估计达数10亿元人民币。

8月底，和黄在广州黄埔及芳村区的两个商业物流项目拍定，加上坐落黄埔、占地500亩、总投资15亿元人民币的广州国际玩具礼品城，三项投资总额高达35亿港元。

9月初，长实执行总裁赵国雄、和黄总经理佘耀庭考察天津顺驰并有意参股。

10月19日，和黄宣布与深圳中航集团联手以23亿元人民币打造深圳航母级商业地产项目中航广场。

10月19日，和黄高层透露，和黄有意投资35亿港元和16亿人民币用于广州白云新城建设及亚运村。

10月下旬，和黄签下重庆渝北区一个10亿元人民币的豪宅项目。

10月29日，和黄以超过21亿元人民币在西南重镇成都投得一幅总面积1036亩的土地。

10月30日，和黄地产（北京）宣布，将斥资30亿人民币投资北京朝阳区姚家园项目（该40万平方米的地产项目已前期投入7亿元人民币）。

李嘉诚内地投资的重点已悄然转向中心商业城市的豪宅市场。李超人公开的经营秘诀是一定要同合作伙伴分享足够的利润，这样，他们才会给你更多的回报。内地房地产市场的水要比香港浑得多，当然，有时也确实深得多，但对地产高手李嘉诚而言，只不过是闲庭信步。

20世纪80年代到90年代，由于绝大多数土地采取的不是拍卖，而是政府审批制，拿地能力就成为衡量房地产商实力的重要标志。初来乍到的港资地产商，中规中矩，直出直入，吃了不少哑巴亏。李嘉诚的对策是同有背景的中资伙伴合作。

截至2005年，长实和黄在内地共持有450万平方米的土地储备，足够未来六到七年发展。但它们仍然在不断地签约收购土地。和黄地产项目有广东的海逸高尔夫球会、上海的浦东花木区洋房及公寓式住宅、梅龙镇及华尔登广场以及青岛太平洋中心、重庆大都会广场，以及多家酒店等。单在西部的重庆和成都，和黄就投资超过30亿人民币。

国泰君安证券研究所的一位分析员评价和黄内地的地产项目时，却认为其投资决策还存在“规模过大，开发过慢，前期投入过高”等问题。在他看来，和黄能够取得项目很大程度上依赖于与政府的良好特殊关系。这种良好关系在现阶段谋求的只是“进入这个巨大的市场”。当然是蓄势待发。未来也许会增长较快，但现在还谈不上是和黄的重要的利润来源。

和黄的大军压境，则是真真切切的威胁。因为比起大陆很多尚不够成熟的弱不禁风的房地产企业，李嘉诚的优势无疑是不言而喻的。比如资金管理，房地产的资金密集度非常高，对于资金的依赖性也高。和黄这样的跨国集团虽然并不一定要依赖本土企业在当地银行业寻求强力支援。但一方面他们有在蛰伏阶段对自有物业的建设进行经营管理的增值，另一方面又通过他们原来的国际背景和异地政策环境，特别是后者，将之进行各种手段的资本运作，比如进行资产证券化或设立信托基金，以取得更多的资金支援与保障。

一边搞开发，一边搞融资，这种两条腿走路的方式使得和黄的资金充沛，实力雄厚。不动则已，一动则石破天惊，风卷残云，气吞山河。

内地房企过多注重眼前利益，并以勾联政府取得土地、勾联银行取得资金引为能事，忽略了可持续性发展。虽然这在内地商品房短缺、房地产发展的初级阶段可以轻松获利，但到了21世纪的今天，想长久延续这种空手套白狼的游戏可谓难上加难。

这也是很多房地产老板看到许多境外地产商开发的物业只租不售时，觉得十分困惑的原因——为何要放弃眼下最好赚钱的时机不赚呢？殊不知，企业的长足发展并不能只顾眼前利益，还得权衡长期利益与短期利益的关系，适时而动，因地制宜。

境外公司进入一个陌生的政策制度与商业环境中，他们首要的选择是站稳脚跟，而并不在乎一城一池的得失。可将来之后，大军压境的和黄，以及其他境外公司代表的力量，可能会给国内不够成熟的房地产行业造成灭顶之灾。

当然，李嘉诚在房地产的咄咄进逼，对大陆房地产业来说，是挑战，也是机遇。在大陆房地产业进入第二轮开发热后，竞争加剧，质量提高，二级市场（二手房买卖）成熟，大陆现有的房地产公司的管理规划便显得有些势单力薄。

这时候和黄的进入不但给内地房地产业带来竞争，也带来新的知识和血液，促使它的竞争对手们也不断向前发展。若是这次和黄能成功地站稳脚跟的话，相信会有更多的香港公司及境外资本涌入内地。

2005年6月15日，李嘉诚麾下长江实业及和记黄埔联合发布公告，宣布开发总投资额达7.14亿元人民币的重庆项目。长和系近期在西部重镇重庆、成都连番出手，使业界纷纷推测：李嘉诚正在加速落实深度介入西部地产市场的策略。

此次长和系看中的是重庆地产开发最为活跃的北部新区地块，位于经开园陡溪片区 B17 路西侧。公告中称，这块面积 47 万平方米的地块将被开发为住宅及商用物业，长和系以 5.032 亿元人民币价格购入。该地块紧邻陡溪文化体育公园，是区域文化、经济中心和商业繁华地带，非常适宜发展别墅为主的高档小区。

早在 20 世纪 90 年代，长和系已在重庆最为繁华的解放碑商圈内兴建商业地产项目——大都会广场，至今仍维持着当地写字楼市场的最高租金，多国领事馆驻渝办事机构也多选址于此。

2003 年，长和系在重庆北部新区投资开发占地 20 万平方米的纯独立式别墅比华利豪园，单幢最大面积达 1000 平方米，售价达到 1 万元人民币／平方米，被誉为西部豪宅地标。同年，奥林匹克花园以 9.5 亿元人民币拿下与长和系此地块同一区域的 2367 亩土地时，地价只有 40 万元人民币一亩。两年之后，长和系付出的土地成本已达到 71 万元人民币一亩。

在长和系已经进入的山城重庆，也风传其有意扩大投资，据重庆市渝北区一位官员透露，长实将在该区开发一个新的高档住宅项目，总投资超过 10 亿元人民币。

至于长江实业拟于广州旧白云机场原址投资约 35 亿港元开发商业地产的计划因故押后，以及和黄高层曾多次到 2010 年广州亚运会的亚运村（初步预算投资约 16 亿元人民币）规划选址悄悄踩点等传闻，更为当地业界所津津乐道。

对人要慷慨

善待他人，是李嘉诚一贯的处世态度，即使对竞争对手亦是如此。李嘉诚说过：

> 一个人最要紧的是，节省你自己，对人却要慷慨，这是我的想法。讲信用，够朋友，这么多年来，任何一个国家的人，任何一个省份的中国人，跟我做伙伴的，合作之后都能成为好朋友，从来没有为一件事闹过不开心，这一点我是引以为荣的。要照顾对方的利益，这样人

家才愿意与你合作，并希望下一次合作。

追随李嘉诚20多年的洪小莲，谈到李嘉诚的合作风格时说：“凡与李先生合作过的人，哪个不是赚得盆满钵满？”

香港名媛林燕妮对此更有深切体会。她回忆道：“头一遭去华人行的长江总部商谈，李嘉诚十分客气，预先派了穿长江制服的男服务员在地下电梯门口等我们，招呼我们上去。那天下雨，我一身湿淋淋的，李先生见了，便帮我脱下外衣，他亲手接过，替我挂上，不劳服务员之手。”

无论如何，见到李嘉诚的人都会眼睛为之一亮。虽然，千千万万的人，早已通过电视等传媒熟悉这张面孔与他鼻梁上几乎具有传奇色彩的黑框眼镜。但是，当他的热情握手与灿烂笑容，突然间展现在你的面前时，你所感受到的决不仅仅是王者之气度，同时，你也会感受到一种难以名状的自然与舒适，亲和与随意。

一个循循善诱的学长风范，一位面目慈祥的长者气度，一个叱咤风云的商圣度量。这个目光炯炯的温和的人是否真的就是《亚洲周刊》眼中“亚洲最有影响力的人”，或是《福布斯》坐标系中世界财富第十，但影响排名第五的商业领袖？

“我不是个伟大的人。”在评价自己时，李嘉诚保持着一贯的谦虚，他的真诚表情使人相信，这种谦虚完全发自天性，发自内心，发自真情，其中甚至蕴含着对自己对世界的纯真想法。

李嘉诚为所有后来者树立了一个难以超越的世纪坐标，而一些简单的数位与排名很可能淹没他本人的真正价值所在。他的财产到底有多少？他的财富排名是第十位还是第三位还是第五位？世俗的人们永不厌倦地谈论着这些。李嘉诚的眼光从来都没有在自己排名第几的富豪榜上停留过一秒钟。

对于香港人来说，他们不止谈论这些，他们还准备随时追随这位不喜欢随便讲话的商业巨子的每一个行动每一句话。比如说，看看李嘉诚什么时候增持长江、和黄股票，或者其他股票。他们知道，跟随诚哥买进，一般不会错。中环有一位股民，数十年来如一日，后知后觉，见到媒体报道李嘉诚买什么股，马上跟进，居然成就一位亿万富翁之下的新富豪。

在这座700万人口的城市中，他被称作超人——在一个由自由市场、民主政体与数码科技缔造的现代之都中，他是梦想的制造者，也是香港梦的体现者。

没人比年近九旬的李嘉诚的个人经历更能折射出香港在过去五十年的兴衰，从塑胶花大王到地产大王再到电讯大王再到新经济的倡导者，他不仅神话般演绎了一个穷小子励志奋斗的凄美苍凉感人故事，更是华人资本崛起的世纪标志，也是香港面对不同的潮流进行自我转变的历史折射与社会聚焦，当然，亦是香港精神的唯一直接完整的体现。

李嘉诚的历史就是现代香港的历史。当代香港的历史就是李嘉诚的历史。只不过，需要从不同角度去看这段历史，从不同角度去编写这段历史。当然，每个人都可以从不同的角度演绎这段历史。而在更广阔的华人世界，他的意义似乎更为重要。

他几乎是唯一摆脱了亚洲商业人物普遍性弱点的一位。除去巨额的财富，因为，今天的李嘉诚，如果还谈论他的财富，似乎层次低了一点点。它更代表着一种现代家长式、开放、充满着艰辛与谋略的企业模式——没有几个人能够真正理解这些财产如何获得，并被如何支配。

李嘉诚本人则被抽象成货币本身，他既代表着传统的潮商的，虽然成熟但仍在不断进取的商业精神，当然，与商业世界的未来潮流在某些方面可能格格不入。如果完全一致，可能未必能成就李嘉诚。李嘉诚则一直致力于创造非我非你的另一个。更重要的是，他的影子他的影响无时不在，无处不在。诚如李嘉诚所言，在香港，个人财富多过他的，大有人在。

或许他在 20 世纪 80 年代的全球并购举动仍未引起足够的注意，但当时间到了 90 年代，他已成为国际资本舞台最不容错过的主角之一。他在橙公司上的进取与冒险令人难忘，那次交易使他至少赚取了 1200 亿港币。

当他在 2003 年收购环球电讯的几次起伏中，所有西方媒体似乎都在惊呼："我们是否应该害怕李嘉诚？"甚至，我们是否欢迎李嘉诚？美国在防范李嘉诚，印度在拒绝李嘉诚，欧盟在担忧李嘉诚。就连自己的国门，也担心李嘉诚可能造成某种程度的垄断。难道，李嘉诚真的如斯法力无边吗？

在电讯业的 3 G之争中，和记黄埔的势力遍布英国、意大利、瑞典、澳大利亚、以色列、奥地利以及中国香港。如果电讯业的另一场革命可能到来，唯一"会当凌绝顶，一览众山小"的人，只能是李嘉诚，也只能是商圣李嘉诚。迄今，都无人会怀疑这一点。

2003 年 9 月 28 日，在接受记者采访时，李嘉诚颇有信心地说："未来几个月，这种变革即将出现。"

总之，通过 90 年代一连串令人瞩目的行动之后，李嘉诚已经毫无愧色地跻身全球最闪耀的商业领袖的行列。在 2003 年《福布斯》全球最具影响的富人榜中，只有比尔 · 盖茨、沃伦 · 巴菲特等排在他前面，而著名的沙特阿拉伯的王储阿尔瓦利德 · 塔拉尔则位居其后。

常常有人这样比喻，将李嘉诚称之为"亚洲的沃伦 · 巴菲特"，这似乎或多或少低估了他的影响力。因为，巴菲特虽然钱很多，但是，他的影响力始终主要局限于美国，局限于股市。那么，为什么不能把沃伦 · 巴菲特称之为"美洲的李嘉诚"呢？

李嘉诚似乎不在意这一切，确实，他也从来都不在意在乎这些在他看来是虚无的东西。就像他在采访中所说："我从不担心我在历史中的角色。"他身上存在着一个显著的矛盾：他的事业与经历拥有典型的好莱坞电影桥段的情节——财富、权力、名声与时代急流与风云变幻，但他却以罕见的低调方式，尽量不引人注目的方式我行我素。在某次采访结束时，他也不忘抬起脚，提醒人们这双鞋他已穿了多年。

让我们再次把历史视角回放到 2003 年 9 月 28 日这一天。上午 10 点，在北京东方君悦的一间套房中，李嘉诚坐在沙发上，他穿着深色的西装，裤脚整齐地挽着，搭配白衬衫的是蓝色条纹领带，稀疏的头发被一丝不苟地梳理过，一双不太新的皮鞋铮铮发亮。他的手掌很厚实，他的眼神谦和慈祥，炯炯有神，讲话时习惯做很有力得体的手势。面对记者，充满了慈祥与智慧，绝无居高临下的气度。

"我现在的能力不比他们差。"李嘉诚相信自己仍和年轻人一样敏锐，他也很少提及退休问题，他说这是他最为幸福的时光之一，他可以享受没有压力的工作。是的，他仍以超前的思维憧憬未来，但他也喜欢漫不经心地回忆过去。他使用不够标准的普通话，他的思维习惯性地回到那个更年轻、生活也更为艰苦的年代，比如说他在少年时如何精明地购买旧书。

他专注地倾听你的问题，在回答时，面带微笑地看着你。比起媒体塑造出的那个精明强干、无所不能的超人形象，眼前的李嘉诚显得非常亲切，极富感染力与亲和力。他似乎具有典型的他向型人格，关注别人的感受犹甚于自己。

他坦白地承认，在一个竞争激烈、效率至上的年代，这或许也是他性格中最难以克服的弱点。

没人指望能够通过短暂的会面，甚至一个回头微笑，或者一个招牌笑容来了解一个人，尤其当他是一位缔造了过去半个世纪亚洲最重要的传奇之一的人，他对于华人世界的作用，只有微软盖茨之于全球的作用堪与媲美比肩。

布局全国

一位熟悉内地情况的香港地产界人士表示，包括长和系在内的不少港资地产商在土地公开竞拍中表现逐渐活跃，原因之一是以往多年在二手市场上获得物美价廉土地的习惯做法，由于政府土地管理政策调整而遇到了一些困难。更重要的是，内地楼市整体走势向上，像长和系这样全国布局的大地产商，300 万平方米的土地储备并不算多，要实现各地项目持续滚动发展，策略自然得有所调整。“今后他们不但要举牌，而且要力争举赢，随着内地土地市场逐渐规范，想继续发展就别无选择，一定要双管齐下。”这位人士说。

其实，早在 2002 年底就有业界人士分析指出，下一阶段李嘉诚的长和系内地投资的主流很可能会回归基本面，也就是其最擅长的房地产业这个老本行。

不过，一直关注港资地产商动向的中原（中国）专业顾问有限公司研究部高级经理关志康对此仍持保留态度。他指出，2004 年 10 月中旬李嘉诚以高出起拍价近九成的 94 亿港元竞得香港何文田豪宅地块，加上 5 月份购入的马鞍山地块，仅支付地价就超过 110 亿港元，总投资额则接近 160 亿港元，而且项目的开发回报期为两到三年，相比之下，长和系目前分布内地多个城市的投资，规模并不算很大，加上投入期可能分摊至 5 ～ 10 年，平均每年实际投资就更有限。

“如果考虑到长和系等香港地产商与内地同行土地储备上的差距，以及一部分土地出让金还没到位，还有新增投资更多处于意向洽谈阶段等因素，我觉得对其增资内地幅度的估算不能过于乐观。”他强调说，“毫无疑问，他们地产投资的重心仍然会放在香港。”

戴德梁行广州公司研究顾问部副董事黎庆文也表示，不少港资大地产商都会到内地各个城市积极寻找投资机会，但真正落实到签约时肯定非常谨慎，因为全国布局发展，资金调度是一个问题，人力资源准备也很重要，按港资企业一贯作风，各地分公司中高层管理人员大多从总部派出，如短期内大量项目上马，人手安排确有困难。

但是，也有内地业界资深人士表示长和系近期在香港天价拍地，与其增资内地的策略并无直接冲突。他们普遍认为，香港楼市是一个高风险、高回报的市场，讲究短平快，内地项目投资则偏重长线平稳发展，两者结合，将形成更理想的低风险的投资组合，李嘉诚及他的长和系正是个中高手，而且内地经济持续增长势头不减，尤其是近年来京沪穗等三大经济中心先后举办了奥运会、世博会及亚运会等大型国际性盛会，对楼市会有较长时间的正面刺激支撑作用。精明如李嘉诚者，大概不会对此熟视无睹，以致坐失良机。

2004年11月底，长江实业集团属下的和记黄埔有限公司派员前往海南考察，了解海南房地产和旅游业的有关情况。早在11月16日，李嘉诚宴请了正在香港出席海洽会的海南省省长卫留成。李嘉诚表示，海南自然风光很美，环境好、空气好、沙滩好，搞旅游业，做酒店、别墅都会很好。之后，到2005年6月，市场更传出李嘉诚将投资200亿元人民币到海南发展五星级酒店。

据《第一财经日报》报道，在深圳、成都、重庆、西安等地掀起地产投资高潮之后，李嘉诚又把目光瞄准长沙。长沙市招商局外资联络处向媒体证实，李嘉诚的代表会到达长沙进行一系列考察。至于李嘉诚在长沙投资的总金额和地产总面积，外资联络处的工作人员以“双方合作只是在意向之中，还不便对外公布”为由不肯透露具体数位。

据一位不愿透露姓名的工作人员表示，“双方合作的可能性极高，因为双方都有很大的诚意。”为了迎接李嘉诚旗下长和系的到来，长沙市招商局在静园山庄专门召开了一个内部会议，中心议题就是如何做好李嘉诚来长沙投资的联络服务工作，确保双方合作成功。之前，湖南省在香港地区举办港洽会，湖南省几位高层官员已与李嘉诚会面，双方已达成初步合作意向。根据湖南省的意向，希望能够与李嘉诚共同开发长株潭湘江风光带，建设内容包括防洪工程、道路工程和景观工程三大部分。

按照规划，长株潭湘江风光带总投资20.31亿元人民币，申请世行贷款1.119亿美元，湖南省希望李嘉诚填补另外的十多亿元资金缺口，整个工程至2008年12月完工。作为回报，长沙市将在湘江风光带为李嘉诚提供开发地产项目的土地，其中在长沙市猴子石大桥湘江西岸以南就有一块超过万亩的大盘地块。

湖南省商务厅一位官员透露，一旦李嘉诚在长沙的投资全线展开，总投资将创下长沙地产投资新纪录。而长沙市地产投资目前的纪录是中信新城50亿元人民币，国中新城70亿元人民币。

一些地产界人士据此推测，李嘉诚在长沙的投资可能会超过80亿元人民币，甚至是100亿元人民币。长沙多数地产界人士表示欢迎李嘉诚的到来。湖南凯达集团董事长乐根成认为，长沙楼价在中西部省会城市中明显偏低，如果李嘉诚在长沙推出高端产品，势必带动本地开发商进行产品升级。

而李嘉诚这三个字，在世人眼里就意味着财富和实力。早在2004年上半年，李嘉诚旗下的投资公司就在成都设立了和记黄埔地产（成都）有限公司，注册资金为300万美元，成都是和记黄埔继北京、广州、深圳、重庆等八大城市之后，进入内地的第九座城市。显然，此举是李嘉诚强势挺进成都房地产的信号。果然，还在人们未回过神来时，李嘉诚就抛出21亿巨资当上成都地王，想打造第二个香港。

10月29日上午，随着一声槌响，李嘉诚旗下的房产巨鳄和记黄埔以21.35亿元人民币的天价拿下1036.47亩的位于成都南部新区的城南地王，创下成都乃至整个西部地区单宗土地的最高价。

有知情人士透露，拿下城南地王，和记黄埔将开发“一个全新的香港城”，不仅将运用香港一些先进的理念开发住宅，还将开发具有香港风情的商业物业，其住宅价格肯定会超过5000元人民币／平方米。该项目建成后，将极大地带动南部新区的发展。

10月29日公开拍卖的成都城南地王位于南部新区起步区，南面交通便利，东靠天府大道，北靠三环路，西南则是机场高速，南面是武侯大道。从区位看，城南地王北侧是桐梓林富人区，周围房屋均价已接近4000元人民币／平方米，南部紧邻规划中的成都科技园区和政府办公及商务区。

四川中原物业顾问有限公司预测，当该地块的销售价格在3800元人民币／平方米以上时，开发商的投资利润率就有望达到33%以上，综合目前成都楼市的发展及和记黄埔的开发实力和水平来看，该项目有望成为城南又一大型高档物业。当项目整体售价在4500元人民币／平方米以上时，投资利润率有望达到55%，项目投资开发前景看佳。这一预计，似乎太过夸张了点儿，好在，这是自由公开竞投得来的，不然，又可能闹出什么闲话来。

这块炙手可热的地块起拍价高达每亩 120 万元人民币，是占地 1800 亩的城西地王价格的三倍多（每亩 35 万元人民币），参拍保证金也近 2 亿元人民币。该地块吸引了香港、北京、上海等地的房产巨头，最终被神秘出场的香港地产大鳄和记黄埔以每亩 206 万元人民币的价格拿下。和黄进驻成都城南新区，对这个失去政府南迁概念后招商明显乏力的地块显然是极大的利好，有望带动这个片区开发的升温。

据悉，2004 年 4 月和黄也参与了 1811 亩城西地王方案竞标，却因准备时间仓促而淡出，这一定位开发国际社区的地块最终被中海集团以 60 万元人民币一亩的价格收入囊中，从而给李嘉诚留下了些许遗憾。

业界不少人士用“八年抗战”来形容和黄在成都的拿地过程。在这八年中，和黄谈了不少地，主要都是市中心高地价商业用地，但都没有定夺。据业内一与和黄有过密切接触的人士称，这次和黄对城南地王是志在必得。

在拍卖结束后，和记黄埔负责西南地区业务的重庆公司总经理屈榕荣在众多媒体的围追堵截下，发表了寥寥数语：“对于这块地，我们志在必得，如果成都还有合适的地块，我们还会继续拿地。”话音落地，一行人就匆匆离去。

“公开拍卖、价高者得”原本是大家欢迎的公平透明的交易方式与原则，但是从 10 月 2 日拍卖公告发布之日起，质疑之声就在成都业界流传。

“由于拍卖公告时间距正式拍卖只有 27 天，加上中间有一个国庆大假，又是如此大规模的一个地块，对各家有意参拍的企业来说准备时间确实太短，很难在短期内筹集 1.87 亿元人民币保证金和五个工作日内要交的六个亿，并完成地块论证。”一位资深地产界人士评论说，由于国家没有明确规定应该在拍卖前多久进行土地公告，加上该地块属于今年成都土地市场的计划外供地，因此政策层面上出现了恰如其分的空当。“拿下这块地，一方面要靠地产巨头们拼实力，另一方面要靠各自的政府公关能力了。”该人士议论。

就此，成都业界早有传言说成都市政府在 4 月份的地王拍卖结束后，就有意将和记黄埔留在成都，因此为其量身打造了这一地块。

有关人士分析，由于成都市政府搬迁到城南新区的办公大楼项目还没有向国务院报批，加上“8 · 31 大限”之后的土地宏观调控政策，城南新区开发曾经一度降温。因此，政府就急需引进一个明星企业，以带动和吸引更多的地产商进入，从而迅速提升该区域土地价值。

据了解，新希望集团总裁刘永好在拍卖会前几天还专门到该地块进行了考察。正因为对城南地王有企图心的并不止和黄一家，所以整个地块拍卖的操作手法引起多方议论。

“如果采用整体规划、分零拍卖的形式，将千亩地块分成若干几百亩地块来拍，地价可能会拍到每亩300万元人民币。”一直与十八号和黄抗衡到每亩205万元，最后以单价差一万元人民币惜败的成都建川集团老总樊建川话外有音地说。

何其相似，同时不同地，香港，正在为西九龙文化娱乐中心地块展开热烈的论争，其中，就有这样的声音，呼吁政府，应该化整为零，拆散拍卖。按其说法，真实地价水平应比拍卖价格高出近百万元。但是，不论外界如何质疑，李嘉诚都全力以赴地公开反驳有关说法。

我的所有财富，我赚的一分一毫都可以公开。任何人都清楚知道，李嘉诚过去没有，现在没有，将来也不会赚取不明不白的钱。

樊建川还说，建川集团参与竞拍时提出的最高竞价是他和合作伙伴能拿出的所有钱的总和。这是一家拼了全力，还是在资金实力上输和黄一筹而败北的本土企业。

“政府可能面临着一个矛盾：一方面想引进投资实现土地的规模效益，推进城市经营；另一方面又不能让地价太高，以免挫伤投资者热情。”成都房产企业协会主任孙宏志点出了问题的症结。

一专业人士就此分析，公开拍卖地价是政府不能操控的，怎么办才能又引来大投资商又不因为地价过高挫伤其积极性呢？自然是用高总价的门槛替大投资商清场。

李嘉诚的一连串动作确让人有点出乎意料。因为全国整顿土地市场形势趋紧和“8 · 31”清理土地大限的到来，都使人们相信作为公平与直接购地方式的竞拍将成为主流，而竞拍的成功与否毫无疑问在很大程度上取决于资金实力。一向抱怨国内土地交易方式不透明和暗箱操作的外来资本，看起来应该是土地竞拍制度的最大受益者。

和黄地产中国市务部总经理谭健旭充满信心地说："凭借自身先进成熟的财务管理以及企业管理，和黄在内地土地市场的动作还会加大。"

针对和黄的土地收购方略，和记黄埔上海分公司市场推广部称："对于公司是否更多地采取了收购项目公司股权的方式获取土地，公司方面并无有关这一方式获取土地的详细资料统计，所以对此说法不发表任何评论。"

和黄就是和黄，李嘉诚就是李嘉诚，上述的可能在李嘉诚的楼盘，永远不会成为可能。当然，除了成本和机会的竞争之外更为重要的是战略上的不同。

世茂、顺驰和绿地是近两年来在住宅市场上最风光的三个代表性内资企业。他们看起来永远不担心地价到底有多高，而相信地价有多高房价就有多高。在高价拿地之后，世茂等企业总是能迅速地推出精品楼盘，并迅速炒作为高房价。以世茂滨江为例，作为沪上豪宅的代名词，世茂滨江花园在面世伊始即以全球竞拍确立其市场定位与品牌形象。

与内地企业不同，和黄的操作显得平稳和长线，除商业繁华地段必夺之外，住宅上并不过于追求高、精、尖。和黄本身在香港新界的发展历史也说明，和黄总是善于早期获取边缘土地，待土地升值之后变现以获取超额利润。

和黄对与内地企业的差异认识也很明确精到。据谭健旭透露，长实和黄在内地及海外开展的地产业务，均从不同的入口，采取扩大投资组合的中长线投资策略，而且这种策略"取向将会是持续性的资本扩张"。

李嘉诚将香港成功的推销概念手法嫁接到内地的楼盘上。就如同广州玩具城奇迹一样，因为有了李嘉诚的金字招聘，滞销的产品转眼之间就变成了畅销抢手的产品。就市场而言，营销只是一个从实物变为货币的过程而已。

李嘉诚在大陆楼盘的销售，集中凸显如下的基本特色：其一，与众不同的高品位的豪宅；其二，厚重的文化气息；其三，人性化的休闲舒适的环境；其四，方便快捷的交通；其五，自成独立格局，配套完善的社区生活；其六，舒适自然亲情独到的家庭概念；其七，多样选择的不同空间组合；其八，独立完整而又与外界畅通无阻的空间延续。

在现代市场经济条件下，特别是买方市场形成后，客户可选择的余地增大，竞争愈加激烈，为适应这一形势，房地产市场营销人员必须转变观念，房地产市场已由卖方市场转向买方市场。谁掌握了市场竞争的主动权，谁就赢得了胜利。

在房地产销售过程中一般存在着买涨不买落的普遍心理，涨价销售是最佳的售楼方案，所以“开盘必特价，特价必涨价，涨价必升值”成为楼盘比较常见的价格策略。但过去的一年广州楼盘却呈现价格营销的多元化。甚至，如番禺的珊瑚湾畔惜盘停售，待价而沽。

地段与规划设计是营销的先天条件。李嘉诚曾说：“搞房地产第一是地段，第二是地段，第三还是地段。”这句话被业内人士赞为经典。选择理想的地理位置依然是营造房地产品牌的一个重要前提与基本考虑。

附录：长和系在内地的部分楼盘

北京——东方广场、丽来花园、丽都广场、逸翠园、天竺花园城、昌平区北新家园项目

天津——和平区营口道项目

长春——净月潭项目

沈阳——丽都喜来登饭店

西安——高新区项目

青岛——太平洋中心

上海——四季雅苑、汇贤居、世纪商贸广场、御翠园、梅龙镇广场及商厦、华尔登广场、古北区项目、马桥镇项目

重庆——大都会广场、比华利豪园、南岸项目、陡溪项目

成都——天府丽都喜来登饭店、温江新城区项目武汉——花楼街项目、老浦片项目

长沙——望城金星大道项目

广州——广州国际玩具礼品城、黄沙项目、珊瑚湾畔

深圳——黄埔雅苑、御龙居、凤凰山项目、观澜项目

东莞——海逸豪庭

珠海——海怡湾畔

“每个人都可以有巨大的雄心及高远的梦想，区别在于有没有能力实现这些梦想。当梦想成真的时候，会否在成功的台阶上更知进取？当梦境破灭、无力取胜、无能力转败为胜时，会否被套在自命不凡的枷锁里？是否跌进万念俱灰无所期待的沮丧之中？再有学识再成功的人，也要抵御命运的寒风。”

第二章

千亿卖橙

▲ 2001 年 2 月 24 日，李嘉诚在贵州大学，受到学生热烈欢迎。

▲ 2005 年 9 月，李嘉诚参观香港圣保罗男女中学的扩建模型，左二为李泽钜。

由零开始，白手起家，李嘉诚几乎成了人们心目中成功富豪的唯一典范。然而历数李嘉诚几次重大赚钱交易，却发现这位被称为“财技之神”的资本谋略专家，更多时喜欢人弃我取，人抢我避，逆境取胜。

1967 年香港政治风潮，地产、股票市场大跌，许多富贾世家纷纷移民，贱价变卖家产物业。此时李嘉诚大举挺进，趁低购入大量地皮、旧楼和厂房，令自己的资本出现了爆炸性的扩张。

1981 年，香港前途问题令港人面临一次重大的信心危机，股价楼价大跌，移民成了香港人最时髦的选择。每个港人见到老朋友，问候的第一句话就是，你走了没有。每个港人见到老朋友，最关心的问题就是，你怎么还没走？言下之意，再不走就没活路了。

李嘉诚却再次逆潮流而动，非但没有撤离香港，反而大举投资。1982 年，李嘉诚旗下的和记黄埔成功从英资手中夺得港灯控股权：1984 年中英联合声明草签前夕，李嘉诚宣布投资 40 亿港元兴建大型屋村。1994 年，和黄投资 84 亿港元成立 Orange（橙）[①]，推出个人通信网络。起初并不被业界看好，唯恐是 CT2 的翻版，不料后来却渐渐被消费者接受，手提电话销售直线上升。1996 年 4 月，橙在英国上市，随即成为金融时报指数一百的成分股，打破最短日期成为

① Orange：Orange 电讯公司。

成分股的纪录，同时也为和黄带来 41 亿港元的特殊盈利，并已收回种橙的全部投资。

之后，股价持续上扬，比上市时提高了六成多，其市值也由当时的 200 多亿港元增至 2000 多亿港元。到 1997 年，橙的英国客户突破了百万大关，成为英国第三大移动电话商。

1999 年是香港人难挨的一年，金融风暴的打击令许多亚洲富豪身家大跌，甚至退出世界富豪榜的排位。李嘉诚正是在此逆境中，一门三杰冲锋陷阵，屡出奇招，攻城略地，打了一场又一场商场硬仗，成了世纪末低迷的香港商界一道耀眼炫目的风景。

1999 年 10 月 21 日，这是一个激动人心值得大书特书的历史性日子。身兼香港长实、和黄集团主席的李嘉诚，兴高采烈地向外界公布：和黄与德国电讯公司曼内斯曼经过一周的谈判，最后达成协定，和黄将以价值 1130 亿港元的价格向曼内斯曼出售 44.81% 的 Orange（橙）电讯公司股份，而曼内斯曼则分别以折 220 亿港元的现金、价值 220 亿港元的欧元三年期票据及 1184 万股曼内斯曼新股支付。

待交易完成，和黄除持有曼内斯曼 10.2% 股权，成为该公司单一最大股东外，还可套现 440 亿港元现金。这是世界商业史上的第二十二大交易，也是香港历史上的最大宗交易。

“这是我最骄傲的交易。”记者会上，征战商场四十多年的李嘉诚按捺不住心中的无比喜悦，自豪而又兴奋地对记者表示。

两公司合并后，和黄更可间接控制市值 7000 多亿港元的曼内斯曼；而曼内斯曼亦成为欧洲大陆最大的跨国电讯巨人，远远领先于位于第二名的意大利电讯。

李嘉诚在欧洲电讯市场曾经有过十分艰难的开拓过程。

1989 年，李嘉诚在英国的和记电讯注资 84 亿港元收购了一家英国电讯服务公司，并于 1992 年推出名为兔子的 CT2 移动电话服务，然而这只混血兔子却因为水土不服等原因发育生长得并不理想。一年之后，李嘉诚不得不痛下决心，挥手斩了这只兔子。随后，和记将电讯业务重新包装，改名为橙，推出 GSM 移动电话服务。

1996 年，橙在英国成功上市，经过几年的发展，股票价格已上涨七倍。

1999 年年初，李嘉诚初试啼声，出售橙 4.2% 的股权，套现 50 亿港元。由于和黄在历年的交易中已套现近百亿港元（超过当初投资额），因此和黄在橙的投资成本已等于零。

1999 年 10 月，橙引起了德国最大的无线电话业务商曼内斯曼的兴趣，曼内斯曼的行政总裁于 10 月 14 日在香港和李嘉诚见面，商讨收购事宜，到 21 日，收购正式完成。仅仅一个星期的时间，李嘉诚进账过千亿，创下了香港世纪末的商业奇迹。

1997 年公司业绩公布时，李嘉诚就表示未来集团的主要盈利将依赖电讯业务。1999 年上半年，和黄因分拆 Voice Stream Wireless 在美国那斯达克交易所上市而获利 5.85 亿港元。随后，李嘉诚通过分拆澳大利亚和记电讯在澳大利亚上市，获利 3 亿港元。再加上两次出售橙股权而获得的 1180 亿港元的收入，1999 年李嘉诚仅从分拆出售电讯业务中，便获利近 1200 亿港元，成了世纪末香港商场上最大的赢家。一周的时间虽然不长，但也足令素有超人之称的李嘉诚大大地紧张了一番。此一役过后，李嘉诚控制的资产市值暴涨一倍。

根据美国《福布斯》杂志 1999 年底的全球富豪排行榜，李嘉诚的排名由第十二位跃升至第十位，成为世界前十位富家排名榜上的唯一一位华人。财富世界瞬息万变，不知《福布斯》是否需要每日重排富豪榜。

三 Q 命运

一直以来，李嘉诚的过人之处，是他在任何时候都能够在一项业务的极盛时期，洞悉其危机所在、利益所在，然后迅速地当机立断地做出新的部署和尝试。当年他生产塑胶花的时候，塑胶花行业正大行其道，如同股市的龙头一样，大有带动香港工业起飞之势。然而李嘉诚却看到了这个新兴行业的前途有限与风险所在，于是断然转向房地产发展，全力拓展房地产市场，并在紧接着而来的房地产高潮中获得可观的回报。那时的李嘉诚，已经成为香港炙手可热的富豪级人物，可他并没有安于现状，而是在香港房地产最高峰时看到了这个行业的危机。

1997 年，他开始不断出售手上的物业，努力开拓新的业务领域，把资金分投于电讯、基建、港口、零售等多个领域，使集团避过了金融风暴中楼价大跌的重大打击。

> 与其他地方相比，香港实在占有优势，百多年来的工商贸易活动为我们带来较高的储备，若能适当地善用，当能为我们争取多一点的时间及资源，创造更多选择机会。发展中的中国为我们提供无限的投资商机，使我们可就出口、生产及商贸方面重新部署竞争优势。
>
> 这个世界由于信息传递与交通工具不断发达，令我们可生活得更加接近，并更能意识到人与人之间的多元化。以往的高速发展给我们制造了很多严峻的环保及贫富悬殊问题，有待我们解决。
>
> 我们要同心协力，建立一个新的大同世界，协助舒缓痛苦、知识贫乏、贫困等问题，以我们的技术及资金，参与建立一个较平等及富有同情心的社会，亦为经济、教育及医疗做出贡献。

李嘉诚常说内心深层的心理素质和心力是胜败关键，是运筹帷幄之中，决胜千里之外的关键。

2001 年 12 月 4 日，李嘉诚在香港理工大学，向莘莘学子发表演讲。这些充满激情的话，无须让人们恭维其字字珠玑，但对今天渴望求变求新的人来说，依然回味无穷，发人深省。李嘉诚在谈到所谓“放诸四海而皆准的人生成功方程式”时说：

> 每个人都可以有巨大的雄心及高远的梦想，区别在于有没有能力实现这些梦想。当梦想成真的时候，会否在成功的台阶上更知进取？当梦境破灭、无力取胜、无能力转败为胜时，会否被套在自命不凡的枷锁里？是否跌进万念俱灰无所期待的沮丧之中？再有学识再成功的人，也要抵御命运的寒风。

靠什么顶住命运的“寒风”不断拼搏向前？李嘉诚说是靠“三 Q”。他的诠释是：

人生是一个很大、很复杂和常变的课题，我们用分析、运算、逻辑等的理性智商（IQ）解决诸多问题；用理解力和自我控制的情绪智商（EQ）去面对问题；用追求卓越、价值及激发自强的心灵智商（SQ）去超越问题。

在我个人经历中，对此三 Q 的不断提升是必要的。IQ、EQ、SQ 皆重要：学术专业的知识，使我们有能力去驰骋于社会各行各业中；对自己及他人环境的了解，能发挥人与人之间的同情心，加强家庭、学校、机构的团队精神；慎思明辨的心灵能力驱使我们对意义和价值的追求，促动创造精神，把经验转化成智慧，在顺境和逆境之中从容前进。

谈起卖橙神话，李嘉诚又提到一个小小的插曲。

1999 年我决定把橙出售，卖出前两个月，管理层建议我不要卖，甚至去收购另一家公司。我给他们列了四个条件：如果他们办得到，便按他们的方法去做。

一、收购对象必须有足够流动现金；二、完成收购后，负债比率不能增高；三、橙发行新股去进行收购之后，和黄仍然要保持 35% 的股权，我跟他们说，35% 股权不但保护和黄利益，更重要的是保证橙全体股东的利益；四、对收购的公司有绝对控制权。

他们听完后很高兴，而且也同意这四点原则，认为守在这四点范围内，他们就可以去进行收购。结果他们办不到，这个提议当然就无法实行。

我建立了四个坐标给橙管理人员，让他们清楚知道这个坐标，这是公司的原则，然后他到那边发展时，在这四个原则发挥才干。但是不能超越我这个四个 coordinates。

请自己吃一块饼干

市场预料，在未来几年中，李嘉诚将会调拨更多的资源发展高科技项目和电讯业务。同时，和记黄埔在海外的投资，比如加拿大的石油、英国的货柜和巴拿马运河港口等，也正一步步发展起来。曼内斯曼的交易成功之后，李嘉诚终于可以不慌不忙地吃一块香甜的饼干慰劳自己。

李嘉诚基金会在2007年底，以6000万美元（4.68亿港元）买入Facebook的0.4%股权。被问及有否开设账户时，李嘉诚笑言自己没有玩Facebook："我个人吗？我时间咁多（即工作太忙），点会自己整个名，自己去跟人交私心？我点样做、点样做，被人点击都点'爆'了。"他谓互联网世界转变得很快，现在总算还跟得住，但却是学不完。至于是否有信心Facebook可上市，李嘉诚自言不是大股东，但相信大股东迟早会将它上市，又说Facebook公司前景好，个人及其私人基金都会继续投资。

虽然李嘉诚没有开设Facebook账户，但依然无阻网民表达对其欣赏及敬重。Facebook中有两个李嘉诚的专属网页，有过千个网民视他为偶像，成为他的"粉丝"。网友"黄昱树"声言十分欣赏李嘉诚的为人及营商之道。"一直都很敬重李嘉诚先生的为人风范，在他身上看到的不只是个人今天的成就，更是一个人品德！""一直很喜欢李嘉诚先生的儒商哲学经营之道"，又有粉丝认为偶像影响力横跨一代人，心生仰慕，"记忆中很久很久以前就熟悉你的名字了，好像是在80年代早期吧；直至今时今日，李嘉诚这个名字依然是这么响亮。"一些网友更视李嘉诚为人生目标，指要向他学习刻苦耐劳的精神，期望日后可以像他一样成功。

记得有则寓言，讲两个在海边钓鱼的孩子，一个买了渔船出海，历经千辛万苦创下富可敌国的产业；另一个却一直留在海边钓鱼，过着知足温饱的生活。

几十年后，白发苍苍的富翁和渔夫又在海边一起钓鱼，渔夫忍不住问富翁："你得到了那么多又有什么用呢，现在还不是和我一样在这里钓鱼？"

富翁慢条斯理地回答："虽然我们一样钓鱼，甚至可能钓到同样的鱼。但是，有谁能说，我们俩钓鱼时的心境一样呢？"

表面看来，渔夫和富翁的结局似乎是一样的，然而因为经历的不同，他们对人生的感悟，他们所得到的和所能理解的人生，则完全不同。

谁敢说李嘉诚的饼干和我们通常所吃的不一样？谁又敢说，此时李嘉诚口中的饼干与通常人所吃的饼干一样呢？或许，这块饼干和我们每一个人所吃的饼干没有什么两样，但其价值，其平常而又特殊的味道，绝不是每个人都可以品尝出来的。

让我们用慢镜头回放李嘉诚进账千亿的惊心动魄的十八小时。

1999 年 10 月 20 日：

23 ：00 等待交易落实消息未到，离开办公室回家。

10 月 21 日：

00 ：30 通过和黄公关，通知传媒开市前可能公布重要消息。

01 ：30 再经公关告知传媒，下午两点半可能会有消息。

11 ：00 第三次通过公关通知传媒，集团下午召开新闻发布会。

12 ：30 午膳，仍惦记交易，无甚胃口，味同嚼蜡，进食不多。

15 ：30 出席新闻发布会，表现异常兴奋。

16 ：10 宣布交易喜讯后轻松离开。

16 ：30 折返会场，吃一块几毛钱的饼干奖赏犒劳自己。

李嘉诚不仅是不少人心目中成功人士的象征，更给人一种打滚商场多年，见惯风浪不惧不畏不徐不疾的感觉。不过超人也有忐忑时，在其变身欧洲电讯大亨的 18 个小时中，也充分反映了李氏的紧张期待焦虑情绪。他在宣布交易成功的新闻发布会上兴奋莫名地承认：“多年来做生意以这次最令人兴奋不已。”

和黄出售英国橙电讯，涉资高达 1130 亿港元。面对如此重大交易，香港媒体无不通宵达旦等待，原来一向早睡早起的李嘉诚，在交易完成的一个晚上，竟在办公室内等待至深夜 11 时才不得不离开。回家途中，李嘉诚又通过公关大员通知当地各传媒，在第二天开市前举行新闻发布会，公布交易详情，指令刚刚发出，但其后又突然改变主意，通知传媒记者发布会将改在下午，免得已忙碌至深夜的记者熬夜还得早起。李嘉诚就是李嘉诚，心思缜密的商圣，世纪交易前夕，不忘体谅跟随他的一班记者的辛苦。

最能反映超人忐忑情绪的莫过于他即使睡觉，也特意将手提电话放在枕边，更将铃声调至最响，恐怕在睡梦中错失交易落实的天外喜讯！

李嘉诚习惯在睡前看书，看到精彩处，他会舍不得放下，继续追看直到把文章看完才肯关灯就寝。在这样的晚上他绝对不敢看床边的小闹钟一眼，他说他怕知道自己看书看得这么晚，翌日便会提不起精神影响工作。不看闹钟，不理会自己因看书而减少了多少睡眠时间，翌晨 05 ： 59 时闹钟一响，他便照样起床，迎接六时整的电台新闻广播，新一天的开始。

黎明，晨曦，朝阳，清风，绿茵，又一个激动人心的今天。

经过一夜煎熬，焦虑等待，交易终于宣告落实。当李嘉诚踏入新闻发布会会场，宣布好消息之际，其兴奋之情空前澎湃，其激动之意溢于言表。李嘉诚还向记者表示：“今次交易可以与多年前长实收购和黄相比。”他特别强调：“我事先不认识对方，也从未见过面，只听过他的名字，那次对方只有数小时逗留在香港洽谈。因为我事先已熟悉蜂窝电话的前途，做好准备，向对方表达清楚，所以很快便可做决定。”

最后当有记者问他完成交易后如何奖励自己时，他说请自己吃一块饼干。等到新闻发布会完毕，没想到李嘉诚走出会场后又折返回会场，果真当着记者的面吃了一块饼干——一块奖励自己完成一宗过千亿元交易的饼干！然而，李嘉诚对下属的犒劳却是丝毫都不吝啬。其中，霍建宁当年就分得超过亿元的花红。

在接受专访时，李嘉诚曾对他的创业与成功做了一些真诚的剖白。

> 成功实际上是相对的。创业的过程，实际上就是恒心和毅力坚持不懈的发展过程。这其中并没有什么秘密，但真正做到中国古老的格言所说的勤和俭也不太容易。而且，从创业开始，还要不断地学习，把握时间。
>
> 我自己从创业开始到 1963 年这一二十年来，平均每天工作 16 个小时，以一个小公司，在实力和资金都很单薄的情况下，跟众多实力雄厚的大公司竞争，其中的艰辛是可想而知的。

和黄幕后重臣周胡慕芳，亦绝对不是一个简单的人物。1999 年和黄“卖橙”，她亦是功臣之一，花红加年薪达 4800 万港元，更是打工皇帝榜中唯一的女将。估计她在次年仍能保持收益，稳夺“打工皇后”的宝座。

一向低调的周胡慕芳，在和黄工作十多年，深受李嘉诚与霍建宁器重。其父胡兆炽乃香港知名富商，50年代靠经营护发用品起家，与地产界三剑侠：李兆基、郭得胜及冯景禧十分稔熟。她的丈夫乃前律师会会长周永健，而其同父异母的哥哥则是商界巨子胡宝星，他亦是著名律师行“胡关李罗”创始人之一。

周胡慕芳作风一向低调平实。周胡慕芳的冒起，并非倚仗其家族关系，因她为执业律师，在法律界所拥有的超卓的江湖地位。当然，在中国人为主的香港，无人能够否认家族背景在某种特殊场合中所发挥的不易察觉的作用。由于她的低调务实勤奋，加上是律师出身，和黄不少交易，她都充当集团法律顾问。

凭着深厚的法律专业知识与良好的人脉关系，为李嘉诚出谋献策，居功至伟。虽然外间对她所知不多，但一名在和黄工作多年的员工说：“Usan（周之洋名）平时做事都很好交代，但就好低调，不过她对下属好照顾就真。”平日出席公开场合，鲜见她发言，更不会说三道四，只是默默做其“和黄背后的女人”。

2000年，霍建宁收取超过2.7亿港元薪金加花红，需要纳税4100万港元而跃身“打工皇帝”。即使他自己亦笑言：“李生（李嘉诚）收五千港元一年，但我收好贵。”不过，风光背后，其实亦要付出超乎常人数倍的不懈努力。

事实上，李嘉诚向来善待下属，从商半个世纪，从未闻亏待过哪个伙计，和黄更以董事酬金丰厚见称。

1999年，和黄卖橙劲赚超过千亿，自然要论功行赏。但在2000年，和黄在缺乏巨额特殊盈利下，且要为持有的沃达丰股份拨备340亿港元，纯利因而大跌七成一。是故，2000年至2001年度的“打工皇帝”，霍建宁将或许“让位”于前联交所行政总裁袁天凡。幸好，和黄亦能成功投得四个欧洲3G电讯牌，管理层亦是功不可没。

李嘉诚的商业智慧和财技谋略，曾一次又一次在一些大的商业战役上表现出来，广获称道。而他的长远目光和策略，更为长和带来巨大收益。

> 这宗交易令我最开心的不是利润的满足，而是我和我的同事都知道我们十年的辛苦经营、多年的努力，得到一份真正的回报，这就是别人认同我们所得到的成就，令我们感到很光荣。
>
> 我时常勉励我的同事和家人，如果你对自己的工作技能、成就或天赋的恩赐，常常只不过是引以为荣，那你纵使感到自得，亦令人难以忍受。成就加上谦虚，才最难能可贵。

李嘉诚2001年在北京举行的第十一届国际潮团联谊年会，发表题目为《全球化不可承受之重压》的演讲。经常反思全球化这个逆转趋势的李嘉诚称，全球化不但令一般雇员感到压力增加，连管理阶层亦疲于奔命，须为机构、股东及员工的利益而全力以赴。

李嘉诚更反问：经济如不能为人类社会带来福祉，那么，经济的作用到底为了什么？他提出，漠视此问题，我们将付出高昂的代价。当我们如此高兴地共聚时，我们可能不会想到，假如这世界全部只是我们潮州人，这可能不是一个最富有趣味的世界。

> 大家请不要误会，我作为潮州人，对潮汕地区的历史、乡情及我们独有的性格都感到自豪，童年的我，在家乡亦有很快乐的回忆。然而，文明社会的发展精髓在于多元汇聚，是建基于不同的传统文化及信仰。
>
> 历代各国的交往，为世界发展带来创意和动力，使世人更懂得、更珍惜平等的权利、义务和各种权益，或许这所有共同的进步，为的是要创造“更富知识的人类”，在其个别追寻更丰盛的人生中，可不断发挥智慧与审慎精神，共同创造一个更人道、互相关怀及具效率与高生产力的世界。
>
> 保障利益疲于奔命在强大的创业精神驱使下，商贸逐渐变成一种革命，在丝绸之路上孤独的骆驼队伍，已演变成为全球每个角落的竞争。全球化对文明发展和进步有独特贡献，但有些人认为它像一个脱缰的社会，其不断伸延、复杂常变及互相矛盾的性质，为懂得参与其中的人创造无限的商机及庞大的财富，也压逼着更多的人，令他们生活更艰苦和绝望，令他们感到彷徨及激愤，因他们意识到自己生命和生计已经被一些超乎其掌握范畴的力量所支配。
>
> 企业追求效率及盈利，尽量扩大自己的资产价值，其立场是正确及必要的。庞大的资金轻而易举的流入可钻营的市场，层出不穷，寻找最低成本、最佳人才及机会。
>
> 商场每一天如严酷的战争，负责任的管理层天天精疲力竭，为了捍卫企业和股东的利益，被逼永无止境地开源节流。科技及投资增长，却未必能创造就业机会，市场竞争和社会责任每每两难兼顾。

全球化已是不可逆转的现实，我们每天生活其中，但经济的融合只是其中一个层面，全球化更重要的问题是人类如何消除歧见、和谐共进。社会最重要的动力是安定和信心，但如何达到，现今谁都没有全部的答案。

世纪交易

让我们再回过头来看看卖橙的波澜壮阔的场景。的确，和黄对1999年“卖橙”一役非常重视，务求一击必中。李嘉诚派出心腹霍建宁，亲往英国与对手磋商周旋。结果，霍建宁不负众望，李嘉诚对他的能力更连连称赞：一众高层都卖橙努力，霍建宁连觉都睡不好，他回香港时病才刚刚好。

世上无免费午餐，霍建宁收取天文数字薪酬，说来轻巧，写来随便，算来简单，拿来又谈何容易！

1993年，霍建宁出任和黄董事总经理，随即接手马世民留下的“烫手山芋”。因为，和黄在80年代后期，受海外业务扩张亏损拖累，令股价长期处于偏低水平。当霍建宁接手后，不断改组，透过收购合并，襄助“圣主”李嘉诚成功将业务做大做强。之后，更引入中国海洋石油，合作开发南中国南海文昌油田，深获赞赏。继后，他更接手处理亏损多年的欧洲电讯业务，因橙成立以来，一直蚕食和黄在港的电讯业务盈利，和记电讯变相白做。到1996年，协助李嘉诚毅然分拆橙上市，成功套现，及后见时机成熟，于1999年底将橙转售，成功替集团赚取超过1200亿港元，创造了一个精彩的神话故事。

不管外界对李嘉诚的行动有多少种解释，有一点却毋庸置疑，那就是李嘉诚通过入主曼内斯曼而在欧洲电讯市场大展宏图的谋略，决不仅仅是赚上几百亿港元那么简单。

李嘉诚是成功的，这是每个香港人都看到也都看重的事实。但是，李嘉诚为成功所付出的心血，所经历的艰辛，却往往被一般人所忽略。有多少人知道在功成名就之后，李嘉诚仍然像年轻小伙子那样持之以恒地提升自己的“三Q”。

五十多岁，一些人含饴弄孙的时候，李嘉诚却马不停蹄地追求新知；年近九旬，许多人寄情于青山绿水、“方城之戏”、儿孙之逸时，他却在网络上自由驰骋……就是靠这种终身学习永不言倦的精神和实实在在的行动，李嘉诚一步步地攀上成功的高峰，赢得了经济超人的美誉。以至于好友郑裕彤不时鬼马问道：你累不累？

李嘉诚为何对曼内斯曼情有独钟？

“李嘉诚是一个高瞻远瞩的成功商人，会对行业未来发展定出一个长远的策略和计划。以进军石油业为例，赫斯基石油过去一直为和黄带来财务负担，但李嘉诚认为有的做，便一直坚持下去，目前已渐见起色。”

1999 年是世界电讯企业最风光的一年，电讯类企业的股票市值屡创新高，和记电讯又一次抓住了时机。先是在2月份，出售约4%的橙股份，套现50亿港元，至此和记电讯已经收回了在橙的全部投资成本。10 月，将橙剩余约 45% 的股权全部出售给德国曼内斯曼，价格为 1130 亿港元，包括现金、债券及约 10% 曼内斯曼股票，和记电讯保留在香港、澳大利亚与以色列的橙品牌永久使用权。

在欧洲八年的经营时间里，和记电讯通过资本运作创造了电讯业乃至整个投资领域的一个奇迹，总投资回报率高达千倍。

李嘉诚在公司经营战略上又酝酿着一项大动作。根据卖橙交易协议，收购方将以三种方式支付，除 220 亿港元现金及价值 220 亿港元为期三年的欧元票据外，曼内斯曼还会以每股 9.89 英镑的价格，向和黄配售该公司新股，占其扩大后股本的 10.2%，从而使和黄成为曼内斯曼最大的单一大股东。

李嘉诚说，本次出售橙电讯，是和黄历史上最大的交易，对于取得曼内斯曼 10% 的权益，也感到振奋。他指出，该 10% 的股份将会作为长线投资，18 个月内都不会出售，至于是否会增加曼内斯曼的持股量，他表示现阶段不会做任何考虑与决定。

李嘉诚表示，和黄将委派董事总经理霍建宁加入曼内斯曼董事局及顾问团。李嘉诚介绍说，此项交易双方在正式接触不足一星期便达成了，这主要是和黄看好曼内斯曼的增长前景，特别是其在欧洲电讯市场的优势，这是和黄进一步投资欧洲及全球电讯业务的好机会。

德国曼内斯曼公司从事工业起家，业务包括电讯及生产多项工业产品，发展百年至今，电讯投资已占其总资产的 80% 以上，只有 15% 的资产属非电讯资产。

1999 年 10 月 21 日下午 3 时半，李嘉诚亲自主持大局，向传媒尽情剖述达成“和黄历史性最重要之交易”的经过及点滴。他直言：“请（记者）多次来（采访）

之中，（今次）是最高兴的一次。”事实上，李嘉诚对其笑容毫不吝啬，一步进会场除即展示其灿烂笑容外，欢迎之声亦不绝于耳，内心之喜悦完全溢于言表。

这次与曼内斯曼交易所以为历史性，其中一焦点乃是为和黄带来1180亿港元（今次1130亿及早前减持“橙”所带来的50亿）的总收益。

李嘉诚亦坦言：“1180亿，我自己都认为是一个好大的数……相信股东都想我做主席。”

他相信，橙的管理层可因此分发相当多的花红。事实上，橙的通告披露，因该项交易令原本的橙股权认购计划取消，另因确认管理层对橙的贡献，以及反映橙日后的盈利能力，橙现有董事及经理，可悉数获得若干款项，款项由和黄及曼内斯曼共同支付。

资料显示，当该交易变为无条件六个月内，橙的行政总裁Hans Snook可获分派1000万英镑，财务董事Graham Howe可获560万英镑，橙董事Colin Tucker可获200万英镑。另外，Hans Snook及Graham Howe另可于未来18个月，分别获500万英镑及280万英镑，实质金额视乎橙日后整合的表现。

谈及曼内斯曼这次的历史性交易，李嘉诚表示，于短短一星期内，双方已无任何争议地顺利达成协议。他说，自己绝对算是幸运。集团于海外50多个国家均受欢迎，集团如要于海外上市，相信最多不超过一个月就能成事，但要先研究对集团是否有利。他说，集团一定会继续研究新的业务，事实上目前亦有很多计划，但暂不是公布的时机。他强调，集团会“适当的时间考虑适当的部署做适当的事”。

被问及集团会否考虑收购其他电讯公司时，李嘉诚笑言：“当然不讲啦，有都不能讲。”当有记者问长实会否增持和黄时，他亦回赠一句：“哎呀，当然不对外讲啦，（否则长实）股价会上升。”总之，除赌博的生意及对人有害的生意外，集团其他什么生意也会考虑投资。

李嘉诚表示，集团每一日所做的工作，很多时不是应付今时今日的工作，而是计划未来五至十年的投资。他说，自己是一个dynamic（有活力），aggressive（进取）的人，但坚持做生意的一个宗旨就是：负债不能高。多年来的营商历程，近日与曼内斯曼的交易，可算是最骄傲的一役，因对股东做了一件有利益的事。

李嘉诚顺口说到，这次交易与1979年长实收购和黄时一样开心。他说：“当时买和黄也经过好多研究，当时买不到和黄，都会买另一英资公司，一定买到。”

在这项交易后，和黄之欧洲电讯业务将会透过曼内斯曼发展及经营。李嘉诚称，这项交易无论对橙股东、和黄及曼内斯曼三方，均能取得极大成就及效果。他对曼内斯曼之管理及经营极具信心。在交易完成后，该集团将持有曼内斯曼10.2%的股权，其公司市值亦会由5000亿港元增至7000亿港元，移动电话客户则增至2500万人。

对被问及突然悉数出售橙权益，该集团环球电讯业务的长期发展策略会否出现改变时，李嘉诚说：“该集团仍会继续进行有关投资，并对其他国家电讯业务感兴趣。长实本身亦有庞大及甚具潜力之投资，唯目前尚未成熟，故不宜公布。集团的五大核心业务（基建、电讯、地产、港口及零售）表现良好，未来将会继续投资扩张。”

至于集团在国际的知名度越来越高，会否加速集团在美国上市的计划，李嘉诚表示，该集团若现在准备上市，可在一个月内成事，但他并不贪求虚名，为的是股东的利益。

集团副主席李泽钜表示，集团同意是项出售是着眼于相互能产生协同作用，他指出，现时电讯业务是越来越全球化，经营有关业务必须以此概念作理念。不过，他说，双方并无就共同发展欧洲以外地区之电讯市场达成正式协议安排。

曼内斯曼是德国最大的电讯商，购入和黄集团旗下的橙电讯后，据和黄主席李嘉诚估计，合并后的新公司市值将增至7000亿港元，欧洲的手机用户将达到2500万，远远超过位居第二、拥有1800万用户的意大利电讯，新公司将一跃成为欧洲移动通信市场的龙头老大。这项和黄历史上最重大的交易，仅用了一周时间。

曼内斯曼扩大股本后的市值高达7238亿港元，而李嘉诚旗下长和系的上市公司市值为7631亿港元。

由于和黄是曼内斯曼的最大单一股东，所以李嘉诚控制的资产市值将暴涨一倍至1.48万多亿港元，李嘉诚在长和系的实际权益约为1120亿港元，由此李嘉诚在全球富豪排名由第十二位跃升至第十位。

这项由华人通过英国上市公司进军欧洲大陆电讯业的成功计划，成为欧洲及香港各主要报章的头版头条新闻。

市场讯息一日千变，距李嘉诚的“世纪交易”不足一月，欧洲电讯市场风云再起。一场更大的收购交易又令李嘉诚成为炙手可热的关键人物。

1999 年 11 月 3 日，英国沃达丰电讯公司（VOD）声明，将动用超过一万亿港元（1290 亿美元）收购德国曼内斯曼公司 52.8% 的股权，而曼内斯曼高层马上做出回应，坚决抵抗沃达丰的恶意收购行为。

于是，作为曼内斯曼最大单一股东的李嘉诚手上所拥有的 10.2% 的曼内斯曼股权，便成为这宗全球最大的收购案双方极力争取的焦点。大战一触即发的关键时刻，11 月 23 日晚，英国一个组织给李嘉诚颁发了“杰出人士奖章”。业内人士纷纷猜测，这一行动是否在“明送秋波”为沃达丰拉票。

有人算了一笔账，如果以沃达丰的出价来算，那么李嘉诚手上的曼内斯曼股份在不到一个月的时间内已额外增值 318 亿港元。曼内斯曼行政总裁 Klaus Esser 更在纽约指出，该公司每股价格至少值 350 欧元，上述价格比沃达丰提出的收购价高出四成。若如属实，大股东长和系及李嘉诚水涨船高资产大幅上涨以百亿美元计。

Kluas Esser 在纽约与投资者会面寻求支援，共同对抗沃达丰出价 1470 亿美元的敌意收购行动，其每股收购价为 250 欧元，相等于曼内斯曼市价升值 11%。

曼内斯曼在美国、德国及英国进行了两星期的巡回推介，第一站在伦敦，将在美国及欧洲进一步与投资者会面。

Klaus Esser 指出，基于近期电讯行业收购行动及潜在发展，若要收购曼内斯曼最少要支付四成以上溢价才可反映该公司潜在价值，而潜在价值四成至八成的溢价为电讯公司的收购的平均准则，因曼内斯曼不单为电讯行业公司，其在欧洲亦占有领导地位，所以需要较高溢价。其中八成溢价相等于每股 450 欧元，而四成溢价则相等于每股 350 欧元。此外，沃达丰行政总裁 Chris Gent 亦赴美国及欧洲，游说投资者支援该公司收购曼内斯曼 50.1% 的控制性股权。沃达丰曾提出，增加 140 亿美元收购价，但被曼内斯曼拒绝其收购行动，该项收购若成功，上述两公司将成为欧洲最大的移动电话公司。

曼内斯曼于早前刚完成以股权及现金方式向和黄收购橙，因此和黄成为了曼内斯曼单一最大股东，持有曼内斯曼 10.2% 股权，不过和黄亦已拒绝了沃达丰的收购建议。1999 年 11 月 23 日，和记黄埔正式表态拒绝沃达丰 Airtouch 收购德国曼内斯曼的建议，令沃达丰敌意收购成事的可能性大减。李嘉诚认为，沃达丰提出的收购价偏低，和黄与曼内斯曼会是更好的合作配搭，拒绝收购不会为任何一方带来损失。

最大的赢家

1999年11月23日晚，李嘉诚在出席一个英国团体颁奖典礼前说，不满意沃达丰的收购价，是和黄决定不支援该收购计划的原因之一，但他不评论沃达丰若调高价钱，他会不会改变初衷。他说，和黄一直与曼内斯曼管理层保持联系，拒绝沃达丰收购的决定虽非他亲自与曼内斯曼管理层洽商，他却认同曼内斯曼管理层的见解。他说，和黄与曼内斯曼的合作是最佳配搭，和黄既是曼内斯曼的股东，双方利益应该一致，而拒绝收购的决定未有为任何一方带来损失。和黄计划尽可能地长期持有曼内斯曼股权。

李嘉诚说，此项交易是由他和曼内斯曼行政总裁Klaus Esser商讨敲定的，当时总裁要求他持有德电讯公司股权一年的时间不出售，他回答说："我的意向是长期持有。"现时的协议是和黄持有的股份中，有八成在18个月内不会出售。

和黄董事总经理霍建宁说，曼内斯曼与橙联合后，在电讯业的前景将较沃达丰更佳，并可以为和黄股东提供机会，参与欧洲增长迅速的电讯业务。和黄的通告重申，该公司持有的10.2%的曼内斯曼股份，最少会持有18个月，并会把这批股份视作长期策略投资。不过，《华尔街日报》欧洲版报道，沃达丰行政总裁Chris Gent向欧洲的投资者指出，他有信心会获得足够曼内斯曼股东支援以完成收购。

被问及沃达丰需要赢得哪个比数的股东支援才算成功，他说："现时看来，我们会漂亮地取得50.1%以上的股东支援。"他说，已与持有两成至两成半权益的曼内斯曼股东会面，他们有些也持有沃达丰股份，这些投资者对沃达丰提出的收购建议也感兴趣。

德国的公司法例规定，不论股东持多少股，最多只有5%的投票权。沃达丰要成功收购曼内斯曼，就必须取得绝大多数的海外股东接纳，因为德国当地的民族情绪高涨，要取得德国股东支援恐非易事。曼内斯曼六成的股东来自海外，和黄持有一成曼内斯曼股份，现在沃达丰成功的机会不高，最终可能需要大幅提高收购价。

曼内斯曼及沃达丰股价在爆出收购后均逆市下挫，曼内斯曼跌近2%，报184欧元；沃达丰跌1%，报2.72英镑。所以说，无论是沃达丰还是曼内斯曼，都不是收购案最大的赢家，最大的赢家只有一个，这就是李嘉诚。

然而，李嘉诚却不为名利所动。李嘉诚对沃达丰敌意收购曼内斯曼一事，不肯正面评论，同时又称，整件事情非由他主动，故此只能够视为对公司的大事及高兴的事，并且给予香港人更大的信心，反映一切事在人为，中国人在获得一视同仁的情况下，一样做到好的事情。

对于沃达丰 Airtouch 提出敌意收购曼内斯曼，李嘉诚坦言不觉意外。他声言，在当今世界趋势下，公司本身的行业赚钱当然最好，但是他对于本身、公司的行政人员，加上有好的伙伴及同事均勤力工作及付出努力，更感到“好happy”。

另一边，虽然沃达丰完成收购需时逾半年，以致曼内斯曼未必可以在指定期限引用公司附例，将股东投票权限制至最多5%，不过，曼内斯曼仍然王牌在握。据德国最大工会指出，曼内斯曼的移动电话及钢铁部门逾千名工人已对沃达丰的建议表示反对。同时，时任德国总理施罗德在接受德国传媒访问时提出警告，敌意收购德国公司既具破坏性，并且难于成功。

沃达丰提出以总值1310亿欧元，全面收购德国曼内斯曼，比较早前被拒绝的建议加价14%。根据沃达丰最新建议，将以其每53.7股换取一股曼内斯曼的形式，即折约每股曼内斯曼值232欧元收购曼内斯曼。

不过，曼内斯曼管理层以有关收购未能够反映公司的潜质为由，建议股东拒绝沃达丰的收购建议。以法兰克福为基地及持有曼内斯曼百分之一股权的DWS investment 基金经理 Matthias Trimm 亦认为，沃达丰的出价不够高，并相信其在争取大部分曼内斯曼股东同意方面会遇到强力挑战。

市场预期，曼内斯曼会提出反建议力阻沃达丰的收购行动。据称，德国曼内斯曼已考虑与法国综合企业维旺迪（Vivendi）旗下的电讯部合并，以抵抗来自沃达丰的敌意收购。不过，曼内斯曼的声明却指，无意寻求白武士[①]及友好伙伴。《星期日泰晤士报》声言，曼内斯曼计划提早至明年首季将总值80亿美元的工

① 白武士：一种向遭受第三方恶意收购的公司提出善意收购的公司或个人。

程及汽车部门分拆，以反映电讯业务的潜在价值。

眼看着数百亿白花花的银子被拒之门外，业界对李嘉诚的决定议论纷纷。有人认为，和黄董事局的这一表态可以理解为李嘉诚绝不会轻易从欧洲电讯市场撤出的一个明确强有力的讯号。也有人说，因为李嘉诚与曼内斯曼早有协定，由“橙”换回的10.2%的曼内斯曼股权在18个月内不能出售，而李嘉诚只不过以放弃虚拟的318亿港元换取了日后在曼内斯曼更大的影响力和更有说服力的决策权，同时，亦可以保留对欧洲电讯市场未来更大的影响。

有业界分析到：李嘉诚是一个高瞻远瞩的成功商人，会对行业未来发展定出一个长期的战略与计划。如果沃达丰成功收购曼内斯曼，账面上会实时赚取318亿港元，而且会成为全球最大的移动通信公司的最大的单一股东。可是，和黄欲扩大其股权，增加其影响力，则成本会增加，而且，曼内斯曼的电讯业务，可与和黄配合，而沃达丰则与和黄的业务重叠。除了上述因素外，李嘉诚支援曼内斯曼是有其好处的，当然李嘉诚亦会考虑到，英国法例规定，一个集团不可同时拥有两间电讯公司，沃达丰若成功收购，意味着橙一是摒弃在新公司之外，一是橙的品牌将被取消，完全合并在沃达丰品牌之内。虽然李嘉诚已卖橙，看其一手凑大的公司被人吞落肚，心中肯定不是味儿。长远来说，和黄会在美国会以Voice Stream为电讯旗舰，欧洲以曼内斯曼为电讯旗舰，亚洲则有机会和日本最大的电讯公司日本电讯电话（NTT），以及德国电讯合作，发展亚洲（主要是中国）的电讯业务，加上和记电讯和数码通，和黄的全球电讯王国有机会成事。

一位颇熟悉李嘉诚性格的分析员认为，这次李嘉诚发表支援曼内斯曼管理层声明，是为和黄在电讯业的长远战略发展和即时既得利益之间，做出关键性的取舍与战略平衡。“沃达丰的收购会妨碍李嘉诚的电讯王国大计，因为沃达丰的业务和Voice Stream等公司的业务有太大的重叠，不利整体的配合。不管外界对李嘉诚的行动有多少种解释，有一点却毋庸置疑，那就是李嘉诚通过入主曼内斯曼而在欧洲电讯市场大展宏图的谋略，决不仅仅是赚上几百亿港元那么简单。”

马世民

前和黄大班马世民（Simon Murray）是一个很有传奇色彩的人物。他交游广阔，不少国际的大企业都乐意邀请他为商业顾问，难得的是这位曾经行伍当兵闯荡江湖的大班一点架子也没有。年届六旬的马世民后来自行创业，成立直接投资公司 GEMS，他说最喜欢这份工作，言谈间不太留恋以前为和黄冲出海外的战绩。

1992 年和黄决定关闭英国移动电话 Rabbit（兔子），马世民仍看好欧洲电讯市场，因此极力游说李嘉诚再投资，结果催生了橙。和黄成为国际焦点，不单是卖橙赚了超过千亿元的利润，也因为卖橙后所触发了一场世纪的敌意收购战。

和黄现稳坐钓鱼船，马世民不单错过参与这场精彩交易，更一早出售了五万股橙，但他一点也没有后悔。

“说真的，我为和黄感到高兴，因为橙绝对是空前的成功。”马世民说，“我在英国买了一间屋，内里有一个花园，种着几棵很美的树，到来探望我的朋友都很喜欢这个花园，但这些树不是我种的，是屋的上手所种的，但我一样高兴。”马世民表示，如果没有李嘉诚，橙根本不会是如斯规模的橙。

马世民与李嘉诚是香港上市公司发展海外业务的最佳拍档，1966 年马世民加入怡和集团的工程部，从一个籍籍无名的推销员做起，一份工程合约给予两人首次接触的机会，李嘉诚收购马世民创办的公司，并聘用他为和黄的大班，李嘉诚提拔了他，马世民也协助和黄迈向更广阔的希望田野。

马世民继续上路，1993 年年底离开和黄之后，到德意志银行负责亚太区业务四年，至 1998 年开始创业，拉拢美国通用金融、日本三井、南非 Richemont 及和黄等股东，筹组了一间三亿美元的基金公司 GEMS，继续找寻在亚洲的投资机会。

“我们做的交易自然不能与和黄现时所做的交易同日而语，但我很享受现时的工作。”马世民说。GEMS 目前已落实三项投资，由电讯零件及晶片的高科技公司，到拥有 60 万公顷的树林公司都有，投资地区包括中国大陆、日本、中国的台湾、韩国等地，每项投资涉资 2000 万～ 3000 万美元之间，已投入

8000 万美元。另外有四个投资项目也会于短期内落实。

马世民形容，他是股神巴菲特的忠实信徒，因为他只喜欢投资熟悉的行业，而通常持股量都不超过两成以上公司的股权，马世民亦甘心乐意作被动投资，并会放心让管理层继续拥有管理权，因为他自谦不是“公司医生”。

“亚洲的企业文化就是这样，当然这也是我的经验之谈。”在亚洲打滚 32 年的马世民说，他没有考虑过有一天会退休。

李嘉诚因出售橙引发一场欧洲大陆的移动电话收购战，到底曾经任德意志银行亚洲区主席的马世民是否会引德国电讯商曼内斯曼东来？

马世民说：“没有，这是和黄的功劳。这是李嘉诚自己的杰作。”

今天和黄的成功建基于海外业务的增长，当年带领和黄踏出鲤鱼门的便是马世民，创办橙的亦是他。

“李嘉诚是我在世界上最亲密的朋友之一，他从头到尾都对我很好。很多人都知道我和他的意见经常不同，但彼此了解。即使我不是替他工作，我们还经常有见面，谈一些老朋友会谈的问题。”马世民创办的 GEMS，和黄也是股东之一。

“我想，李嘉诚最成功的地方，在于他掌握时机，不单是今次出售橙予曼内斯曼事件可见，更重要的是他更够胆人弃我取，在市场最没有投资意欲的时候投资，今天和黄的港口和电讯业务，都是当年其他人没有信心投资的项目。”

和黄有今天的成绩也应归功于接任马世民为大班的霍建宁。“霍建宁也是我的老朋友，当年相识时他还是一个后生仔。我当时对李嘉诚说，这个后生仔是我们将来可信赖的人。”他说，霍建宁有两样最出色，一、善于运用数字；二、善于讲数。

三赢

2000 年后，伴随 3G 牌照竞拍与网络建设的资金需求，和记电讯出售股份到达高峰时期。2000 年将曼内斯曼股权换沃达丰股权，获得净利润 500 亿港元，一年期投资回报率为 78%，随后又售出沃达丰集团约 1.5% 的股份，溢价利润 16 亿港元。

2001 年 5 月，美国 Voice Stream Wireless Corp 被德国电讯收购，和记电讯将在其中持有的股份全部出售给德国电讯，获得溢价利润 300 亿港元，四年期的投资回报率为 300%。

2002 年 4 月，以 4.1 亿美元出售香港和记电话有限公司 19% 的股权给日本 NTTDoCoMo 公司，溢价利润 22 亿港元，并与其结成战略联盟开发全球移动通信市场，等等。

通过研究和记电讯的经营历史，可以得出以下结论：和其他电讯运营商相比，和记电讯最引人注意的不是它的电讯营运管理技术水平，也不是客户规模，更不是他引以为自豪的经营模式，而是它的资本运作频率和效率。短短 18 年发展史，经历了大小六十多宗资本运作事件。

据《亚洲新闻》2001 年的报道，从 1999 年到 2000 年，和记电讯通过出售股份在两年期间的盈利，已超过 AT&T 和英国电讯 1996 年至 2000 年五年内的盈利总和。这样的奇迹也许只有“点石成金”的“超人”李嘉诚才能创造。这样百年一遇的机会，也只有商圣李嘉诚才能够把握到。

至此，和记电讯似乎已完全退出欧洲移动市场，但到 2000 年，购买 3G 牌照卷土重来，在欧洲八年的经营时间里，和记电讯通过资本运作创造了电讯业乃至整个投资领域的一个奇迹，总体投资回报率高达 1475%。

欧洲电讯风云变幻的过去，注定是一个令人悲伤的故事，一个令人迷雾重重的故事，一个令人遐想翩翩的故事，一个令人不寒而栗的故事，一个令人怦然心动的故事。当然，这绝对是一个令你我他热血沸腾的精彩绝伦的故事。当然，这必然是一个令李嘉诚回味无穷的故事。

2000 年 3 月出售固网通信、互联网和资料业务 50% 的股权给亚洲环球电讯，成立合资企业 Hutchison Global Crossing（和记环球电讯）获得溢价利润 17.2 亿港元。

曼内斯曼早在 1885 年成立，由曼内斯曼兄弟 Reinhard 和 Max 创办，最初只从事钢管生产，百多年来，曼内斯曼经常透过收购合并来壮大自己，渐成为德国的工业巨头。

沃达丰资历就浅许多，最初只是英国 Racal Electronic 公司在 20 世纪 80 年代成立的一个部门，1982 年 RacalTelecom 赢得英国移动电话的牌照，故在 1985 年 1 月 1 日正式成立沃达丰，并开始在英国推出移动电话服务。不过，论从事通信业的资历则沃达丰和曼内斯曼大家不相伯仲，因为到 1955 年才由钢管生产商发展成钢铁集团，直至 1968 年曼内斯曼再演变成科技集团，到 1985 年才开始踏足电讯业。

业务背景方面，曼内斯曼企业十分多元化，旗下的 MMN Tubes 是全球最大的钢管生产商，MMN Engineering 是世界先进的水力工程公司，至于 MMN Automotive 则是全球汽车工业的重要配件生产商。

沃达丰与曼内斯曼在财务资料上，有颇大的差别。论市值、市盈率、经营边际利润率比较，沃达丰比曼内斯曼明显胜一筹。不过，有三点需考虑：第一，两家是不同类型的公司，沃达丰是纯移动电讯公司，而曼内斯曼则是综合工业公司，营运效益难直接比较；第二，由于曼内斯曼刚斥巨资收购橙，在负债居高不下的情况下，对公司的财务结构有很大影响，曼内斯曼的预期市盈率特别被拉高；第三，沃达丰及曼内斯曼分别是英国及德国的公司，两地在税率上相差颇大，尤其德国税率较高，直接影响曼内斯曼的盈利前景表现。

如果说曼内斯曼具有优势的话，那就是，英国作为传统的欧洲国家因其地理位置的岛国属性，而与欧洲大陆长期保持若即若离的关系，这从欧洲一体化的进程就可以充分表现出来，而德国则位居欧洲心脏地位，无论从地理环境位置，还是从经济环境角度，或者从纯粹的电讯技术角度而言，都具有无可比拟的中心辐射功能。或者从业务的多元化角度来分析，曼内斯曼似乎有具备更大的发展空间与风险规避。

但无论如何，今后相当长的时期内，欧洲两大电讯巨头沃达丰及曼内斯曼，都必须唯执欧洲电讯牛耳的李嘉诚之马首是瞻，都必须端视李嘉诚的脸色行事。这种情况的出现，显然是欧洲社会各界所不愿见到的无可奈何的事实。以至于后来面对欧洲议会高调地把李嘉诚点名，引来了很多猜测，其中一个猜测便是李嘉诚左冲右突，赚尽了欧洲洋人的钱，而且还要牵着洋大鼻子走，让这班自视高人一等的洋人心有不甘，甚至胆战心惊。

香港经济学者曾渊沧在香港《经济日报》发表评论文章，认为欧洲议会突然管起香港的经济，这主要是欧洲商人已经开始对李嘉诚的商业王国进军欧洲感到不安，因为不少欧洲商人已经尝过败在李嘉诚手上的滋味。他在文章中指出：

“千千万万的欧洲人已经在使用和黄欧洲提供的电讯服务。和黄卖英国的橙（英国一移动电话通信公司），获利 1100 亿港元。之后，和黄再卖曼内斯曼电讯（德国最大的移动电话商）与沃达丰（全球最大的移动电话公司之一）的部分股权，不但获得近千亿港元的现金，也轰动了整个欧洲。”

“欧洲商人才真正明白一位来自香港的商人李嘉诚，是一个很强的竞争对手。他们开始惧怕李嘉诚，因为他们不是李嘉诚的对手。”

“看李嘉诚从卖橙开始，每一仗打得多漂亮。不但不断地增加现金收入，也取得了英国 3G 牌照、意大利 3G 牌照。当人人出高价抢德国 3G 牌照，和黄急流勇退。全球电讯股股价急跌后，拥有大量现金的和黄才来买平货，以低价取得德国的 3G 牌照。这样出色的商业手法，是应该赞扬的，为什么欧洲议会会反过来抨击李嘉诚呢？”

唯一的答案就是，李嘉诚不是欧洲人。

卖橙的成功，是和黄历史上最重要的一项交易，引起海内外市场的轰动，也引来无数人的羡慕，大家都想知道和黄集团主席李嘉诚经商的秘诀。在卖橙的记者会上，李嘉诚讲的一句话或许能给人以启示。

李嘉诚说：电讯业务是未来集团的发展重点，他已知道五年后和黄要做什么。同时，李嘉诚之子、和黄集团副主席李泽钜也谈到，做生意的时间规限是五年、十年，不是一年、两年，长实（长江实业有限公司）有些项目也是七年才有收成。可以说，着眼于未来、善于把握趋势是商圣成功的主要原因之一。

和黄集团从事电讯业已有十多年的历史，并非都是一帆风顺，也经历了不少曲折和艰难。在投资英国电讯市场初期，由于长期处于亏损状态，受到海内外证券业的不断批评，甚至有人认为和黄在英国的这项业务到本世纪末都不会有收获。即使是经营橙，也是历经数年奋斗才有今天的结果。

但是，李嘉诚凭着对未来趋势的正确分析与把握，坚持不放弃。在市场普遍对该项业务不看好的时候，他曾经亲自出面澄清市场上的传言，表示将继续支援在英国的电讯业务。果然只用了几年时间，和黄集团便从橙身上取得惊人的回报。

有记者问到出售橙之后，和黄集团的环球电讯业务长期发展策略是否有变化时，李嘉诚说，该集团仍会继续进行有关投资，并对其他国家电讯业务感兴趣。他并且表示，长实集团和和黄集团一定会参与高科技，而且可能与香港盈科数码动力合作。其中和黄正寻求发展电子商务，并可能于短期内将之分拆上市。

此外，和黄集团的五大核心业务（基建、电讯、地产、进口及零售）表现良好，未来将会继续发展。

仁慈的狮子

用孙子的话说："道者，令民与上同意也。故可与之死，可与之生而不诡也。"用开明的管治，达至万众一心，上下一致，没有异议，就可以生死与共地争取胜利。这正如李嘉诚多年来所奉行的诚实经商原则一样，坚持做人经商的基本道行，就一定会得到上苍的眷顾。

有信用的人，专业能力就算稍差，别人也愿意给他机会。专业能力强但没有信用的人，别人一次就怕了，这种人的成就有限。你有信用，这种评价在人与人之间传播，将带给你无限的好处。

衡量一位商人的能耐有多大，不仅仅要看他拥有多少资本和钞票，更重要的是要看他能否调动他人的钱来办自己的事情。他有多大实力，有多大的号召力，要看他能调动的资本量有多大。

我们的社会中，没有大学文凭、白手起家而终成大业的生意人不计其数，其中优秀企业家群体更是引人注目。他们通过自己的活动为社会做贡献，社会也回报给他们以崇高荣誉和巨额财富。

孙子通过战争对国力消耗的分析，非常求实地，具体地道出了经济是支撑战争的基础，并得出对待战争要谨慎和"兵贵胜，不贵久"的论断。

决定一件事情时，事先都会小心谨慎研究清楚，当决定后，就勇往直前去做。

孙子的慎战思想包含以下内容：

其一，备战要脚踏实地充足充分。《孙子兵法》第一句就是"兵者，国之大事也。死生之地，存亡之道，不可不察也"。接着又说："故知兵之将，民之司命，国家安危之主也。”

其二，开战要三思而行特别谨慎。“主不可以怒而兴军，将不可以愠而致战……明君慎之，良将警之，此安国全军之道也”。

其三，力争不战而屈人之兵，先伐谋，次伐交，不得已而伐兵，攻城。伐谋、伐交是在明道、备力的基础上，造成一种必胜的形势，使对方不战而屈。即使伐兵、攻城，也要做到集中优势兵力，方可战而胜之。

其四，要充分了解情况，掌握信息，做到知彼知己，百战不殆。

其五，计划周详缜密，多算胜，少算不胜。《孙子兵法》提出了很多谋攻的方法，有些是带有很高超指导性实用性很强的思想和原则，都是建立在慎战这一基点之上。

> 身处在瞬息万变的社会中，应该求知，求创新，加强能力，在稳健基础上力求进展，居安思危，无论你发展多么好，你时刻都要做好应变的准备。

李嘉诚在一次演讲中强调：“好谋而成、分段治事、不疾而速、无为而治。”他后来进一步阐述道：

> 好谋而成是凡事深思熟虑，谋定而后动。分段治事是洞悉事物的条理，按部就班地进行。不疾而速，你靠着老早有这个很多资料，很多困难你老早已经知道，就是你没做这个事之前，你老早想到假如碰到这个问题的时候你怎么办！由于已有充足的准备，故能胸有成竹，当机会来临时自能迅速把握，一击即中。如果你没有主意，怎么样不疾而速？
>
> 无为而治则要有好的制度、好的管治系统来管理。我们现在大概有 25 万个员工，分布在 55 个国家，而我们员工大部分在西方国家，如果你没有良好制度，你没有足够时间去管理。

2007 年 12 月，李嘉诚七年来首次接受台湾媒体《商业周刊》长达五小时的专访，他表示，做人如果可以做到“仁慈的狮子”，便是成功了。因为仁慈是本性，但单是仁慈，业务不能成功，除了在合法之外，更要合理赚钱。但如果人家不好，狮子有能力反抗，他想自己做人应该是这样的。他又说，多年来，由1950年到今天，个人资产从来没有一年比去年少。他说：“要做到这样，第一原则就是不要有负债。我在1956、1957年以后，个人没有欠过一个债。”他续说，关键在于做足准备功夫、量力而为、平衡风险。他常说“审慎”也是一门艺术，是能够把握适当的时间做出迅速的决定，但这不是议而不决，停滞不前的借口。

白手兴家的李嘉诚又说：有一句话，要牢牢记住：“穷人易过，穷生意难过。”你再穷，不能吃好的白米，可以买最便宜的米，还是可以过，人家吃肉，你吃菜，最便宜的菜，但是穷生意很难，非常难。

谈到1977年以2.3亿港元收购希尔顿酒店所属的永高公司，在不足一星期完成整项交易时，李嘉诚认为，最重要的是事前汲取经营行业最新、最准确的信息，才有深思熟虑的计划，让自己能轻而易举在竞争市场上处于有利位置。他说：“你掌握了消息，机会来的时候，就可以马上有动作。”曾表示成功没有方程式的李嘉诚，在专访中说出成功的三项原则，他说：

> 第一，你做哪个行业，一定要追求哪个行业最好的知识、资讯，最好的技术是什么。这是第一。第二，努力、毅力。第三，建立好的制度与人才。
>
> 只有博大的胸襟，自己才不会那么骄傲，不会认为自己样样出众，承认其他人的长处，得到其他人的帮助，这便是古人所说的有容乃大的道理。

“凭仗自己的本事你会受人尊重，凭仗自己的贡献你更会感动别人，让我们永远不会忘记反馈社会和民族的信念。”

第三章

中药国际化

▲ 2001 年 2 月初，李嘉诚率基金会西部教育考查访问团，到甘肃偏远山区定西县鲁家沟乡太平小学参观，了解山区孩子们读书的情况，并赠送文具和体育用品。

▲ 2001 年 2 月初，李嘉诚率基金会西部教育考查团，访问新疆医科大学时与其附属肿瘤医院的医护人员合照。

2000 年 10 月，李嘉诚旗下的和记中药联手北京同仁堂旗下的同仁堂科技在香港成立了同仁堂和记（香港）药业发展有限公司，总投资两亿港元。同月，同仁堂科技上市之后，和黄更购入同仁堂科技 10% 的股份成为其第二大股东。2003 年 12 月，和记中药又与北京同仁堂正式签约，成立北京同仁堂和记医药投资有限公司，总投资额约为 2.39 亿美元。

在上海，2001 年，和黄旗下的和黄药业（上海）投资有限公司与上海市药材有限公司各出资 50%，将上海中药制药一厂重组改造为上海和黄药业有限公司，总投资高达 2.2 亿元人民币。

在广州，和黄旗下的和黄药业（广州）投资公司又与广药集团控股的白云山股份合资建立广州白云山和记黄埔中药公司，合资公司总投资 3.45 亿元人民币，合作双方各占股份 50%，2004 年 1 月开始正式运作。

至此，和黄在中国内地的中药产业领域由北到南的战略布局基本完成：华北由“同仁堂和记”主打，华东由“上海和黄”牵头，华南则由“白云山和记”压阵。

联手白云山

2003年12月，李嘉诚亲自致函广州市领导，希望与国有控股企业白云山中药厂合作。这一意向立即得到市领导的高度重视，实时批转给该市国资部门，双方立即动手，进入有实质动作的拍拖期。期间，李嘉诚本人也多次亲自过问合作细节，并接纳白云山建议，不再坚持控股权，最后在广州市政府有关主管部门以及广药集团的主持下，双方签下一纸“订婚协议书”。

虽然双方同任何合作伙伴一样，也曾有细节上的摩擦与争执：如在股权上，两者都曾表示要控股；在财务总监的设置上，都坚持要派出自己的人。但鉴于双方强烈的合作意向，最终在不到五个月的谈判时间内，达成了这项涉及10亿元人民币、被外界称为闪电战的合作意向。

2004年5月24日，一直传得沸沸扬扬的消息终于水落石出：白云山制药股份有限公司发布公告称，已与李嘉诚旗下和记黄埔（中国）有限公司正式达成初步意向书，以白云山中药厂为基础成立合资公司。

2004年11月29日，白云山制药宣布，董事会已通过与和记黄埔合资成立广州白云山和记黄埔中药有限公司。合资公司投资总额为3.45亿人民币，注册资本2亿元人民币，双方各占50%股份。和黄药业以1亿元人民币出资，白云山以白云山中药厂的1亿元人民币净资产（不含白云山商标专用权）出资。

初步合资期限为50年，合资公司可以在相关领域内无偿使用“白云山”、“BYS”商标及“和记黄埔”、“和记”、“和黄”、“HWL”商标。新的合资公司定名为“白云山和记中药有限公司”，合资公司设董事会，由六名董事组成，双方各派三名董事。

消息人士透露，在双方签订意向书后，将共同成立评估组，对白云山中药厂现有资产进行评估，评估后有多少资产，和黄就会注入相对等的现金。

李嘉诚投资白云山是短期之举还是长期打算？外界对此疑虑重重。

此次协定透露了一些端倪：一是协定约定，双方合资期限为50年；二是“和记”也进入合资公司名称，有分析人士称，这在李嘉诚近年收购中相当少见的战略性举措，因为在李嘉诚五十年来的折冲尊俎历程里，绝少允许合作方使用和记商标，这也表明超人对“白云山中药”产品及未来发展的信心及恒久之战略意向。

时代不断进步，我们不但要紧贴转变，最好还要走前几步。要有国际视野，掌握和判断最快、最准的资讯。

不愿改变的人只能等待运气，懂得掌握时机的人便能创造机会；幸运只会降临在有世界观、胆大心细、敢于接受挑战但能谨慎行事的人身上。

白云山中药厂厂长李楚源表示，业界素有“北有同仁堂，南有白云山”一说，白云山中药厂近年在中药现代化的发展已引起国内外普遍关注，特别是“标牌产品”板蓝根、复方丹参片、穿心莲等抗生素替代型产品，已成为抗生素“凭方限售”后的市场亮点。李楚源说，“白云山中药”旗下产品目前在国内市场已有相当基础，正面临冲出国门走向欧美市场的关口，而与和黄的牵手，有望加快这一进程。李楚源更动情地说：“这对于中药挺进国际市场极为有利。”

与白云山合作后，和黄药业填补了在华南市场的真空。“很少有如此迅速的合作谈判。”一位广州业内人士如此评价和黄与白云山的“拍拖经历”。

证券业人士分析，和黄将在资金、销售渠道以及产品提升上，利用自己在欧亚已经成熟的销售渠道，给“白云山中药”走出国门装上现代化的强力发动机，为白云山药业冲出亚洲增添无穷动力。

李嘉诚对广州的药品保健品投资情有独钟。这也秉承了李嘉诚一贯对教育与医疗的重视与痴恋。李嘉诚一直有很深的中医药情结，对他而言，仿制药或外包生产的挑战都不够大，甚至屈臣氏代理销售，其利润率都不够高，唯有中药制造才具有战略运作持久发展的利润空间，才是他的心头所爱。

但他的中药梦做得并不太顺畅，与香港新世界集团联手投资五十亿美元打造的香港“中药港”始终不冷不热，有风无雨，进军海外市场的计划也是障碍重重。直至 2004 年 8 月，美国药监局通过了植物药审批方案，制定了专门针对植物药行业指导手册，这才让和黄的中药国际化战略“守得云开见月明”。

谈到经济全球化的影响，我们国家面对的情况比其他发展中国家好。因为我们的产品、我们的价格有足够的竞争力。但是我们的制度是需要培养精英，因为科技越发达，越多工人会被机器取代，但机器取代不了良好的管理和创意。

所以在过去好几年我跟学生的谈话中都提出要认真面对经济全球化，除了有学识，要让自己有经验，能面向全球竞争。

此前，早在 2001 年 3 月，和黄就与广州美晨成立“和黄健宝”，发展保健食品，和黄占 80% 股权，总投资额 2.4 亿元人民币，主推的是儿童保健品“脑灵通”。但由于脑力保健品市场竞争激烈，和黄健宝主打品牌“脑灵通”并未能如期如愿得手遍地开花。

2003 年 SARS 一役，让白云山中药厂闻名中外，其板蓝根和复方丹参片风卷残云，横扫内地半壁江山，白云山药业在内地的地位顿然被拉高看好。

2005 年 9 月，白云山和记黄埔中药有限公司方面透露，白云山和黄计划斥资 1 亿元人民币，收购二至三家内地药厂，以扩大生产能力。同时，白云山和黄欲借和记黄埔在欧洲的医药零售店 SEN，向欧洲销售白云山饮料和四大中药品种，以开拓欧洲市场。

白云山和黄的目标是，两年内公司盈利增长一倍，经营规模三年内增长一倍，未来将发展为中药及保健中心，同时向生物医药及海洋医药行业进军。

合资同仁堂

早在白云山之前，李嘉诚在内地中药业就有行动。2000 年，下属的和记中药便与同仁堂在香港成立了同仁堂和记（香港）药业发展有限公司，总投资两亿港元，和黄、同仁堂持股比例是 5 ∶ 4。

2000 年 10 月，同仁堂科技在香港上市后，李嘉诚以 3.28 港元的发行价购入同仁堂科技 600 万股，占同仁堂科技总股本的 10%，以战略投资者身份成为第二大股东。

2003 年底，和黄更是把目光转到内地，直接与同仁堂集团总部合作，共同成立一家合资企业。这家公司总投资额约为 2.39 亿美元，由同仁堂与和黄各占一半的股权。

2003年11月25日，北京同仁堂集团宣布，旗下子公司北京同仁堂国际有限公司及其合资公司北京同仁堂泉昌有限公司正式在香港成立。北京同仁堂泉昌有限公司由北京同仁堂国际有限公司与香港泉昌有限公司合资组建，该公司将全面负责同仁堂香港市场的统筹和管理工作。其有关负责人表示，这是其进军海外市场迈出的重要一步。

2003年12月12日，殷顺海和杜志强在一份合同书上，分别代表中国北京同仁堂（集团）有限责任公司与和记黄埔（中国）有限公司签字。殷是同仁堂集团的董事长，杜是和黄（中国）的董事总经理。同仁堂与和记黄埔所属的和记中药投资有限公司共同出资成立的北京同仁堂和记医药投资有限公司正式在京落地。

同仁堂的产品目前已在四十多个国家和地区销售，2002年，同仁堂出口创汇额列中国中药出口企业第一名。新成立的北京同仁堂国际有限公司负责北京同仁堂海外市场的规划、管理和发展，以香港为桥梁进行海外投资活动，积极开拓新市场。

就在中国北京同仁堂（集团）有限责任公司（下称同仁堂集团）旗下子公司北京同仁堂国际有限公司（下称同仁堂国际）及其合资公司北京同仁堂泉昌有限公司正式在香港成立之当天，同仁堂国际董事总经理丁永玲表示，“同仁堂将继续积极寻求实力雄厚的战略伙伴，采取更灵活的合资方式和经营模式，实施多元化的经营战略，使同仁堂的业务更加国际化。”

丁永玲此番表态并非虚言，同仁堂这家自清康熙八年，有着334年历史的大型中药企业，将敞开胸怀吸纳港资入股，李嘉诚将在大宅门中理直气壮地进入其中，并期待发挥和黄的市场功效。

百多年来科学家与企业家为了人类福祉，追求各种创新发明和工业发展，我们赖以舒适生活的内燃机、能源、解除痛苦疾病的药物到通信网络，都是以知识为核心的发明与创新。知识既然是我们生活的核心，它必然也是我们经济活动的核心。过去如是，将来也理当如是！

中国人最懂得这个道理，传统流传的智慧告诉我们书中自有黄金屋、书中自有颜如玉。我们早早就知道，投资在知识上是有所回报的。

百年老店同仁堂与李嘉诚旗下的和记黄埔成立合资公司，合资双方各占50%股权，出资方案有两种：其一是同仁堂集团以手中的A股上市公司同仁堂（北京同仁堂股份有限公司）69.98%股权、共计2.32亿股投入，李嘉诚按照1∶1.5的比例现金出资；其二是同仁堂集团以集团内非上市资产中的盈利资产投入，可能是所有的药厂，也可能是所有的药店，而李嘉诚的出资比例不变。新公司的总投资额约为2.39亿美元，同仁堂与和记各占49%股权，另由同仁堂选定的小企业将出资占余下2%的股权。和记黄埔在此次组建同仁堂和记投资有限公司中，实际注资1.17亿美元。

李嘉诚非常看重此次与同仁堂合作，为尽快达成协议，以便早日开始市场运作，李嘉诚做出了“难能可贵的让步”，更应同仁堂建议，放弃各占50%股份的最初设想。双方初始谈判中在财务问题上有过争持，在“究竟该以内地的会计标准和审计标准进行，还是按照香港的相关标准操作”的问题上相持不下。但这毕竟是技术性问题而非原则性问题，不会影响到合约的实质内容。因为同仁堂A持有同仁堂科技54.7%股权，李嘉诚同时拥有同仁堂科技近10%股份。若按照香港会计准则和审计准则操作，同仁堂的资产数目相比按照内地标准缩水10%左右。

实际上，2000年从同仁堂A股分拆而来的同仁堂科技在港上市，李嘉诚以策略投资者身份持有其一成股份，成为其第二大股东，早已迈开了双方合作的第一步。之后，同仁堂集团与李嘉诚签署了战略合作构想，进行合资计划是双方合作的第二步。双方将达到的最终目标是同仁堂集团整体与李嘉诚成立合资公司。

新的投资公司会全面介入同仁堂的所有实体项目，包括国内开设药店、药品或药材生产，也包括对同仁堂在海外开店。

> 能否抓住时机和企业发展的步伐有重大关联，要抓住时机，要先掌握准确资料和最新资讯，能否抓住时机是看你平常的步伐是否可以在适当的时候发力，走在竞争对手之前。

李嘉诚自下而上，由小渐大，由外而内渗透到同仁堂母公司的战略意图逐渐清晰明朗，更有甚者，和黄在适当的时机持股同仁堂A股可能性很大。

不论是此次与和黄联手的白云山中药厂，还是此前与和黄牵手的同仁堂，或者更早与和黄合作的上海中药一厂，其实都看中看重和黄在国外的分销渠道。与和黄携手便于将本企业的中成药销往国际市场，在关键的时刻，迈出了中药国际化的关键第一步。

> 今天，每个国家、每个商业机构、每个人都清楚明白，创新动力可带来爆炸性的效益。我认为，所有新的理论、方法及分析架构，正在塑造一种新的心态和社会方式，都是在强调一点，在激烈竞争的环境中，个人能力比任何其他资产更为重要。

同仁堂集团每年生产中成药一万多吨，旗下除同仁堂股份、同仁堂科技两家上市公司外，还有同仁堂国际、中同研发公司等十个左右的子公司。

此次，李嘉诚一掷十亿港元，其决心可见一斑。

国家竞争力仅仅来自于生产力，而不是市场规模、货币贬值或是其他任何指标。国家之间的竞争就在于如何为商业创造出一个最能促进生产力发展的环境。在竞争机制、资本市场、市场观念、基础设施和人力资源等方面，中国仍然落后于很多亚洲国家。正是这样落后，李嘉诚寻得了实实在在的无限商机。

2003 年 11 月 23 日，同仁堂与两位“战略合作伙伴”——北京首创科技投资有限公司和深圳市海王星辰医药有限公司达成协定，三方共同出资 5000 万元人民币组建北京同仁堂商业投资发展有限责任公司。

在新公司里，同仁堂拥有 51%的股份，成为控股方；首创、海王分别占有 29%和 20%的股份。“这意味着同仁堂销售模式的重大变革。”同仁堂总经理梅群这样说。该项目投资 1 亿元人民币，整体项目建设期六年，分两期进行。

前三年投资 5000 万元人民币，在全国三十个城市建成各类同仁堂药店 200 家，实现销售收入 10 个亿。后三年投入 5000 万至 8000 万元人民币，完成在全国建设 300 家店的发展经营规划。

同仁堂集团有关负责人称，同仁堂曾派代表团考察了越南河内和胡志明市的中医药市场，并在胡志明市与一家当地华人公司洽谈，拟在该市成立同仁堂品牌的药店和门诊部。另外，北京同仁堂和上海第一医药股份 10 月 28 日在上海宣布结成战略合作伙伴，在上海南京东路开出第一家店中店药店——北京同仁堂上海分店。11月初，同仁堂、中国中医研究院、北京华昱安然医药科技有限公司和哈药慈航制药股份公司，联合组建了北京中研同仁堂医药研发有限公司。

资料显示，目前全球每年中草药产品的市场销售额超过200亿美元，且以年均两位数的速度高速增长。业内人士认为，中医药在世界范围内越来越受到关注，而老字号同仁堂是中医药发源地中国的金字招牌，各路资本对同仁堂的兴趣，正是对中医药前景的信任和看好。同仁堂成了投资者竞相追捧的目标。

不过与其他合资公司不同的是，和记黄埔此番进入同仁堂并没有圈定特定的投资领域。此前有消息称，和记黄埔的这笔投资将重点用于同仁堂的海外扩张。

同仁堂与和记黄埔组成的投资公司将全面介入同仁堂的所有实体项目，不论是在国内开设零售药店，还是药品制造，或是药材生产，只要项目有良好前景，投资公司都有可能介入，这当然也包括对同仁堂在海外开店进行投资。可以说，李嘉诚此番带来的十多亿港元投资是同仁堂这几年收到的最大单一投资，其对同仁堂未来持续扩大发展的意义自不待言。

李嘉诚缘何如此钟情同仁堂？原因很简单，一是目前中医药发展前景非常好；二是同仁堂品牌信誉非常好；三是中药在世界市场尤其是欧美越来越被更多的人所接受。

目前同仁堂共有两家上市公司，一家是同仁堂股份，一家是同仁堂科技。在2003年7月揭晓的第五届“中证·亚商中国最具发展潜力上市公司五十强”评选活动中，同仁堂股份公司以其良好的行业地位和品牌优势再居第一，成为各界公认的最具发展潜力的上市公司。而在香港创业板上市的同仁堂科技股份，也成为国际投资者最青睐的投资目标。

从经营业绩看，该公司自2000年10月挂牌上市以后，2000年至2002年3年的每股收益分别为0.417港元、0.515港元和0.76港元，每股派息0.198港元、0.283港元和0.368港元。2003年该公司的盈利能力继续强劲增长，一季度、上半年以及前三季度的净利润与去年同期相比增幅分别为35.6%、21.5%和22%。

对同仁堂来说，正处于发展的加速起跑阶段，如仅在零售药店发展方面，国内零售药店要在六年内从目前的三百多家增加到九百家，五年内海外零售店要从目前的十多家增加到一百家。李嘉诚携巨资而来，相信一定看到了同仁堂诱人的滚滚“钱”景。截至2003年第三季度，同仁堂A的每股净资产为4.84港元。照此估算，李嘉诚入股的价格约为每股7.26港元，总共将拿出约16.84亿港元的现金入股。当时同仁堂A股价格在20港元上下徘徊。

李嘉诚倾心同仁堂由来已久，李嘉诚与同仁堂的合作亦是水到渠成。

2000年10月7日，同仁堂科技与和记黄埔全资附属的和记中药以及京泰实业在香港成立了同仁堂和记（香港）药业发展有限公司，该公司总投资二亿港元，和黄、同仁堂和京泰的持股比例是5 ∶ 4 ∶ 1。

毫无疑问，内地是全球发展最快，也是最大的医药市场之一。在当前洋药大肆登堂入室之时，内地医药行业只有一边调整一边努力向前滚打摸爬。尤其是在发展资金明显不足的情况下，合纵连横是医药行业唯一发展壮大之路。而并购重组医药企业亦成为做大做强、打通国际市场的主要手段。

2002年10月30日，同仁堂科技再次与和黄属下的和黄中国签订意向，成立北京同仁堂和黄中药公司，主要从事中药的种植加工以及销售，投资金额约1800万美元。

“国际天然药物市场的第一品牌”，是身为同仁堂集团、同仁堂A和同仁堂科技三家公司的董事长殷顺海为同仁堂的发展提出的终极目标。

殷顺海曾表示，2003年是同仁堂“以集团化为目标，现代化为标志，产权多元化为保证”的重要一年。

同仁堂集团的产权结构为国有独资。在2003年初接受媒体访问时，殷顺海认为，目前同仁堂等老字号大小企业的股权还没有实现真正的多元化，“一股独大”在一定程度上制约了企业活力，这种状况急需改变。同仁堂A的历次公告显示，从2002年6月开始，同仁堂科技的高管人员就开始有计划地过档到了同仁堂A，而同仁堂集团和李嘉诚对合资公司的具体筹划也正是从2001年就开始实施了。

2002年，国务院发展研究中心为同仁堂制定了十年发展战略，计划利用三至五年时间建立并完善国内、国际比较稳固的销售网路，国内建五百家连锁药店，海外建一百家连锁药店，实现销售50亿元人民币，初步形成跨国公司的框架；利用五至十年时间实现企业的快速发展，实现销售总额200亿元人民币，使同仁堂中医药集团成为国际传统医药的最强大的知名企业。

按照同仁堂国际董事总经理丁永玲的说法，同仁堂的目标就是，“凡是有华人的地方，都会有同仁堂。”因为凡是有华人的地方，都知道李嘉诚。目前同仁堂已经在马来西亚、印尼、澳大利亚、英国、泰国、加拿大、香港、澳门、美国等地开办了合资公司和连锁药店。

在向海外市场迈进过程中，同仁堂利用金字招牌的优势，以品牌作为无形资产入股，其中同仁堂与英国和香港合作中，同仁堂仅以品牌参股，占了25%的股份。目前在国内国际开办的这些药店挂在集团名下。

和黄虽然涉足中药领域只有短短七年，但已经在这个领域投入了巨资，而且每一次出手都是大手笔。李嘉诚显然是要为所有中国人圆一个“中药国际梦”，李嘉诚亦要圆一个教育救国医疗济世的跨世纪之梦。

一切皆有可能

从1998年和黄联手香港新世界投资50亿美元打造香港中药港，到2000年开始和内地的中药三大巨头——北京同仁堂、上海药材和广州白云山建立合资企业，再到2001年开始在欧洲建立了一千多家兼营中西药的连锁药房，和黄在中药领域的投资直追3G。

和黄自从2001年下半年开始在欧洲建立零售药店——和黄药业大药房，凭借其雄厚的资本和在零售行业（非药品零售）多年的经验和管理能力，在短短两年半时间里，借助吞并收购，就扩张了一千多家门店。

“三山半落青天外，一水中分白鹭洲。”中药企业与之合作，看中的正是和黄的资本扩张实力、分销的经验和管理水平以及李嘉诚个人在市场上的久负盛名的号召力。

换句话说，随着和黄涉及中药领域渐深，和黄极有可能在近几年内将药品分销网络迅速在全球铺开，这才是“白云山中药厂”看中的广阔天地，这也是同仁堂看中和黄的诱因。而且和黄药业大药房所经营的商品绝大多数都是中国生产的中成药，目前经营效益良好。

然而，建立完善的分销网络，却还算不上是中药国际化的必要条件。业界一直在做着改变中药标准的努力，正是因为中药在国际上的认知度太低。即使《欧洲传统植物药注册程序指令》大幅度降低了植物药的市场准入标准，但如果不能摆脱外人眼中传统的昏暗的脏兮兮的作坊式手工生产的印象，中药要想直接进军国际市场，仍然十分艰难。如果这一盲点不能得到根本解决，即使建立了完善的分销渠道也是门可罗雀。

李嘉诚的介入正好弥补了这一点，因为和黄在国际上的品牌和信誉将帮助中药在国际市场建立中药良好的整体形象，从而提高中药在国际上的认知度。这才是中国中药企业频频与和黄联手的深层原因，最简单的道理就是：没有人相信今时今日的李嘉诚会用昏暗脏兮兮的手工作坊捣鼓自己的产品。尽管那些药丸可能是黑色的苦涩的。提高国际认知度、建立分销网络、提升中药标准，显然是中药国际化必经的道路。但是，仅有的一次功败垂成的例子却与上述三个因素毫无关系。

内地曾有一种中成药差一点就通过美国 FDA（食品药品监督管理局）认证，堂而皇之地进入国际市场，但最后却因资金不足，退出了临床试验。中药界事后反省，要让一个中成药通过美国 FDA 认证，至少需要十亿元人民币，而中国中药企业似乎没有一家能具备这种实力。

可是，和黄截然不同。十亿元人民币和黄绝对掏得出。诚然，十亿对任何企业都不是一个无须眨眼的小数目，但中药企业的国际化梦想却将因和黄雄厚的资本实力及其老到畅顺的国际市场运作而变得“一切皆有可能，一切皆在进行中”。鉴于以上种种原因，业界幻想：如果中国诞生了一个通过了美国 FDA 认证的中成药，那么这个产品最大的可能出自于李嘉诚手下。

横在“中药国际化”梦想前面的困难有三个：一是标准，二是资金，三是市场。

目前欧美的中药市场才刚刚起步，其中中药的原因就在于其药理标准和西药是两个不同的药理体系。不仅如此，中药由于传统的“作坊式”生产方式而导致缺少统一的质量控制标准，这一点更是让许多欧美的消费者难以接受，甚至不敢接受。

日本的企业很早就看到了这个问题，开始用西方药理标准来研发中药，而且采用大规模的集约化生产方式。这样的结果是目前在欧美的中药市场几乎都被日本企业占据，“中药日本造”的尴尬处境让许多中国的中药企业寝食难安。

和黄正是在这两个瓶颈向“中药国际化”发起了攻势。

一个真正做大事、有远见的人，是看世界的潮流，估计自己未来发展的方向。事在人为，不能有志无才，你可以夸口说你的志向是摘下天上的月亮，但你知道怎么摘下？所以我说事在人为，靠自己，靠意念，还要有最新的知识及经验积累才能达到。

为了使中成药达到国际标准化的要求，和黄在上海张江高科技园区创建了一个中药现代化研发生产基地。这个研发基地集中了三十多个曾经在辉瑞和强生这样的国际医药公司工作过的“海归”，他们的任务是借鉴美国西药开发规范化、标准化的成功经验为中药所用。

其次是生产的标准化问题。为了充分确保产品上市的质量，上海和黄药业先后从日本、德国、意大利等国家引进了许多先进的生产设备和现代检验仪器，以确保产品的均一性、集成性、稳定性。

和黄在上海张江的中药现代化研发生产基地的一期投资就高达 3000 万美元，而为了实现产品质量的标准化，上海和黄药业仅在一个固体制剂和提取车间上的投资就高达 8000 多万元人民币。

从 2000 年以来，李嘉诚先后对六个中药企业进行了投资，其中包括五家中国公司和一家英国公司。“和黄要能把中药做大做强，我们也希望能做成集团的第六大支柱产业。”

和记黄埔医药（上海）有限公司董事、总经理杜莹表示，和黄的未来战略是要成为行业领军，集团下一步的打算是要把中药产业链做大做强。

杜莹表示，真正的跨国大药企大多对中药不感兴趣，因为这不是他们研究的重点和专长，所以投资非常谨慎。因此，中西合璧的和黄在中药国际化方面独具实力。对于外资买方而言，他们看重中国稳定但分散的制药业市场。他还表示，在制药企业中，他最看好的还是中药企业，已经说服不少客户关注。

国务院发展研究中心李泊溪部长则对和黄的勃勃野心显得非常慎重。她表示，国家鼓励同仁堂与多家外商合作，并不限于和黄一家。在她看来，和黄只是一个中药产业的投资商，最多是一个拥有欧洲分销渠道的代理商，并不具备制药的经验或优势。她分析说，目前，和黄集团 25% 的利润来源于港口，21% 来自金融投资，在 3G 上的投资仍然看不到预期的回报。眼下，中药业务对集团的贡献少之又少，要打造成支柱产业任重而道远。

为了协调顺利，和黄（中国）公司已经把在内地的五大主营板块全部移交到香港总部，而一心一意运作其在内地的中药板块。这一非同寻常的运营转变，足以见证李嘉诚在中药领域的勃勃野心与战略考量。

业内人士预见，未来和黄必将把“和黄健宝”、“上海和黄药业”、“同仁堂和记”和“白云山和记”的销售捆绑在一块成立独立的销售公司，因为“整个和黄是一个国际概念，是个一体的环球市场概念”。整合销售更是和黄的长项所在。

其实，和黄入主同仁堂之后就已经可以称为内地中药市场的“老大”，然而，和黄几年来一直不停地进行资本运作，说明其目标不在于做中国的中成药老大，而是世界中成药老大，最起码是全球中成药企业的巨头之一。

事实上，李嘉诚在进行上述投资部署后，已经将医药保健板块列为继其集团主营的五大板块之后第六大板块，包括属下的香港长江生命科技公司，亦是致力推动合成生化药物的研制与推广。

这很容易使人产生这样的联想：和黄五大板块中的任何一个板块都已经成为同行的翘楚，假以时日，作为第六大板块的医药保健生化板块，是否也一如李嘉诚当初之设想，成为医药生化行业的世界巨头？成为长和系未来第六个利润来源？人们拭目以待。

金字招牌

这些仅仅是和黄圆梦“中药国际化”的一小部分，为了能够更加深入地锲入中药行业，和黄早就开始和中国内地最优秀的中药企业展开合作。

其中的背景是广为人知的“中药港”。1998年，亚洲金融风暴的冲击尚未平息，为了将香港带出经济困局，香港特区政府宣布将重点推动高科技和高增值产业的发展，其中一个重要目标就是把香港建设成国际中医药中心（即中药港）。

李嘉诚宣布与香港新世界集团公司主席郑裕彤联手，投资五十亿美元打造香港“中药港”。李嘉诚希望凭借香港国际大都市和金融中心的地位，以及丰富的国际市场销售经验，可以使成熟的内地中医药依赖“中药港”的跳板走向海外。

然而几年下来，“中药港”并没有如同外界期望的那样出现轰轰烈烈的激动人心的爆发式的大场面大增长大跳跃。业内人士认为，其原因在于香港缺乏有分量的中药主体企业作为支援支撑，而内地中药企业的发展与香港市场的契合又不可能在短时间内完成。

为了能在未来占据主动地位，唯一的出路是直接参与中国内地中药企业的发展。从 2000 年开始，和黄开始和内地的三家最优秀的中药企业合作，它们分别位于内地三个最发达的城市，就像围棋名家第一手三连星一样走出了战略性的大模样。

和黄和三家内地中药企业建立的合资企业，都是以内地企业投入固定资产和产品品牌来入股，而和黄则以真金白银入股。通过建立合资企业，和黄在很短的时间之内得到了许多非常知名的中药品牌，如上海和黄的麝香保心丸和广州白云山的板蓝根冲剂。

这并不是一个单方受益的博弈，那些内地的合作伙伴在谈起与李嘉诚的合作理由时都不约而同地表示，他们主要是看中了六点他们所不具备的要素：一是和黄具有强势的国际品牌知名度；二是和黄具有雄厚的资金实力与资本运作能力；三是和黄具有广泛稳定的海外销售网络；四是和黄具有众口皆誉的超卓的管理理念与手法；五是李嘉诚个人在市场上的号召力与感染力，将有助于市场接纳相关产品；六是各国消费者对李嘉诚品牌的深入了解与高度信任。尤其是后者，作为医药产品，最重要的是市场信心，而市场信心不是只争朝夕的一蹴而就，而是十年二十年甚至三十年的商业信誉的积累沉淀。

在人们对中国制造已经失去安全感与信心的危急时刻，李嘉诚在全球家喻户晓的金字招牌无疑是一个最有利最直接最令人放心的无声广告。这些都是内地的中药企业欲走向国际市场所急需的，除了前两点之外，和黄在构建海外销售网络上也足见李嘉诚的远见和魄力。

2007 年 12 月 25 日，中国首个企业责任评比——“首届中华社会责任奖”在北京颁奖，包括国家电网、中国石油、中国移动、中国建行、广州白云山和黄中药等十家国内知名企业获奖。据悉，白云山和黄是唯一入选的国内药企，也是广东唯一入选的企业。

所谓企业社会责任，是要求企业在追求利润以及实现股东价值回报之外，还要关注其对员工、消费者以及环境等的社会影响。伴随中国经济的发展和企业的壮大，对企业社会责任的追求，也受到越来越多企业的重视。

2001 年，和黄开始在欧洲建立“和黄药业大药房”，兼营中西药，经过几年的发展，如今它已经在欧洲收购和开设了一千多家连锁店，其中在英国就有七百家。

2003 年，和黄还在伦敦单独推出具绿色环保概念，命名为“森（SEN）”的中药店，主要销售内地生产的中成药，比如，同仁堂的六味地黄丸、上海和黄药业的麝香保心丸和白云山的板蓝根、穿心莲等。除此之外，和黄旗下的连锁店屈臣氏也可以成为供利用的渠道资源。除了中药保健品外，超市还可以销售甲类 OTC 用药，比如，广州白云山的拳头产品“板蓝根冲剂”。

和黄作为外行进入中药领域，对于具体的每一项产品的潜在市场不可能看得很准，但看到了中药在国际市场上巨大的潜力。事实上，当年和黄入主上海中药一厂时，上海中药一厂的品牌在内地并不是一流的，但这并不影响和黄注资的决心。果然，随后不久，和黄就在上海张江建立了和黄药业研究所，进行中药新药的研究和美国 FDA 标准的研究。

李嘉诚在中药领域的数次注资，绝不是纯粹的资本行为，还有一种深厚的“中药国际化情结”。在与白云山中药厂的合作谈判中，和黄本欲将广药集团旗下的所有中药品牌一齐盘下，却不想染指以生产西药为主的制药行业。据了解，在近几年来，浙江、江苏、四川等地的制药企业主动上门要与和黄合作时，都因为其非中药企业而遭拒绝。

可以预见的是，这些销售渠道不仅促成了和黄与内地企业合作的最主要原因，更是未来几年和黄欲将中药推向欧美市场的金光大道，并将开辟明媚灿烂的艳阳天。

在新药研发方面，和黄也充分地体现了利用内地资源的策略。以上海和黄药业为例，其中最著名的麝香保心丸和胆宁片都是公司与科研单位合作开发研制的原创型产品，该两个品种的销售额超过公司总销售额的一半有余。

通过和内地企业联手，并在海外建立销售网络，和黄已经为实现“中药国际化”梦想迈出了坚实的步伐。

现在的问题是：这个梦想离实现还有多远？李嘉诚真正的梦又在哪里？李嘉诚会不会与他拍拖的对象结婚？会否长相厮守？会否海枯石烂心不变？

进行投资活动，除必须择人外，还要善于任势。投资者求之于势的同时，还要造势，如何造势，可以有各种各样的方法。信息社会将物理的“时间”扩展，将社会的空间压缩，但感觉上的“时间”，还有待人们自己去选择，空间有待人们进一步拓展，这是人一生旅程中要发现和自我追寻不断面对的挑战。

> 信息与通信科技将“时间”变成朋友，对此我为你们感到兴奋，也为自己感到兴奋。信息与通信科技发展是未来的主轴，当中它含无限可能，大家要抓住它、掌握它、珍惜它、建设它。
>
> 虽然未来由很多元素和机遇组成，然而未来最终的取决还系于人类的心灵和智慧，我们要用知识和智慧，赋予科技与时间新的意义，为自己、国家与全人类社会建造共同的尊严和福祉。

作为三百年企业的同仁堂集团，拥有总资产 28.8 亿元人民币，每年生产中成药一万多吨。到目前为止，同仁堂已取得生产批准文号的中成药品种近千个，常年生产的品种 400 多个，并能生产 24 个剂型产品。

同时经营各种中药材、中药饮片 3000 余种，还拥有药用动物养殖场，每年向生产企业提供纯种乌鸡和优质鹿茸。

在同仁堂的产品中，安宫牛黄丸、牛黄清心丸、乌鸡白凤丸、大活络丹、国公酒占据着同类市场的大半个江山，每年在国内市场的销售额超过亿元。不过有业内人士认为，对于李嘉诚与同仁堂的合资，相信没有国际中医药中心这个背景，单是同仁堂这个金字招牌，以及净资产溢价 1.5 倍的价格，已经对李嘉诚产生足够的吸引力。

在华东地区，李嘉诚选择了上海市药材公司作为合作伙伴。在上海，早在 2001 年，和黄药业（上海）投资有限公司就与上海市药材有限公司与香港共同投资 2.2 亿元人民币，将上海中药制药一厂重组改造为上海和黄药业有限公司，双方各占总投资的 50%。

上海和黄药业成为香港和记黄埔集团在内地的首家医药公司。而原上海中药制药一厂正是由申城四家百年国药老店雷允上、胡庆余、童涵春和蔡同德的中成药加工场合并而成。旗下经营有麝香保心丸、胆宁片、生脉注射液等一批名牌中药产品。

未来几年，和药将有八种新药能够申报美国 FDA 审批，包括免疫、抗癌、骨质疏松领域的药物。至此，和黄已经大跨度地分别在华东、华北、华南与当地的知名医药企业，成立合资公司，涉足医药产业。从上海、北京到广州，和黄在内地医药产业的金三角版图正在一步一步扩大，其进军医疗保健行业的步履亦更为坚定。李嘉诚惯常的区域板块资本运作与行业产业链整合效益渐渐显现。

能在有生之年为国家的医疗卫生事业多做些事情，一直是李嘉诚先生的愿望。而这一夙愿正在被其旗下的和黄逐渐变为现实。

世界对我们有新的要求，我们要有新的准备。知识已不再是一门技能或一纸文凭。对这个世界的认知，大家要有多层次、多维全方位的视野、慎思明辨、客观论证及逻辑思维，这是现实生活可仰赖的成功方程式。

李嘉诚的眼光永远是超人超前超视距的。

巴菲特认为："我的致富经验中重要的东西是理性。我总是把智商和天资看作发动机的马力。许多人拥有一台四百马力的发动机，但只获得一百马力的产出。如果拥有一台二百马力的发动机，并使它开足马力，这是更好的途径。"

不过，国泰君安制药行业分析师陈希怡认为，和黄中药方面的投资是非常谨慎的。她指出，和黄在内地药业的投资，相对其他方面的投资，非常少，都控制在相当谨慎的级别，甚至是完全可以预见并能控制风险的投资范围。虽然也合资，也有合作，但都是战略起点，甚至是策略性的。他们目前追求的只是一种战略存在，甚至是策略性伙伴，并不是追求短期回报。

从行业的角度，目前医药行业属朝阳行业，但缺乏强有力的企业集团对中小企业进行整合，和黄如果能够实现品牌移植与产业整合，在市场上还是大有作为的。

"判断一项投资是否成功，要看是不是具有强大的研发能力、管理能力以及销售能力，而现在谈这些，对和黄来说还太早。"她说。

我寻求的是实际的善，而不是理想的至善。这个世界已有很长的历史，我们必须从历史经验汲取教益。历史经验告诉我们，老办法比新理论更有价值。商业的奥妙，并非只有你一个人懂得。

当年拿破仑面对亚当·斯密的经典学说时曾经不屑一顾，今天我们面对李嘉诚的长袖善舞，却不能不心服口服。

李嘉诚为何看好具中华老字号的中药名企呢？这是因为近年来国际上的消费者日益意识到西医的局限性和化学药物的毒副作用，在回归大自然思潮推动下，西方草药市场以每年 10% 的速度惊人增长，目前年市场总值约 50 亿美元左右，未来几年将达到 200 亿美元。

近年来，内地中药工业的平均产值一直保持着 20% 左右的稳定增长，中药工业已成为国内盈利能力最强的行业之一，内地中药工业与石油工业等四十一个工业行业相比，八项指标中有七项指标名列前茅，其中百元固定资产利税率仅次于烟草工业而位居第二。烟草与医药并列盈利龙头，这的确是一个十分滑稽的社会现象。

“中国入世对整个中国都有利，我比任何认识我的人都乐观。因我做过工厂，十分了解，如果有外国资金、技术、市场推广技巧一起来中国，将会为中国带来更多就业机会，更多可取的好事物。加入世贸，便会有很多国家来华投资，各国有其长处，有助启发你的构思，中国市场庞大，为香港制造机会。整个市场开放后，香港人多了机会，亦多了竞争，以前那种打交情便算数的情况不会再出现。”

国家“十五”规划也将中药行业列为重点发展的高新技术产业之一，因此随着国内非处方药市场的快速增长，尤其是在国际上中草药逐渐被广泛认识和追捧之下，未来国内中药行业有望继续保持稳步快速增长。

而自 2004 年 7 月 1 日起抗生素将成为处方药不能在药房出售之后，中药行业更面临巨大的发展机遇。由于内地将实行非处方药（OTC）制度，以中成药的特殊性，很大部分中成药将列入 OTC 范畴，患者可直接在药房、药店购买 OTC 的中药。

药品同其他商品属性不同，患者在众多同类中药产品中进行选择时，更多考虑的是产品的品牌。尤其是在现阶段内地特殊浮躁的社会环境，和黄及李嘉诚的金字招牌就成了市场可以信赖的信心保证。正因如此，较多具有中华品牌老字号大小的中药上市公司自然成为海外财团争夺和合作的目标，也成为了关注的焦点，也正因如此，品牌价值极高拥有老字号的上市公司如同仁堂、云南白药、东阿阿胶等成了大鳄们争夺的目标。

推崇范蠡

李嘉诚在一次演讲中，不厌其烦地讲述范蠡的投资哲学。从小他就很喜欢听故事，从别人的生活可以有所领悟。当然，这不只限于名人或历史人物，我们周遭的各人各事言行举止，常常会带来启发，在商言商，有些时候，更会带来巨大利润的机会。

洛克菲勒（Rockefeller）与擦鞋童的故事相信个个耳熟能详：当1929年华尔街股市崩溃前，一个街边擦鞋童替洛克菲勒擦鞋时，给予他一项炒卖股票的所谓秘密消息，当时洛克菲勒领悟到当擦鞋童亦参与股票市场时，便可能是应该离场的时候，他随即将股票兑现，此举令他得以保存财富。

范蠡一句：“飞鸟尽，良弓藏；狡兔死，走狗烹。”成了他传世的主轴，说尽了当时社会制度的缺憾与人性的悲苦。范蠡是太史公司马迁所撰的《史记·货殖列传》中所记载的第一位货殖专家，也就是我们今天概念中的商人，他曾拜计然为师，研习治国治军方略，博学多才，有“圣贤之明”，是春秋时代著名的政治家。他不仅工于谋略，还有渊博及系统化的经济思想，而且他本人亦凭借其经商智慧赢得了巨大的财富。

> 老实说，现代经济学很多供求机制的理论，我国历史中也有记载。务求货物完好，没有滞留的货币和资金，容易变坏的货物不要久藏，切忌冒险囤居以求高价。研究商品过剩或短缺的情况，就会懂得物价涨跌的道理。物价贵到极点，就会返归于贱；物价贱到极点，就会返归于贵。

当货物贵到极点时，要及时卖出，视同粪土；当货物贱到极点时，要及时购进，视同珠宝；货物、钱币的流通周转要如同流水那样生生不息。

范蠡的“计然之术”，还试图从物质世界出发，探索经济活动水平起落波动的根据及其与国家政治变化的关系；其“待乏”原则则阐明如何预计需求变化并做出反应。他主张平价出售粮食，并平抑调整其他物价，使关卡税收和市场供应都不缺乏，保持市场的平稳与自然流通，这才是治国之道，更提出了国家积极调控经济的方略。“知道要打仗，就要做好战备；要了解货物，就要明白何时出现需求”，“旱时，要备船以待涝；涝时，要备车以待旱。”

在这里，范蠡强调人们不仅要尊重现实的客观规律，而且要运用和把握客观规律与应变时机，应用在变化万千起伏波动的经济现象市场运作之中。

范蠡一生可算无憾，有文种这等知心相重的知交；有西施可共度艰难，共度辰光的伴侣，最重要的是有智慧守护终生。相信他是快乐的，因为他清楚知道在不同时候，自己要担当什么角色，而且都这么出色，这么诚恳有节。勾践败国，范蠡侍于身后，不被夫差力邀招揽所动。

范蠡助勾践复国后，又看透时局，离越赴齐，变名更姓为夷子皮。他与儿子们耕作于海边，由于经营有方，没有多久，财富竟然达数十万钱。齐国人见范蠡贤明，欲委以大任。

见惯风雨的范蠡却相信“久受尊名，终非益事”。于是，“千金散尽还复来”的他散其家财，分给亲友乡邻，然后怀带少量财物，离开齐到了陶，再次变易姓名，自称为陶朱公。他继续从商，抓准机会，看准市道，每日买贱卖贵，没过多久，又积聚资财巨万，再次成为富翁。

范蠡没有日记，没有回忆录，只有他行动的记录，故无法分析他当时从政弃政经商弃商求财弃财的复杂心态，如果有，也是后人凭着自己的理解而做的杜撰揣摩。

范蠡历尽艰辛协助勾践复国，却又看透勾践不仁不义不忠的性格；他建立国家政治制度，却又害怕制度束缚自己；他高瞻远瞩雄才伟略，但又厌倦社会的争辩和无理，厌倦人世的尔虞我诈；他成就大业追求理想，却深刻体会到世间上最强最有杀伤力的天敌是妒忌，范蠡为什么会有如此消极的抗拒？

这完全不是范蠡个人所能解决的社会问题民族问题。任何一个人面对如斯境地，都只能徒叹奈何。一切只能顺其自然。正所谓天意不可违。

我记得法国文豪雨果有这么一句话：世界间有一种比海洋更大的景象，那便是天空；有一种比天空更大的景象，那便是你内心的天空。

2003 年 12 月 15 日，在北京工业大学综合科学楼启用仪式上，李嘉诚再次高瞻远瞩地讲道：

美国哈佛大学 Michael Porter 教授在一篇叫《国家创新能力》的文章内提出，创新是未来的决胜因素，创新能力是知识及资讯组合的百变动力。

为了现实的需要，在宏观层面，政府缔造的架构要重视培植创新的活力，不仅是投资精尖科技的发展或其商业应用这些硬环节。而是在政策上，建立一个包括政府、工商业、教育、环境、健康、精神、成长、艺术和科学，有利大胆创新的互动流畅开放的软环境。

Michael Porter 教授在报告中所列出的国家创新能力排行榜中，我国处于中游位置，这正是鞭策我们力争向前的动力。这是我们，尤其是各位年轻人的责任。在个人追求生产力与繁荣的同时，我们也能够为解决国家及人类社会的各种挑战做出贡献，打造未来。

圆梦

中医药产业是中国极具独特优势的领域。随着入世后的不断开放，中医药产业也迈上了国际化市场化的新台阶。中医中药在世界范围内普遍为人们所看好，就连世界卫生组织也极力推荐天然的植物为本的中医中药。

在这样一个大背景下，中医药的国际化就被提上了行业发展的议程。

联合证券医药行业研究员袁璐认为，对中医药的研究不仅在中国，在日本、韩国以及西方发达国家，大的跨国医药公司都在研究，力图从中医药中发掘黄金。而有关“洋中药蚕食中国市场”、“日韩中药风行欧美”的消息也是不断地给中国中药企业敲响警钟。

因此，如何加快国际化步伐，利用外来资本充实自己，加速中药现代化，增强参与国际竞争实力，已经成为中药企业面临的重大课题。

“同仁堂在积极寻找合作。和黄作为国际资本，拥有强大的海外销售渠道，将使同仁堂的国际化受益匪浅。”同仁堂集团总经理梅群说。

袁璐认为，和黄确实在销售渠道上面存在着诸多他人所不具备的优势，比如说旗下知名连锁店屈臣氏，这当然是可供利用的资源。

除了保健品以外，其实国内 OTC 药品也分为甲类和乙类，甲类 OTC 是能够在超级市场的货架上销售。白云山的拳头产品板蓝根就属于甲类OTC。而如果从医药产业的整体布局而言，屈臣氏介入医药连锁也不是没有可能的。在与白云山成立合资公司时，和黄药业就同意安排将合资公司的产品摆放在和记黄埔集团在世界各地拥有或控股的连锁商店进行销售。

光大证券医药行业研究员毛峥嵘认为，以和黄的资金实力而言，是完全能够做这方面大规模的实业投资的。

而港商感兴趣的也主要在中药方面，香港近年来在中药现代化方面的投资也是比较大的，希望在这方面形成优势。也许人们好奇的是，一向以港口、电讯业务等闯荡天下的李嘉诚，为何突然对中药如此垂青？熟悉和黄投资脉络的人，却毫不隐讳地指出，李嘉诚有很深的中药国际化情结，他早就想为自己，某种程度上也是为过早病逝的父亲李云经先生，也为全体中国人，圆一个中药国际梦。

经过一连串动作，李嘉诚基本完成了在内地最发达地区的布局：华北由同仁堂和记把守；华东有上海和黄冲锋；而华南呢？则需要另一个和记撑腰——白云山中药厂的出现便如此顺理成章。于是，这便有了近几年李嘉诚亲自出马投资中药事业的一幕。

香港是中药国际化的桥梁，桥梁的彼岸是欧美市场。但明眼人一看便知，李嘉诚的志向显然不限于香港，不限于中国，不限于华人。建设中药港，只不过是李氏将香港作为中药国际化的桥头堡。说白了，香港是中药国际化的桥梁与跳板。桥梁的彼岸是欧美市场。

在中药走向全球的道路上，欧美是最主要的目标市场，也是最难攻坚的市场。而在这两个市场中，欧洲又是中药进入美国的桥梁。

2004年4月30日，欧盟在官方网站公布了《欧洲传统植物药注册程序指令》，并宣布自公布之日起生效。据业内人士分析，该《指令》与两年前的《指令（草案）》的内容相比，大大降低了植物药的市场准入门槛。白云山中药厂厂长李楚源说：“这对于中药挺进国际市场极为有利。”

李嘉诚显然也看到了这样的有利条件。但真正让他将欧洲作为国际化首站的原因，还是香港与欧洲历史上的联系。

香港曾是英国的殖民地，不少英国人都去过香港，曾接触过中药，对中药文化有一定的认知。这一点从整个欧洲的市场中英国的中药消费人群最多就可看出来。据从英国考察归来的李楚源介绍，在英国的中药店，常光顾的除当地华人华侨外，还有很多当地人。从这个角度来看，英国便是中药登陆欧洲的天然港口。实际上，李嘉诚在英国的中药销售终端布点已经初见规模。

与此同时，和黄又在伦敦单独推出中药店，单看其名就颇有绿色意义——森（SEN）。据有关人士介绍，药店中的中药主要是国内生产的中成药，比如，同仁堂的六味地黄丸、白云山的板蓝根、穿心莲等。有趣的是，当地有人将板蓝根冲剂比作中国咖啡，一遇上感冒发烧就冲上一杯。

据统计，近年来中国医药市场保持高速增长，医药工业产值年均增长16%以上，比世界药品市场年均增长高出12%，也高于世界发达国家主要制药国近三十年年均增长13.8%的水平，成为全球发展最快的医药市场之一。

然而，中国医药行业却带着严重的内伤，中国医药独立核算工业企业约四千家，其中大型企业仅占12%，一般销售额都只在10亿～20亿元人民币，全国医药前十强只占国内市场25%的份额，还没有一家医药企业的年销售额达到百亿元人民币。全行业利润总和还不及国外一家大型制药集团的利润额。

由此可见，多年来形成的医药行业散小乱混杂弱慢的局面没有得到根本改善，企业规模效益差，这已成为制约中国医药发展的一个瓶颈。

因此，加快兼并重组步伐，扩大医药行业的资产规模，提高国内市场的集中度与产业链接效益，已经成为中国医药行业发展迫在眉睫的现实问题。亦因此，并购与重组已成为国内整个医药行业未来发展的主流趋势。

当此时刻，李嘉诚大踏步迈入大宅门同仁堂，这就成为一个水到渠成极其自然的选择。一个是创建于清朝康熙年间的闻名遐迩的中药老字号大店，一个是财大气粗的香港首富，这桩门当户对的医药联姻自然成为中国医药行业整个重组并购事件中的最大卖点。与此同时，同仁堂正凭借它的金字招牌，积极向海外扩张。在六年内，同仁堂把在国内的300多家零售药店扩展至900家，五年内，把10多家海外零售药店增加到100家，使同仁堂成为国际知名中医药企业，并把国内发展成熟的中医药推向国际医药市场。这与李嘉诚打造香港国际中医药中心的战略布局不谋而合。

国家食品药品监督管理局副局长任德权说："中西方文化在这里（香港）和谐交融，为中医药的发展提供了得天独厚的条件。香港的特殊地位决定了香港在中医药现代化、国际化的进程中必然具有特殊的地位，必将发挥重要作用。”

中国医药集团总公司（下称“国药集团”）是中国最大的医药企业集团之一。在国内拥有七家生产企业和设在北京、天津、上海、广州、沈阳、西安、南宁等全国各大城市的营销网络。此外还与国外一些著名跨国医药公司合作，建立了中国大冢制药有限公司、无锡华瑞制药有限公司、苏州胶囊有限公司、西安杨森制药有限公司等二十二家中外合资医药生产企业，在香港、越南、德国和法国等国家、地区设有子公司或办事处。多年来“国药”的年销售总额长期名列全国前列。2002 年销售额突破百亿元人民币。

但规模庞大的国药集团也有它自身的弊病。资产分布分散，涉足领域太广，使这家大型药企在激烈的市场竞争中已不堪重负。2003 年的销售额虽然突破百亿元人民币，但利润只有区区 5000 万元人民币，净资产只有 5.24 亿元人民币。

在“国药”历经六年之后，终于将其控股的“国药股份”成功上市，下属的十多家子公司被划入了上市公司。但是通过上市融资并不能帮助“国药”走出困境。“国药迫切需要启动资金。”一位知情人士说。

其实，在上市之前，“国药”的部分高层对此就已有了清醒的认识，解决的一个途径就是将余下的资产通过与其他企业的重组来进行整合。

李嘉诚的中医药国际化之梦，通过和黄的一系列动作已经越来越清晰可辨。

李嘉诚是在这样一块地基上开始他的造梦努力的：在全球 300 亿美元的中草药市场中，中国仅占 3% ~ 5%（指中药出口量）的市场份额，而其中的 70% 是附加值很低的中草药原料，成品药出口微乎其微。与此形成强烈反差的是：日韩等国不仅凭借其工艺技术、质量管控、包装等优势占据了国际中药市场近 90% 的份额，还大举进军中国，吞食了国内 30% 的市场。

梦想之外的现实之痛。中国人别无选择地无可奈何地咀嚼着外国人用中国产草药生产的中药，尤其是日本人生产的中药。

据业内人士称，中药进入西方市场主要是戴着保健食品的帽子，或者，仅在唐人街华人社区的中药店和一些中医门诊销售，要进入大型医疗机构的处方药市场，几无可能。基于西医学的角度看，中医理论太抽象，中药疗效没有过硬证据，复方中药的化学成分太复杂，无法科学地阐明其药理，生产不够标准化等。所以在很多人看来，中药国际化基本上还是一厢情愿、难成气候之事。其实，在20世纪后期，欧美国家的媒体比较热衷宣传包括中医药在内的自然疗法，也开始有越来越多的西方人寻中医问中药。

20世纪80年代末，全美已注册的各种中药店和中药保健食品网点就已经达到1300余家。

李嘉诚显然也看到了这些有利条件，把欧洲作为实现其中医药国际化梦想的首站。而香港与欧洲历史上的联系和1998年以来大力推行的中药兴港计划，也是其造梦的现实基础。

李嘉诚的梦，也是香港的梦，更是中国人的世纪梦。

李嘉诚一直有很深的中医药情结，而想要在产业上有所作为，变个人情结为企业行为，还要追溯到1998年的亚洲金融风暴。在金融风暴的冲击中损失惨重的香港急于振兴经济，特区行政长官董建华在1997年、1998年的施政报告中连续提出，香港要争取“成为一个国际性的中医中药中心”，通过应用创新科技，使中医药“成为促进香港经济增长的行业，并以此提高香港在国际市场上的竞争能力”。这就是香港的中药港计划。

在成功抵御亚洲金融风暴的冲击之后，1998年，香港特区政府宣布将重点推动高科技和高增值产业的发展，以带领香港走出经济困局。把香港建设成为“国际中医药中心”（即中药港）就是其中的一个重要目标。为了成为“国际中医药中心”，香港特区政府已制订出一项庞大的十年发展计划。

1999年7月，香港特区政府制定的《中医药条例》获得香港立法会通过。从此，香港所有中医师必须注册，而批发及零售中药材也需领有牌照。随后，香港政府根据《中医药条例》成立了中医药管理委员会，制定附属条例，使中医注册工作可以顺利展开。

2001年5月，香港中药研究院成立。研究院计划分阶段支援中药的标准化和认证、产品研发、安全评估和药品成效临床科学研究，确保产品质量和成效，提高中药在医学界的地位与国际上的认受性。

内地的中医药发展虽然十分成熟，却主要局限于国内市场，没有走向海外，发扬光大。而香港背靠内地，可以借助内地丰富的人才、科研、经验、原材料、产品等资源，成为引领内地中医药走向世界舞台的跳板。

此前，新世界发展也在国内进行了多项与中药有关的巨额投资。李嘉诚与同仁堂的合作，正是这种发展思路延续的典范之作。就市场而言，显然是一个双赢的选择，因而被看重国际中医药中心的人士寄予了很高期望。然而，几年来中药港的发展情况一直没有出现风生水起的红火局面，业内人士认为，根本原因在于香港缺乏有分量的中药主体企业支援，而且中医药中心的形成需要市场文化的积淀，市场的培育也像炮制中药一样需要慢火温火，不是急火烈火就能熬成的。

“亲人不代表是亲信，如果一味地任人唯亲，那么事业是不会有发展的，就我个人的经验来说，最重要的是要以诚待人，虚心听取别人的意见，充分调动员工的自主性和创造性，如果每个人都信任你、帮助你，那么你的事业就成功了。”

第四章

整合玩具业

L i K a - s h i n g

▲ 李嘉诚呼吁青年人要建立自我，追求无我，并使之成为人生的最高境界。

▲ 2001 年 2 月，李嘉诚参观新疆哈萨克族寄宿中学。

广州一德路这条位于广州西边老城区的小路，已经因为各式各样玩具的堆积热热闹闹了十余年。路两边骑楼里挤满了大大小小的玩具档口，以批发为主，兼营零售。广州德宝交易广场、中港玩具精品城、玩具商贸中心等六七家玩具批发专营市场都拥拥挤挤地聚集在这里，形成了华南最大的玩具集散地。

一德路的发展已遭遇严重的物流瓶颈，一德路位于广州老城区，外地货车限时出入，单向行车，很多经销商只能在广州周边选地方做总仓，看准时间再将货运进一德路，运输成本高。因为路窄拥挤，一德路已经改成了单行道，这里在广州城市规划中将成为步行街，也许用不着等到城市改造，这里的玩具批发就要换个地方再玩过。一德路的地位正受到挑战。

在离一德路几十公里的广州东边，黄埔区南岗镇，一个被命名为广州国际玩具城的项目已经热火朝天地破土动工。超人李嘉诚带大家玩玩具，那一定是惊心动魄的刺激与好玩。2003 年初，李嘉诚和广州市国际玩具中心有限公司合资成立了广州国际玩具城有限公司，长和在其中占有 60% 的股份。

2001 年 6 月 20 日，广东省玩具协会将《关于对著名中国小商品集散地义乌市的实地调查考察报告》提交给广东省经贸委和广州市政府。在报告中，广东省玩具协会第一次提出，建议由政府有关部门牵头组织，在市区边缘、交通方便地带，统筹规划建设有特色的大型玩具专业批发市场。

省玩具协会提出了几点理由：首先，广东是全国乃至世界玩具的主要产地，广州又是玩具流通的输出地；其次，广州现有的几个批发市场都是由业主自发招商而成，不但布局分散难以形成产业规模与集群经营，而且主要在市区不利于商品出入运输，也没有可供长远发展的拓展空间；再次，广东玩具业虽然产出量大，但是并未形成必然的规模效益，甚至外销还要借助浙江。

在广东省玩具协会的牵头组织下，2001 年 12 月，广州国际玩具域项目作为广州市商贸重点示范性项目立项。2002 年 3 月，广州市商业局通过了对该项目的规划专家论证，并将其列入广州商业网点建设配套资金支援项目。2002 年 6 月，玩具城被列入广东省经贸委技术改造重点支援项目。2003 年 3 月，成为广州市三个示范性高级批发市场之一。

最早介入此项目的，是来自潮汕的民营商人吴楷明等人合资成立了广州国际玩具中心有限公司，于 2001 年底介入，并从黄埔区南岗镇取得了目前这块位于广州黄埔物流园区的土地。

“协会把女儿养大，现在嫁给我们了。”广州国际玩具城有限公司营销总监刘军这样形容长达两年的资产转让酝酿过程。在各界强力运作下，2002 年初项目开始初步定下来，2003 年 2 月，李嘉诚旗下的长江实业开始介入合资洽谈，4 月双方签约，7 月正式破土动工。

注资九亿

直到 2004 年 9 月，李嘉诚投资广东玩具业的项目正式揭开其面纱。李嘉诚注资九亿元人民币欲打造的世界玩具交易中心的广州国际玩具城，正式对外展示其样板街。这个被命名为广州国际玩具城的项目占地五百亩。2004 年 6 月投入使用。

广州国际玩具礼品城位于广州黄埔区南岗镇，靠近广园东快速干线，由香港长江实业、和记黄埔联合广州国际玩具中心有限公司共同投资运营，长江实业、和记黄埔和广州市国际玩具中心有限公司合资成立了广州国际玩具城有限公司来经营该项目，占地 32 万平方米，总投资达到 15 亿元人民币，长江实业、和记黄埔各注资 4.5 亿元人民币，各占有 30% 的股份。

项目共分三期，位于广州黄埔国际物流园区，总建筑面积达 35 万平方米。

整个项目计划分三期兴建，首期建筑面积近 10 万平方米，商铺近 800 间。整体规划包括可容纳 3000 多个商家的现代化商铺区，还有展览、主题公园、写字楼与商务酒店等综合功能片区。

建成后，进场商家将超过 3000 家，年营业额超过 200 亿元人民币，该项目还整合了商贸、展示、物流、科研等厂商之间多个环节的产销研交易平台，预计每年将拉动玩具及相关交易达 500 亿元人民币。这一次，李嘉诚又是眼快手快，借鸡生蛋，借腹生子，不知不觉间抱到一个金灿灿的胖娃娃。所有工程 2004 年底完工，2005 年 3 月一期全部投产招商。

早在两年前，广东省玩具协会就牵头在广州市区边缘寻找合适的位置，酝酿兴建大型玩具专业批发市场，以图和浙江义乌形成南北抗衡之势。当潮汕商人吴楷明把“广州国际玩具礼品城规划方案”摆到长江实业面前时，李嘉诚判定，这个广东省市两级政府全力支援大力催谷的项目潜力无限。

李嘉诚的横空杀出，使内地玩具产业出现了“三强争霸”的全新格局。继李嘉诚之后，浙商斥资 3 亿元人民币，在江苏扬州江阳工业园建设建筑面积超 18 万平方米，号称中国最大的玩具专业商城。

广州、扬州不约而同“叫板”义乌的同时，也催生了义乌市玩具制造基地的迅速扩张。义乌市玩具协会会长李樟新说：“直通义乌国际商贸城的玩具基地建成后，义乌玩具产业将更有生产支撑力、市场竞争力，我们将在国际竞争中乘风破浪。”李樟新称，国内的其他玩具城不会撼动义乌玩具市场，充气玩具、益智类小玩具等品种主产主销都在义乌。而国内其他产地的玩具每天都源源不断运抵义乌市场，仅广东一地，每天运抵义乌的玩具就有 60 个集装箱的装载量。

广州国际玩具礼品城的野心也很大。为了保证有足够的大中型玩具企业和经销商进入，他们甚至对企业的固定资产、出口额度、品牌档次提出了明确具体的要求。

为建立国际销售平台，创立精品名品，广州国际玩具礼品城不仅已经争取到广州市政府的支援，将举办今后的广州国际玩具节，还将通过国际合作，不定期地组织玩具展吸引国内外客商。另外，带领国内玩具厂家出国路演、参展、组织国外的采购团来玩具礼品城采购以及自身形象宣传等推广策略也已经列入了玩具礼品城的全面规划之中。此外，其科研创新中心与玩具主题公园的建设更是令人耳目一新。

而国内玩具厂商和经销商的狂热追捧更是长和方面始料不及。虽然还没有开始正式招商，但考察咨询者已经络绎不绝，热线电话应接不暇。不少客商已经在意向性的铺位登记认购中抢占先机。

企业追求效率及盈利，尽量扩大自己的资产价值，其立场是正确及必要的，庞大的资金轻而易举地流入可钻营的市场，层出不穷，寻找最低成本、最佳人才及机会，商场每一天如严酷的战争，负责任的管理层天天精疲力竭，为了捍卫企业和股东的利益，被迫永无止境地开源节流，科技及投资增长，却未必能创造就业机会，市场竞争和社会责任每每两难兼顾。然而，若不能增进福祉，经济的作用又是为了什么？漠视此问题，我们将付出高昂的代价。

据地产界人士分析，目前广州商铺市场的投资回报率一般在8%～10%之间，现在市场需求量最大的是总价在200万元人民币以下的商铺。广州国际玩具礼品城对于投资者来讲，实际上成为了一个新的商铺投资机遇。

最初的缘起在2001年5月底。广东省玩具协会秘书长李卓明参加了义乌会展中心的开业典礼，并趁机对义乌小商品市场实地考察。结果却让广东方面大吃一惊。在义乌，70%的玩具来自广东，其中高中档塑胶玩具、电动玩具和拼图基本上是粤货的世界。广东玩具在义乌的年成交额达到30亿元人民币，其中的30%又出口到全球市场；广东产玩具通过义乌销往国内和国外市场的玩具，已经占到广东全省玩具销售额的20%。

广东奥迪公司号称澄海最大的玩具制造商，据其市场总监胡勇说，从全国最大的玩具生产基地广东澄海每天发往义乌的塑胶玩具达到10多车，高峰时达到30多车，一年的销售额超过7亿元人民币。

“义乌并不是玩具产地，可它卖的绝大多数都是广东货啊！”提及当年的实地考察，广东省玩具协会会长杨开茂感叹不已。

做任何决定之前，我们要先知道自己的条件，然后才知道自己有什么选择。在企业的层次，要知道自己的优点和缺点，更要看对手的长处，掌握准确、充足资料做出正确的决定。

李嘉诚在2005年3月的一次演讲中，再三强调不论是企业，还是一个政府，发展经济一定要抓住时机四因素。要抓住时机，要先掌握准确资料和最新信息，能否抓住时机是看你平常的步伐是否可以在适当的时候发力，走在竞争对手之前。

抓住时机有四大重要因素：

1. 知己知彼。做任何决定之前，要先知道自己的条件，然后才知道自己有什么选择。在企业的层次，要知道自己的优点和缺点，更要看对手的长处。

2. 主次分明。身处一个多元变动的年代，公司的架构及企业文化必须兼顾全球来自不同地方同事的期望与顾虑。公司的业务必然是多元化前提下的主次兼顾。在1979年收购和黄的时候，李嘉诚首先思考的是如何在中国人传统的哲学思维和西方管理科学两大范畴内，找出一些适合公司未来发展跟管理并获取最大产出效益的交汇坐标与捷径，然后再构建一套系统灵活的架构，发挥企业精神，确保今日持续的扩展不会变成明天的负累。

> 灵活架构为集团输送生命动力，不同业务的管理层自我发展生命力，互相竞争，不断寻找最佳发展机会，带给公司最大利益。完善治理守则和清晰指引可确保创意空间。企业越大，单一指令行为越不可行，因为最终不能将管理层的不同专业和管理经验发挥。

3. 持之以恒。减低一切失败的因素，调动一切积极的因素，令其发挥最佳效能就是成功的基础。

4. 适可而止。李嘉诚多年来坚持公司初始以来就拟定的信条：发展不忘稳健，稳健更应发展，坚持知止不败的天条，在全面扩张的同时，依据公司之稳固实力及国际形势之变幻，步步为营，稳扎稳打，将长和帝国建立在一个坚如磐石的基础之上。

这是李嘉诚旗下公司首次杀进广东玩具业，为了打理该项目，李嘉诚委派了长江实业（集团）有限公司中国物业发展部经理陈伯荣出任广州国际玩具城有限公司总经理，而拥有欧洲第二大零售网络的和记黄埔，将通过国际化管理和零售网络吸引国际玩具巨头和国内玩具厂商进驻。

此项目的另一名投资商吴楷明表示，该项目不是简单的玩具批发市场，而是整合了商贸、展示、物流、科研、金融、保险、网络等厂商之间多个环节的产销研交易平台，预计每年将拉动玩具及相关交易达到500亿元人民币。

在中国，提起玩具城，人们大多会想到有名的浙江小商品城义乌。那里是玩具的天堂，一个人想到的或想不到的任何玩具或礼品都能在那里买到。2004年中国玩具年消费额已达到250亿元人民币，而且仍将以每年40%的速度增长，到2010年中国玩具消费额超过1000亿元人民币。

长实高级营业主任倪德森说，中国儿童每年的玩具消费支出只有人均4美元，而欧洲是147美元，美国是340美元。“中国儿童的玩具消费还有很大的上升空间，不是几倍，是几十倍。”倪德森说。

在玩具业的产业链上，义乌是中国最大的流通市场，广东省却是中国最大的玩具生产省份。东莞、深圳、广州、中山、佛山、澄海等都是重要的玩具生产基地，广东拥有中国8000多家玩具生产企业中的4500多家，玩具生产量占全国的70%、全世界的50%，2003年广东玩具产业出口总额突破42亿美元。

令人难以想象的是，华南最大的玩具礼品批发零售集散地，竟然挤在广州市老城区一条叫作一德路的单行马路上。亦很难想象，广东出产的玩具要跋山涉水远赴浙江，通过义乌商人之手倒腾到国外。

许多玩具生产商抱怨，滞后的产品研发与陈旧的销售流通渠道正在使广东的玩具业失去与国际同行对话的资格。行业发展的规模停滞不前，市场甚至面临着日渐萎缩的产业危机。广东产玩具需要舍近求远到义乌出口，其实已经相当讽刺地揭示了这一困局。

从物流上讲，玩具在广东生产，然后运输到义乌，再通过义乌运到上海或宁波转运国外市场，与深圳盐田港或广州黄埔港出口相比，运输成本及时间成本显然太高。从短期来看，义乌和广东的冲突不会特别明显；但从长远来看，广州玩具城的崛起未尝不会重整玩具业的市场格局，对其他地区的玩具流通业带来或轻或重的威胁。这可能就是那些不满足于现状的参与者所期待的场面。

8月初，长实到浙江义乌路演了三天。结果当地玩具礼品厂商买下了玩具城3万平方米的铺位，金额达3亿多元人民币。浙江商人的热烈反应似乎在向广州宣战，只有浙江人才是玩具的最大玩家。

2004年6月26日至28日，广州国际玩具城就在义乌进行了为期三天的推介会。吴楷明表示，与义乌相比，广州国际玩具城定位更高端，技术含量将更高，市场潜力将更诱人，产业链更系统完整，出口运输更便捷。

在广州，广州国际玩具城带来的另一个冲击就是一德路，经过多年的发展，一德路已成了广州最大玩具交易中心。更关键的因素，业内人士认为，在于作为大股东的李嘉诚，有可能“项庄舞剑，意在沛公”。

地产界人士分析，对于长和来讲，介入玩具城项目并不排除“圈地”以便借鸡生蛋的可能性。也就是说，不排除玩具城有可能扩充为一个庞大的商住项目的可能性，当玩具城渐入佳境，固定及流动人口日益增加的情势下，对当地的住房要求及其他生活休闲设施的要求自然而然会提上发展日程。“建设玩具城，3 万平方米就够了，如果是 30 万平方米，背后一定隐藏着别的更大的计划。”而根据玩具城的规划，其第三期有部分商住楼项目，第四期有游乐场项目。

出任广州国际玩具城有限公司总经理的陈伯荣，此前是长江实业（集团）有限公司中国物业发展部经理，有丰富的地产运作经验；工程部的负责人也是来自长江实业的林家强。而被认为在物流和渠道上有丰富经验的和记黄埔，目前并没有员工加盟玩具城。

李嘉诚生活在公众塑造的虚拟世界中，人们渴望咨询他对地产的看法，人们想追随他的最新投资动向，人们通过各式各样的方式来谈论他、捉摸他，更多的是在揣测他的发财秘笈。在相当程度上，今时今日的李嘉诚，对绝大多数公众来说，仍像个谜，对他的描述越多，他越显得神秘莫测，越显得不可思议，越显得神乎其神，越显得超然若圣。但与此同时，另一个李嘉诚却在有条不紊地生活着，不管是做生意，还是个人生活，他都遵循着简单的哲学，简单、乐观、善良、平和、节制，只倾听自己内心的声音。与寻常人家相同的是，尤其不愿听到刺耳的噪声。在这方面，李嘉诚似乎是凡人中的一个普通凡人。

> 能否抓住时机和企业发展的步伐有重大关联，要抓住时机，要先掌握准确资料和最新信息，能否抓住时机是看你平常的步伐是否可以在适当的时候发力，走在竞争对手之前。

李嘉诚那些看似大胆的冒险，都以他稳健的风格做基础。“其疾如风，其徐如林，侵掠如火，不动如山，难知如阴，动如雷震。”像沃伦·巴菲特一样，他的经营哲学是他胸中千斗万斛知识的自然发酵延伸，他曾经一再强调说，经营集团的原则是，好景时，我们决不过分乐观；不景气时，也不过度悲观。

一位追随他多年的亲信说，李先生投资的关键是，他是否能够在任何时候都能够不失时机地全身而退。某种意义上，退比进更难把握。与巴菲特对高科技的保持等距离不同，李嘉诚喜欢谈论未来，潮涨潮落，了然于胸。他对潮流变迁的感知力预知力应变力，成为他获得今天的超然地位的最重要原因之一。

在漫漫的历史岁月中，在漫长的商战之出神入化的演绎中，从春秋时代的越国思想家计然与巨商范蠡，西汉时代的大粮商任氏，再到近代的胡雪岩，都非常重视对市场变化的预测与研究，都非常重视市场信息的精到把握揣摩前瞻。这已成为儒商成功的一条颠扑不破的基本定式。

做大做强

资料显示，国产玩具在国内市场上只有 20% 的占有率。而在国际市场上，中国是世界最大的玩具生产和出口基地，全球 75% 的玩具都在中国生产，其中广东占有全球市场 50% 的份额。但是这些产品中，绝大多数都是 OEM[①]。

目前中国约有五万家玩具生产和销售企业，其中 2 / 3 都是 OEM 的出口企业。而在这些出口企业中，又有 2 / 3 从事低端产品的生产，几乎所有的产品都是传统材料、低技术和劳动密集型。因此，如果国外市场咳嗽，中国企业就得感冒。反过来讲，如果中国企业打喷嚏，国外市场就会咳嗽。一个明显的例子来自 2003 年上半年的 SARS 影响，根据东莞玩具协会的调查，2003 年玩具出口比 2002 年同比下降了 50%。同时，全球著名的玩具厂商都在加大其在中国市场的投入，以培育长期稳定的消费群。

国内玩具企业主要有四个问题需要解决：

其一，营销网络。大多数企业做的都是 OEM，因此只懂生产不懂销售，进入国际市场“就连腿都迈不出来”。

其二，研发设计能力薄弱。国内还缺少一个玩具业研发的基地。

其三，流入玩具行业的资金很少。因为玩具行业主要是中小企业，吸引贷款很难，因此它们主要都是靠自有资金滚动发展起来的。

其四，缺乏自己的品牌，大多数企业都是随行就市的短平快策略，市场需

① OEM：Original Equipment Manufacturer，贴牌生产 / 原始设备制造商。

要什么，就生产什么，而缺少能够引领市场风气的主导产品。

当广州国际玩具礼品城的买家把设在珠江新城国门酒店的认购处围得水泄不通的时候，长江实业高级营业经理、玩具城开发商代表袁添鸿宣称，长实已和广州市政府洽谈，会在玩具城旁边再投资一个“面积比现在玩具城还要大的地块”，相关事宜正在进行之中。袁添鸿介绍，早在2004年8月间，长实已就此和广州市黄埔区政府达成协定，并商谈有关征地、拆迁等事项。这也就不难理解，广州市政府与李嘉诚均有意做大国际玩具礼品城。

李嘉诚新扩征的土地，位于离玩具礼品城“一至两分钟车程的距离之内”，面积达数百亩，比现在开发的国际玩具礼品城还要大，其定位为“为国际礼品城提供配套服务”，这一项目已基本确定。

长实人士透露，这一新增项目的具体功能目前仍在策划中，初步有意见认为，其中可能有部分将作为国际玩具礼品城商业经营面积的延伸扩大，部分作为配套玩具礼品城商户的商品住宅。终于，李嘉诚玩具城的战略意图不显山不露水地展现在人们的视野中。该部分商品住宅与玩具礼品城规划开发的公寓、酒店的定位有所不同，前者面向进场经营的经营者，后者则服务于川流不息南来北往的商家。

企业的竞争优势来源在于如何形成真正本土意义并具国际市场优势的管理模式，这种管理模式不是对西方科学管理的简单直接的抄袭复制，也不是对中国传统管理模式全部继承采纳，它是思考如何将西方科学管理的精髓融入到中国传统文化之中，也就是人们常说的“中学为体，西学为用”。

这一方法的探讨，早自晚清时代张之洞为代表的洋务派开明人士就已经跃跃欲试，大声疾呼。从李嘉诚身上，更加可以清晰地看到，思维方式的重要性，与其说人们关注的是长实集团的日常运作及如何赚钱，还不如说我们更关注的是李嘉诚的言行与思维变化。

李嘉诚赚多少钱与你一毛钱的关系都没有，李嘉诚说什么可能与你的每一毛钱都有关系。

成功事业的思维是什么？在这里没有必要去分析甚高深莫测的哲学思维，而只是想剖析李嘉诚企业成功所必须具备的一些思维定式，而且希望这必然是能够大众化的思维定式。如何将企业管理过程中各种貌似矛盾的问题转化成相互融和的有利因素，并确保企业顺利运作赚钱。简单讲，就是赚到比别人更多的钱。

如果按照李嘉诚本人的语言描述，那就是如何为股东而不是为社会谋取最大利益。然后，在条件许可的范围内，将部分利益再回馈社会：

> 令事业成功的因素很多，例如，有良好的管理经验，完善的组织和制度，出色可靠的管理阶层和长期忠诚服务的员工，与做重大决定前经深入全面了解及详细研究等。
>
> 建立良好信誉亦是重要原因之一，与海内外的合作伙伴一向以来合作愉快。
>
> 要不断求创新，发展中不忘稳健，稳健中不忘发展。

李嘉诚谆谆教导：

> 市场逆转情况，由太多因素引发，成功没有绝对方程式，但失败都有定律；减低一切失败的因素就是成功的基础。以下四点可以增强克服困难的决心和承担风险的能力：紧守法律及企业守则，严守足够流动资金，维持盈利，重视人才的凝聚和培训。

有香港“楼神”之称、专程到穗督战玩具城首度内部认购选铺的长江实业执行董事赵国雄称，长实对在广州投资充满信心，“还有项目正在洽谈中。”尽管赵国雄没有透露长实在广州的投资计划，但有消息表明，李嘉诚有意进一步做大做强玩具礼品城。

广州国际玩具礼品城在半年左右时间的国内招商中，其商铺认购越走越红，越卖越俏。至2003年10月12日内部认购选铺时，买家的认购数量已大大超出开发商的推铺量，以至于开发商要对买家进行甄别，以防止过多的炒家进入。袁添鸿称，玩具礼品城对炒家的内控比例不超过15%。

10月12日，广州国际玩具礼品城以内部认购形式开始选铺，不到一个上午，“初试啼声”的500间商铺全部售罄，开发商坐收7亿元人民币。当天上午十点半，广州国际玩具礼品城首次公开选铺，引来上千名来自美国、西班牙、荷兰等十多个国家的买家，挤爆销售点，选铺现场之火爆超出预料。位于广州国门酒店门前的销售现场已排起了抽号长龙，五楼的选铺点更是人头涌涌，如潮如水。不少买家表示，为抽到好签选到好铺位，来自全球各地的买家大多提前一两天就来到广州，并从12日凌晨开始排队。

尽管广州玩具礼品城位于黄埔区，均价也不便宜：当天推出的商铺中，一、二层商铺均价为1.2万元人民币／平方米，第三层商铺均价为6800元人民币／平方米，最贵的商铺面积616平方米，总价达1200万元人民币，而最便宜的三层小面积商铺也在60万元人民币以上，价格与员村、东圃一带的商铺相差不远。

一位没有认购到玩具城一楼铺位的玩具商用20万元人民币的转手费从他人手中拿下了两间一楼66平方米标准铺位，还直说“幸亏下手早”。这也是自推出市场以来玩具城认购热的一个小小的缩影。不少中小玩具商也表示，购买玩具城铺位一方面是为了自己做生意，另一方面也抱着投资的心态，在合适的时间选择转让。

除了上述两个问题外，投资人还普遍有一种疑虑：玩具城所处地段主要定位住宅，唯恐这一定位极高的专业市场未来缺乏扩张空间。

广州国际玩具城开发商代表、长江实业高级营业经理袁添鸿称，广州国际玩具礼品城自内部认购登记以来，仅6月下旬在义乌当地就有300多家厂商签订了面积达3万多平方米、金额达3亿多元人民币的认购意向书，而8月底在上海的推介会上也签订了面积达1.32万平方米、金额达1.16亿元的认购单。

早在9月30日，已有来自国内外的50多家玩具礼品行业龙头企业向玩具城投了信任一票，选走160间商铺，成交金额达1.5亿元人民币。

值得关注的是，为形成强势的行业经营氛围，早在招商之初，发展商就以种种方式限制短线投资的炒铺行为，钟慎强强调：“玩具城招商已半年，并没有炒家出现，为控制投资炒铺行为，所有登记认购的买家都需要经过行业审查，买家基本上都是玩具礼品行业的业内人士。”

钟慎强还透露，让发展商始料未及的是，当天的成交客户中，除了广州、温州、上海、义乌、澄海、东北三省等内地客和香港、台湾、澳门客外，还有不少来自全球十多个国家的玩具厂商。如在国内电子琴市场占50%以上份额的日本卡西欧电子公司，迪士嘉、迪宝乐、代代星、驿威等知名厂家和台湾仙施、广州美加南等国际知名采购商。

李嘉诚长江实业与和记黄埔的国际影响力与号召力可见一斑。对选铺当天的火爆场面，广州国际玩具礼品城营销总监刘军分析说，形势其实早已明晰。

该项目之前在义乌、上海等地的推介会捷报频频，首期推出的10万平方米街铺，认购面积已达20万平方米，认购率达200%，认购客户已达1600多个，超过首推铺位总数三倍有多。

经营玩具出口十二年之久的香港一家贸易公司，早在7月1日就交付了25万元诚意金，一次性认购五个铺位，还在广州玩具礼品城对面的康慧苑购买了职工宿舍，准备借玩具城平台开创一番大事业。

山花流火，斗转星移。风景为何这边独好？对众多的厂商来说，该玩具城的最大魅力，一是拥有长实与和黄的国际背景，借助这两大财团实力雄厚、遍及全球的3000多个零售网点和国际化网络，以及超一流的物流平台，拓展国际商机。二是广州国际化形象的提升和政府的支援，成功申亚后，广州的国际形象与国际地位日高，特别是该玩具城属于“9+2”泛珠三角经济合作的广东省重点推介项目，享有政府的多项优厚政策。

最关键的是，该项目拥有发展商科学构筑的信息网络平台、展示交易平台、科技研发平台、人才交流平台、娱乐教育平台、金融服务平台、物流配套平台、行业自律与标准平台等“十大高效平台和一体化配套服务”是对传统模式的一次冲击和创新，以平台拓展商机，为企业和品牌的拓展开创新局面。

准确而及时的市场预测是经商致富的法宝。身处在瞬息万变的社会中，应该求知。求创新，加强能力，在稳健基础上力求进展。

玩具礼品城的二、三期开发中，除了要建一座全球面积与规模最大的玩具主题公园外，还要开发与其配套的酒店、公寓。广州市需要一个国际性的玩具业交易平台，长实与和黄看准了国际玩具礼品城永久性的投资回报，而业内的厂家、商家也对该项目寄予厚望。

这一项目同样为金融资本看好。2004年9月27日，广州国际玩具礼品城与恒生银行、中国工商银行、中国银行、交通银行、民生银行、深圳发展银行六家银行签订合作条约，主要内容包括为客户提供货物抵押贷款服务，出口信贷相关倾斜政策及在结算、资金划转、金融工具等方面为客户提供更及时、更周到的服务。借助这一平台，广州玩具城内的客户只要货物进入仓库，凭仓单就可以向金融机构申请融资。

完整产业链

“我们联合了和黄一起来完成这个项目。”袁添鸿说。和黄的参与正预示了玩具城的运作轨道。“我们将利用和黄在全球的零售网络，把市场需求信息传递给玩具城的厂家，甚至给他们直接带来订单。”他觉得这种来自世界各地的不间断的市场信息，即使是广交会也未必能够提供。

玩具城建好以后，谁来帮驻扎的厂商把订单上的产品运出去？中国生产的玩具占据了世界玩具市场 70% 的份额，其中的 70% 又在广东生产，谁又负责来把广东年出口额达 40 多亿美元的玩具运出去？

玩具城总建筑师刘军说，玩具城并非政府性质的建设项目，所以不存在招标、投标问题。但是在寻找合作伙伴的过程中，广州国际玩具中心有限公司和广州市政府都希望玩具城具备“全球贸易流通平台”的作用，概括起来就是五点：一是产业集群化；二是要有国际订单；三是运输便利；四是出口快捷；五是信息快速反馈。

和黄的优势意味着广州玩具城少了后顾之忧，也意味着，依托广州玩具城这个平台，广东每年出口额达 40 多亿美元的玩具物流业务可能大部分将要落入和黄的物流体系之中。对于产业链完备的长实集团来说，小小一个玩具城的内涵可以无限丰富，无限放大，无限扩展。当然，寻常人家亦可以无限遐想。

更重要的是，此举可以将原本分流到浙江经其他港口出口的货物，回笼改由珠江三角洲沿海港口出口，增加和黄在盐田港的吞吐量。这些当然都得依托于玩具业。所以李嘉诚意味深长地说：“不排除整合玩具业。”

“长实为什么去建一座投资只有九亿元人民币的玩具城？因为它是一个 1+1+1 ≥ 3 的项目。”袁添鸿说。除了零售和物流，这第三个“1”就是地产。玩具城很明确地被列入长和系华南地产项目的序列之中。按照规划，玩具城将分三期完成，其中第三期是建造一个占地四万平方米的商务型主题公园。据说在广州市的规划里，今后这里将作为一个重要的旅游景点。

在土地政策紧缩的宏观背景下，玩具城项目是否有圈地嫌疑？刘军明确表示，玩具城项目从2001年底就开始酝酿，2002年初，项目通过广州市商业局的专家评审，并且完成相关的土地审批手续，而且玩具城是一个产业开发项目，而不是一个住宅项目，因此，与宏观调控紧缩政策并不相违。刘军说，32万平方米的玩具城最多只能入驻3000个商家，但是中国的玩具企业有8000多个，还没有算上礼品制造企业。“所以我们不可能用作其他用途。”如果顺利的话，玩具城每天交易的现金流将会很大，已经有十多家银行争取进驻玩具城。刘军透露，目前初步确定了中国银行和交通银行作为玩具城的金融合作方。

长实还打算在每年春交会期间举办一次“国际玩具节”；到了秋交会，则举办“海上丝路节”。据说广州市政府正在考虑这两个提议。对长实来说，它希望的是在每年两季广交会之外，玩具城能够获得更多关注的目光和订单。地产，零售，还有物流，玩具城项目承载着长实各方面的业务。

2004年，广州专业市场层出不穷，国际玩具礼品城、国际包装印刷城、广州国际轻纺城等多个商业地产项目，或是全新入市，或是改头换面进入市场。其中，广州国际玩具礼品城因为李嘉诚的关系最受人关注。

李嘉诚选择在黄埔开发广州国际玩具礼品城项目，与当年霍英东挺进南沙颇有异曲同工之妙。只不过，南沙开发是不折不扣的战略性投资，建起一座“海滨新城”的目标绝非一日之功。而在广州市中心东移的规划中，黄埔区的三大发展则触手可及。

对于玩具业而言，南岗镇乃至黄埔区在玩具市场方面可以说是一片空白。广州商铺网执行董事陈智表示，在这样一张白纸上勾画全球玩具礼品中心，在诸多有利因素之外，所面临的挑战亦是可想而知。他预计这一市场培育过程需要两到三年时间，并且不少玩具商也对今后这一区域能否形成足够旺的玩具业氛围颇有疑虑。

而短线投资客的介入也将该专业市场准入成本拉高。根据对该项目的长期跟踪，玩具城一期铺位的买家主力由中小玩具商与投资人构成，并包括一部分炒铺者。最初以10万元人民币／间左右的价格转手的炒家已经将铺位成本抬高20%，而按照2004年前后每月每平方米百元人民币的租价，投资回报率也相应由原来的10%降至8%左右。

玩具城开发商邓锡伟有乐观的估计：“玩具礼品业这类拥有极大发展潜力的行业，拥有了这一比以往更为广阔发展的空间，以此逐步实现产业的专业化、规模化建设的明细归类，以长实和黄的实力和决心，玩具城达到国际化标准的时间会大为缩短。”

邓锡伟还表示，如果按照过去广州绝大多数玩具商和批发商密集在老城区一德路段的业态，局部市场已空前竞争激烈。不仅玩具经营者做不大，更加剧了周边交通压力与安全隐患。而面积超过32万平方米玩具城的出现不仅一改玩具业旧形象，也为今后国产玩具业的现代化提供了展示空间。

玩具城能否形成良性市场格局？“最初，玩具城的买家里面基本没有炒家。”一位高层人员透露，“但长江实业派来了香港销售经理开始接手后续销售，操作手法就全部改变，先是招聘了三十位销售人员，经过严格的培训之后，开始出去‘扫街’。”一个月后正式开盘认购的时候，总共售出18万平方米，并出现万人排队的场面。长实派来的经理人可以放心“交数”了。

但其中的问题在于，后来的价格已经在混乱中走低，引起早期高价买铺的买家极大的不满。并且最初按照规划，玩具城里面铺面严格分区，按照毛绒、电动、塑胶等品种进行分门分类，易于管理，但长实公司派来的人极为看重铺位短期销售业绩，未完全顾及规划方案，只以销售去货为目标，买家位置打乱了规划顺序，而最令人担忧的是18万平方米销售面积中有40%左右被炒家买走，为日后经营带来极大的不稳定因素。

2005年8月，李嘉诚决定将在广州市投资开发国际玩具礼品城的项目延伸至网络游戏动漫产业。这一即将开发的新基地投资额将超过20亿元人民币。广州国际玩具礼品城有限公司董事、副总经理吴榕凯透露，建设广州网络游戏动漫基地的千亩土地已基本落实，位于国际玩具礼品城附近。

长江实业与和黄介入广州动漫网络游戏产业“纯属偶合”，其决策显然是在广州市准备向国家申办这一产业基地之后。其实，当初广州国际玩具礼品城最早的方案是考虑扩大项目配套投资，这得到了广州市政府的大力支持。

2004年7～8月间，广州市在香港举行的穗港两地经贸洽谈中，广州市与港商共签订了约50个合作项目协议，其中与长江实业、和黄签定的第一、二号协议中，第二号协议的内容就是广州国际玩具礼品城扩建项目，当时规划的规模用地为五百亩，主要开发国际玩具礼品城的配套设施。

自获知广州市向国家申请建设网络游戏动漫基地消息后，黄埔区政府和广州国际玩具礼品城即大力争取园区落户在黄埔。有关人士介绍，其实广州市从申请到获国家批准，这一时间过程并不长，而国际玩具礼品城项目向网游动漫产业延伸，也是 2005 年 8 月才做出的决策。

这是一个宏大的开发设想但也是顺理成章水到渠成之事，大型玩具市场与网游动漫本身就有天然直接的商业联系。这一决策也极符合李嘉诚一贯的投资策略——做大做强，形成完整的产业链接。

国际玩具礼品城的定位就是面向玩具业的制造商与销售商，仅商业面积部分，就可容纳约 3000 商户。将上游的创意及产品与下游的衍生产品结合起来，打通产业链，无疑具有极大的商机。

广州市政府向国家申办国家级网络游戏动漫产业基地后，广州国际玩具礼品城公司在政府大力支持下，于是就有了千亩网络游戏动漫产业基地黄埔园区。在这一项目建设中，长江实业与和黄及由内地合作方组成的广州国际玩具礼品城公司，主要负责硬件开发，为华南地区新兴的网络游戏动漫产业构筑大平台，使处产业上游的动漫网游最终转化为产值大、利润高的玩具、文具、鞋、帽等下游轻工产品，将制作动漫的创意转化为生产力。

李嘉诚一向擅长战略性长线趋势投资策略，在资产经营方面拿捏得非常准确，出售资产通常都会获得数倍甚至更多的投资回报。对于长江实业和记黄埔乃至其他港资公司在内地房地产业的表现，广州合富辉煌集团控股董事副总经理黎振伟说道："内地目前是一个不成熟的房地产市场，大部分企业还做不到和黄或者长实那种企业规模和程度。"

业内人士认为，对于和黄来说，珊瑚湾畔卖不掉就不急于出手，一方面和黄资金充裕，不会像国内开发商那样，一个楼盘滞销资金链就可能出现大问题。即使短期内卖不掉，资产也还在那儿，评估的时候也一样会计入公司资产内，而和黄资金成本又非常低。另一方面，又可以持有具升值潜力的资产，期待物业进一步升值，至少，人民币汇率的调升，已经在相当程度上为该物业保了。

长实和黄现在不断出售海外资产，抽调海外项目资金大量进入内地市场，如果仅仅是做产品，肯定不符合长和系一贯的盈利风格。从和黄大量投入土地及楼盘项目来看，长和系除了分享国内 GDP 两位数增长带来的经济成果之外，以国外不到 3% 的低息资金成本换成土地静待人民币升值已经几乎成为胜券在握的投资策略。

尽管香港媒体更热衷于报道李嘉诚在内地合作方的各种背景，但超人之所以被称之为超人，就是他总能在别人不看好的趋势及项目中稳稳获益。这一超人的眼光则是无人可及与不容置疑的事实。

相比正佳广场开业在天河商圈引起的地震，玩具礼品城所面临的境况则完全相反：没有来自附近的其他专业市场竞争，反倒容易受制于行业特点，未来中小商家过多，缺乏众多龙头企业的带动，成为国际化商流中心的一大隐忧。而更重大的调整在于，玩具城有可能改变过去只卖不租的招商策略，以租铺形式吸引更多商家进入。

有专家指出，此举虽然可以达到旺场的目的，但从玩具城招商条件不断放宽的趋势看，开发商正有意加快推铺速度，同时也放松了最初的准入门槛。受制于国内玩具业的整体水平，玩具城所能吸引到的大企业数目有限，更多的购买者还是中小玩具商和普通投资者。有业内人士认为，广州的玩具礼品专业市场的最理想状态应该是两头热，传统与现代双双并存，销售与展示齐头并进，质与量齐齐飞跃，名与实一举两得。

韦尔奇曾说：“我认为多元化战略是一直受到质疑的。股东们认为他们可以在两项投资当中找到一个平衡，比如说，在制药公司和钢铁公司这两项投资之间找到一个合理的分配，从而实现多元化。这是每一个跨国企业所面临着的挑战，每一个跨国企业都必须要说服他们的投资者，说服他们的股东。企业总部可以更加行之有效地分配资源，而不是在香港、波士顿或者纽约股市上的那些投资代理，这就是跨国企业领袖所面临着的挑战。”

看来，面对李嘉诚的强力挑战，韦尔奇也不得不甘拜下风了。据中原商铺部的初步统计，广州玩具礼品批发市场的总经营面积估计已经达到 80 万平方米，此行业正遭遇质与量的飞跃。

每个人一生中都要扮演很多不同的角色；也许，最关键的成功方法就是寻找到导航人生的坐标。没有原则的人，会漂流不定，有正确的坐标，我们做什么角色都可以保持真我，挥洒自如，有不同程度的成就，活得更快乐更精彩。

建立个人和企业良好信誉，这是资产负债表之中见不到，但价值无限的资产。

经过六十年的打拼，李嘉诚可以说是对商场的瞬息万变能够顿悟渐悟了。李嘉诚经商有这样三个基本的理念：其一，是按部就班者难以成为巨富。有时，大冒险可以获得大收益；其二，是冒险不能盲目，要严谨，要谨慎，要做足功夫，要量力而为，不打无把握、无准备之仗。在精心准备的前提下去冒险，去求变，就能成功，就是成功。也就是说，必须稳扎稳打；其三，是认准目标，坚持不懈，持之以恒。

渐悟

一位记者曾经采访过亿万富翁李嘉诚，记者在整个采访过程中用了十分尊敬的词语，告辞的时候，还表示了对李嘉诚的崇拜。李嘉诚却说："先生，我同样崇拜你。"记者愕然，如坠云雾，不明所以。李嘉诚解释说："我愿意拿一半的资产和你换青春，你愿意吗？"

李嘉诚富可敌国，却如同常人之轮回，无法换来似水流年。在许多人眼里，富翁的生活是随心所欲的，他们可用金钱换来自己想要的东西，其实富翁的生活并不是如人们想象的无忧无虑。更加不是如普罗大众般无拘无束，自由自在。

比尔·盖茨说他最快乐的事情不是每天看着自己口袋里有用不完的钱，而是能够回到家和妻子、儿子共度时光，看看电视、喝喝咖啡或者和儿子做游戏。这绝不是矫揉造作。这亦不是虚情假意。

英国曾经搞了一项关于富翁对生活状况的调查，他们把年收入在六万英镑以上的英国人作为调查目标并且随机抽取，结果发现有30%左右的人认为自己追求财富的代价是牺牲婚姻或与孩子的亲情，而10%的人认为他们取得经济上的成功是以健康为代价的。他们都不约而同地表示，如果有可能，他们愿意用财富换回青春和健康。但青春和健康是无价的，无法用金钱来换取。

有这样一则小品：一个因为穷困潦倒而悲观失望的人问智者，如何才能让自己快乐起来。

智者问：“如果给你一百万，买你一只手愿意吗？”他说不愿意。

智者又问：“如果给你一百万，买你一只脚愿意吗？”他还说不愿意。

智者于是说：“那你现在拥有了二百万，还有什么不开心的。”

这虽然是一种近乎于自欺欺人的寓言式的方式，世上不存在这样的交易。但其中蕴含着的内在思想却是发人深省的。对于所有生命来说，拥有健康，包括生理和心理的健康才是一个人快乐幸福的最基本条件。

金钱只是人的欲望之一，而作为情感动物，人的心理满足除了金钱之外，更多的满足感成就感还需要得到亲情认可。在这项名为《英国财富观察》的新调查中，有三分之一的人认为金钱可以带来幸福，而不是认为能得到亲人的支援、理解和尊重可以让自己的财富自己的努力更有意义。富裕最直接的消极作用是淡漠亲情，这是富裕的致命伤，也是幸福的致命伤，更是人类社会的致命伤。财富成了当今社会动荡、彷徨、迷茫、沉沦的一个催化剂。

2001 年 5 月 17 日，李嘉诚在出席汕头大学商学院主办的第一期经济沙龙，就企业经营战略问题做主讲人时，对于师生们各种各样的问题，从五万港元创业起家到管理跨国公司，从把握机遇到迎接新经济的挑战，有问必答，谈笑风生。

问：当企业进行战略调整时，公司内部应进行多方面的变革以适应这种调整。请问，您认为哪些方面的调整最为重要？哪些环节最容易出错？哪些环节重要而又最容易被忽略？

答：就我个人的经验来讲，最要紧的是要做出正确的决定，而做出正确的决定之前一定要拿到最准确的资料。对你公司所有的业务，你一定要了解，不能够出错。不然，你最好的最有潜力的公司，今天有，明天可能就没有了。这是第一点。其次是流动资金。因为有的公司有了利润，但是没有流动资金的时候，就会麻烦。还有，面临变革，最要紧的还有公司同事的士气。

问：面对知识经济浪潮，或者说进入IT时代，您认为一个企业应该进行哪些战略调整？请问在新的经济形势下，您怎样看待所从事的传统行业经营？是否看好一些新出现的行业？

答：IT时代，其实就是令你所做的实业更有效率，更可以节约时间和金钱。现在我们有很多新的行业，比如生物技术，还有很多现在还没有人知道的行业，我们都在发展。但是传统行业如果能够配合新的IT技术，就最好赚钱。我们每一家公司都这样做，除了在香港、内地之外，我们还在二十八个国家发展。现在看起来，到今天为止，我们在每一个国家的发展都是非常好的。

问：许多公司都形成了自己特有的经营管理模式，如内地已有海尔模式。请问李先生，有没有一种和黄—长实模式？如果有的话，这种模式有何种特征？

答：我们的模式，原则上是西方管理模式，但是我们好的地方，是加入中国文化哲学。你们听到西方国家叫作Quarter—CEO。如果一年做得不好，你这CEO就应该打好包袱，立刻回家。但是我会去看、去分析，比如一个行业，每一个同行都掉了90%，我们只掉了60%，人家掉了这么多，你掉了这么少，这个CEO我还要奖励他。但是假如有一个行业，人家赚的是一百块钱，我们赚八十块钱，那我就会问：为什么人家赚得这么多，你赚得这么少？

问：请问李先生，您记忆中最艰难的是哪一段时间？面对这些困难时期，是如何成功度过的？

答：我在1950年开始创业时只有五万块港币。开业的那一天是5月1日，公司只剩下几千块港币。所以当时最大的困难是财政。但我对今后的业务一定可以做得好充满信心。我的五万块资金，可能几年之内，可以拿到一百万块。那个时候，一百万块算是非常多啦。我愿意把生意卖掉，回去念书。

其实我不是做生意的材料。为什么不是？因为，第一，我这个人怕应酬；第二，我不懂得逢迎；第三，诚信的事，我答应人家，就会守信用，但是人家答应我的，有时不是很守信用。但是我想通了，就一直做下去吧。

生意虽然困难，但是因为我肯求取新的知识，所以我的困难只是暂时的。一方面做好自己经常的业务，一方面努力去创新，创新虽然有时也会失败，但是成功了就能赚大钱。这是我的经验。困难是一种锻炼的形式。

问：李先生手下有许多杰出的高层管理人员，可谓卧虎藏龙。请问您是如何降龙伏虎，激励和约束他们，使得他们既能接受管理又保持自主性和创造性的？

答：他们与我的关系非常好。我自己曾经也打过工，领过薪，所以我知道他们希望的是什么。我的所有行政人员，包括非行政人员，在过去十年至二十年，变动很小，我相信是所有的香港大公司中变动最小的，譬如高级行政人员在过去的十多年，流失率低于1%。为什么？第一，你给他好待遇；第二，你给他好的前途，让他有责任感，你公司的成绩跟他是百分百挂钩的；第三，要有制度，不能山高皇帝远，要靠制度来管理。有些人有时会做错事，但他并不是有意的，凡事都是有个预算的嘛，你拿出来之后，也要大家同意，你要过不了大家的关那就不行。

我老是在说一句话，亲人并不一定就是亲信，一个人你要跟他相处，日子久了你觉得他的思路跟你吻合，那你就可以信任他，并任用他，可以做你的亲信。如果你用人唯亲的话，那么企业就容易遭受挫折。

问：现在无论多大的企业，只要战略上有一点过失，都会使企业损失巨大，您如何防止企业犯这样的错误？

答：防止人家犯错，就要知人善任。像一些大企业，如世界有名的巴林银行，一个小小的职员，他买空卖空，去日本买卖期货就可以将企业搞垮。另外企业经营不要太贪心，要步步为营，现在经济全球化，这个原则也是绝对不能随意变动的。

问：人的成功离不开机遇。请问李先生机遇在您的事业发展中是否发挥了作用？人怎样才能抓住机遇？

答：坦白来讲，我1950年或是在我14岁开始工作的时候，我是全靠努力、吃苦、求知，甚至到我开始创出事业的时候，最初五年也不是靠机遇，全是我自己的努力创造出来的。后来机遇越来越多，越来越大，那么机遇有了，最要紧的就是你要充实，多了解外面的情况，无论政治、经济，最新的行情你都要尽量知道，这样，机遇来的时候才能有能力去抓住它。

假如一个人很懒，机遇就是跑到你面前来，也会错过。还有，你去找机会难，但是机会来找你容易。因为我公道公正，以前很多人跟我合作愉快，因此直到现在，很多机遇都是跟我合作的人送来、追来给我的。这是我的一个秘密。

当你跟一个骗子合作，你跟他讲合作、讲信用，那你是傻瓜，所以自己应该多学习知识，知识能力一高，判断力也就高。机遇无论大与小，只要来了，即使是普通的机遇，你也要抓住它，好好地运用它，一个中等的机会可以发挥变成一个大机遇。

这是我自己的看法。

问：作为一个管理者，个人的人格魅力是非常重要的，请问李先生您认为您的人格魅力主要体现在哪些方面？

答：我啊，其实长得也不英俊，最要紧的是以诚待人。如果你没有诚意，你周围的人迟早都会离开你。一个企业不能只靠一个人，是靠大家的。单单你一个人，再有能力也没有用。历史上项羽力能扛鼎，非常能打仗。但最后还是失败了。这就告诉我们，一个人再有魅力，也成不了大事。

你要以诚待人，有好的管理，有好的人员，有好的制度，每个人都帮助你的话，你一定能成功。

“要成为一位成功的领导者，不单要努力，更要听取别人的意见，要有忍耐力，提出自己意见前，更要考虑别人的意见与见解，最重要的是创出新颖的意念。然而，当你做出决定后，便要一心一意地朝着目标走，常常记着目标是你的最大资产，今天便要建立起来。”

第五章
拓展长江基建

L i K a - s h i n g

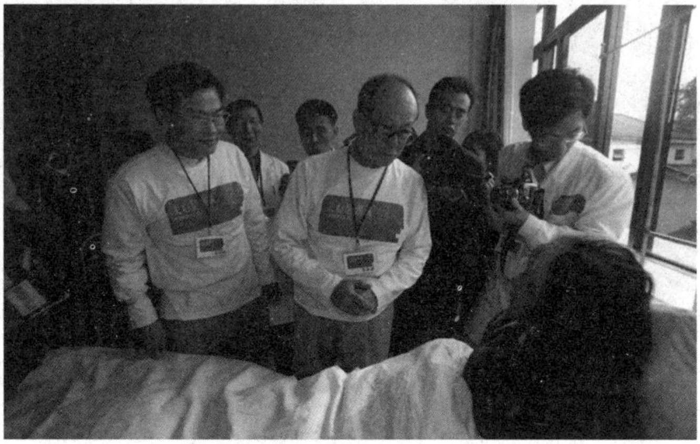

►2004 年，李嘉诚亲临广东省潮州市三饶镇发起并积极推动“关心是潮流”活动。

▲李泽钜（前排中）为首的长江基建精英。

长江基建集团有限公司是李嘉诚长江实业集团控股的下属公司，为一间多元化的基建公司。1996年从母公司长江实业分拆上市，由李嘉诚的长子李泽钜担任主席。公司业务主要以能源基建、交通基建、基建材料、电力等为主。资产总值达2400亿港元。

长江基建是中国内地基建业最大规模私营投资者之一，亦是香港及华南地区主要水泥及混凝土生产商。加上在香港电灯集团及加拿大赫斯基石油之投资，使集团能源及基建业务分布地域更广，性质亦更多元化，包括发电、供电以及石油和气体业务。

长江实业集团占长江基建有限公司（长江基建）84.58%权益，长江基建在香港联合交易所有限公司上市。

多元组合

1998年，长江基建录得强劲溢利增长，纯利较去年增加18%。长江基建在香港水泥、混凝土、沥青及石料等业务多年来持续看好。在中国内地方面，长江基建继续拓展华南地区业务，主要生产及分销水泥和混凝土。长江基建在广东云浮一间水泥厂拥有大部分权益，在汕头兴建了一座大型水泥粉磨厂。

现时，长江基建在内地多个省份收费公路及桥梁持有合资权益。该等收费公路及桥梁共长1000公里。由于内地项目完成，长江基建能源业务亦取得理想之盈利增长。能源业务包括长江基建在香港电灯集团有限公司（“港灯集团”）持有的36.11%权益。

1998年，长江基建投资的河南省泌阳电厂及吉林省四平电厂投入运作，现有在珠海、抚顺、汕头及南海的电厂继续顺利运作。

1989年，长江基建资本支出（不包括发展中待售物业之支出）达港币96.33亿元，资金来自库存现金、内部盈余资金、部分则按需要向外界借款。1998年12月31日结算时，集团现金、管理基金及其他上市证券投资总额为港币393.63亿元，其中51%为美元，即为境外投资或跨国投资。

长江基建整体财务及融资政策以风险管理及控制为主，有关交易均与集团基本业务有直接关联。为了协调运作、提高效率及方便监控，集团为旗下所有非上市香港附属公司设立一个中央现金管理系统，所有非上市附属公司的库务安排及长期借贷要求均由控股公司监察及批核。

多年来，长江基建不失时机地利用香港金融市场及业务所在地融资，拓展业务。在有适当机会出现及认为合适可行时，并会利用远期外汇合约以及利息和外币短期合约，一方面与主要的非港元和非美元贷款风险对冲，另一方面则可协助调节集团的利率风险。

长江基建的任何重大决策，李嘉诚都在不同程度上有所参与。李嘉诚显然是长江基建的灵魂与核心。包括李嘉诚在内的商界富豪、地产巨鳄、投资高手和理财巨无霸们，都不得不面对这样一个实质性的现实问题：在高新技术和新技术日新月异的发展面前，在全球经济一体化大势所趋的潮流中，究竟如何将集团业务多元化，以规避全球化可能带来的市场风险，究竟谁将脱颖而出？谁将更早更快更易手执牛耳？

一个是要面对市场激烈竞争下微利的掣肘；另一个是要处理企业的创新变革以迎合市场的急剧变化。因为微利，所以要创新，只有创新才能在微利竞争恶斗中生存，而这种创新是彻头彻尾不折不扣的公司变革，是背水一战绝地反击的市场角逐争锋，也是弹指一挥间的企业涅槃演绎，更是火中取栗的天赐良机。历史虽然不是以财富论英雄，但从来都是以成败论英雄。

在世人面前的李嘉诚，似乎时时深谙新经济的内在玄机与奥秘机运，并且以

“老骥伏枥，志在千里”的胸襟气魄准确预测把握驾驭拓展新经济的未来走势。

长江基建集团（不包括联营公司）有39860员工（1997年为37100名），其中19015名（1997年为20087名）在香港受雇。每年仅仅雇员开支（不包括董事酬金）就高达港币65.22亿元（1997年为港币57.66亿元）。

在潜质优厚的核心业务支持下，长建集团秉承李嘉诚一贯稳健的投资策略，在审慎控制成本效益情况下持续扩展核心业务。这是长江基建集团董事总经理霍建宁于1999年3月25日提交的集团运作报告中所概述的长建要务。

2004年3月17日，长江基建集团有限公司日公布2003年度业绩，该集团连续第八年获得盈利增长，全年获纯利35.56亿港元，增长6.2%，每股基本盈利1.58港元。

长江基建主席李泽钜表示，集团在内地的能源投资项目表现良好，溢利达4.8亿港元；在内地的收费道路投资项目则表现不一，集团投资经营的107国道驻马店路段交通流量减少，但在广东省的交通基建投资组合表现出色，取得双位数字的收费收益增长。李泽钜表示，2001年长江基建进行了涉资130亿港元的新增投资，在业务扩展及多元化发展方面迈出了重要步伐，为集团未来滚动发展与持久盈利奠定了基础。

长江基建2002年的一个突出特点，是收购了澳大利亚水厂Aqua Tower49%的权益、英国水厂Cambridge Water的全部权益、澳大利亚Lane Cove隧道40%的权益和英国北部气体分销网络40%的权益，开拓了食水处理业务及英国市场。

作为集团稳定及主要收益来源的香港电灯，2003年为集团提供24.05亿港元溢利贡献，占集团整体溢利贡献约57%。

长江基建董事会建议派发末期息每股0.51港元，2003年5月17日派发。全年每股共派息0.79港元，较上年每股派息0.715港元，增10.5%。

凭借内部增长及一连串的环球收购，长江基建目前已是香港交易所内最具规模的多元化基建公司，同时也是国际市场上最主要的基建公司之一。

如前面公司业绩报告所说，长江基建在内地的最大投资项目是电力。内地电改的序幕始于1997年原电力工业部改组为国家电力公司。然而，运行数年之后，这一切并不如人意。最大的问题是，许多地方有电卖不出去，而许多地方则年年缺电，甚至要拉闸限电。电改步履艰难，消费者叫苦不迭，而国家电力公司以外的独立电力企业更是怨声载道。所有这一切，都为李嘉诚资本的杀入预留了无限发挥的空间。

2002年4月12日，国务院以国发[2002]五号文件下发了电力体制改革方案，《电力体制改革方案》正式出台。新方案的三个核心部分是：实施厂网分开，竞价上网；重组发电和电网企业；从纵横双向彻底拆分国家电力公司。

当时，国家计委认为，电力体制改革的重点是在国家电力系统的发电端实行厂网分开，将国家电力公司管理的资产按照发电和电网两类业务划分，并分别进行资产、财务和人员的重组。通过重组形成四个各拥有4000万千瓦左右装机容量的全国性发电企业集团，每个发电企业在各个电力市场中的份额原则上不超过20%；重组电网资产设立国家电网公司（含华北、东北、西北、华东、华中五个区域电网公司）和南方电网两大电网公司。

国家计委有关负责人解释说，“厂网分开”，主要指将国家电力公司管理的资产按照发电和电网两类业务划分，并分别进行资产重组。当完成组建后，才逐步由上市公司按商业原则逐步进行收购。

据业内专家称，目前五大公司获得的资产可排序为：华能集团、中电国际、国电电力、大唐电力、山东国电。

由此开始，中国电力市场已进入重新瓜分资源的时代。而这场大战的核心目标就是中国电力行业拥有的2.5万亿元人民币总资产——这是一块中国最大的蛋糕。在这场资本风暴中，真正扮演主角的是国电系、国投系、华能系、长和系、地方系及实力更胜一筹的外资大鳄。

2002年3月起，国家电力大举建设北京地区光纤环网通信和资料网工程，至2004年底，全国形成统一的电力通信网和电力资料网。电力系统内部员工研究的室内外光纤复合电力线、复合型电力传输导线电力、电信、电视和因特网四网合一宽带接入传输网等三项专利技术被国家知识产权局授予实用新型专利权。

雏形将成的“中国电通”，在极为荣幸地笼罩上李嘉诚的资本魔力光圈之后，像一个飞速旋转的飞碟悄无声息地浮出水面。其实，李嘉诚对中国电力市场心仪已久。内地连年喊缺电，早就让李嘉诚看在眼里，想在心里，挂在嘴上，长和系在中国内地累积投资额已达到约一千亿港元。

统率长和系资本帝国内外并举、纵横驰骋的李嘉诚，为了在内地未来的电力市场中分羹，潇洒自如地挥舞着资本魔棒，进行了一系列的行动。而此次出击是透过旗下香港电灯与长江基建来实现的。

香港电灯已经收购国电公司旗下的中电飞华部分权益。超人李嘉诚此次采取的是“曲线战略”，入股甚至控股中电飞华，实在是“一箭双雕”——可以同时进入中国内地的电信和电力两大市场。

中电飞华计划股票发行，初步准备融资额五亿港币，公众持股数比例占25%。北京中电飞华通信有限公司是由国家电力公司国电通信中心、36家网省公司电力通信单位和国家电力公司下属全国性大公司合资组建的网络运营商。

公司成立于1997年，注册股本人民币一亿元整，主营增值电信业务。公司立足电力系统，对系统外积极开展增值电信业务，对系统内全面提供电信服务。

香港电灯创立于1988年，负责香港地区的发电及输配电力供应，香港电灯包括香港电灯有限公司、港灯国际有限公司及若干小型附属公司。而李嘉诚为了进占内地电力市场，早就令港灯集团在亚太电力市场按部就班地扩张布局。

港灯在2001年底宣布，以7亿港元入股投资额达98亿港元的泰国电厂项目，跻身为该项目的最大单一股东，从而成为长和系逆市投资的最新战例。港灯并与十八家国际银行签订45亿港元贷款融资，是港灯自获政府批准财务计划以来，在银团贷款市场的最大规模的集资活动。

显然，这是李嘉诚为了内地市场而进行资金备战。李嘉诚从来不打无把握之仗，李嘉诚的投资决策从来都不会是只看到眼前三五年。

李嘉诚近年积极进军电力市场，其扩张称霸之心路人皆知。但是，李嘉诚的策略颇耐人寻味，不显山不露水，甚至可以说踏雪无痕。这更显超人的深厚功力。

长江基建的触角还不断伸向广东的路桥。广州市番禺区北斗大桥是一座跨越番禺沙湾水道的特大桥梁。该桥全长3.25公里（含引道），采用双向六车道设计，设收费车道十二条，已于2001年1月10日正式通车。

大桥开通之后，对疏通各类机动车辆，缓解沙湾水道北南两侧早已不堪重荷的交通运输、保证了通往虎门大桥的道路畅通，减轻了沙湾大桥的交通压力；对发展番禺区交通事业、畅通公路运输、活跃城乡经济、提高社会经济效益起到重要的作用。

北斗大桥是由广州市番禺交通建设投资有限公司与香港长江基建集团有限

公司共同投资1.74亿元人民币合作建成的。因此，为了能使投资方得到相应的合理回报，按国家有关规定，该大桥经有关主管部门批准为经营性收费，并采用内地与香港双方共同管理营运的经营方式，而该项工作由“广州市番禺北斗大桥有限公司”负责。

广州市番禺北斗大桥有限公司公司成立于1998年7月，是由广州市番禺交通建设投资有限公司与香港长江基建集团有限公司合作经营的中外合作企业，双方在公司中所占的投资比例分别为60%与40%，合作经营年限为26年。

虽然该项目对长江基建多元化投资来说无足轻重，但是，番禺区交通的畅通，有助加强珠三角的物流人流，有助整个珠三角的产业链，特别是长江基建有份投资的广东高速公路等基础设施，从而有助长和系在珠三角的庞大投资。

早在1992年11月，李嘉诚联手胡应湘发展广深珠高速公路第二期广州至珠海段。该项工程由长江实业与合和实业共同控股，总投资达96亿港元。新鸿基与数间日资公司亦有参股。

这是一项长线基建投资，投资大，风险大，见效慢。但是，李嘉诚认为这段高速公路具有非常广阔的前景。尽管回报缓慢，但是长远来讲，其效益是稳定的，而且投资势必拉动相关产业发展，推动整个珠三角的经济发展，对国家，对地区，对集团都是百利而无一弊的好事。因此李嘉诚不遗余力地推动各方面早日完成工程。

追资珠海电厂

海外各大能源巨头，均对中国电力市场觊觎已久，但是外资对中国电力的热情已大大后退，面对中国电力市场的许多不确定因素和高投资风险，很多外商经多年奋斗劳而无功，已不得不逃离中国。

外资往往是以投资、建设、经营三者合一的身份进行的。通过具体的开发过程，外商不仅仅了解到中国电力市场的巨大规模，同时也逐渐体验到了这个市场的诸多风险掣肘。

根据“高风险，高回报”和风险分摊等一系列国际资本市场上公认的投资理念，外商在项目谈判当中提出了一系列要求，其中包括远高于国内水平的资本金回报率、政府担保、项目有关各方风险分摊等条件。几乎谈成每一个项目都要付出高额的代价和漫长的时间。

20 世纪 90 年代中期，中国刚刚开放电力市场的时候，大批涌入中国市场的外国电力公司拿到了高价购买电力的合同，但在 1997 年电力需求收缩之后，地方电力局纷纷拒绝支付当初签下的账单。在这方面，李嘉诚的长江基建也是其中受害者之一。

中国新的电力公司并不是完全独立的，国家仍然占有控制地位。中国电力公司规模将非常之大。就像在其他行业一样，中国并不隐瞒自己建立全球公司的模式，方法包括补贴转让国有资产、低息贷款和其他倾斜方式。

由于国家实施宏观调控，国务院规定西电东送，导致广东很多电厂建设工作停滞，近几年由于广东省一直保持较高的经济增长速度，电力需求逐年增大，西电东送已经远远无法满足，珠海电力项目扩建势在必行。

珠海电厂扩建项目总投资额超过 260 亿元人民币，由李嘉诚旗下上市公司长江基建、广东省粤电集团有限公司及珠海经济特区电力开发集团共同投资组建，长江基建和粤电力各占 45% 的股份，珠海电力占 10% 的股份。

据原珠海经济发展局局长吴爱存介绍，在 1992 年实施该项目之前，长江基建、粤电力及珠海电厂就成立了合资公司——珠海电厂股份有限公司来操作这一项目，进行资本运作。

一期工程的总装机容量为 270 万千瓦，建设了一、二号燃煤机组及三、四号机组的前期基础设施，已经投入 106 亿元人民币，建了一、二号燃煤机组及三、四号机组的前期基本设施，由三菱集团总承包。一、二号机组已于 2001 年 4 月建成投产。三、四号机组在 2003 年年底追加投资 60 亿元人民币。

预计珠海电厂三、四号机组竣工后，装机容量达 120 万千瓦；加上一、二号机组，总装机容量达到了 372 万千瓦。

一、二号机组原计划是在 1997 年或 1998 年建成投产，但由于政府出台了西电东输的政策，导致电厂发展停滞，直到全国及广东的电力能源紧张，甚至有时出现东电西输的情况，因此又加大了对电厂投资的力度。

2003 年年底，经该项目董事会商讨，决定再投入 60 亿元人民币建三、四号燃煤机组，预计 2004 年投产。根据国家相关产业政策规定，二期规划的五、六、

七、八、九号将改建燃气机组，投入将超过一百亿元人民币，如果和三、四号机组同时启动，将在2006年10月建成投产。

珠海市经济贸易局副局长郑卫东透露，有两种规划方案可供选择，还没有最后确定：一种是在启动三、四号机组的同时，启动二期工程，根据广东省的电力需求，再做调整；第二种方案是希望能在2005年底或2006年初启动二期工程。说到三家的合作，郑表示："当时有几家电力公司可供挑选，最终选择李嘉诚的长江基建是因为该集团是港灯最大的股东，具备相当的实力。当然，最主要的考虑还是对作为主要投资者李嘉诚本人的高度信赖。"

虽然说，电力指标由全省统一调度，但是有句话叫作近水楼台先得月，珠海会首先从中获益，最起码是增加了用电负荷，并期待能够一劳永逸地解决缺电瓶颈。珠海市的电力缺口每年仍有十几万千瓦，不得不多次实行强制性错峰用电，实际上就是在争取几万千瓦的用电负荷。

2003年3月22日，郑卫东对外界透露，李嘉诚参股的珠海电厂项目二期工程，其可行性报告早就报国家发改委审批。这一投资60亿元人民币的扩建计划，直到2005年6月才获批准公布。

郑说，为解决当时供电"卡脖子"和电源建设后劲不足、结构不合理问题，广东省政府计划重点建设一批大型骨干电源和输变电项目，珠海电厂项目是广东省电力系统统筹安排的项目之一，由于投资额度大，政府决定将粤电力加入其中，然后招商，吸引了李嘉诚的到来。

广东省内部分地区采取了拉闸限电及错峰用电等措施缓解电力供应短缺矛盾，但未能一劳永逸地解决根本问题；另外由于电价、过网费等问题未能达成共识，西电东输购售合同未能及时签订，西电送粤缺口仍然较大，广东自行加大电力供应能力，刺激进口动力煤的大幅增长，导致煤供应紧张，原煤价格大幅度跳升。

据海关统计，2003年广东进口煤101.1万吨，价值2700万美元，分别比上年同期（下同）增长1倍和1.1倍。广东进口煤主要来自越南和澳大利亚，分别进口46.7万吨和46.2万吨，合计占广东进口量的92%。

业内人士认为，兴建以非燃煤为主的电厂乃是缓解煤、电力紧张的举措之一。

珠海电厂一、二期工程竣工后，总装机容量为372万千瓦，起不到决定性作用，根据2003年广东省用电2100万千瓦计算，未来肯定会有所增长，所以只能说缓解广东的部分地区电力紧张状况。

这一项目对李嘉诚来说也是一举四得的好事：缓解了粤西电力紧张局面，又为集团带来良好收益；同时，粤西经济的持续发展与出口贸易的同步增加，又相应增加盐田港与珠海港的货物出口，借此机会又可以打通广东能源系统的人脉关系，为长江基建今后在广东省的扩张铺平道路；同时，又可以利用这层关系拓展当地房地产业等；而且，在顺利解决珠三角电力紧张局面之同时，可望带来新的投资，为和黄在南中国的物流及港口提供充足的货源。

当然，就长和在珠江三角洲的产业链而言，这绝不是一石三鸟的问题。

2005 年 6 月 23 日，长江基建宣布，已与广东省粤电集团有限公司（“广东省粤电集团”）签约，共同斥资 60 亿元人民币，扩建珠海发电厂第一期之第三号及第四号两台 600 兆瓦机组，预期于 2006 年下半年分期投产，每年可合共供电约 70 亿千瓦。

长江基建及广东省粤电集团分别持有珠海发电厂的 45% 及 55% 权益。整个项目共分两期发展，第一期包括第一至四号机组；第二期包括第五号及第六号机组。

第一期的第一号及第二号两台 700 兆瓦发电机组已分别于 2000 年及 2001 年装置完成；投产以来，屡创卓越纪录，供电量连续四年超越供购电合同定明的最低购电量，其中，在 2003 年及 2004 年分别超发逾 20% 以上。

这次扩建工程涉资人民币 60 亿元。按发展蓝图，第三号及第四号机组将装置先进的超临界燃煤锅炉。超临界发电机组采用高温、高压技术，具备高效率及低成本的优点。扩建工程尚包括建设脱硫装置以符合当地及国家环保的排放要求。从投资角度评估，第三号及第四号机组的营运将深具成本效益，有利于市场竞争，为投资者的回报提供极大的保障。

广东急速发展缔造商机，长建内地电厂投资更具规模。集团高层称：“宏观而言，广东省的经济急速发展，不论工商经贸活动以至人民的日常生活均需求庞大的电力供应。”“广东省求电若渴的情况将进一步巩固珠海发电厂在广东电网的支柱地位，并持续为珠海发电厂提供良好的经营环境。事实上，第一号及第二号机组投产以来，一直为长江基建带来可观的盈利。”

南下澳大利亚

李嘉诚在紧盯内地电力市场的同时，大举向境外市场扩张。2002年7月19日，李嘉诚旗下的长江基建与香港电灯宣布，以约67亿港元的价格，联手买下澳大利亚维多利亚省的电力公司 Citi Power。两家公司各占五成权益。由于两家同时以五亿多港元的价格出售 Citi Power 旗下的零售业务，因此他们这次实际的投资为62亿港元。

长江基建还以约82亿港元从 Scottish Power 公司手中买下澳大利亚维多利亚省最大电力输送及零售公司 Powercor Australia。同时，以4亿港元代价，取得澳大利亚 Hazlewood 电厂19.9%股权。

据《澳洲财经评论》和《澳洲人》报道，李嘉诚是通过家族事业和记黄埔控制的长江基建和香港电灯两集团的名义，并购了 Powercor 电厂。原本这一电厂是由维多利亚省政府控管，也是该省五家电力供应和零售公司之一。维多利亚省的人口数排名澳大利亚各省第二，故 Powercor 由港商并购，也代表着57.5万澳大利亚人的用电此后将由李嘉诚供应。

Scottish Power 透过美国上市公司 Pacifi Corp，也占有澳大利亚维多利亚省 Hazelwood 电厂19.9%股权，该电厂售电予澳大利亚墨尔本、新南威尔士及昆士兰省。若长建及港灯取得 Hazel wood19.9%股权，占有该电厂72%股权的英国 National Power，有选择权可以由长建手上购入 Hazelwood 股权。

李嘉诚已于之前以35亿美元代价取得了南澳大利亚电力供应公司 ETSA Utilities 的电缆营运权，为期二百年。在这之前，他也并购了一家天然气管线业者 Envestra，在澳大利亚的公共事业中已处领先地位。

身为英国第二大的公共事业集团 Scottish Power，去年以108亿美元并购美国公司 Pacifi Corp 时，取得了澳大利亚 Powercor 的股权。

李嘉诚收购了 Citi Power 之后，在澳大利亚维多利亚省及南澳大利亚省的电力资产，合共为170万名客户供电。

长江基建集团于1999年首次进入澳大利亚市场。长江基建与李嘉诚控股的电力公司香港电灯集团（Hong Kong Electric）共同拥有澳大利亚最大的输电网络。长江基建拥有香港电灯集团38.87%的股权。

由于电力消费增加、澳元强劲及税费调整的原因，2004 年澳大利亚业务的收益猛增 41%。2004 年澳大利亚业务的净利润达 13.9 亿港元，约占集团利润总额的 1 / 3，相比之下，此前 2003 年的利润为 9.85 亿港元。

长江基建和香港电灯共同拥有南澳大利亚州和维多利亚州的三个电力网络，即 ETSA Utilities、Powercor 和 Citi Power。该公司还拥有澳大利亚最大的天然气经销商 Envestra 公司 17.53% 的股权。

长江基建在悉尼的两个隧道工程也有投资，此外，它还拥有维多利亚州水务公司 Aqua Tower 公司 49% 的股权。

长江基建董事总经理兼香港电灯执行董事甘庆林指出，这次收购是两家公司在澳大利亚投资的第三个电网。如果以客户数目来计算，两家公司成为澳大利亚最大的电网供应商。李嘉诚的长和系先后在澳大利亚投资了 400 多亿港元，聘用了 5000 名员工。甘庆林透露，该集团未来会继续在当地物色合适的项目进行收购。

这些海外投资项目为长江基建和香港电灯带来以下三方面的好处：

首先，随着 2008 年港府利润管制协定的取消及香港电力需求逐步进入低增长期，“香港电灯”在香港的盈利前景，尤其是盈利增长前景会受到一些负面影响。至少，在可预见的将来，不可能有大幅度的增长。因此，早日开拓那些蕴含着发展潜力的海外市场能使公司始终拥有一些盈利高增长的投资项目在手，从而弥补香港盈利的下滑，并确保其总体盈利一直保持稳定的增长。很明显，澳大利亚电力业务的强劲增长在将来的几年里会对“香港电灯”的整体盈利带来正面的影响。

其次，这一系列收购使“长江基建”和”香港电灯”成为了澳大利亚最大的配电商。澳大利亚经济相对独立，市场比较稳定，投资风险比其他地区相对较低。长江基建、香港电灯在这里开始其电力业务国际化的第一步，便是看中澳大利亚市场的稳定性和低风险与发展潜力。

第三，收购的三家澳大利亚公司中的两家初期表现均胜过市场预期（2001 年 ETSA Utilities 利息及税前盈利达到 10.5 亿港元、Powercor 为 16.5 亿港元，Citi Power 在 2002 年 9 月才完成交易），市场对长江基建和香港电灯的这一收购行为反应良好。

比如，高盛就因“香港电灯”在澳大利亚的一系列收购，调高了对其 2003

年至2004年两年的每股盈利预计大约1.5%至3%，大大增加了投资者对公司发展前景的信心。

时针回旋到2005年3月17日，长江基建表示，计划将其澳大利亚运营部门分拆上市，兑现在澳的48亿澳元（合38亿美元）投资。长江基建集团主席李泽钜表示："我们已收到许多有关我们的澳大利亚业务分拆上市的提议。我们正在积极考虑，但尚未有时间表。"

李泽钜并未说明该公司是否会把包括能源、隧道和水厂的澳大利亚全部业务捆绑上市，或者如一些分析师设想的那样，仅分拆电网业务。长建考虑的关键是：上市资产会否包括该公司占五成权益的悉尼隧道收费项目等非公用资产，该项目总值6.4亿澳元。

事实上，李嘉诚大有理由将其澳大利亚的电力及基建资产上市。据高盛发表的报告显示，仅收购Citi Power，就相等于长建每股净现值增加了3.9%，因此，相应可调高长建未来三年每股盈利预测，增幅分别为3.2%、6%及6.3%。

高盛估计，长建所收购的Citi Power分销业务，内部回报率约16%，有利其现金投资回报率，维持长建"跑赢大市"评级。该行又预料，在成功入主Citi Power之后，长建会进一步增加在澳大利亚的投资，包括准备以12.5亿澳元及8.15亿澳元，竞投澳大利亚西部公路，及Lane Cove隧道项目。

2004年7月4日，长江基建集团有限公司宣布斥资澳币2.39亿元（港币13亿元）收购澳大利亚Lane Cove Tunnel Company Pty Ltd（（LCTC）40%权益，成为该公司最大股东。

长江基建集团董事总经理甘庆林先生宣布此项收购计划时兴奋地表示："这是长江基建继悉尼市跨城隧道后在澳大利亚的第二项重要收费道路项目。我们一直于世界各地积极继续寻求优质的基建及交通投资机会，Lane Cove隧道正代表集团业务发展的另一重要里程碑。而我们投资的悉尼市跨城隧道（Cross City Tunnel）亦刚完成挖掘工程，可望提早通车。"

LCTC早于2003年12月成功投得澳大利亚悉尼市Lane Cove隧道及Falcon道路项目之兴建及营运权，项目总投资额约澳币17亿元，并已完成融资。项目经营期（不包括建筑期）为30年，预期可达至双位数字之回报率。

建于Epping Road地底的Lane Cove隧道将成为连接悉尼市中心及该市西北部的通道之重要部分。Lane Cove隧道于2007年年中落成，而现有的

Epping Road 将于同年年底前改为双线双程（来回各一线）行车。通车后，Lane Cove 隧道平均每日车流量预期将远超十万驾次。

Lane Cove隧道及Falcon道路私家车收费将分别为澳币两元及澳币一元(以1999 年价值计算）；有关收费可按通胀做出调整。隧道将不设人工收费站，全程采用技术先进的电子收费系统。

长江基建将持有 LCTC40% 权益，是该公司最大单一股东。LCTC 其他股东包括：AMP'sInfrastructure Equity Fund、AMP Capital Investors、MTAA Super、Westscheme、John Holland Pty Ltd、Thiess Pty Ltd 及李嘉诚（海外）基金会。

甘庆林续称："对于收购此项优质资产，长江基建感到十分高兴。Lane Cove 隧道的策略性位置优越，是连接悉尼市中心与该市西北部的通道之重要部分。现时，Epping Road 于早上及黄昏繁忙时间的交通十分挤塞，平均每日车流量约八万五千驾次。"

"西北部市郊住宅区之人口现约有一百万，随着愈来愈多人迁往该新兴住宅区居住，预计 Epping Road 挤塞的交通情况将更为严重。该区对高效率道路系统的需求甚殷，预期 Lane Cove 隧道可将车程由现时的 25 至 30 分钟缩短至五至六分钟。"

"Lane Cove 隧道的工程现已开展，项目融资亦告完成。该隧道可以提供长远而可观的稳定回报，正好符合集团一贯低风险、高回报的投资策略。悉尼市跨城隧道将为悉尼市中心的主要干线，而 Lane Cove 隧道将是连接悉尼市中心及人口稠密之悉尼市西北部的通道之重要部分；这两个主要交通基建项目将可大大改善悉尼市之交通情况，我们很高兴长江基建成为这两个项目的最大股东。"

李嘉诚近年来已将基建及发电业务重心，由中国转移至澳大利亚。证券界指出，这主要是因为澳大利亚提供了稳定经营环境，竞争不甚剧烈，而且回报率甚为稳定吸引，又容易安排银行融资。

经过近年的大规模扩张，李嘉诚在澳大利亚的事业可说是春风得意，如愿以偿。最重要的是，这些投资项目很多都是接手已经成熟的发展项目，即投资当日就有现金回流，而且是风险极低的投资，且不是等待若干年后的市场变化，难怪香港市场分析人士纷纷看好长江基建的澳大利亚投资项目。

因此，也难怪李嘉诚被香港传媒问及投资意见时，他深有感受地说："压力日日都有，在香港多一点，在外国压力会小一点。"这个外国显然主要指的是澳大利亚。李嘉诚不经意间流露出自己的真切感受。但这确实是真真切切的表白。因为，李嘉诚从来都不会无的放矢。在一个动辄得咎的香港社会，要平衡各方面的利益，考虑各方面的需求，满足各方面的要求，应付各方面的噪音，谈何容易。

大约在 1995 年，管理学者彼得 · 德鲁克（Peter Drucker）在走访了东南亚之后问自己，到了 2005 年，华人管理的秘密是否会成为管理学畅销书的题目呢？

如果这个命题成立的话，李嘉诚肯定是其中的当仁不让的第一主角。毋庸置疑，在未来漫长的时间中，对于李嘉诚的商业哲学的探讨仍会喋喋不休不厌其烦甘之如饴。但比这更重要的是，必须着手对于作为一位影响全球的杰出的历史人物的李嘉诚的探讨——几乎没人比他的经历更能折射出华人社会与亚洲重新兴起的过程。

在李嘉诚面前，不论当代，还是近代，许多大商贾相形见绌，就是历史上的范蠡、胡雪岩也黯然失色。他所处的背景，让他获得的每一项成功背后所蕴含的历史复杂性，远远超出了他的美国或者欧洲同辈，亦远远超出了他的大中华区的同行。

也因此，李嘉诚的故事，不仅是一个手无分文的穷小子如何获得跨国财富的简单故事，而是一个年轻人如何在风云变幻之中成长，并获得智慧与内心平静的神话演绎。

当然，这是商圣修炼成精的漫长的痛苦的过程，这个过程，不是七七四十九天，也非七七四十九年，而是更长更长。甚至乎，不是李嘉诚的有生之年。

诚信

2001 年 12 月 4 日，李嘉诚在给香港理工大学学子演讲时曾强调：

世人都想有一本成功的秘籍，有些人穷一生精力去找寻这本无字天书，但成功的人，一生都在不断编制自己的无字天书。

每个人都是一部无字天书，或富有个性，或讲究传统，或显示超前，或踌躇滞后，处处可见弧玄的角度和合力的线条，引人入胜，或是沉闷重复，东施效颦，充斥着短视与平庸，五十步笑百步，倒人胃口。

但是，大凡富有个性的乐章，多发端于难以预料的厄运、压顶的危难以及内心的恐惧、跳跃的思维、疯狂的张扬，一种不合时宜，不党不群，不卑不亢，不凡不俗的逆向思维，一种近乎难以理喻不可思议的超常举动，一种完全不以常规编写的音符，一种完全靠心灵感应的无字天书，铸就一座座无字丰碑。

无疑，当难题或挫折出现，当内心的颤栗、彷徨恐惧的感觉袭来时，一个生动的极具生命力的篇章就要开始演奏，人生的辉煌与顶峰或许随时出现。这时，切莫辜负了命运之神的垂青眷顾，扪心自问，更需要当机立断，运筹帷幄。这时，切莫把命运随意交托给任何一个外人，要实实在在地把握机会。天意弄人，逆境造人。到头来，恍然大悟，原来如此。

德国哲学家尼采曾有过传神的描述："假如我不能从自身产生力量，假如我必须依赖外部世界寻找勇气、舒适和快乐，那么我将身居何处！"

> 成功与自由，是人类的基本渴求，但其意义却不应局限于一个狭隘的框框内，亦不是三言两语所能阐明。但若一个人的成功是达到自己定下的人生目标，而自由则是对自己的行为向社会负责，那我们每一个人都可以成功、可以自由。

人们常常会经历内心的恐惧与颤栗，痛苦与磨砺，压抑与嚣张，沉思与狂想，孤独与迷茫，这也往往是命运之神垂青的时候。试问，常人俗人庸人凡人终其一生，能有几次心跳的时刻？你我所见，李嘉诚又有哪次为斯心跳？

旁观者永远只能凭一些面上的感觉，甚至，只能凭借一些字面的感觉感触感慨，最多不过是隔靴搔痒。常人自然无法升华到商圣李嘉诚这样的层次角度。凡人亦永远只能感觉一些虚幻但又能用平常的肉眼就可以看得见的东西。一个凡人与超人的截然不同。而一个人内心的惊涛骇浪，惊世骇俗，却要靠个人自己去品味揣摩体察。

> 我年轻的时候，最喜欢翻阅的是上市公司的年度报告书，表面上

挺沉闷，但别人会计处理的方法的优点和漏弊，方向的选择和公司资源的分布有很大的启示。

对我而言，管理人员对会计知识的把持和尊重，对现金流的控制，公司预算的掌握，是最基本的元素。还有两点不要忘记，第一，管理人员特别要花心思在脆弱环节；第二，在任何组织内优柔寡断者和盲目冲动者均是一种传染病毒，前者的延误时机和后者的盲目冲动均可使企业在一夕间造成毁灭性的灾难。

在一定的时候，人们需要历史地去感知事物，理清事物的脉络；在另外的时候，人们又需要无历史地去感知现实，去创造超越现实的理想生活。这后一种能力，正是一个人特定时空爆发的最根本的力量所在。就如同我们面前的李嘉诚，如果抛开了历史，我们所能看到的只是商人李嘉诚，最多不过是超人李嘉诚。不可能，也无法看到并理解体味感受接近商圣李嘉诚。

商业的发展正在史无前例地改造着中国，商业理念正在劫后余生般打造着中国人的性格。在传统道德、集体主义规范弥漫的天空，开始出现另类。各种价值观的融合扭曲碰撞摩擦浑浊，一种新的价值观念、新的思想，正在悄然消失中、形成中、凝固中、张扬中、发酵中。这是中国人个性最为丰富多彩的时代，也是中国人心最骚动不安的岁月，更是中国人性在希望的田野奔驰的时代。

李嘉诚常常说，我很有活力，我很进取。一个人的操守与道行，毕竟是在人生困惑与醒目、挫折与胜利交替中升华铸就的，是在人生颠簸无常与起落无常中定格定型定式定位的，而不是一味的内心审视揣摩或幸福舒坦的境遇中修炼拿来的。

现代商业生活的锤炼，除了增加理智上的自我明辨力外，更修炼了精神上的自我审判力与社会公审力。李嘉诚终其大半人生，固然呼风唤雨，固然挥洒自如。

然而，这其中的一切的一切，却都是源于不变的亘世定理。说来非常非常简单，诚信。但，仅仅是这个简单普通的词句，也并非每个人都能够真正理解其内蕴。这哪里又是那些自称某某首富，实际上也只是侥幸地当了几天首富的暴发户所能理解？

正像炼金术士在寻找金子的过程中，却发现了火药、医药，甚至大自然的规律，在我们任由金钱和物质关系蹂躏浸润的时候，内心深处，却只期待着获得圣灵普照的教诲。

李嘉诚不徐不疾地向我们走近，似曾相识，恍恍惚惚。李嘉诚循循善诱地说道：教育可以修复迷失的人性。李嘉诚自言自语地表白：以德报怨，择善坚持。李嘉诚从来不曾讲过：向李嘉诚同志学习。尽管他耗巨资办起了两所大学。

在追求财富的过程中，我们或许会发现李嘉诚内在的真正的若隐若现的财富：诚信、灵感、胆略、机运、思维与精神明辨力。

> 全球化已是不可逆转的现实，我们每天生活其中，但经济的融合只是其中一个层面，全球化更重要的问题是人类如何消除歧见、和谐共进。社会最重要的动力是安定和信心，但如何达到，现今谁都没有全部的答案。人与人彼此间的关系是萌芽于自己的思想中，当我们认真开始思索这些问题时，始有改变的可能。
>
> 也许全球有着各种博大精深的思想与信念，其中儒家的“仁义”、佛家的“慈悲”、道家的“济世”、基督教的“博爱”以及伊斯兰教的“净洁”都各有真理，我们要进行思想的耕耨，对各种信念要有更深入的理解，兼容并蓄，凝聚共识，才可真正知道人与人之间虽然存在很大差别，但仍可和而不同、融洽共处。

生活的方式千般万样，人生的著作千姿百态，发财的模式千变万化。没有划一的范式，没有标准的灵感，更没有强制的思维，只有生命标记的差异。只有追求目标的不同，只有人生价值的不同。

那些充满力的线条而又跌宕起伏的人生著作，著作者本人（例如贝多芬、梵高，甚至希特勒之类）的生活并非人们想象的如歌如画般绚丽多姿；便是那些陶醉于莺歌燕舞纸醉金迷而又潇洒四方云游四海的人，往往便是那些最不经意甚至失意的人，往往是自我感觉良好的最写意最潇洒最自负甚或最失败的人。

“知天知地，胜仍不穷。”确实，坚强的人格塑造个性，建构清晰的历史脉络，驾驭甚或修复完整的社会骨脊，造就出类拔萃的强人。软弱的人格复制平庸，安于现状，忘却烦恼，终被历史所淹没。

人生的辉煌，在每个人自己的手中。人性的复苏，在每个人自己的脑中。

人格的健全，又何尝不是在自己的历史中。

2004 年 6 月 28 日、29 日，又是两个可以大书特书的日子。李嘉诚在经历多年的沉默，重新又回到了“无字天书”的玄妙主题。

汕头大学的就要毕业的学子，就要踏上社会，心怀忐忑，踌躇满志，希望大师跟他们交流心得，哪怕是刹那间瞻仰风采。在与学子们交流的会上，李嘉诚更把内心的秘密与学子们分享，特别关照，每当新的开始，都要自问：“Are you ready？”

平实的李嘉诚，从不喜欢用华丽的辞藻装饰自己的文句，从来都不刻意经营文字，因为他常常自谦自己不是教授，不是学者。但这回用上了工整讲究的排比句式。看起来简单，细品则特别回味无穷，不妨在这里直接引来欣赏：

> 当你们梦想伟大成功的时候，你有没有刻苦的准备？
> 当你们有野心做领袖的时候，你有没有服务于人的谦恭？
> 我们常常都想有所获得，但我们有没有付出的情操？
> 我们都希望别人听到自己的说话，我们有没有耐心聆听别人？
> 每一个人都希望自己快乐，我们对失落、悲伤的人有没有怜悯？
> 每一个人都希望站在人前，但我们是否知道什么时候甘为人后？
> 你们都知道自己追求什么，你们知道自己需要什么吗？
> 我们常常只希望改变别人，我们知道什么时候改变自己吗？
> 每一个人都懂得批判别人，但不是每一个人都知道怎样自我反省。
> 大家都看重面子，but do you know honor？
> 大家都希望拥有财富，但你知道财富的意义吗？
> 各位同学，相信你们都有各种激情，但你知不知道什么是爱？

也许，李嘉诚在 2001 年 8 月与记者的这段对话，有助我们更好地理解这些精彩论述。

问：若你的员工想自创一番事业，你会鼓励他向外做个人发展，抑或留守在集团内继续做出贡献？

> 李：要经营大企业，必须知道大企业本身要有很完善的组织，一

位员工的离开，自有其他人补上。例如，公司会有员工被邀请往其他公司任高职，但当中也有不少人回流，原因是公司待遇好，大家合作愉快，最重要的是双方建立了浓厚的感情，员工能以公司为荣，及觉得在工作上有前途。

问：李先生做生意的手法及宗旨比较稳健、保守。若有些业务需承受风险，你如何做出取舍？若你的工作伙伴很进取，喜欢冒险，在合作上会否出现问题？

李：我本身是一个很进取的人，从我从事行业之多便可看得到。不过，我看重的是在进取中不忘稳健，原因是有不少人把积蓄投资于我们公司，我们要对他们负责任，故在策略上讲求稳健，但并非不进取，相反在进取时我们要考虑风险及公司的承担。

问：中国人的公司较看重感情，美国公司较看重科技化的管理，你在管理的过程中，两者之间如何取得平衡？

李：美国科学化的管理有它的优点，可以应付急速的经济转变，但没有感情，在业绩不好时进行大规模裁员，我们做不出，因会令员工没有安全感，及导致很多人突然失业，我们糅合两者的优点，以保存员工的干劲及热诚，我相信可以无往而不胜。

重视制度，众志成城。

问：在课余时间，当我们一谈及香港的领袖，不约而同大家都想到李先生。李先生会否有很大的压力，又怎样去舒缓自己的压力呢？

李：要成为领袖，你提到的基本的质素一定要有，小企业每样事情都要亲身处理，所谓“力不到、不为财”，至于中型至大型企业，则一定要有组织。而最难做到的就是要建立一个良好的信誉、建立主要行政人员对公司的信任，令他们知道在公司会有更好的前途及工资。

同时，亦要令同事明白他们工资与花红愈来愈多时，亦要清楚地知道他们的生产能力要同时配合，这样公司才能够维持，只做一个好好先生是没有用的，如果只会乱花钱，公司迟早一定会出问题。

我自己没有什么压力。起初不到二十岁时便要负担家庭，一心想向上，每到晚上便想着明天的事情，但翌日一早醒来，便发现所想的事是行不通的，因此我知道一个人的工作能力是有限的，不及两三个人一起做事般事半功倍，但我会尽力去做，这样压力便减少。

为什么这样?

虽然，长江基建境内外投资风生水起，似乎漫山红遍，但是，受制大陆政策的不确定性等非经营性因素的影响，许多项目随时会遇到各种麻烦。这些麻烦，就连李嘉诚这样级数的投资者也徒叹奈何。

李嘉诚私底下也常常感叹：为什么又是这样？早 2001 年 4 月下旬，李嘉诚长子李泽钜旗下的龙头企业——长江基建公司的高层，频频前往汕头。他们在汕头的商务活动，围绕的中心只有一个：长建在汕头、抚顺、沈阳等地投资的电厂项目均未得到合同中保证的最低回报。

而香港的一些证券分析机构更声称为此将进一步调低长建的资产净值。与此同时，又有报道称，因为这些投资项目受挫，近年来长建的投资已经逐步由内地转向澳大利亚、加拿大。客观上看，这些投资项目受挫，既不是投资所在地的问题，也不是经营环境的问题，更不是投资方长建的问题，简单一句话，不是市场因素，而是非市场的政策因素。投资难以取得原有的保证最低回报，而这些最低回报率是白纸黑字写明在投资合约上的。虽然这种保证回报率的投资方式，现在已经被明令禁止。

李嘉诚长江基建方面的代表就已经开始一直以来就与汕头市方面的交涉和谈判，而其中一场围绕投资回报合同的谈判曾经持续了 72 个小时。同时，汕头方面传来的消息是新一轮修改投资回报合同的谈判又开始了。

外资电厂汕头受挫，与汕头电力的历史发展有很大关系。20 世纪 80 年代中期至 90 年代中期的十年，因为经济发展迅速，汕头的用电短缺问题十分严重，缺电问题甚至成为制约当地经济发展的关键因素。

在国家政策允许开放城市多渠道投资办电厂的条件下，“缺电缺怕了”的汕头市政府制定了“大、中、小、微电厂一起上”的方针，眉毛胡子一把抓，不管规模有多大，只要能发电，就允许社会力量投资办电厂。因为有政策驱动，汕头市十年期间共建成20家中小型电厂和一家大型电厂，总投资100余亿元人民币，总装机容量140万千瓦。之后，汕头又投资30亿元人民币建成了国家最高等级的50万千伏双环电网，将汕头电网与广东省、华南的电网都联到一起，汕头就此告别了缺电的历史。

李嘉诚的长江基建集团就是在这样的情况下被“请”到汕头来投资电厂的。家乡有难，义不容辞，李嘉诚不施援手，还等谁？1994年前后，长江基建在汕头总共投资9222.18万美元，兴建了长浦、长海和长潮三家装机容量均在10万千瓦左右的中型电厂。作为引资条件，政府也以合同的形式保证其在十年内每年回收10%固定资产投资、每年经营最低获益回报14%。但是事情的发展并不像人们预计的那样乐观。事情的发展亦并非完全按照李嘉诚的思维逻辑演绎。当然，也就非投资者李嘉诚所能控制。

> 在今天，停滞的思想模式已变得不合时宜，这不是要弃旧立新，采取二元对立、非黑即白的思维，而是要鼓励传统的更生力，使中国文化更适用于层次多元的世界。在全球化的今天，我们要懂得比较历史，观察现在和梦想未来。
>
> 从商的人，应更积极、更努力、更自律，建立公平公正，有道德感，自重和守法精神的社会，才可为稳定、自由的原则赋予真正的意义。

1997年之后，国家电力产业政策调整，开始逐步淘汰装机容量5万千瓦以下的小火电；1998年，国务院三十一号文件又明确规定，各地在电厂投资上不准继续搞固定回报。

1999年后，国际燃油价格飙升，中小电厂成本急升，在电价市场竞争中立即陷于劣势；加上广东省内实行电价核准制，地方中小电厂难以承受巨大的电价差，终于在2000年前后陷入全线亏损。汕头使用燃油机发电的七家中小电厂全部亏损，其中就包括了长江基建的三家电厂。

正是因为上述原因，汕头市政府当年对长江基建白纸黑字许下的高额固定投资回报再也难以实现。到 1999 年为止，汕头市给予长江基建方面的回报尚有 1100 万美元的资金缺口。

通常，在国家政策调整变化的情况下，原有的保证回报项目，多数已经不可能继续进行下去，一般情况下，大多为当地政府回购资产。但问题是，长建投资的三家燃油发电厂，在油价高企的情况下，变成了名副其实的负资产，汕头政府显然不愿意接手这个烫手山芋。

一直参与了与长江基建方面谈判的汕头市经济委员会副主任、汕头市能源办公室主任肖喜荣每每提起这件事都是一脸无奈。肖喜荣说，当初不惜以政府担保高额回报来吸引投资，就是要社会来负担高电价，结果 20 世纪 90 年代汕头地区的电价平均在一度 0.7 元人民币以上，而同期东北的电价不过一度 0.2 元人民币。

20 世纪 80 年代末 90 年代初，汕头提出“赶超亚洲四小龙”的经济发展口号，GDP 递增计划定到了 25% ～ 30%，电厂的规划自然严重超前，结果导致十多家电厂的实际发电量只等于设计能力的一半，造成大量资产闲置。

在具体投资中，汕头的电厂绝大部分都有外商参与投资，大笔的资金通过外企进行融资或者银行借贷，结果多数电厂都背上了沉重的还贷包袱。

统计显示，目前各电厂的平均效益只能实现预计的 30%，而汕头的 12 家中小型电厂中也已经有三家电厂因为难以承受负债经营和国家产业政策的调整而关闭。

肖喜荣用了两句话来概括汕头当时的电力整体局势：“改革有必要，情况很复杂。”但这远远概括不了汕头电力改革面临的“窘境”：大电厂的电价低，小电厂电价高，每当夏季用电高峰期来临，省网往往要求地方电厂临时发电来补充其不足、调剂电价，而汕头用电量的一半是省网配给，48% 左右的电量要靠地方电网来补充，小电厂电力上网越多亏损越多，根本无法解决其债务和回报问题。

而到冬季低用电量季节，省网却要优先保证省电正常运转，便毫不犹豫地牺牲地方非嫡系的中小电厂利益，中小电厂在这个时候便成了可有可无，身份尴尬。

目前许多大型的国际企业都有意到汕头投资，但是他们条件之一就是希望在工业用电方面能够确保畅顺的前提下在价格上给予优惠，然而在省政府调控电价的体制下，地方政府无权也无钱来补贴电价，结果就只能是限制了外企的投资。肖喜荣说，这些问题汕头 1998 年就开始研究，也向连续三任的市委书记做过专题汇报，但都无法解决。

开放竞争，竞争开放，两难处境，处境两难。国家电力体制改革的步骤是政企分家、厂网分家、竞价上网，目的是破除垄断、实现电力市场完全自由公平竞争，这是一个市场规律和政府调控相结合的改革方向。

对于地方的小火电，将来的命运肯定是关停，作为对本行业的历史发展和现实有深刻了解的地方官，肖喜荣他们对于改革的方向肯定是完全赞同，所不同的是，他们更强调电力体制改革要从现实出发、有领导有计划地走一条稳步前进的路。

但是，无论如何改革，作为投资方的李嘉诚，都强烈希望一切改革都必须在尊重合约的前提条件下进行，虽然改革势必导致市场利益的重新分配，但这不能成为蚕食侵蚀合约的理由与借口。况且，改革是一个漫长的过程，而合约是一个相对有限的时段，完全可以在兼顾合约的条件下推行改革。

为保护广东本地的火电，广东有关部门提高了西电在广东的销售价格，因此虽然西电东输电网建设已经比较完善，但是 2003 年广东仅仅有 5.4% 的电力来自“西电东输”，而 1999 年仅仅是 3.5%。

这位业内人士估计，即使到 2005 年，乐观的估计也不过 7%，因此广东电力的供应和价格等环节同样没有达到完全开放竞争的状态。在高峰季节仍然不可避免地实施错峰用电。但是，若果采用错峰用电的同时，能实施浮动电价，那么，至少在短期内仍然可以解决中小电厂所面临的困境。

困境摆在面前，突破却无从着手。亦是经过这一波折，李嘉诚决定减少对家乡的投资，绝对不赚家乡的钱。多少年之后，当作者走访潮汕大地的时候，还有许许多多的老潮州在抱怨，李嘉诚对家乡的投资少而又少。

长春燃气

经过长达三年的谈判，由香港百江参股的长春燃气控股有限公司，终于在 2005 年 4 月 19 日正式挂牌成立了。至此，李嘉诚为第二大股东的香港百江已将其燃气帝国的版图扩张到了东北。

百江燃气由欧亚平创立，1998 年 6 月，欧创立公司百仕达在香港上市，2001 年该公司分拆百江燃气在香港创业板上市，百仕达持有百江燃气 70.95% 股权。李嘉诚 2002 年透过市场运作后共持有 12.8% 的百江燃气股权，成为百江燃气的第二大股东。百江先后在江苏、湖南、贵州、安徽、云南、四川等十几个省区累计投资逾 20 亿人民币，成立了三十多家燃气企业。

对于此次长春燃气和香港百江的“联姻”，19 日，参加长春燃气控股有限公司揭牌仪式的很多代表都表示，“这个公司成立得不容易。”辛宏志是燃气控股子公司长春市煤气公司的党委副书记，他对燃气控股的成立所历经的艰辛深有体会。他介绍说，早在三年前，作为香港百江负责内地投资和谈判的全资子公司百江投资有限公司和长春市国资委就已经开始进行谈判，尽管其间涉及到企业原有债务的相关问题，双方意见一直没能统一，但在两家公司的共同努力下，此事终于有了结果。

新成立的长春燃气控股有限公司的董事长陈巍也表示，“其实香港百江对国内的燃气已经关注了很长时间，而此次之所以选择长春燃气作为合作伙伴，主要是作为一家上市公司，长春燃气的表现非常好，这是最吸引百江的地方。”至于此次燃气控股的投资总额，陈巍表示，“这次香港百江投资额为 3.95 亿元人民币，而全部投资额近 8 亿元人民币。”北方汉子，讲起话来特别直爽，他强调，我们这次合作，唯一看中的就是李嘉诚这块金字招牌。

在完成对长春的布局之后，香港百江的燃气帝国已初具轮廓。据陈巍介绍，香港百江已在国内 36 个城市设立了分公司，主要集中在西南、华中、华东，在东北地区共有三家分公司，分别设在鞍山、齐齐哈尔和长春。而这 36 个分公司都以燃气为主要业务。

对于此次香港百江落户长春，辛宏志表示，“长春会成为香港百江在东北地区的最大基地。”他介绍道，虽然香港百江在全国很多城市都拥有分公司，但像在长春这么高的投资额却是以前没有的。之所以香港百江下这么大力气，主要是长春燃气具有良好的基础，发展潜力也十分巨大。他同时表示，通过与长春燃气的合作，其在东北的燃气“帝国版图”已初具轮廓。

而由于李嘉诚的和记黄埔是香港百江的第二大股东，李嘉诚的燃气帝国版图也已经基本圈定，长春将成为其东北地区的“核心基地”。

进军欧洲

2004年8月31日，长江基建宣布，以该公司为首的财团经过一轮竞投程序后，已与英国能源网络商——National Grid Transco PLC（NGT）达成协定，收购英国北部气体分销网络（NEG）。

此项交易总作价为13.93亿英镑（约相当于港币195亿元），有关款项将由股东资金及银行借贷支付。交易预期于2005年4月1日完成。

在交易完成前，长江基建有意出让所拥有部分NEG权益，令其持股量下降至低于50%。是次进行收购的财团由长江基建持有69.8%权益，其他权益则由United Utilities PLC（15%）以及李嘉诚（海外）基金会（15.2%）持有。

NEG为英国八大主要地区气体分销网络之一。该网络由英国接壤苏格兰边境伸延南下至南约克郡，覆盖多个大城市（包括纽卡斯尔、米德尔斯堡、利兹及布拉德福）以及包括北约克郡及坎伯里亚郡在内的重要社区。

该网络之气体分配管道总长约3.6万公里，需求量达94万亿瓦每小时，覆盖人口达670万人。

长江基建集团董事总经理甘庆林预期，NEG可为长江基建带来丰厚的现金收益。他指出，是次为公司本年度第四项国际性收购行动，长江基建集团购入的项目包括澳大利亚水厂Aqua Tower49%权益、英国水厂Cambridge Water全部权益及澳大利亚Lane Cove隧道40%权益。

甘庆林续称，在收购NEG后，集团仍持有充裕的现金，并已准备好继续把握各投资机遇。他称："集团继成功发展澳大利亚及中国业务后，一直致力开拓其他国家市场，而英国正是我们其中一个主要目标。"

随着本年初宣布收购英国水厂Cambridge Water PLC后，此次的NEG投资项目，将为集团在该国不断扩充业务和多元化发展提供动力。这些具规模的投资组合，为集团未来于英国继续进行投资及持续增长奠定良好的基础。

香港长江集团属下的长江基建集团有限公司2004年4月29日，以约5100万英镑（7.18亿港元）的价格从西班牙第三大电力供给商Fenosa公司手中收购位于英国南剑桥郡的Cambridge Water水厂（CW）的全部权益。

此外长建还承担了CW的近五百万英镑（约七千万港元）的债务。这是长建继3月底收购澳大利亚Aqua Tower水厂之后一个月内第二次在水务方面的收购，也是长建首度涉足欧洲公用事业。

2003年，长建集团营业额为34.5亿港元，资产净值达290亿港元、市值更是超过了390亿港元，显示了雄厚的实力。2005年其市值更超过500亿元。

在此之前，长建集团虽然在世界各地都从事有基建及公用事业，但是基本上都是道路、桥梁建设，电厂、能源投资等方面，还从未涉及过水务事业。

此次连续对澳大利亚Aqua Tower水厂与英国CW水厂的收购事项，充分反映了长建集团稳健的财务状况和在基础建设方面的丰富经验，以及把握机会投资世界各地基础建设项目的策略。

长建一直把英国视为充满良机的重要市场，此次收购CW水厂可以让长建进军欧洲水务市场，并为在欧洲进一步发展建立平台。

这真正应验了一句老话，东方不亮西方亮，黑了北方有南方。

长建集团的母公司长江集团在英国本来就持有多元化的投资组合，其中包括港口、电信、地产以及零售等业务，集团董事总经理甘庆林表示："此次收购必将为整个集团在英国的业务及权益带来极具效益的协同效应。"

Fenosa是西班牙第三大电厂，主要从事西班牙境内的发电和输电业务，其副业包括电信投资、专业服务投资以及其他公用事业，在全球30个国家内有其生产或经营业务。

1999年12月，Fenosa通过其在英国的控股公司UFA CEX取得了对CW水厂的绝对控股权。一直以来Fenosa的负债水平都很高，公司近几年来都在通过资产剥离，减少高风险、资本密集度高的事业来改善其资产负债表的状况，以达到减少债务的目的：2002年年底，Fenosa的总负债水平为75亿欧元。

此次Fenosa出售CW水厂也是意在剥离非核心资产以偿还债务。CW水厂历史悠久，最早可追追溯到1325年铺设的一条长1.5英里的水管，如今是英国水服务办公室（OFWAT）管理下的26家供水公司之一，负责对剑桥郡方圆一千多平方公里内近30万人提供供水服务。

“是否疼爱不是靠金钱或物质去衡量。儿子在外地读书时，我给他们开了两个银行户口，一个他们绝对不能动用，但已经准备足够他们完成博士课程的费用。

至于使用另一个户口的金钱，他们必须写信给我报告，我会在二十四小时内回复。后来因为他们功课太多，才接受他们要求改用电话说明。这才是有用的疼爱，我个人认为太多的物质反而有害。”

第六章

幸福的家庭

L i K a - s h i n g

▲ 2000 年 9 月 22 日，李嘉诚捐款清华大学一千万美元。

▶ 2001 年 2 月，李嘉诚访问贵州山区小学时试戴苗族的帽饰，露出俏皮可爱的神态。

李嘉诚有一个令人羡慕的幸福家庭。

父亲李云经先生是位坚守本分、崇尚信义、坚持信念、追求理想、乐于助人、受人尊敬的典型的中国知识分子，其做人的原则就是传统的礼义廉耻忠孝爱国，对长辈嘘寒问暖，对晚辈呵护备至。

幼年的李嘉诚眼见父亲每日出门，必与祖母话别，回家时也是先到祖母房间躬身请安问好，执恭有礼。为子者尽孝尽责，为母者尽慈尽爱，全然一幅天伦之乐的母慈子孝图。父亲的一举一动都耳濡目染着少小李嘉诚。

李云经在崇圣小学任校长时，每晚总是先把李嘉诚安顿在床上，然后才在一闪一闪的昏暗的油灯下，一丝不苟地批改学生的作业。对于这些事，李嘉诚至今仍历历在目，记忆犹新，感恩戴德，难以释怀。

可惜，这位弥留之际仍念念不忘回乡兴学育才的知识分子，壮志未酬即撒手人寰。今天当人们对李嘉诚顶礼膜拜之时，又有谁人可曾缅怀到，兢兢业业教书育人几十年的李云经先生的春蚕蜡烛的丕显师道？

母亲庄碧琴出身名门，笃信佛教，善良贤惠，刻苦耐劳。坚持家和万事兴，以和为贵，是李嘉诚商道之一。

母亲庄碧琴

李嘉诚少年丧父，家徒四壁，穷困潦倒，食不果腹，贫苦不堪。虽然有的时候，有富豪舅舅的些许接济，每天能勉强吃上三顿饱饭，但是少年的李嘉诚还是经历了贫困辍学、寄人篱下的悲苦日子。

在这段最艰难的岁月里，母亲起早贪黑含辛茹苦操持家务，抚养家中幼儿。勤俭持家的母亲，在最困难的日子里，甚至要到街市捡拾遗弃的菜叶。羊有跪乳之恩，鸦有反哺之义。母亲在昏暗的灯光下为孩子们缝缝补补，洗洗涮涮，苦口婆心教导他们的情景似乎就在昨日，就在眼前，铭记于心，永世莫忘。

在许多中国人的眼中，英雄人物们的早年生活充满了神秘的色彩，从汉高祖斩白蛇到赵匡胤降生时的“体有异香，三日不散”。传说，孙中山出生时出现了“紫气东来”的“瑞象”；中共早期元老李立三降生的那一年，家里的百年铁树开了花；贺龙降生后，他的家乡遭遇罕见的龙卷风，石龙坠落门前，仇人遭雷击致死。

英雄似乎冥冥中注定为承担某种济世救民运转乾坤的历史使命而来。但凡一个人在某个领域展现出超常的创造性，取得辉煌成就，英雄的神化过程也随之开始，即使到了近代，此类神异故事依旧在民间流传，令人深信不疑。

多少年后，儿媳庄月明曾问及姑妈庄碧琴，儿子李嘉诚出生之时，有何难忘的感觉。庄碧琴想了好久，才慢慢答道：“其实也没有什么特别的感觉，如果与后面的三个相比，又似乎有点不同。那时只觉得浑身发热，就在要生得那一刻，似乎有道电光在眼前一闪而过。因为是头胎，哪里会想得那么多。”莫非是祥云当头，抑或真的紫气东来？

李嘉诚和他的两个弟弟一个妹妹那时虽然年纪尚幼，但是他们始终记得母亲劝导他们要学会做人，培养自己艰苦奋斗、自强不息、百折不挠、坚强不屈的品质，即使在窘迫的困境面前，也绝不低头。母亲的坚毅，母亲的勤俭，母亲的豁达，母亲的慈祥，像一面明亮的镜子，时时刻刻照射着李嘉诚。

尚未完成学业的李嘉诚，毅然中止了中学学业外出打工。这是一个痛苦的抉择，这也是一个被逼无奈的抉择。这对嗜书如命的李嘉诚来说，那是何等的酸楚与莫之奈何！直到今天，意气风发的李嘉诚依然怀有丝丝遗憾，那是一生一世都不能忘怀的苦楚。

李嘉诚希望凭借自己的努力为自己争得一席之地，以养家糊口。拥有自己公司的舅舅，因为也是自己白手起家，大力支持他的想法，但是希望李嘉诚自己闯荡，没有让他直接进自己的公司。也许，此时此刻的舅舅庄静庵，尚有别的考虑顾虑。

李嘉诚深深懂得必须依靠自己，做自己命运的主人。所以在今天遇到困难的时候，李嘉诚总是会想到当年贤惠的母亲，是如何以积极奋进的态度面对残酷的现实生活。并且，在最困难的岁月，每时每刻感染激励着自己。

作为长子的李嘉诚，在顿然失去作为家庭核心支柱的父亲之后，被逼很早就参加工作，希望能帮助母亲来分担家庭的负担，养育弟妹，让家人能够过上正常温饱的生活。

"吃得苦中苦，来日报母恩，"是李嘉诚的真诚愿望。李嘉诚的每一点一滴成功，都是母亲最高兴的事。母亲笃信佛教，经历了苦难人生的母亲却依然保持着一颗宽大仁慈善良平静的心，经常教导孩子，遵循古训，宽以待人。

佛教作为宗教希望寻求的是人的终极归宿，但是佛教却不是一种叫人盲目信仰的宗教。佛教强调发挥人本身具有的智慧与善根，洞彻声色，证悟真如，造就涅槃，以求得忘却自我的玄妙境界。

佛教之所以重智尚真，在于佛教自认为其所认知或了悟的是客观的真理。佛祖不是真理的创造者，只不过是真理的发现者和传播者。"如来出世及未出世，法界常住"（引自《阿含经》），所以佛教更强调"以法为师"。在河南洛阳的白马寺清凉台，寺中悬挂有两副对联，其中一副是"天雨虽宽不润无根之草；佛门广大难度不善之人。"那些芸芸善根，或许一早可以得天雨之润。

在港居住数十年的李嘉诚，虽然终日为商务操劳，但却无时无刻不怀念故土，缅怀母恩。每天忙碌于商务的他，也总要定期参拜高堂，聆听教诲。只要收到有母亲中意的美食，或喜欢的家乡土产，李嘉诚一定要毕恭毕敬地先让乡土情深的母亲品尝。李嘉诚曾数次捐资，其中首笔捐款，就是以母亲庄碧琴的名义，在家乡潮州修缮开元护国禅寺。

母亲因病重需住院治疗，李嘉诚极尽孝道，小心翼翼亲自搀扶母亲上下救护车，百般呵护，希望能减轻母亲的痛苦，更加衣不解带，随伺在侧。即使商务缠身，他也在母亲住院治疗期间，日夜守护在母亲床前。他遵从母亲的教诲，尽全力帮助弟妹开创自己的事业。虽不曾得兄长之荫庇，弟妹三人各有所成。

1980 年，李嘉诚重建四十年前的故居——潮州府城北门街面线巷五号的祖宅，安排堂兄们及子侄辈居住，希望他们衣食无忧，能够安居乐业，成为对社会有用之才。

功德圆满的庄碧琴老夫人则于 1986 年 5 月 1 日驾鹤仙游。这一天，时任港督卫奕信及其他政要、香港各界名流、潮汕籍同乡及故乡特派代表三百多人，前来参加李嘉诚为母亲举行的隆重的丧礼。然后，庄碧琴女士的遗体接受了佛教的超度仪式，并葬于柴湾佛教墓地。华盖云集，备极哀荣。

“依正庄严，寿命无量，常恒不变，究竟圆满。”庄碧琴女士达至至高无上的涅槃境界。“儒以礼行，觉以律兴，一归真元，无大小乘。”香港柴湾佛教墓地沉淀了一串凝重而又不同的历史话题，也铭记着一代商圣李嘉诚对母亲的永远永远的爱。

在老一辈人的眼中，李嘉诚已经是光大门楣，光宗耀祖了，但是李嘉诚的雄心壮志，远远超过了这守旧的传统的层面。离家乡百里的汕头大学，是李嘉诚最大的一项捐赠。李嘉诚还曾捐资修建潮州市开元护国禅寺和该寺的附属建筑，耗资 210 万元人民币，全部归于母亲名下。在开元寺的内墙上，至少有四处李嘉诚代母捐献的碑铭。李嘉诚的做法使“家”与“国”达到了天衣无缝的统一与结合，一向以慈悲为怀的母亲为此感到的不仅仅是心满意足，而是发自内心的自豪、骄傲。

李嘉诚声名显赫，威震四方，可谓光其宗耀其祖。按照中国人的传统，尤其是潮州人的乡俗，扩建祖屋已是势所必然，情在理中。族人也希望李嘉诚能够为他们建一座宽敞明亮的大屋。弘扬李氏祖荫祖德祖风祖光。

鉴于李嘉诚一再对家乡的慷慨捐献，潮州市政府也对李嘉诚修缮改建祖屋给予充分合作支持，主动表示在尽可能的情况下，做出拨地安排。李嘉诚祖屋的左右邻舍，知情知性，也表现出十分的豁达与理解，做好搬迁准备。公德与私德，在这里再次激烈碰撞，摩擦，但未有短暂的僵持。低调明智的李嘉诚再次选择了公德至上。李氏祖屋周邻三面的陈旧平房，就算是已经荒废丢空之邻屋，李嘉诚也丝毫未多占半寸。

李嘉诚经过深思熟虑，决定只在原址上，不扩大占地面积，将祖屋改建成一座普通的四层楼房，交给族人居住。面对族人不解的目光，甚至失望不满的眼神，李嘉诚坦然答道，我们不能因为建祖屋而损害左邻右舍的利益，我们不可以以富压人，更不可以以富欺人凌人，这不是我们出多少钱扩大多少面积的问题，我们应当以大局为重，考虑到各方面的利益与反应，以免日后被他人说长道短。

钱只能用来从事必需的事情，不能用来支配他人，更不能因此损害他人的利益。在有关声誉的问题上，李嘉诚看得很通透，亦非常谨慎。

如今，在穿过这条长约二十米，宽不过两米的古旧巷尾时，除了两旁的锈迹斑斑的庭院深深，委实难以与商圣李嘉诚联系起来。当然，当你登上由李嘉诚出资为堂兄李嘉来一家修建的四层小楼时，放眼四望，近在咫尺，远在千米，周边依然是绵绵无边的古旧潮式平房。经过三十年的风风雨雨，这座四层小楼，无论其外表，还是内里，都已经是斑驳陆离，全无富豪之痕迹，更无首富之风范，与潮汕普通人家全无异样，更遑论富甲天下。

夫人庄月明与李嘉诚是表兄妹，青梅竹马，两小无猜。庄月明钦佩李嘉诚奋力拼搏的精神，李嘉诚也深爱关注他的学业和事业的表妹。他们结为伉俪之后，庄月明即参与长实工作，出任董事。这位毕业于英华女校、获香港大学文学士学位，并在日本明治大学留过学的豪门女性，敬业乐群，对长江集团发展做出了卓越贡献。在家庭中，她尽心尽力，敬老爱幼，相夫教子。李嘉诚发自内心地赞扬她：

> 我太太受过良好的教育。所以婚后她在事业上确实帮了我不少忙，而最重要的是她把家里的事操持得井井有条，使我完全不用为家里的事操心，能集中全部精神来应付事业上的问题。这是我最感谢她的地方。

李嘉诚素来多粉丝，有花逾千万索取签名。也有痴情奇女子要送钻戒给超人。话说在2002年5月23日和黄股东会，一名身穿紫色旗袍、脚踏四寸高跟鞋的浓妆艳抹女子，名叫罗润仪，45岁，失婚。自称在周大福花了五千大元，买了一只钻石戒指送给诚哥，最好笑是在钻戒上刻有李嘉诚三个字。可惜她等了逾三个小时，在保安人员的“围堵”下，无法呈上礼物。当大家问超人时，他坦言不知此事，更谓无功不受禄，连声笑说不敢当。记者开玩笑说这位女士很漂亮啊，李嘉诚顿时回应：“多谢你们的提醒，礼物更加不能收。”

其实除了送礼外，其他粉丝就有不同诉求，例如索取签名。长实执行董事赵国雄讲过，国内豪客扫红磡海名轩时，首先问：“是不是李嘉诚的楼？”其他具体问题，如楼盘、英尺数、价格、座向、间隔等，却不太关注。

有两名买家更要求大老板在长实股票上签名，以便日后挂在新居大厅内显威风，但此项请求呈上老板已有两周，却未获答复。这两名超级粉丝分别用了1700万港元及1900万港元置业，这样大手笔都未能令超人动心，原来，超人近年都不肯随便向外做亲笔签名，怕字被人冒签呢！

李嘉诚信奉儒家“穷则独善其身，达则兼善天下”的处世哲学，一贯勤俭诚信。论资财，他亿万之巨；论生活，他淡泊俭朴；论待人，他平易近人；论情感，他宁静如水；论心智，他淡泊豁达；论健康，他箭步如飞。

在创业的艰苦岁月里，他每日凌晨即起床，每天工作十六小时，晚上还坚持自学，甚至，连爬楼梯的工夫，都在默诵英文单词。书，成了李嘉诚最好最持久的伴侣，每晚陪他入睡的，都是一本又一本的书，这一习惯，直到六十年后的今天，整整六十个春秋，保持一个习惯，并非人人都可以做得到，尤其这是一个在很多人看来十分枯燥乏味的习惯。

简约生活

事业有成之后，仍保持奋进拼搏的精神和克勤克俭的生活作风。他由昔年的一家四口，变为今天的一家八口，其中还包括四个需要大量游戏活动空间的孙辈，本来早已应该买地他迁。

早些时候，李嘉诚在南区看到一幢新宅，叫价2.5亿港元，他和儿子李泽钜、媳妇王富信看过，大家都十分喜欢。岂料他却突然对王富信说：“我们还是不要买好了，把这笔钱留待将来做些更有意义的事吧。”通情达理的儿媳，没有丝毫的不快。有的只是对自己的家翁的更深更诚的敬意。倒是在场的长子李泽钜有些许恋恋不舍。李嘉诚有时想来，自己多了一个称心如意的好媳妇，好女儿。李嘉诚在有机会与亲家喝茶的时候，总是心满意足地感谢亲家送给自己一个好女儿。

他始终觉得，家够住便可以了，室雅何须大。在一次公开活动中，李嘉诚曾自嘲，我的好几位下属所住的地方都大过我。

不够一个月，汕头大学有个项目需要捐助，他二话不说，就把那2.5亿港元捐了出去。这种想法和行动，普通人或许觉得匪夷所思，不可理喻。但对李嘉诚来说，则是富贵如浮云的最佳脚注。千万不要用常人凡人俗人庸人小人的眼光胸襟去揣度李嘉诚。否则，你就会真的成了君子面前的小人，圣人面前的奴仆。

他说："我觉得简单的生活更令人愉快。"有其父必有其子，李泽钜一如老父，喜欢崇尚简单的生活。只不过是，现实生活已经很难让他们简单，很难让他们返璞归真。

谁都想不到拥有千亿资产、企业遍布全世界的香港第一财阀，每日会同普通员工一起用餐。没错，李嘉诚在公司与职工一起吃工作餐。他去巡查工地，地盘工人吃的大众化发泡胶盒饭他一样吃得津津有味。公司来了客人，他不会特意带他们去高级酒楼，就在公司就餐，只是比平时多炒几样菜，而且分量绝不会多，既能吃饱，又不会浪费。当然，想见李嘉诚的人，绝对不是为了去吃一顿饭。

好多年以前，笔者去长江集团中心，有幸遇到了李嘉诚从外面返回中心，面带微笑的李嘉诚，很自然地与遇到的每个人打招呼。令笔者印象深刻的是，李嘉诚居然举手来跟大厦保安打招呼，而这位保安也只是礼貌性地点头微笑回礼，亦未见其起身，全然没有受宠若惊的感觉。很显然，李嘉诚的动作已是习以为常。李嘉诚不是机械式的官式点头，不是生硬的应酬式点头，而是很自然的举手礼。当然，这一举动也不是做给在场的记者的闪光灯看，因为当日现场除了我一个外人以外，没有一个记者。

仅仅是这样一个再普通不过的举手礼。多少年后，此情此景依然让我历历在目，回味无穷。多少年后，当我耗时耗力撰写这本传记时，我不知道是否是这样一个镜头在时时鞭策激励着我，成为我的书台上的那部破旧计算机的无穷原动力。我甚或想，我之所以撰写这本《李嘉诚传》，其灵感可能就来自那一刹那间。

李嘉诚日日清晨喜欢去打高尔夫球，以锻炼身体。李嘉诚73岁时，在一次社会公益活动中，他现场进行了血压量度，结果高压是153、低压85，与正常人体的血压值相若，健康状况相当不错。这位老年企业家如今依然神采矍铄，一如他的事业如日中天。平常人，你和他并排走路，你未必追得上他的大步流星的步伐。

作为一个成功的大商贾，李嘉诚对健康有自己独特的看法：“人的健康如堤坝保养，当最初发觉有渗漏时，只需很少力量便可堵塞漏洞；但倘不加理会，至崩堤时才做补救，则纵使花费更多人力物力，亦未必能够挽回。”

李嘉诚深明健康之道，向记者透露自己的健康心得：至为关键的是规律化的生活，不烟不酒，每天早上六时起床，并保持一个半小时运动，包括打高尔夫球、游泳及跑步，从不间断。他表示最要紧的是有恒心，就算家里很狭窄亦可以做运动，不运动只是懒惰的借口。

至于饮食，他最喜欢青菜白饭，一切以清淡为主，并且少吃肉。“就算吃鱼，都是吃鱼仔，即最便宜的那些，香港人俗称猫鱼的。”不过，据香港美食家蔡澜的说法，这才是食家的精明选择。

注重健康的李嘉诚，同时热衷于推广公众健康教育。2000年，李嘉诚曾经为香港医院管理局一个为期五年的“健康创繁荣”运动捐款1000万港元，目的就是提高基层市民的健康意识，为市民大众提供免费健康测试及健康教育，推广防患于未然的重要性。李嘉诚对健康的重视可见一斑。

为了节约点滴时间，他于上班途中在车上浏览当天的中外文报刊，了解国内外重大新闻，把与公司有关的内容画出记号或做出批示，到办公室及时交予秘书处理，一切工作多数在办公时间办妥。当然，这种车上看报纸文件，对眼睛来说，似乎并不健康。近年来年事已高，他已经逐渐放弃了这种嗜好。

他懂得工作与休息的辩证关系，以保证有足够的精力去应付繁忙的工作。在有李嘉诚与会的聚会，距离预定的时间分毫不差，李嘉诚必定准时地出现在人们的视野中。他平时喜欢与家人好友喝茶聊天，假日或乘船出海，或游泳潜水，或漫步沙滩，或登山赏景，偶尔也去异国他乡尝试滑雪的乐趣。不过，他确实很忙，用日理万机来形容一点也不为过，忙到连早餐的时间都要与商家会晤谈话。

难能的是，李嘉诚分身有术，应付自如。他的生活既简单朴素，又多姿多彩。

教子

2012年6月17日是父亲节，香港有机构做了一个有趣的调查，了解青少年心目中“理想爸爸”谁属，结果李嘉诚荣登“我的爸爸”榜首，排名第三则是拥有慈父形象的歌神张学友。

李嘉诚认为，教育孩子应该培养他们独立的意志品格，不能溺爱娇生惯养，这与家财多少没有关系。他的两个儿子李泽钜、李泽楷是李家的希望。李嘉诚希望儿子从小就明白，做任何事情都不是那么简单。无论是做生意还是做富家子弟，需要付出心血。因此在公司开会的时候，他常常让两个年幼的儿子旁听，他想让儿子明白，做生意需要与很多人打交道，依靠很多人的帮助。

> 带他们到公司开会，不是教他们做生意，而是叫他们知道，做生意不是简单的事情，要花很多心血，开很多会议，才能成事。

于是，从那时起，童年无忧的李家兄弟，就算想扭作一团嬉戏玩乐，在严肃的会议室内，在严父和严师跟前，也只好乖乖地正襟危坐。

李嘉诚深知“人生的黄昏取决于黎明”的哲理，他对两个儿子自幼便严格教导，一方面使孩子感到家庭的温暖，另一面要使孩子受到良好的教育。兄弟俩在香港中学毕业后，李嘉诚就把他们送到美国斯坦福大学留学，以利未来事业的发展。

他认为富家子弟就好像温室的花朵，根基不稳，经不起风吹雨打。他将自己艰难创业的历史比喻成在岩石夹缝中生长壮大的小树。他说，根基不稳的植物，在外界的压力下，不易存活，而夹缝中的小树，却能傲立风霜而不倒，因此，他绝不放纵自己的两个儿子。他冀望儿子能够自强自立，如钜为大，如楷称模，独立面对打击，面对困境，面对逆境，面对挑战。

长子李泽钜从爸爸的教育中受益颇深，他对李嘉诚的评价是，他很清楚在他生命中比较重要的事情，他会将钱用在这上面，比如帮助那些不幸的人，捐资医疗教育事业，只是他的精神世界更加富有，虽然我们的生活是常人无法想象的简单，但简单给我们带来的是幸福。

有一次，香港刮台风，李嘉诚门前的一棵大树被刮倒，为了锯断大树，两个菲律宾工人顶风冒雨，全身湿透，手忙脚乱，李嘉诚见到此景，要儿子马上去帮忙。他说，菲律宾工人因为家庭环境不好，背井离乡来港工作，尽忠职守，殊为不易，但同样是人，地位与自己一样，他的两个儿子马上下去冒雨帮忙锯树。两个儿子懂得，职业无分贵贱，不同职业、不同地位的人，理应得到尊重。

几千年的中国商业文化认为——无商不奸，但是，这位凭借自己六十年奋斗成家致富的人，认为“信”是商人的信条，也是做人的基本信条。不只是商人，一个人和一个国家都是无信不立。在这方面，香港次文化堂有限公司于 2003 年出版的《李氏家训——李嘉诚教子心法》，颇值得玩味。身为父母，不愁衣食，诚恐宠坏孩子的，更应仔细地一读再读，看看是否可以吸收其中精华，用在自己的子女上。

两位编者明辉、许泽惠显然曾详细研究李嘉诚和他两位公子的言行，精心搜集资料，才能把李氏家训阐释得如此详尽。

此书辑录了数十条“李氏家训”，都是从李嘉诚的公开演讲、谈话记录中抽丝剥茧筛选的，可说句句实用，家长们可以参考。譬如说：

1. 富家子弟等于温室长大的植物，无论是大树或其他植物，根部一定不壮……我虽然不是很本事，但可以说我这两棵小树（指两儿）是在风雨中长大，经得起考验；

2. 知识就是力量，“在知识经济的时代，如果你有资金，但缺乏知识，没有最新信息，无论何种行业，你愈拼搏，失败的可能愈高”；

3. 要有志气，引曾国藩语勉励汕头大学的学生，士人第一要有志，第二要有识，第三要有恒，有志则断不甘为下流；

4. 预计自己的余力，“我的泳术很普通，划船亦很普通，如果我要达彼岸，我要肯定我的能力不是仅可划到对岸，而是要肯定回来时还大有余力。”

李嘉诚在谈到对子女的教育时，他说，在教导子女时 99% 应该教给他们做人的道理，即使现在他们长大了，也应该是 2 / 3 教他们如何做人，1 / 3 教如何做生意，因为真正重要的是处理人与人之间的关系。生活方面要求他们克勤克俭，不求奢华。事业上要求他们注重自己的名声，注意考虑对方的利益，不要占任何人的便宜，要努力工作，信守诺言。他告诫儿子：“如果要取得别人的信任，你就必须做到重承诺，在做出每一个承诺以前，必须经过详细的审查和考虑。一经承诺之后，便要负责到底，即使中途有困难，也要坚守诺言，贯彻到底。”

在李泽钜、李泽楷很小的时候，李嘉诚就要他们了解外面的世界，知道人世的艰辛。他常带两个儿子坐汽车、坐巴士，到路边报摊看一个卖报的小女孩边卖报边做功课的苦学情景，顺道还去观察一个八九岁的女孩帮助妈妈卖鱼蛋的情形。

李嘉诚还风趣地透露，在儿子上大学前，他每个周日都拒绝所有应酬，带他们到一艘绝不豪华的小游艇去。还要带上一些之乎者也的书。

> 好处是跟他们说道理，他们也无处可逃。
>
> 他们一定要听我讲话，我带着书本，是文言文的那种，解释给他们听，问他们问题。我想，到今天他们未必看得懂文言文，但那些是中国人最宝贵的经验和做人宗旨。

当然，这不过是李嘉诚独特的教子方法，许多父母想必都不敢存有丝毫奢望。

“沙地里长出来的树，要拔起它，你说有多难呢。”李嘉诚一直都在利用各种机会各种场合磨炼李泽钜、李泽楷两兄弟。李嘉诚说，在我小的时候，母亲就教育我，要学会给予，学会诚实守信，对朋友讲信义。现在做生意，资金即使高出资产的几十倍也不够，生意是靠别人给你的，世间每个人都是精明的，要学会与别人沟通，让别人喜欢你。

当有人问李嘉诚成功的秘诀时，李嘉诚很真诚地告诉记者：秘诀有三个，一是诚信，二是诚信，三还是诚信。世界经济全球化，牵一发而动全局，金融风暴经常发生，要经常提防，信义是最重要的，所以，现在也是一样，信义二字是与人交往的准则。遵守信义可以受益终生。因此我经常教导儿子要遵守信义。

李嘉诚很注意对儿子的早期教育，他严格要求儿子艰苦朴素、不讲排场，要他们注意树立自己事业上的信誉，恪守承诺，而且他要儿子多为别人着想、不贪图小利、勤劳肯干、务实奉献。在两个儿子从斯坦福大学毕业之后，他们想在父亲的公司一展拳脚，施展自己的才华，但是被李嘉诚拒绝，李嘉诚说他的公司不需要他们，虽然他的公司有足够的职位，甚至安置二十个儿子也够，但是李嘉诚希望他的儿子们自己去闯，自己打下江山，以实践来证明自己的真才实学。他不希望他们未经社会的风雨就直接进入自己的公司，他觉得他们不够格。

兄弟俩深明大义，父亲是希望他们通过真正的社会实践，将自己锻造成才。两人去加拿大发展，后来李泽钜开设了地产开发公司，李泽楷成了多伦多投资银行最年轻的合伙人。

在港的李嘉诚也常常通过电话对兄弟俩问长问短，甚至远隔重洋嘘寒问暖，并表示可以提供帮助。但兄弟俩却总是坚持困难可以通过自己的力量解决。当然，李嘉诚也不过是想试探一下，并不是真的要帮助他们。父亲的这一点，是兄弟俩最为熟悉的了。即使真的求父亲帮助解决困难，也是不可能的。这似乎有些冷漠得不近人情，但是兄弟俩一点也不怪他，他们懂得父亲的良苦用心。

李泽钜与李泽楷兄弟俩返回香港后，进入李嘉诚的公司工作。李嘉诚非常高兴地说，兄弟俩都非常出色，足以胜任公司里的工作。李嘉诚再次叮嘱他们：要时刻注意自己的名声，将工作放在第一位，宽厚待人，信守承诺，这是事业成功关键。看到两个儿子的出类拔萃和卓越的业绩，李嘉诚感到非常欣慰，随时宣布退休也非常心安理得。

常常有人对兄弟俩赞不绝口，而李泽钜总说："父亲从小对我们的培养教育是我们最值得感谢的，我们从父亲那里学到的不仅仅是怎样成为一个出色的商人，一个赚钱的商人，而更为重要的是我们学会了怎样做一个正直的商人。"

香港是个华洋共处的多元社会，也是东西方文明、资本、社会的聚焦之地。香港的幸运在于，它在冷战的岁月里，在冷战的夹缝中，得天独厚，在一种动荡然而又基础稳固的条件下，成就了一个全新的华人群体。

1950 年代的香港，其社会环境有如经济学大师熊彼特对资本主义特征的描述：不断持续创造性的社会变迁。这种政治经济机制和社会环境的爆发式冲突与压抑，使得人的活力一旦发扬，成就惊人之业绩。

两兄弟虽然同时间上学，但很少一起玩耍，可能是李泽楷较活跃，喜欢打乒乓球，兄长李泽钜则较文静，两人的兴趣不一样。李泽楷不单只爱独立特行，且自小已显露出其反叛的性格，亦最爱争执，颇具辩才，但他在家中亦最为得宠。尤其是庄月明，对小儿子李泽楷宠爱有加。升上中学之后，李泽楷的作风大胆，不轻易屈服于权威之下。

中一那年，李泽楷与一伙同学，上课时偷偷吃零食，被中文老师曾念祖发现，气得脸也鼓胀起来，把一干学生包括李泽楷全部严惩，罚他们坐在垃圾箱上。曾念祖老师更向别班的同学说："我不理会你是李嘉诚的儿子，犯了校规一样照罚！"同学们都相信，李泽楷并不是肚饿，只是一时淘气，想挑战师道尊严，表现自己的另类。

如今，李嘉诚的两个儿子事业十分成功。在今日香港商界犹如他们的父亲，喜欢从事有创意、有挑战性的工作，遇到任何困难都显示出潇洒自如，迎难而上的从容风度。从他们独立处理加拿大世界博览会旧址庞大物业发展规划，以及策划收购美国哥顿公司"垃圾债券"等一系列大动作，不难看出这对香港商界的"龙兄虎弟"具有的惊人胆识和灵敏的商业头脑。莫非真个是龙生龙凤生凤。

李泽钜现任长实集团副主席兼董事总经理、和黄集团执行董事、长江基建主席、港灯集团董事及香港汇丰银行董事、北京市政协常委、全国政协常委等职务，1993 年 4 月被中国政府聘任为港事顾问。而李泽楷则是亚洲新经济的领军人物。李嘉诚首先认为，中国那句"富不过三代"的老话日后需要修改了，因为"今天的教育、组织不同，令事业可以继续。"

李泽楷小时候，与兄长一样入读香港顶级名校圣保罗男女小学。他在学校里不甚突出，最多在休息时与同学们打乒乓球。不满十四岁，李泽楷赴北美读大学预科。美国同学不论出身富家或平民，皆有很强的独立意识。耳濡目染，李泽楷很快习惯了独立生活。

有一次，李嘉诚去看儿子，知道李泽楷假日在网球场拾球赚钱。他回港后对夫人庄月明高兴地说道："泽楷学会勤工俭学，将来准有出息。"他相信，父母采取不同的教育方法，对下一代的将来影响很大。

他透露，当年他朋友的孩子去外地读书，买了一辆最新款的敞篷跑车，但是"我两个儿子买的只是两辆单车(自行车)，在美国斯坦福大学行走也十分方便。直到有一天，我在九楼公寓等他们回家吃饭，看到一辆单车冒雨在车群中'之'字型穿梭，险象环生，看清楚才知道是其中一个儿子，而他到家时已浑身湿透，还背着几十磅东西。这时，我才叫他们第二天去学车考牌，买一辆坚固的、去年款式的新车。"

"行到水穷处，坐看云起时。"做人跟做生意一样，李嘉诚有自己坚守的原则。

有些生意，给多少钱我赚，我都不赚……有些生意，已经知道是对人有害，就算社会容许做，我都不做。

在滚滚红尘当中，可以辟一处静室安顿好自己的心安理得的良心，身心亦自然舒泰。

儿子眼中的父亲：“他知道生命里哪些事情最重要。”在李家，吃晚饭时，两个儿子坐在李嘉诚两旁，经常你一言我一语，说得非常雀跃，而坐在对面的大媳妇王富信只是专心吃饭教女，偶尔也会会意地微笑，或者插上几句。慈祥的爷爷李嘉诚，也会侧身为自己的孙女夹上一筷饭菜。“做我的儿媳妇很容易，因为我没有女儿，所以把儿媳妇看作女儿一样。”

李嘉诚的长子李泽钜1993年与王富信结婚，他说，不会对媳妇定下什么特别的家规。只要求儿子及媳妇与自己同在屋檐下。他解释，因为自己比较注重家庭的传统。他甚至自嘲，可能自己的观念很老土。无论工作如何繁重，每逢星期一，他们一家人必定在深水湾家或外婆家吃一顿饭。通常一家四口，四菜一汤，吃得清淡。

李泽楷忆述，上中学时，父亲经常带他们弟兄俩去西环一间铺头吃忆苦思甜的番薯糖水。虽然难以下咽，看到父亲大人吃得津津有味，也只好勉强吞下。更夸张的是，一连几个星期，都吃同样的糖水。

李嘉诚自己在公司的酬金每年仅五千港币。他的个人生活也似乎平淡不过。无欲并不代表没有追求。有追求并不代表一定是物质享受。他常常说，我喜欢看各种各样的书籍，但主要是哲学、政治、经济、中国文化以及新技术方面的书。其中有些是中译本。

世界前进的步伐相当快，你如果不加快自己的步伐，马上就会掉队。当度假时，通常是休息四天，李嘉诚会去打高尔夫球。有时，与老朋友郑裕彤、赵世光、李兆基等人的挥杆竞技中，不免赌上一餐午饭，甚或一次游费。仅此而已，在嘻嘻哈哈的欢笑声中，度过难得的假日。

即便只有两天休假，李嘉诚也会非常高兴。因为，李嘉诚的节假日少得可怜。可以打赌，确实比你我都少。李嘉诚从未上过正式的高尔夫球课，因此自认姿势不是很正确，但却自信技术还过得去。

李泽钜爱妻王富信2003年在养和医院诞下李家第三位千金，全家均十分重视。李家上下均雀跃万分。当日爷爷李嘉诚及父亲李泽钜实时前往医院探望母女二人。李泽钜虽日理万机，但他趁上班前及放工后到医院探望妻女，共逗留近四小时。问及太太的健康状况，他礼貌地说：“很好，身体好好。”至于会否再追多个，他则未有回答，但全程笑容满面，看来非常开心。

至于李嘉诚于早上八时到达医院，他甫见记者即友善地说：“辛苦了！”并表示离去时会接受访问。问他小孙女似父亲还是母亲，他笑说：“这样小看不出来，Baby 好得意。（你好爱 Baby？）有时间就过来看看啰！”果然一如他早前所说，无论孙子孙女也一样爱惜。连那位忙得焦头烂额的小叔子李泽楷，也亲携花篮，赴医院看望。病榻上的大嫂，免不了幽默一番，怎么没见女朋友一起来?

“义”字

李嘉诚的事业将他在商业的“信”与他待人的“诚”紧密结合，合成为“义”，对于此，他身边的人感慨良多。

> 因为世情才是大学问，我年纪小的时候，已知道应认识那些人和长幼之序，如何教导给予，教导蚀底才是大学问。
>
> 我经常教导他们，一生之中，如这刻，有多十倍资金都不足以应付那么多的生意，而且很多是别人主动找自己。世界金融波动随时会发生，要时常提防，最重要教导他们要守信。对人守信用，朋友之间有义气。今日而言，也许很多人未必相信，但实在我觉得义字，是终身用得着的。

第一届国际潮青联谊会 1999 年 6 月在港正式成立，成立仪式在香港会议展览中心举行，主礼嘉宾除梁爱诗和李嘉诚外，还有新华社香港分社副社长邹哲开、全国政协常委庄世平、香港中华总商会会长陈有庆、国际潮团联谊年会创会主席廖烈文、香港潮州商会会长周厚澄和潮汕三市领导。

身为潮州同乡的李嘉诚亦非常支持，除担任开幕典礼致辞及午餐会主讲嘉宾外，更抽出一小时，以广东话、普通话，及潮语，侃侃解答台下来自各国的“潮青”的提问。

李嘉诚向来自全球的四百名潮商代表发言，并答问近一小时，共回答十四条问题，范围由澳门治安到外商投资中国，由中国文化到欧元前景，难怪主持人立法会议员陈智思连声说：“我现在好像在听特首答问大会。”“特首也没有你那么受欢迎。”

一位来自汕头的潮青更实时把握难得机会，直接询问李嘉诚有无兴趣参与汕头国际机场的投资，李嘉诚则笑称，由于对这项目没有研究，故这是非常难解答的问题，并希望对方了解汕头国际机场周边地区的市场需求事宜，便将“难题”轻松带过。

席间一位来自海外的潮青一连提出五条问题，涉及中美兴衰比较等宏观课题。李超人随即说：“要答所有问题，写一本书都够。”实时全场掌声雷动。他形容，一开始讲中国人有许多优秀质量是有感而发的。和黄在52个海外国家与地区聘用22万人，所有业务发展好过预算，外国讲究效率赏罚分明。但人与人之间尤其管理，中国人传统有好处，孔夫子有些道理有用，在外国经营十多年可说“得心应手”，有些行业罢工最容易如货柜码头，至现在也没有罢工，可见中国传统文化好有用。

至于中美关系紧张不是代表将来也是这样，对中美关系他是看好。在管理、实事求是方面要学西方国家，中国传统文化可以屹立数千年而仍保留下去，反而希腊、巴比伦、埃及文化不知不觉已经消失，由此可见一斑。

> 有日返到潮汕，被人拉着手说，你是我们潮州人的光荣。我说，我们都是中国人。

李嘉诚被一位青年朋友问及身为潮州人的感受时，说了这样一番话。

李嘉诚对青年一代寄予亲切的期望，在这次答问会上，他用心良苦，让问问题的青年朋友都满意而归。这天中午，来自世界各地的潮青朋友提出了很多很多的问题，李嘉诚都一一作答。遇上用潮州话问问题的，李嘉诚便用潮州话作答，遇上用普通话问问题的，李嘉诚便用普通话作答。不时还把问题记录下来，令大家感觉非常亲切。

当有广州的青年朋友问李嘉诚，怎样才能提高一个人的修养时，李嘉诚笑得最灿烂，他说："知识可以改变命运，不怕话你知，我每天睡前都看书，寻求新的知识。"坐在他身边的"舅仔"庄学山更幽默识做地说，"他自小就很有修养。记得七岁那年，他就对我说，入电梯要先让给老人家。"

曾经有一个在李嘉诚公司工作了十年的会计，因为不幸患上青光眼，无法继续在公司上班，而且他早已花尽了额度之内的医疗费，生活面临着极大的困难。李嘉诚关心地询问会计：太太是否具有稳定的工作可以维持家庭生活？他支援他去看病，而且说，如果他的生活不够稳定，他可以担保他的太太在他的公司工作，使这家人不必再为生活奔波。

这位患病的会计经过医生的诊治，退休后定居在新西兰。本来这件事就应该这样结束，但更值得一提的是，每次李嘉诚从媒体上获知治疗青光眼的方法，都会叫秘书把文章寄给那位会计，希望对他有所帮助。他的行为使会计的全家都十分感动，那个会计的孩子尚处幼年，未到十岁，为了表达全家对李嘉诚的感激之情，孩子自己动手画了一张薄薄的卡片，寄给李嘉诚，礼轻情谊重。由此可见李嘉诚的人格魅力。

在潮州同乡圈子中，李嘉诚的口碑很不错，因为他的念旧故事相当感人。一位在李嘉诚困难时期曾予资助援手的"潮州婆"，有一天突然接到律师楼莫名其妙的电话，请她上去办手续。原来李嘉诚发达后图报，赠予花园道爱都大厦二千余英尺豪宅两层，一层供她自住，一层让她收租生息。区区两层楼，令李嘉诚慷慨、念情的好形象传颂千里。

商圣李嘉诚的成功之道是什么？李嘉诚把自己成功的秘诀概括为一个宗旨即"稳健中求发展，发展中求稳健"，三个原则即"勤力、信用和不断学习"，这就是李嘉诚的成功之路。

李嘉诚的成功经验可以给众多家族企业以有益的启示：

第一，要彻底摆脱家族式管理的"陷阱"。李氏家庭的成功，主要并不是由于其家族制的管理，恰恰相反，正是跳出家族管理的公司制，才是不断吸纳专才，提高产业层次，扩大产业规模，实现跳跃式发展的重要因素。

第二，要敢于对家族企业的管理进行制度创新。

第三，要舍得出高薪借"外脑"。李氏资产庞大，经营项目庞杂。如果不是旗下高水平和国际化的业务专才和管理专家，单凭李家父子三头六臂，是怎么也应付不来的。更何况从传统的产业层次转向以高科技为主的新型产业，更加离不开有专才的科技精英。

第四，要积极谋求向社会资本开放。这是李嘉诚家族资本迅速扩张的重要途径，也是李氏成功创造网络神话的关键因素。

第五，要顺应世界高技术经济的发展潮流，借助科学技术的发展推动企业的扩张。

这正如李嘉诚所主张的："必须紧跟时代，超越时代，有创业家精神。"

李嘉诚如何对待自己庞大的产业。什么是李嘉诚的遗产？西人福特、洛克菲勒曾面对过这道难题。李嘉诚如何解答？经年累月辛劳，李嘉诚坦言自己有时也会觉得累，但是能够让他维持热诚、思维清晰的内在原因，却是他对名利得失有个人的看法，不会刻意经营。李嘉诚说："成功之后，利用多余的资金做我内心所想做的事，心安理得，方寸间自有天地。"

工作了六十年，李嘉诚是怎样处理好家庭和事业关系的？

> 家庭、事业之间的冲突是有的，因时间不足，极难兼收并蓄，良好安排是重要艺术之一。

在谈及如何看待爱情、亲情、感情这一话题的时候，李嘉诚说：

> 互相爱恋、情投意合还不够，互相了解、互相体谅、和谐相处才是最重要。亲情是与生俱来，感情是要培养，但亦要讲缘分。

在谈及人生此刻的心愿时，李嘉诚说：

> 此刻的心愿是无烦恼，但要求似乎太高，亦太不实际。

六十年间，浮云只是一瞬，弹指更是霎那间。那一年，李嘉诚从潮州古道战战兢兢走进了香港，从香港西环士美菲路破旧的小塑料厂走向筲箕湾，走向新蒲岗，走向北角，进而走向香港中环的心脏地带皇后大道中的华人行，最后又走向了中国大陆，走向了世界。

两弟一妹

2001 年 7 月，李嘉诚的胞弟李嘉昭因病去世，虽然李家为低调处理连讣告都没登，结果出殡第二天，各报的头版头条还是刊登了李嘉诚身着黑衣神情肃穆的照片。出殡当日，李嘉诚以兄长的身份在现场打点一切，神情哀伤，可见与胞弟感情甚笃。

李氏父子三人在香港声名赫赫，李氏家族的其他人却十分低调，极少露面，因而外界对其知之不多。李嘉诚在家中排行最大，有三名弟妹，三弟嘉宣早已去世，这次去世的是二弟嘉昭，现在只剩下妹妹素华。当日参加丧礼的亲友明显比前日多，有近百多人到场，和黄高层霍建宁等人亦有前往致祭。李超人依然发挥低调本色，派助手告诉媒体，不想丧礼见报。

李嘉诚与两名儿子泽钜和泽楷，及儿媳妇王富信早上八时许便到达灵堂，李嘉诚和两名儿子瞻仰李嘉昭遗容后，于灵堂内更不时以手巾揩鼻和拭泪，李嘉诚并与到祭的人握手和鞠躬致谢。

下午四时四十五分，李嘉诚在李泽楷陪同下再次到达灵堂拜祭，稍后李泽钜亦单独前来，李氏父子皆神情肃穆，问到李泽楷叔父去世是否很伤心？李泽楷说："今日不想讲这么多。"李嘉诚则说："我同弟弟好 Close。"再问李嘉诚心情是否沉重？他说："不想讲。(会不会扶灵？) 他 (指李嘉昭家人) 很低调，我自己都想低调，所以连报纸都不想登。"拜祭完毕后，最先离开灵堂的是李嘉诚的儿媳妇王富信，独自先行离去，五时十分左右，李泽楷跪地向叔父李嘉昭叩头后亦独自离去，而李嘉诚与大公子李泽钜则留至六时才一同离开。

大殓仪式十时进行，由南方莲舍的智开大师主持，李嘉昭的大儿子李泽龙负责"担幡买水"。接着灵柩运往柴湾佛教坟场，李嘉诚等人乘车前往悼别。众人抵达坟场后，十多名保安即撑伞为李嘉诚父子等人遮挡太阳。李嘉昭棺木随即下葬，李嘉诚三父子轮流上香，落土一刻，李嘉昭遗孀杜佩娟和二子李泽聪忍不住死别的悲伤而失声痛哭。

李嘉昭多年前移民澳大利亚，不时返港与兄短聚，后感不适，到沙田威尔斯医院检查，证实患上癌症，终于不治。

父亲李云经 1943 年去世前，曾拉着李嘉诚的手含泪说道："你是家中长子，此后家中重担，要由你一个人来承担了。你要照顾好母亲和弟妹，不要令我失望。”后来李嘉诚果然没有辜负父亲的期望，挑起了家庭重担，并且成为四兄妹中最成功的一位。

现在，在李嘉诚的家乡潮州市北门的面线巷五号，幼年时的李嘉诚与父母弟妹就生活在原址的潮式平房里，李嘉诚的堂亲七房共十二户人家后来就生活在李嘉诚出资兴建的四层小楼里，其中包括李嘉诚的堂兄李嘉智与李嘉来，不过两位长者已经先后过世，其中，堂兄嫂将李嘉来的遗像仍摆放在楼下左侧的房中。乍看起来，确与李嘉诚有几分相似。

李嘉智比李嘉诚大四岁，是李嘉诚五伯父的儿子，李嘉诚的父亲在家中排行第九。李嘉智谓，堂弟李嘉诚的小名叫“大头诚”，因为幼时的李嘉诚生得额头高高身子小小。“大头诚”是九叔这一房的老大，他下面是妹妹素华，然后是两个弟弟嘉昭、嘉宣。嘉宣早死，所以“大头诚”特别疼惜弟弟嘉昭和妹妹素华。

李嘉诚不仅对家乡的建设慷慨捐款，对亲友也很照顾。李嘉智称，每年的端午、中秋、春节，李嘉诚都会通过银行给亲友们寄来生活费，就以他自己为例，每次都会收到四千港元；下一代的子侄辈每次也有两千港元呢。

李嘉来夫妇自幼未曾离开过潮汕，亦因此，不通普通话，作者拜访时，仍需要家中晚辈充当翻译，稍有不便。

李嘉诚有两弟一妹，两个弟弟已先后辞世，只余下他和七十多岁的妹妹李素华。这个妹妹甚少曝光，直至 2001 年 7 月 21 日，超人的二弟李嘉昭出殡，李素华和丈夫查文宗身穿孝服，哀伤的站在李泽楷身旁，她才首次进入公众的视线中。

李素华夫妇坐拥的物业及早前买卖楼宇所赚取的，合共七八千万港元，兼且拥有一家逾千工人的塑料厂，身家逾亿，但仍每天上班，凡事亲力亲为，生活十分朴素低调。其为人之作风风格一如乃兄李嘉诚。真可谓长兄如父。经常不用司机、自行驾车上班的李素华坦言，她之所以有今天，全因亦父亦兄的诚哥从小对她严厉教诲。每每谈到这一点，李素华流露出自然而然的敬意。

李素华说自李嘉诚发达后，她一直刻意保持低调再低调。“大哥身份地位显赫，我更要避忌，费事人家以为我炫耀。”和李嘉诚一样，她说话带点潮州乡音。可谓鬓发已白，乡音难改。原来，李素华的丈夫查文宗，亦是香港有头有面的响当当的大人物。

查文宗身兼港九塑胶制造商联合会主席，该会的永远名誉顾问包括前机场管理局主席黄保欣、理工大学校长潘宗光等。查文宗在塑胶业内举足轻重，但他平日却绝口不提与李嘉诚的亲戚关系，直至7月21日夫妇俩出席李嘉昭的丧礼才曝光。香港人这才恍然大悟，原来李嘉诚的妹夫也是响当当的有头有面的香港人呢。

李嘉诚靠做塑胶花起家，原来查文宗四十多年前是李嘉诚工厂的伙计。李嘉诚有意无意间成了妹妹的红娘，塑胶花成了半世姻缘的脚注，成就了这对跨越半个世纪的恩爱姻缘。

在李嘉诚的一生中，弟弟妹妹的幸福甚至超过了自己幸福的重要性，这全然是因为老父临终前夕说的那番话。而妹妹的婚姻及其幸福，更是李嘉诚得以心安理得的一个重要因素。关于这一点，李素华非常清楚，记得若冠年华，长兄李嘉诚从不过问两个弟弟的个人感情问题，但对妹妹的一举一动，却非常着紧，三步一问，两步一查。查文宗甜蜜地忆述道："当时我在诚哥的长江塑料厂做管理层，刚巧诚哥的妹妹也到厂里上班，我便追求她。当时我在长江的工资有五六百元，但外面一般只有一二百，所以我好快就储了一万多元，这笔钱约等于现在的几十万，我见塑胶是当时新兴行业，就拣这行发展，1963年和太太离开长江开福田塑料厂。"当然，查先生闭口不谈他怎样在超人精明眼之下，千辛万苦千方百计追求到李素华。

言谈举止间，夫妻不时眼望眉顾，李素华不时轻抚老公手臂。查文宗甚至当着众人面伸手为太太撩起额前的散发。可以看出，恩爱夫妻情深似海。真是慕煞旁人。虽然，公众很少见到他们拖手仔。

福田塑料厂当年的出品以日用品和玩具为主。认识查文宗夫妇二十多年，同属塑胶制造商联合会会员的文家声就这样形容李素华："查太太办事好勤力，对每个工序都跟到贴，我以前卖塑胶原料给福田，查太太每次'砍'价都'砍'到好尽，真是很会做生意。"

已届退休年龄的查氏夫妇，育有三子一女，其中两个儿子志超和毅超都在福田塑料厂内独当一面。查文宗自言近年身体略微不适，所以多在家休闲静养，即使返厂巡视，也只为找妻儿饮茶享天伦。但李素华至今仍坚持每天朝十晚四回公司处理业务。她说这间厂是她和丈夫一手一脚创立，几乎伴随了她们夫妻大半世，每部机器，每个角落都倾注了两人的浓情厚意，真正体现了两个人的爱情结晶，其中的感情显然是别人所不能体察到的。

多少年来保持着风雨无阻准时上班的习惯，七十岁的她有时甚至不用司机：“今日司机有事做，我的性格不等人，所以就自己驾车返工。”

李素华自言之所以勤力上班，全因父亲李云经在她年幼时便过早离世，长兄为父，身为大哥的李嘉诚自此以父兄身份教导管束弟妹，耳熏目染，诚哥的勤奋认真执着便养成她“烂做”的性格。

“当时我还是细路女，暑假在大哥的写字楼返工还当是去玩，不料大哥对我要求好高好严，经常走到身边看我做成怎样，稍有不对便叫我改，严到好似爸爸教女。其实讲真阿爸都未曾这样严过。福田现在已交给儿子打理，但我仍要亲力亲为，就是受大哥影响。”

李素华讲起过去，嘴角露出丝丝笑意，流露出来的，绝对没有丝毫的怨言，而是发自内心的感激之情，敬仰之意。当然，更多的是不经意流露出来的血浓于水的亲情。

1963 年，是李嘉诚兄妹的人生转折点，当时李嘉诚在柴湾购地兴建第二间塑料厂房，兼与表妹庄月明结婚。连同 1957 年自资兴建的北角厂房，当时李嘉诚已拥有合共 16 万英尺的楼面面积，而查文宗夫妇则于同年开创自己的塑胶事业。

李嘉诚曾说过，他做塑料厂时每天要工作十六小时，李素华说和丈夫创业时也是每天十多小时不停地做，但当时并无倚靠诚哥，全都是夫妇俩一手一脚搞定。五十多年来，她只问诚哥借过一次钱。倒是长兄李嘉诚，时不时会关切地打来电话，询问经营情况，要不要帮手。

查太太又说，刚刚结婚时，长兄如父的诚哥，依然如故，日日嘘寒问暖，仍把自己当作未出阁的小妹妹。只是渐渐发现查文宗对自己的妹妹关爱有加，照顾周到，这才逐渐放下心来，但却非常霸道地要求他们夫妇，一有时间必须回娘家省亲。

“‘六七年暴动’① 前，我和丈夫未够经验，和人合股做生意出了些问题，之后我问大哥意见，他就借了一笔钱帮我渡过难关，之后就没再借过。但如果

① 六七年暴动：1967 年 5 月～10 月期间，在港亲共左派，在大陆“文革”的影响下，展开“反类抗暴”。

问他做生意的事他就会给意见，而且也经常打电话问长问短。”

两夫妇胼手胝足地拼搏奋斗，子女出生亦无暇亲自哺养，刚开始时都要交给家人代养，后来生够四个，才开始聘工人照顾。所以她自踏出社会做事，一直都是彻头彻尾的拼搏的职业女性身兼忙碌的家庭主妇，未尝过在家叹世界的悠闲的富贵少奶奶生活。

李素华悄悄说，其实大哥也很欣赏她的拼劲呢。看李素华的神态，她很自豪呢。李素华稍稍流露出丝丝失望：大哥从未当面夸奖过她，尽管对她很放心很满意。不过，她倒是当面听到过，诚哥在与两个外甥谈话时，教导他们要多向自己的父母亲学习。

她是福田塑料厂的大股东，占八成股权。福田的厂房设在深圳布吉镇丹竹头工业村，占地逾万英尺。该厂目前约有一千多名工人，主要生产由李素华两名儿子志超和毅超设计的“脂肪电子秤”，兄弟二人每月会回布吉两至三次。根据该厂的网页显示，目前在八十个国家拥有五百名代理客户，而该脂肪电子秤更曾获香港工业总会消费设计优异证书。

半个世纪的艰难岁月与世事的斗转星移，磨砺出李素华坚毅肯捱不曾服输的执着性格，但亦留给她另一个人生遗憾，就是一直不知自己的确实的出世年月。“父亲死后，妈妈捱到完全没了心机，生活迫人到连我和二哥什么时候出世都记不起。”短短几句说话，道出李家兄妹童年时的坎坷与艰辛。道出年少李嘉诚的辛酸与无奈。

李嘉诚的外甥查毅超，于 2004 年夺得香港青年工业家奖，近年福田亦屡获生产力及环保等工业奖项，但从未有访问谈及他与李嘉诚的关系。不单只与李嘉诚的关系不欲曝光，连在福田从事市场推广工作，需要频繁接触外界的查毅超太太，其生意伙伴亦都不知道她的身份，查毅超说：“我们从来不会讲，怕做生意时不方便。”有什么不方便呢，也许担心客户知道他们是精明过人的李嘉诚的外甥，恐怕吃大亏呢。低调至此，实在与他家翁家婆的作风如出一辙。

在父母的管教下，除了查毅超一人念完书回厂帮手外，另外三兄妹均曾是长居美国的专业人士。已过身的大哥查志超念电子工程，在麻省理工攻读工商管理硕士课程；二哥查逸超曾位居美国西北大学牙科学院的副院长，同时亦拥有物质科学[①]硕士及法律学博士学位；三妹查洁霓攻读的是工业工程科，现长居

① 物质科学：含物理学和化学，研究物质的微观结构及其相互作用规律。

美国。

查毅超一家每年春节都往李嘉诚家中拜年，李嘉诚对这个外甥，每年见面总是关切地问道："怎么样啊，生意好不好啊？"不过，与外人不同的是，李嘉诚通常都是拉着外甥的手问长问短。"我就答他：'很好啊，我说这个厂纯利有双位数字。'还要不是一字头，有几年是三、四字头，舅父还在经营塑料厂，他知道对厂来说已经好厉害！"

李嘉诚听罢果然答道："哦，这样你都做得不错，好过我那间！"查实，李嘉诚过去几十年来靠投资地产飞黄腾达，但仍保留当年的塑胶花厂长江工业。

1988年查毅超回港接手生意，福田1998年成为全港首家、也是世界第三家研制出人体脂肪秤的公司，1999年推出全球首个家用测试脂肪磅，由2003年起更成为全球最大的家用秤生产商。现时已成为香港出口量最高的家用秤生产商。

心路历程

2002年12月22日，李嘉诚在接受记者访问时再次剖析了自己人生的心路历程。

问：你曾表示，很久之后仍不会退休，你曾说："我永远不会感到满足，如奥运运动员一样。"那是否亦反映你的动力及雄心？

答：当我五十五岁时，很多人已开始关心我的退休问题，对于"退休"，我有自己的定义，我年轻时生活非常困苦，今天我认为没有压力的工作，就已如享受退休状态；这几年来，集团很多新的业务处于发展的关键时刻，我们很小心谨慎计划每项业务，对我来说工作只有挑战，没有压力，除了来自要比别人表现得更好的压力。

既然这么多人感兴趣及关注，我很高兴告知大家，我的精神及体力不只可以应付裕如，更有能力掌握当前的机遇及应付有关的挑战，并且对每个项目的发展也兴致勃勃地参与其中。我现在亦花大量时间为我的基金会做很多教育及医疗事业，并乐此不疲，对我来说，这更是我一生中很重要的事，是终身不渝的事业。

问：你一直努力不懈，而且建立了一支经验丰富及能干的管理层，到底有什么决定由你自己掌握？什么决定则授权他人？若你要退下时，谁会继承你？

答：集团于过去多年的业务范畴不断拓展，目前业务遍布全球五十二个国家，鉴于集团业务范围及地理分布广泛，因此公司架构及企业文化应顾及集团全球同事的期望与顾虑，我认为这是非常重要的。

我们身处一个多元化的年代，有着多种不同的意见及信念，这世界并非一切注定或静止不变的。曾有多套管理学说提出种种方案，建议企业如何建立现代化的管理架构，以及修订企业文化，为配合全球经济趋势做好装备。

对我来说，当长江1979年收购和黄时，我所面临的最大挑战是要建立可令企业管理层和股东利益一致的管理架构及企业文化，而同时公司亦要有一个最自由灵活的环境以供他们全方位发展专业知识和企业精神。具备能力及策略的真正人才实在非常罕有，若加上具备创意、胆色及审慎态度的，更是少之又少，一定要让他们得到应有的报酬。

我首先思考的是如何在中国人的哲学思维及西方管理科学两大范围内找出一些适合公司发展及管理的坐标，然后再建立一套完善的企业管治架构。建于这基础上的公司架构，可令集团更具动力，鼓励所有不同业务的管理阶层，自我力争最佳发展机会。即使我或任何管理高层退休，亦不会对集团造成任何实际影响，因此交接绝对不是一个值得关注的问题。

问：在风险方面，你现时亦面对另一个表现疲弱的行业——地产，但你似乎并不感到忧虑，为什么？

答：《左传》有言：“居安思危，思则有备，有备无患。”这套传统的中国思想在商业社会中亦非常实用，故此十多年前当地产很蓬勃时，我已决定集团应强力加速多元化发展，所以远于地产泡沫爆破前，我们地产业投资所占比重已较为减少。其实于亚洲金融风暴来临时，泡沫经济之迹象已很明显。

最近政府推出稳定楼市措施，在某程度上应算是好消息，主导性的经济政策可能带来更佳的效果，经济政策的推出若在时间方面配合得宜，将可带来倍增性效果。居住为市民的一项基本需要，由于市民不断寻求改善居住环境，对楼宇的需求一直存在。长远来说，在地产市场投资应可获得合理回报，集团将继续谨慎投资。

问：你认为香港传媒对你的家族做出吹毛求疵的批评，对此似乎感到很失望，对吗？他们认为每消费一元，有五仙会落到你的口袋，但你却提供大量就业机会，你认为别人为何这么锐意抨击你，特别鉴于你在过去多年的成就已赢得不少人的尊敬？

答：我首先想指出，负责任的传媒对社会极具建设性，不负责任的传媒以削弱社会结构来攫取利润，他们最开心是能寻找到矛盾及制造偏激，差劲的是他们蓄意在“对”与“错”间制造混淆，狡猾地利用及煽动人们的偏见去激化社会情绪，所有目的只是促销。他们所做的是在倡导，而不是据实报道，揭开各种堂皇借口的面纱，便会看清他们的真面目，他们只是唯利是图和玩弄权术。

我投身工作逾六十年，对以我为目标的传媒报道我持两种不同态度，第一是以事论事的，我们应以客观专业的态度接受批评；第二是以我为目标，我不会重视，我相信香港人对我了解很深，知道我每一分成功都有我每一分的努力，在港英政府的时代或在特区政府管治下，我集团从未有任何特别的优惠。

无论对以前港英政府或现今特区政府，我多年来翻来覆去的论点一直都是重视民生及经济问题，今天我最痛心的是在香港经济正处于转型的时候，最需要是重视知识、创新及洞察力，但竟然我们有一些大众媒体反而引领读者逆向而行，沉沦在浅薄的意识中，令人惋惜。

问：有些时候别人会忽略你在港岛及内地所做的慈善工作，我知你不想夸耀你所做的一切，但可否告知我们一些关于你现时资助的慈善项目，以及背后的理由？

答：年轻一代，尤其生长于富裕社会的，例如香港或欧美的人，他们享有很多优越的生活条件，并且认为这一切都是必然的，故此他们较难体会贫苦和病痛无助者的感受，但对我来说，虽然有今天的成就，不过年轻时的贫苦也是难以忘记，我曾对我的儿子说："你吃一个水果的味道，永远和我不一样，因为我经历过艰难，尝过饥渴时咬一啖水果的那种滋味，你对它的珍惜程度一定不及我。"

我在1980年成立李嘉诚基金会，我们很重视教育医疗，我深信知识可以改变命运，我父亲于我少年时因肺病不能负担医药费而去世，对此我至今仍充满遗憾，因此我非常重视发展医疗服务，并对各个范畴皆予以支援，包括研究工作、教育及培训、宁养服务以及为内地偏远山区例如居于新疆荒芜沙漠地带的游牧民族而设的流动医疗车扶贫服务等。

问：《南华早报》曾引述你的言论：企业应缴交多些税项，穷人则应少交点。这是否正确？

答：我和全香港所有人一样，都希望香港好，我一向支援政府推行对香港长远发展有利的方案，如果特区政府已有一套增加税收及减少公共开支的周全计划，我赞成企业应做出承担，多付一点利得税。至于在纾缓中下阶层税务负担方面，由于香港目前的税基已相当狭窄，是否适宜进一步收窄抑或加以扩阔，应交由专家研究。

问：在你的事业生涯中，哪项是最佳的交易？那项是非你所料？你如何评价于1979年向汇丰银行收购和黄股权的交易？当你知道已获得该间历史性公司的控制权，以及已晋身由英资垄断的商界精英圈子时，你有何感觉？

答：集团业务广泛，经过这么多年的经营，随着周边环境的变化，难免有些项目发展较快，有些则发展较慢，负责业务的管理人员会不断因应市场情况而调整经营策略。集团在发展过程中进行过无数的交易，其中近年最被广泛报道的一役是1999年向曼内斯曼出售橙，也是令人难忘的，这是历史上利润最高的交易，对买卖双方和橙的股东均属有利，是一项三赢的交易。

另外，回顾1979年，集团收购和黄的交易，实际意义非常重大，不过，若果我当时没有收购和黄，我亦会收购其他外资综合企业公司。踏入70年代，我的实力比较好，开始注意外资控制的机构，发现他们用很少股份便可控制庞大资产。我计划收购一间拥有潜质资产的公司，并将它发展为跨国企业。

和黄当时可以说没有什么在香港以外的业务，全在我入股后建立至今在全球52个国家投资及经营，员工人数超过20万。当时传媒忽略了一点，汇丰为什么把股份卖给我？最大原因是认为由我买入这些股票可以使这间公司得到好的管理和领导她的业务发展得更理想，结果，我亦不负众望，将和黄发展为一间世界知名的跨国企业。

问：未来最大的挑战是什么？

答：面对全球经济和知识领域瞬息万变的环境，大家共同与时间竞争。全球化最重要的问题是人类如何消除歧见，彼此如何在与时间竞赛中共处求进，是最大的挑战。面对市场环境的急速转变，企业领导层必须具有长远的眼光、详细的计划、全景思维和广阔的世界观，了解自己，理解他人，更新求变，才可争胜。

问：企业透明度对你来说有多重要？虽然经常有人批评亚洲家族企业，但有一位曾与我交谈的投资者却认为你旗下的公司比怡和较佳，他更指出你的成功部分鉴于你与投资者之间的较良好的关系，而怡和集团的重要性则正在递减。

答：在长和集团内，我们深信西方管理模式以及中国哲学思维的兼容，所以我们很重视在股东权益和企业管理方面取得平衡，我们遵守所有公司法规，由优秀的专业人员管理不同业务，稳健及具灵活性的架构让集团可在瞬息万变的商业世界中做迅速反应，从而可抓紧稍纵即逝的机遇。我作为集团主席及股东，有责任为集团及其他股东争取具有长期及短期理想回报的投资，为所有股东增值。

问：在你的生命中什么事为你带来最大的乐趣？你的其他兴趣是什么？

答：人生的乐趣是难以言喻的，对我来说，当看到一本好书、打出一个好球、寻找到一个好的公益项目、与好朋友聊天、与同事并肩，每一样都可以是乐趣。但我喜欢的还是将时间及精力投入发展教育医疗项目，我不单只捐出款项，更会在进行过程中积极参与，评估效益时让我看到金钱的价值、工作的意义，这是最快乐的一件事。

问：我可否问你一些别人常提及的事情：你是否仍佩戴价值五十美元的精工表？是否永远校快八分钟？你是否仍然驾驶较普通的汽车？是否二十年来都居住在同一间屋？物质对你来说有多重要？

答：你说的基本上是对的，只不过我的手表永远拨快二十分钟，而不是八分钟。我的生活水平跟我在 1957 年事业已上轨道时相差不远，甚至更加简朴。无论是从前或现在，我都喜欢简单的生活，对于物质享受的要求不高，反而着重内心的平静，希望多做些有意义的事情。

李嘉诚在每年业绩记者会上，都会对很多公司业务以外的问题发表意见，2003 年也不例外。记者问的问题由房屋到他会否出任政协副主席都有。

问：李先生对特区政府居屋政策有什么高见？

答：这话题很多人讲过，讲得太多了，我不再讲了。这关乎全香港人的利益，相信政府官员会小心考虑整个香港利益。

总的来说，楼价跌得太多，不但地产商受累，对于负资产者以至其他行业也受影响。

问：你对特区政府现阶段房屋政策有什么看法？

答：现在利率处于低水平，美国经济正在复苏，有可能加息。

以往，即使美国将利率降低，香港也未必跟随。在目前低利率环境下，对未来地产市道感乐观。

问：今年全球经济前景如何？

答：欧美一带的经济发展不俗，有的国家经济增长达至3%，甚至5% ~ 6%的增幅。内地的GDP增幅很大，达到7%，属最高水平。仅这一点就可反映出全球经济增长的势头。另外，印度的增幅也不错。

问：长江生命科技什么时间上市？

答：上市时间不能答复，不过我对于该公司很乐观。

问：港元有无希望与美元汇率脱钩？

答：我不会回答假设性问题，目前看不到有可能性。集团有很多资产在外国，集团在外国赚的钱远多于香港。香港汇率脱钩与否对本集团运作无实质性影响。

问：你对特区政府推行部长制有什么意见？

答：相信董先生会很小心研究此事，我对特区政府很有信心。

问：听说你要担任全国政协副主席？

答：对于好朋友在报章上所讲的话深表谢意。较早前已回复传媒，根本”没有这回事”。

问：长和系有无兴趣参与兴建港珠澳大桥？

答：目前未有共同合作的意思。现在葵涌货柜码头仍有35%的处理能力尚未尽用（还未计算九号码头）。

问：香港港口未来发展前景如何？

答：香港仍然有很大发展空间。未来十年，香港也没有兴建货柜码头的需要。九号码头的第一泊位将于今年至明年完成。

问：和黄是否准备出售加拿大赫斯基石油？

答：很多公司均对赫斯基有兴趣，目前已有数间公司接触经营，但还未遇到一个合适的价格。

李嘉诚摒弃家族式管理，而采取将中西方的优点糅合在一起的管理机制。他常说：“唯亲是用，必损事业。”

什么叫作人情？人情用在努力、有贡献的人身上是一种爱和鼓励。假如这个人不用功，不努力，没有贡献，你还怎么照顾他呢？淘汰就淘汰了。淘汰了他，让他有机会反省，这样才有救。

“中国式的人情在过去家族式的企业里表现得最明显，不管旁人能力如何，自己的亲戚总是最要紧。他们不讲理，只顾情。事实上，没有理怎么有情？”李嘉诚绝对认同王永庆的这番说话。家庭式管理会将许许多多的优秀人才拒之门外。这样的管理，也许凭创业者的杰出才华可以一世显赫，但很难维持第二代的辉煌，更难达到像怡和等一些具有先进管理制度的家族事业的百年兴盛与辉煌。当然，西方管理方式不像华人经商那样富有人情味。研究和计划十分周密，但决策周期过长，不像华商握一握手，便达成决议。

“不知道你们会不会和我一样，在每天早上晨光初照的时候问自己，我要怎样启动心智与情怀去面对焦虑、痛苦、快乐与成功。生命本来就尽是精彩，未来一定不乏味。今天信息与通信科技加速全球化，推动知识交流、创意、转变与经济发展。这种威力无穷的增长效应属前所未有。”

第七章

创办长江商学院

▲ 2003 年 12 月，李嘉诚参观清华大学。

▲ 2005 年 9 月，李嘉诚与长江商学院毕业生合照留念。

长江商学院筹建于2002年1月，并于同年11月获教育部批准成立。它是由李嘉诚捐资创办的非营利性高等教育机构，也是中国政府批准的第一家以提供工商管理硕士（MBA）、高层管理人员工商管理硕士（EMBA）和高层管理培训（EDP）为主的具有独立法人资格的非牟利商学院。

世界级商学院

长江商学院的诞生，旨在把握中国经济持续快速增长的大好机遇，通过“取势、明道、优术”的战略选择和“中西贯通”的办学理念，为中国打造一个享誉全球的世界级商学殿堂。

学院通过吸引一批国际一流管理学教授常驻长江、扎根中国，促进西方管理学最新成果与中国本土最新的管理实践相结合，从而为大中华地区造就一大批世界级商界领袖，并为中国企业进军世界前列提供新思维、新视野、新策略、新领袖。

2002年，长江商学院的两个校区在北京和上海相继落成，已成功开设MBA、EMBA、EDP三个项目，接受了近千名来自于国内一流企业、知名跨国公司、政府等中高层优秀管理人员前来就学。

在学员培养上，除了坚持学贯中西的知识传道，更注重“社会责任感、职业操守、团队精神和人文关怀”的核心价值观的锻造。

EMBA作为长江商学院最早启动的项目，自2002年11月首期班开学以来，截至2005年10月，已招收七批800多名学员在校学习。全日制MBA班于2003年11月开学，共招收两期102名高素质的学员，其2004级入学GMAT平均分接近700分，就入学标准而言，居全亚洲所有商学院之首。

长江商学院的高层管理培训（EDP）课程也已于2003年1月开课，针对来自不同行业的企业中高层管理者，开设了一系列独具特色的公开课程和公司内训课程，搭建了一个高度互动的教学实践平台，促进企业高层管理人员与学贯中西的教授充分交流，进行智慧与实践的碰撞升华。

早在2002年1月14日，李嘉诚基金会就传媒查询该会捐资内地创办“长江商学院”一事发表声明，重申该基金会长期捐赠教育及医疗项目等，都是为贡献社会及推动公益事业，绝不会借此牟利。

有关声明主要回应台湾中央社报道，报道内容称，由李嘉诚基金会捐资开办的“长江商学院”将于年内招生，其学费将是全亚洲最贵的，李嘉诚由此可在内地教育市场上获得丰厚利润回报云云。

李嘉诚基金会声明全文如下：“李嘉诚基金会长期以来资助之教育及医疗项目，皆为贡献社会而作之捐赠，旨在推动公益事业之发展，只有付出，不问回报，更绝不会借此谋利。至于有关长江商学院之资料，将于学院筹备就绪后再作公布。”

长江商学院首任院长项兵对此表示：“李先生亲口对我说，长江商学院是一个慈善事业，十年不赚钱，这是我们跟其他商学院不同的地方。”项兵拒绝透露具体的投资额，只是表示：“投资的确很大，而且已经全部到位。”

“我们的目标是在五年内把长江商学院办成亚洲第一，十年内达到世界一流水平。”

长江商学院是中国第一所也是唯一一所实行“教授治校”的商学院，体制与管理上的灵活创新将有力促进学院战略目标的顺利实现。长江商学院现已云集多位全职教授和长期访问教授，他们分别来自于欧美和亚洲的世界著名商学院。“长江”教授通国际、通中国、通理论、通实践，在教学和学术研究方面卓有建树，享誉国际。

项兵，或者说是他背后的李嘉诚，目标是极其宏大的。项兵宣称，将在五年内聘请 70 位世界顶尖的商学院教授作为自己的常任教授，“全部从世界前十名的商学院请。”他表示，开出的年薪不会低于哈佛、麻省等世界顶尖学府，而据统计，美国的商学院常任教授年薪一般在 15 万至 20 万美元，顶尖的甚至上百万美元。当然，长江商学院学生的学费也是全国乃至全亚洲最贵的，从一年 24 万人民币起，逐步上调。”就这样我们的学费也才是哈佛的四分之一，我们仍然有竞争力。”

一位业内人士指出，如果完全按照长江商学院设想的目标，那么一年仅聘请教授的开支就要近 3 亿人民币（以平均年薪 50 万美元计算），加上房产、设备及教学活动开支，一年的投资差不多要 4 亿人民币。围绕着这笔巨额投资，还有一个悬而未决的问题是 49% 的股权限制。项兵称：“我们投资全部由李嘉诚基金会来注资，相当于是个人捐赠的身份，所以占 49% 或是 70% 的股权对商学院来说没有什么差别。”

于是，这样一种猜想似乎变得顺理成章：李嘉诚通过“非营利”的名义获取办学批准，以个人捐资的身份避开股权限制。李嘉诚显然又技高一筹地在教育领域打了个绝妙的擦边球。

上海交大管理学院院长王方华认为：“一所好的学校要有稳定的校舍、实验室，为此，中欧花了八年时间。”王院长强调：搞教育还要靠长期的社会人文历史积累，这一点，年轻的“长江”目前还无法同有着百年历史的清华、北大、复旦、交大比肩。

北京大学光华管理学院 MBA 中心主任王建国教授则认为：“MBA 讲究品牌效应，四五年内不以‘营利为目的’办学很正常，如果创出‘长江’品牌，MBA 市场一定会为李嘉诚带来丰厚的利润回报。”根据《中外合作办学条例》，外资进入国内市场办学，不能以“营利”为目的，必须和被国家认可的办学主体合作，且外资只能控股 49% 以下。

长江商学院是 2002 年由教育主管部门批准成立，专注于本科以上的课程，所以院方自始至终都没有考虑增设本科，只有 MBA、EMBA 以及非学位的培训项目，是全日制课程，已经招收的学员中，平均已有七年的工作经验。

MBA 首席班是 2003 年 11 月开学，当初要求大家考 GMAT，之后 80% 的学生进入了通用电气、西门子等企业，平均年薪超过 22 万元人民币。

长江EMBA是学院成立以后启动的第一个项目，学制二十个月，每年春季和秋季各招收三个教学班，包括春季的广州班和秋季的上海班。已经招收了六期近560个同学，前三期已经离校。2005年的秋季班亦已开学。

整个长江的规划无疑是世界级的。北京9800平米的校园园区设计包括院徽都由国际著名设计师担纲，而这仅仅是服务于EMBA和EDP（高层经理短期培训）学员。在上海和深圳，已兴建两处校园，上海校园面积在400至600亩之间，以为将来的MBA和博士学员服务。

院长项兵曾获加拿大阿尔伯特管理学院会计博士，是中欧商学院最早的七名核心教授之一，亦是香港科技大学教授，上海中欧国际工商学院常任教授，新加坡国立大学主讲教授，被业界誉为“逆向思维的洗脑教授”。

1999年，项兵跳槽到北大任光华管理学院EMBA中心第一位主任，他声称自己将北大EMBA项目做到一年1.1亿人民币，销售收入进入全球前十二名。

项兵亦是世界顶级学术杂志特约审稿人，知名管理专家，被GE公司外聘为首位演讲嘉宾，还作为国资委国有重要骨干企业领导人员培训的主讲嘉宾，有丰富的世界五百强企业及中国顶尖国有和民营企业高级经理人员培训经验。

2001年10月，李嘉诚基金会找到了他。

商学院的灵魂是教授，这是一个有志成为世界级商学院不可或缺的前提条件。开办以来，在教授招聘和引进上，长江商学院取得了长足的发展。在“为中国培养世界级企业家、为中国打造世界级商学院”这一崇高恢宏沉重的历史社会使命的感召下，当然也是在长江丰厚的物质条件下，一批海外知名华人管理学教授，放下世界级商学院的优越环境和待遇，毅然加盟长江。

“长江”教授均来自于斯坦福大学、沃顿商学院、加州大学伯克利分校、加州大学洛杉矶分校、欧洲工商管理学院等世界著名商学院，100%拥有各自专业领域的博士学位。

他们不仅通晓西方管理理论、在学术研究方面卓有建树，得到国际学术界的广泛认同，而且了解中国的管理实践，积极进行前瞻性、原创性和实用性的课题研究，逐步形成对中国管理实践行之有效的新视野、新思路和新策略。

长江商学院自创办以来，一直坚持严谨办学的方针，不懈努力，在管理教育上取得了跨越性的发展。EMBA作为长江商学院最早启动的项目，自2002年

11月首期班开学以来，已招收七批学员，约有千名学员在校就读。

这些学员都是国内一流企业、知名跨国公司、政府的高层优秀管理者，也是中国经济发展的中流砥柱。他们来自联想、首钢、中国网通、万科、三九医药、康佳、奥康、康奈、GE、LG电子、英特尔等中国本土优秀企业或跨国公司，70%以上为核心决策层成员。

长江商学院的学员在各自的领域也取得了令人瞩目的成绩。在全国工商联公布的“2004年度民营企业五百强”排行榜，共有十九家长江EMBA学员所在企业榜上有名。在长江EMBA的学习经历，不仅为学员们提供了新视野、新思路、新对策，而且为这些企业进一步发展，提供了“取势”、“明道”、“优术”的战略方向。

在EMBA课程为学员拓展视野、助推事业的同时，长江商学院全日制MBA班也于2003年11月开学，两年的时间里共招收两届百名学员。他们平均有七年的工作经验，主要来自顶级的跨国公司和国内企业，以全英文授课。

长江首届2003级MBA同学入学GMAT统考平均成绩接近680分，为亚洲第一名；第二届2004级MBA同学入学GMAT统考平均成绩亦接近700分，仅就英语程度而言，已跨入世界一流水平。

由从事的行业范畴看，大部分2003级学生选择进入制造业、信息通信业和金融服务业。最热门的职业是市场营销与销售管理、业务发展，这两类职位占工作总数的54%；与此同时，供应链管理以及其他一些运营管理方面的工作更加热门。

完成学业的长江MBA级2003学员有80%进入了通用电器、IBM、博世、欧莱雅、西门子等知名外企，作为第一届MBA毕业生，长江MBA2003级的工作年薪范围在47400元人民币至61万元人民币，平均年薪达227950元人民币。

“有作用者，器宇定是不凡；有智慧者，才情决然不露。”

在知识经济的时代，将来的贫富差距越来越大，如果你的知识不高，将来的机会更少。以过去几十年来讲，低素质、低知识的人，在西方国家，他们的生活条件，生活收益因为有通货膨胀而受限制。知识水平高的，一路涨上去，你们这里的，可以说是天之骄子啊。

一贯倡导知识改变命运的李嘉诚，对自己门下的弟子流露出了发自内心的羡慕。对于一个一生都在追求新知的从不满足的人来说，这种羡慕与向往绝对是真诚的自然的流露。

> 我是爱你们的，用语言都无法表达。假如我们长江和外面的大学进行合作，对双方都是有促进作用的。我对大家是不离不弃的。总之一点，对同学有利的事情我们（基金会）就会争取，对长江有利的事情我们（基金会）就会去做。不利的事情我们是不会去做的。任何事情都是要有好的结果我们才会有做它的动机。我做出的决定都是以同学们的前途作为考虑和出发点的。

“长江人”

最让院长项兵头痛的并非大牌教授们高昂的薪水，而是所谓的“软环境”。为了让这些教授以后每年能够安心在长江呆上八九个月，项兵需要为他们申请博士项目，成立两大研究中心：案例中心和中国企业研究中心。但最重要的手段是“教授治校”。

不同于北大清华的党委领导下的行政领导制，和中欧的四人管理委员会（由中外双方的院长、副院长共同组成），长江成立了一个七人的管理委员会。这个委员会主要由各系的讲座教授（相当于国内的学术带头人）组成，规模可能扩充到九至十一人。项兵只是其中一分子，其作用仅相当于行政会议召集人的角色。举凡学校的重大决策，如聘请教授、上新项目等都必须由委员会成员提议，全体委员表决通过。而项兵仅拥有一票的否决权。学校还专门外请了企业界和学术界的人士组成两大顾问团。

项兵的另外一项工作是为学校寻找企业界的战略合作伙伴。他的目标是像中移动、联想、德隆这样的大企业，同时争取财政支援。作为一家没有任何历史积累的商学院，长江的学费刷新了国内纪录。它的EMBA学费达到惊人的25.8万元人民币。

从首期EMBA学员的招生情况看来，这个策略基本奏效。长江2002年9

月开始招生，原定招收150人，实际招了105人。在没有任何广告煽情发酵的情况下，这个成绩已是相当令人鼓舞。而且学员中包括了像中共中央候补委员、沈阳黎明航空发动机（集团）公司董事长林左鸣，全国政协委员、浙江均瑶集团董事长王均瑶，神州数码常务副总林杨等商界名流。

长江在招生方面显然更倾向于国内企业和内地省区。来自跨国公司的学员比例为21.4%，低于国有企业和民营企业。除了北京生源比例达到37.5%外，上海、深圳都只有9%和7%。倒是西部省区和华北（含东北三省）分别达到了12.5%和15.2%。项兵表示将每年专门为西部提供五个奖学金名额，条件是四十五岁以下副厅级以上的官员。

毫无疑问，长江商学院已经在短时间内走出了大模样，演绎出了高规格高标准，但它还必须进一步兑现自己的承诺，向社会展示自己的高水平。

项兵明确表示："将来长江变为一大管理流派的可能性是有的，因为其创造者确实在全球取得了惊人的成功。"

但是，李嘉诚在商学院教育这个陌生的领域能够取得成功吗？迄今为止，李嘉诚在国内教育领域方面的捐资回报并不完全理想。至少，汕头大学现状并未能令李嘉诚全然释怀。

他捐资兴建的汕头大学已经有超过二十二年的历史，先后捐资20亿港币，仍然没有跻身国内一流名校行列，当然，汕头大学已经列入国内两百所著名大学之行列。对于视之若超越生命极限的承诺的李嘉诚来说，这样的境况不可能不耿耿于怀。因为，李嘉诚从来的愿望都是做大做强，成为第一。就算不能成为世界第一，起码，也要成为中国第一。

2003年12月15日，在清华大学未来互联网络技术研究中心落成典礼致辞时，李嘉诚面对享誉世界的数百大师，依然镇定自若兼且自信地滔滔放言未来大趋势。

> 由我这年龄的人，站在这里，来与各位谈论未来，也许大家会觉得有点不合适，你们可能只是很有礼貌不笑而已。但是，我告诉大家，如果你这样想，我相信你是错的。
>
> 今天各种极速的发展速度，为我们创造更充裕的时间，更大的希望与更多的机会。我感到我拥有更多的时间，这是前所没有的感受。

愿景是我们很大的无形力量，驱使我们憧憬创造未来。

虽然未来由很多元素和机遇组成，然而未来最终的取决还系于人类的心灵和智慧，我们要用知识和智慧，赋予科技与时间新的意义，为自己、国家与全人类社会建造共同的尊严和福祉。

事实上，相当多的业内人士对长江的教授招募计划存疑。毕竟华人教授圈子太小，研究领域偏窄。长江挖来的十四名教授中，在世界顶尖大学任教授职位的不过三四人，而且有五人的主攻方向为财务会计。

尽管已签约十二人，离二十五人的目标还有一定距离，当然商学院教授是一个世界性的稀缺资源，长江如何解决，人们拭目以待。

长江商学院的主要特色是：

清晰准确的市场定位：商界领袖

世界水平的教授团队：学术名流

灵活宽松的管理体制：教授治校

注重实践的学术研究：中学为体

中西贯通的创新课程：西学为用

全球化的商学院联盟：环球网络

立足本土的培养方向：经世致用

长江商学院明确提出把中国的民族企业和跨国公司作为重要的服务对象，目标是为中国培养世界一流的商界领袖和具有领导潜质的帅才。为此，长江商学院不仅在教学内容和课程设置上做到中西贯通、创新务实、学以致用，而且着力培养商界领袖的文化内涵和人文精神。

长江商学院致力本土化研究，教授们可享受每年一万多美元的研究经费，中国企业案例中心和中国企业研究中心的研究经费为每年一百万至二百万美元。这支教授队伍的目标是做到把西方理论为根基的管理教育与中国企业所面临的实际问题之有机融合，这是长江商学院能够提供真正意义上的中西贯通的世界级管理教育的有力保障，即长江商学院所称的“四通”教授，即“通国际、通中国、通理论、通实践”。

一个民族要孕育少数精英是容易的，但要普及提高整体质素，却

> 极其困难，这工作是很艰巨的，在这急速变化的年代中，要有效率地与时间竞赛，绝对不允许有太多的反复尝试。因此，所有领导都是任重而道远的。
>
> 所有繁荣社会都要在发展经济及承担本地责任之间，要寻找到一个健康的平衡，在全球化的社会中保持自我的特质。除了要鼓励国民不断求知外，我们还要鼓励多思考、多创作，要有“逢山开路，遇水搭桥”的精神。

长江商学院不仅有针对性地开设了中国企业国际化的有关课程，还相应安排学员赴国外知名商学院听课和对国际知名企业进行实际考察与现场交流。例如，EMBA 课程安排学员赴美国或欧洲著名商学院和企业的国际商务考察学习周；MBA 项目与美国一流商学院建立了学生交换关系，合作院校中有排名第一的宾夕法尼亚大学沃顿商学院和排名十三的北卡罗纳大学 Kenan Flagler 商学院 MBA 项目。

全球化的商学院联盟也为国际著名商学院更深入地了解中国商学院和企业，搭建了便捷桥梁和广阔平台，为开阔学员国际视野、缩小东西方差距、帮助世界了解中国、促进中西方经济文化的交融、强化中西文化的交流整合，打开了一扇明亮的窗口。

“教育目标是，传播知识、启迪思维、追求智慧、完善人格。”李嘉诚这一创举的远见卓识在于不失时机地搭上中国经济持续快速增长的高速列车，抓住大中华企业快速成长的大好机遇，为中国打造一个享誉全球的世界级商学院。其历史使命就是为大中华地区造就一大批世界级商界领袖，开创新的知识领域，促进管理理论与实践的发展，并进而将中国企业的管治水平提升至完全可以与跨国企业比肩争锋决一高下的高度。

院长项兵强调：“我曾经多次强调，长江商学院培养的是帅才，是司令、是军长，而不仅仅是职业经理人。天资聪慧，身体健康者并不一定能成为世界网球冠军，要管理世界级的企业，天生的东西远远不够，一定需要系统地学习，需要赋予他们强烈的社会责任感、超强的团队精神、良好的职业操守和高尚的个人情操。”

长江商学院志在营造兼容并蓄的“社会责任感”，“职业操守”，“团队精神”

和“人文精神”于一体的独特的社会企业文化，而非传统的商业企业文化。

项兵承认自己从来没有发愁过办学资金。“你需要多少钱基金会给多少钱。像这样的投入成本要比北大、中欧高很多。”李嘉诚考虑的始终不是钱的多少，而是长江商学院培养出来的人才的含金量有多少。他拒绝透露具体的投资金额，但他订下的目标是在八至十年后，扣除资本支出，实现盈亏平衡。当然，并非所有的事情都是有钱就能办成的。

项兵豪情满怀地宣称：“我们是站在月球上看地球，我们争夺的不是中国市场，而是世界市场。我们最需要的是世界级的教授。我们不是‘教学工厂’，不是简单请外国教授来上课，而是让教授心甘情愿加盟长江。”

对于快速发展的长江商学院，李嘉诚的精神灵魂与核心作用显然不可忽视。项兵分析了六点：

第一，李嘉诚在商界的影响，有助于吸引高水平的学生和教授；

第二，李先生做事非常认真，很重视商学院，他曾说“我是爱你们的，用语言都无法表达”，并承诺给予商学院提供坚实的财务支援；

第三，长江商学院是非国有的教育机构，中国教育的发展需要引入竞争机制，需要私立学校。长江商学院想成为世界级商学院，是有益的尝试。长江商学院为不同的办学形式争得了更多的空间；

第四，内地经济持续高速增长，为高层次的商业管理人才提供了施展抱负的广阔天地。这在客观上需求培养高层次的适用的管理人才；

第五，李嘉诚旗下业务的多元化与跨国经营，为长江商学院的学员在客观上提供了参与教学实践的可能性；

第六，李嘉诚博大精深，融会东西方的管理思想，成为长江同仁引以为荣的灵魂，并在很大程度上影响学员的未来工作实践。

从李嘉诚的谈话中，可以看出他对长江商学院寄予的厚望。他说：

> 经营企业的主要动机是为营利，经济社会的动力是建基于人类无穷的欲望。传统的儒家思想推崇道德标准的作用。今天很多商业管理课程强调效益和营利是衡量企业成功与否的主要标准，这两种有着明显冲突和矛盾的趋向都是不完整的，最重要的是寻求两者圆满的融合。

因此，受到李嘉诚的影响，长江商学院史无前例地将“社会责任感”、“超团队精神”、“人文关怀”列入重要培养目标。

“中国只能靠企业家征服世界，如果中国企业家征服了世界，你说中国人还有什么不爽的”，项兵笑呵呵地说，“虽然李嘉诚、比尔·盖茨、戴尔也没有读过 MBA，但你知道吗？李嘉诚、盖茨、戴尔手下有多少受过良好训练的帅才？一个国家的伟大，需要一批李嘉诚这样的人，但也需要一大批帅才。因此，中国的强大，必须有世界级的商学院。”

在这些拼劲十足、充满激情的“长江人”背后，我们看到了李嘉诚的奉献和睿智——他用超人的管理经验创造了一个商业王国，又艺术奉献式地为祖国创建了一流的商学院。长江商学院继承了李嘉诚的精神追求。因为，他们本身就是最大的最有价值的社会财富。

中西贯通

“管理的艺术”、“赚钱的艺术”、“奉献的艺术”、“强者的有为”，李嘉诚多次演讲，让长江学员茅塞顿开，如获至宝，收益良多。学员们在聆听李嘉诚演讲时，常常对一些中国古代的案例感到新鲜。儒家文化、史记的《货殖列传》、古代商人范蠡，还有宋朝的大画家范宽，都被李嘉诚信手拈来，都被李嘉诚发挥得神龙活现。

> 以外国人的管理方式，加上中国人的管理哲学，我相信可以无往而不利。

这就是李嘉诚的结论。

2002 年 12 月 19 日，李嘉诚戴着他那标志性的黑框眼镜第一次出现在长江商学院门前。这是一场小规模的不对外的讲演，他的题目是“赚钱的艺术”。

院长项兵引用了《经济学家》的原文在开场白介绍自己的老板：“李先生是不是一个超人？亚洲的富商很多，但绝大多数局限于本地区，李先生是唯一的例外，他在全球范围内很多领域都有第一等的影响。”

接下来是项兵自己的概括："李先生崇尚的管理理念有两点。第一，中西贯通，这和长江的校旨一脉相承；第二，用这套理论可以征服全世界。"

长江商学院计划推出一个"与大师同行"的系列讲座。邀请名单中包括沃伦·巴菲特、比尔·盖茨、杰克·韦尔奇等商界顶级翘楚。项兵承认自己没有能力请来，但李嘉诚先生绝对有这个面子。而这个讲座的第一位主讲嘉宾就是李嘉诚。

李嘉诚或许从未想过要从商学院中取得利润回报。长江作为一家非营利性机构，将来获取收入也将全部滚入学校的再发展。这个亿万身家的老人，现在最希望的也许就是，通过这个学校将他"中西贯通"的管理哲学发扬光大，将大中华地区的企业引向健康的良性的运作轨道上来。

在长江商学院成立的最初三年里，学员们三次聆听李嘉诚的演讲。最让他们难忘的一段话是："我不敢和那些管理学大师相比，我没有上学的机会，一辈子都努力自修，苦苦追求新知识和学问。"

2004 年 6 月 28 日，李嘉诚先生在公开场合谈到，他很害怕被人单纯定位为一个成功的商人，因为他认为他首先是一个普通人，再而是一个商人。

李嘉诚先生在汕头大学出席由长江商学院主办的"与大师同行"讲座系列时，以"奉献的艺术"为题，与一千多位修读长江商学院行政人员工商管理硕士课程的学员、汕大学生与中外嘉宾讲述他对奉献的看法。李嘉诚勉励与会者说：

> 每个人一生中都要扮演着很多不同的角色，没有原则的人会漂流不定，而最关键的成功方法就是寻找得到导航人生的坐标，有正确的坐标可让我们在保持真我的同时，亦能扮演不同的角色，挥洒自如。

期间，李先生重提较早前在香港谈及的核心价值问题，他不仅说出他自己坚持的核心价值，就是公平、正直、真诚与同情心，更鼓励从商的人，要共同打造奉献的文化。李嘉诚在演讲中循循善诱地阐释自己人生的感悟，展示了自己恪守一生的核心价值：诚实、正道、奉献。

李嘉诚谈到，在商的行列里，确实不乏满脑袋只知道赚钱，甚至在道德上有所亏欠亦在所不惜，干出恶劣行为的人，他们伤害到企业本身及整个行业的形象，也有一些企业只懂钻营于道德标准和法律尺度中寻找灰色地带。

然而，更多的商人却知道今天商业社会的进步不仅要靠个人勇气、勤奋和坚持，更重要的是建立社群所需要的诚实、慷慨，从而创造出一个更公平、更公正的社会。

> 今天的中国人是幸运的，我们不必像范蠡一样受制于当时社会价值观，今日我们可以像富兰克林建立自我，追求无我。从商的人，应更积极、更努力、更自律，建立公平公正，有道德感，自重和守法精神的社会，才可为稳定、自由的原则赋予真正的意义。希望大家抱着慷慨宽容的胸怀，打造奉献的文化，实现我们人生最有意义的目标，为我们心爱的民族和人类创造繁荣和幸福。

李嘉诚语重心长地告诫这班天之骄子：

> 只有通过对真理和公平不断的追求，才可建立一个正义的社会。

李嘉诚的中西贯通，简言之就是在企业中运用西方管理模式，但同时又辅之以中国的情感。因为没有科学的管理，他就无法掌控52个国家的业务，没有人情味，企业就难以形成强大的凝聚力向心力。

李嘉诚将自己的用人之道，毫无保留地与长江学员分享。他用“成功的管理者都应是伯乐”来描述企业家对用人的重视，后来这句话被学员当成至理名言。长江实业具备一定规模后，李嘉诚没有走家族式管理的路子，而是广罗天下人才。而他选人标准让EMBA学员深受启发。

> 挑选团队，有忠诚心是基本，除了忠诚心，更重要的是要谨记：光有忠诚但能力低下的人和道德水平低下的人，同样是迟早累垮团队、拖垮企业，是最不可靠的人。

企业人才的“忠诚度和可靠程度，也就是他希望能够跟企业结合在一起的意向有多少。如果这几样东西都对的话，我们的企业会提供给他非常大的机会去发展。因为员工的这个归向的心是最难的。”

同时，“对于具备创意、胆色和审慎态度的员工，应该给予良好的报酬并显示明确的前途。”找到了一流员工还不够，“领导全心努力投入及热诚，是企业最大鼓动力，与员工互动沟通，对同事尊重，才可建立团队精神。”

“在中西贯通上，李嘉诚走在最前列，而且他在港口、电信等外资志在必得的领域取得了成功。李嘉诚本人就是一个成功的案例，然而长江商学院应该更博大精深，因为，长江的追求超越了中西贯通。我认为‘中学为体、西学为用’还比较狭隘了。仅仅靠‘中学为体’恐怕无法整合全球。在全球化的今天，必须用‘全球’对抗全球。长江练的是吸星大法，中西任何有用的东西都吸收。”紧跟李嘉诚步伐的长江商学院院长项兵如是说。

长江商学院课程的设计是力求扣紧中国管理企业的需求，同时解决管理企业实际上的困惑。长江比较有特色的课程，包括如何突破大型管理企业的瓶颈，以及中国企业如何国际化。尤其是，传统的计划时代运作的大型国有企业，如何适应现代市场经济环境，并取得最大最优最佳业绩。

2004 年长江商学院短期培训项目总共培训了 2400 多人次，2005 年又开设了后 EMBA 课程和高级文凭课程，2005 年又与欧洲商学院和沃顿商学院一起开设管理课程。

长江商学院给同学的校训是“学以致用，经世济民”。在开始就强调团结精神、社会责任感、人文精神。长江同学三年来每次到外地上课，都会给当地捐献希望小学、捐助一口水井，帮助村里的孩子读书。

长江商学院希望通过课程的设置和开发，力求和西方的管理理论和实践，系统全面地提高中国企业的管理能力，以适应高速增长带来的挑战。长江商学院希望在巩固和光大学以致用的同时，达至提高学员的经世济民的目标。

管理教育，尤其是针对现在和未来的企业管理精英们的教育、高端的教育，在帮助他们学习知识、掌握技能的同时，更多地挖掘自己的潜质，奠定厚实的历史文化基础。

长江商学院希望能够帮助他们在风声雨声读书声声声入耳的同时，不能忘记家事、国事、天下事，事事关心，作为一个企业的领导者，是否具有人文精神，直接关系到企业的发展潜力。一个成功的企业家和高级管理者应该有“大度、气度、风度、态度、深度、宽度、精度、量度”，大度应该有容纳之心，是取决于团队而不是个人。

国学大师钱穆先生曾提出教育的三大系统功能。第一系统是人统；第二是事统，教给人做事的本领；第三是学统，学习的系统，如何做学问。钱穆先生认为，三者之中“人统”最为重要。把钱穆先生的观点引申为管理教育因此涵盖的内容也非常恰当。

商学院应该在系统的，向现在和未来的企业家们传授知识和提升他们管理能力的同时，帮助他们塑造和深化他们的人文精神与国学内涵。

长江商学院为此成立了一个人文教育咨询委员会，目的是吸纳世界范围内优秀的人文教育大师们的参与，为中国的企业家在人文精神方面的提升做一些有益的尝试。

2005 年 6 月 28 日，李嘉诚发表“管理的艺术”演讲。李嘉诚的精彩寄语摘录如下。李嘉诚认为，教育的目的，我自己是深深相信一句最简单、最实际的话：

> 一个人的名誉跟教育有非常大的关系。

李嘉诚希望以后大家多一点见面，就是毕业的同学也希望你们和母校有更多的联系。希望也能有机会和大家多聊聊外面的世界。

> 我清楚并相信长江商学院正向最高峰的地方迈进。我希望长江学员可以和外面优秀的大学和机构能够多些联系。我对世界有名的大学有过很多捐赠，帮助他们能更好地从事对人类有益的一流研究，其次的目的就是为同学们创造与这些名校更多交流的机会，以便使同学们的视野更加广阔。
>
> 人生在不同的阶段中，要经常反思自问，我有什么心愿？我有宏伟的梦想，我懂不懂得什么是节制的热情？我有挑战命运的决心，我有没有面对恐惧的勇气？我有信息有机会，有没有实用智慧的心思？我自信能力天赋过人，有没有面对顺流逆流时懂得适如其分处理的心力？你的答案可能因时、因事、因处境，审时度势而有所不同，但思索是上天恩赐人类捍卫命运的盾牌，很多人总是把不当的自我管理与交恶运混为一谈，这是很消极无奈和在某一程度上是不负责任的人生

态度。

我知道要成功，怎能光靠运气？欠缺学问知识，程度与人相距甚远，运气来临的时候也不知道。

我22岁成立公司以后，进取奋斗的品德和性格对我而言层次有所不同，我知道光凭能忍、任劳任怨的毅力已是低回且过时的观念，成功也许没有既定的方程式，失败的因子却显而易见，建立减低失败的架构，是步向成功的快捷方式。

我没有你们幸运在商学院聆听教授指导，告诉你们，我年轻的时候，最喜欢翻阅的是上市公司的年度报告书，表面上挺沉闷，但别人会计处理的方法的优点和流弊，方向的选择和公司资源的分布有很大的启示。

对我而言，管理人员对会计知识的把持和尊重，正现金流的控制，公司预算的掌握，是最基本的元素。还有两点不要忘记，第一，管理人员特别要花心思在脆弱环节；第二，在任何组织内优柔寡断者和盲目冲动者均是一种传染病毒，前者的延误时机和后者的盲目冲动均可使企业在一夕间造成毁灭性的灾难。

我常常跟儿子说，他要建立没有傲心但有傲骨的团队，在肩负经济组织其特定及有限责任的同时，也要努力不懈，携手服务贡献于社会。这不能只是我对你一个希望，而是你对我的一个承诺。

李嘉诚寄语在座的听众：

经营企业的主要动机是为盈利，经济社会的动力是建基于人类无穷的欲望。传统的儒家思想推崇道德标准的作用，而今天很多商业管理课程则强调效益和盈利是衡量企业成功与否的主要标准，这两种有着明显冲突和矛盾的取向都是不完整的，最重要是寻求两者圆满的融合。一个有使命感的企业家，在捍卫公司利益的同时，更应重视以努力正直的途径谋取良好的成就。

在这个竞争日益激烈和经济全球化的时代中，企业必须讲求效率及增值能力。为了实现可持续发展，企业必须同时具备多项成功的要素，包括全景思维、务实创新、良好的管理、完善而灵活的组织和制度、出色可靠和富有经验的管理阶层、勤奋负责和忠诚服务的员工、科学化及完备的数据库。

除此以外，今天的商业领袖，还要建立起管理层和员工之间彼此信任和尊重的企业文化，尤为重要的是，必须建立起个人及企业的良好信誉，这些都是资产负债表中无法显示但却具有无限价值的资产。

在精彩的演讲结束后，在场的长江商学院和汕头大学商学院的师生向李嘉诚提出了关于企业管理哲学、设定人生目标、做人的原则等让人思索发挥的广泛话题，李嘉诚对这些问题不厌其详，娓娓道来，其中表达的思想发人深省，收益匪浅。以下是现场对话的精彩实录。

问：您成功很重要的一点就是您结识了很多杰出的人才，而且您现在企业的成功也不仅仅有一个稳定的系统，而且还有一批非常能创业、有能力的人才。您用人的哲学以及如何让您的管理哲学稳定下去，使它和您的企业一直有这样的创新力？

答：用人要看他的忠诚度和可靠程度，也就是他希望能够跟企业结合在一起的意向有多少。如果这几样东西都对的话，我们的企业会提供给他非常大的机会去发展。现在我们的企业里有很多中国人和外国人，他们在这个企业中已经工作了三十多年，他们现在都身负重任。我今天可以非常谦虚地讲，他们在退休之前的最后一天还会在我的企业里，这对他们当然是好，但是对我来说是更好的。因为员工的这个归向的心是最难的。

问：您今天讲的是“管理的艺术”，我的问题就是，您是如何管理自己的员工的？这个问题我想对我们的毕业生有非常大的帮助，谢谢！

答：其实管理好员工讲起来可以说是非常简单。如果对方是一个品德好的人，只要是他能力内可以做的事，就尽量让他有一个机会去发挥。我们中国人有一句话叫作“智人善治”，事实上我在企业中用的是西方管理的模式，不然也很难将业务范围发展到五十二个国家。但是其中做人的道理，因为我自己是中国人，所以还是保留我们中国的优秀文化。

其实，我常常说“知识改变命运”，这是我根据自己的经验得来的，你们以后在社会奋斗还是要有知识，知识不是你从大学那边拿到的。现在世界每天都在变，变得非常快，从中争取拿到最新的知识，也是各位同学应该努力争取的。我每天也都在争取。

问：在我们讲课的时候教授曾经提到，在建东方广场的时候，您甚至对建东方广场的每一块大理石都亲自过问。您的集团现在发展到在全球的五十二个国家有超过二十万的员工，您是从最底层开始创业的，在这个过程中您是怎样处理好微观和宏观、细节和大局这样的一个关系？

答：这个问题不容易回答。在世界上，我们地产方面的发展如果以金钱来算，东方广场不算最大，因为还有很多比它大的。这些项目一直都是我的同事或部长去看的，有很多比东方广场更大的项目，从开始到完工我都没有看过，当然每个礼拜我都会跟他们开会。

东方广场为什么是我留意的？第一个原因是东方广场的规模在亚洲来讲是最大的，它有七十万平方米，停车场等加起来应该是八十多万平方米。从世界范围来讲，这是一个大的创举，因为自己是一个中国人，也是自己最大、最瞩目的创举，通过和其他的各种伙伴进行合作，我一定要做到。

至于宏观和微观，按照我个人的经验来讲，做生意、决定一件大事的时候，一定要有宏观的想法。你要看看业务在今天、在未来的前景怎么样，竞争对手的情况怎么样，然后做出决定。但是每天做的事情一定要微观，那就是要非常仔细地看你做的事有什么问题，世界有什么变化。

因为世界是在不断变化的，所以你平常认为的行业和经验是非常好的，但是人家只要接近一点，迈进一点，在三百六十度之间你可能就违规了一两度，这就是微观的。价廉物美、物超所值，就是说你做什么事都希望你的东西是最好的、超值的，但是你的成本却是非常低的，这样的话你就会成功。这是我个人的看法。

问：我是来自温州的，请问李先生，今天听到您的管理艺术就是李先生您的管理之道。我想请教的问题是，管理之道除了我们中国传统文化中的儒家之道、道家之道，还有我们外来的文化，国家之道，这个“道”是不是有相同之处？

答：其实儒家中最简单的就是孔子说的“过犹不及”，还有老子讲的“知止不殆”，这两个治学都是非常有用的。“过犹不及”是说如果你过度的扩张，容易出问题。你过度的保守就不容易和人家竞争。任何企业和行业，过度扩张是不好的，所以什么时候应该停止，什么时候应该扩张，就是我刚刚讲的“四两拨千斤”。怎么样从小型企业过渡到中型企业，怎么样从中型企业再扩大一点，扩大50%而不影响资金，这都是一个学问。

你这个问题如果用最简单的两句话来讲，其实好比瑜伽对部分人未必有用，道家的、老子的、庄子讲的思想有的也未必能够通用，但是这其中也有很多好的东西。你是温州人，温州是做生意和企业非常有名、非常成功的一个地方。我相信您跟你们的家乡人在这方面是非常懂得的。

问：我们知道，现在的世界变化非常快，不知道李先生能不能指点一下怎么样能够正确地找到自己的目标，我们在求学的过程中会碰到不同的说法，现在想听听李先生的指引，我们应该怎样找到自己的目标，然后去追求目标，等我们成功之后来回馈社会。

答：做生意是一通百通的，不是每一样都要学，有的事一通其他的也就通了。最紧要的一句话是“追求最新的知识，最新的商业动态、知识动态，你的每天都在变。”

我再补充讲一句，可能对很多同学都有用。十年前中国的经济增加速度根本不是今天这个样子。现在中国是“世界工厂”，引起很多东西的价格都涨到历史的高峰。人们的生活好了，汽车多了，因此轮胎、钢铁、塑胶、石油都在涨价。所以说一个人离开学校、完成学业之后，无论是打工，还是处在管理阶层，你都要得到最好、最新的知识，这个对前途来讲有着至关重要的影响。

问：您在演讲中提到“绝对不能挑选名气大但妄自标榜的企业明星”，但是当前的商界、企业家、大型集团的高级管理者，都在想方设法扩大自己的影响力，并且把知名度转化成集团的营销手段。您是长江集团的主席，在大陆您的名字比这个企业集团更加有名。请问，您能否对这个话题多谈一些？

答：我自己的感觉是，像我今天讲的企业明星，如果有真材实料对企业才是好的。他有真材实料，这一点对公司是不错的。但是过分宣传的话，那就要看看你的事业成果了。如果没有一个真材实料的 CEO，整天都在外面跑，连自己的事情都没有做好的话，这是最危险的。

曾经有一个相当大的银行主席，他很早约好与我见面；另外有一个副总裁，我之前也并没有说要见他。后来他跟我公司内部的 CEO 是非常要好的朋友，这个同事跟我说，“您是值得见他的，他的见识不错。”

于是，我就先见了这个主席。他走了之后我就跟秘书讲，以后他再来我不会再见他了。因为他没有真材实料，我跟他讲的时候他在“神游太空”，他的目的就是“我到香港见过李嘉诚，和他谈过话”，结果他满怀高兴，我就不太高兴了。

再过了两个礼拜之后，有一位副总裁也是从美国来的，和那个主席是同一个银行的。我跟他谈话就蛮高兴，因为他的功夫够，有的话其实我懂得、我知道，但我反而会问他的看法。我是希望他来更改我的看法。结果他讲的条理非常清楚，所得的资料也都是一流的。

之后我告诉我的秘书，以后他再来找我，我会见他的。因为对他来讲，他跟我谈话，他是要先了解香港跟内地的经济。我告诉他的，是他的得益；他告诉我外边的世界，也是实实在在最新的资料，尤其是美国方面的，所以大家谈话都互相得益。

一个人无论做什么行业，在一个行业内就要尽量做到最好，这才是最重要的。只要你对自己的公司有归属感，对公司有用的资料常常留意，这是非常重要的。

问：您在最后演讲的时候，讲到管理的关键是要建立一支“没有傲心但有傲骨的团队”，您如何分别傲骨和傲心之间的区别？在管理一两个有傲骨的团队中容易这样，那么管理几十个、几百个有傲骨的团队，这是非常难的，您怎么看？再有一句话“一个中国人是一条龙，一群中国人是一条虫”，您怎么看这个事情？

答：我跟你讲一句话你就会明白，傲心跟傲骨的区别是非常大的。一个人如果认为自己了不起，就像一杯水装满了之后，一滴水都装不进去。

傲心是不可以有的，傲骨是一定要有的。所谓傲心傲骨，刚才有一个人问我“一个中国人是一条龙，一群中国人是一条虫”，怎么能说一群中国人是一条虫呢？其实这是我们应该检讨的地方。我们有我们的缺点，我们的妒忌心、眼红症，不仅在内地有，香港也有。

中国人和日本人一对一，我们不比他们差。但是在团队中，他们都能互相支援，在形成一个组织之后就非常强大。问题是在于我们应该怎么样，而不要妒忌、眼红。从儒家来说，妒忌不仅伤害自己，也伤害到别人。

我十四岁的时候就明白一个道理，一个人如果爬得高而且长得快，在他快要超过你的时候，你就希望去伤害他一下，让他不要长得那么快。如果一个人长得不快，你就不会这么想。其实如果你妒忌别人，吃大亏的是自己，因为你会睡觉都睡不好，所以不要妒忌别人。

不敢创新的人，就是商场的懦夫

长江商学院院长项兵在谈到长江商学院发展时十分推崇企业的创新精神，尤其推崇长江和黄的永不停歇奔腾不止的创新精神。

他认为，在谈创新以前，有一点必须强调，创新不是企业成功的充分条件，常言道，人外有人，天外有天，创新本身是有风险的。用安然的例子来说，即使安然的高层没有道德风险的问题，即使他们没有做假账，他们失败的可能性还是很大的，他们创新实在是太多了。就像一个体操运动员，比如说李宁，20世纪的二十五个伟大的体操队员之一，他也有从杠上掉下来的时候，这是第一点要强调的，创新第一的企业出问题的可能性是很大的。

第二，不能为创新而创新，创新是企业的竞争手段，本身不是目的。就像科技一样，为科技而科技的公司有可能走向死亡，为创新而创新的公司有可能走向淘汰。这是一系列的问题，你是否比你的竞争对手对客户分析得更细致一些，更深入一些。这种创新是不是轻而易举地被对手拷贝，争得这种利润的空间比较少。

> 其实很多时候创新的投资是比较小的。传统的商业模式和技术在设备更新或规模扩张的时候，如果没有创新，往往在不知不觉中失去竞争力，而令到投资回报率较低，甚至为负数。那么这个损失是要远远超过创新所需要的投资的。
>
> 70年代，我在地产销售模式上做了很多创新，其中只有一部分成功，但成功的那部分就赚了大钱。但是当时没有创新的地产公司，由于不能掌握先机，很多都被收购或破产了。所以因为怕投资失败而不敢创新的人，就是商场的懦夫啊！

长江商学院的镇山之宝就是商业思维的创新，包括中国企业业务模式的创新。比如很多跨国公司，对中国企业的发展战略空间构成挤压，所以经常打价格战，出口反倾销。未来的十年五年，中国的制造业在主流行业这一块可能是历史留下的最后的机会，如果没有抓住这次机会，不能真正抓住核心的技术，还有研发，如果这一步跨不上去，五到十年以后估计机会就不多了。

这就是为什么总是讲长江商学院讲只争朝夕，思路方面，不一定要自己研发，同样也可以借力打力。

长江商学院制定战略的时候首先考虑的是客户，学院有两批客户，第一是中国的领先民族企业。如果他们不成功，长江商学院很难成功，如果中国出不了一批真正世界五百强的企业，长江商学院迈进世界十强的目标是不可能实现的。

长江商学院将会与中国的企业携手探讨这条大家从来没有走过的路。支持这个战略的必定是教授。长江商学院追求世界十强，争夺教授的对手就是斯坦福，就是耶鲁，就是哈佛，因为世界级的教授就在他们手上。

其次，为了和他们竞争教授，长江必须实行教授治校，这和亚洲几乎所有的商学院有很大的不同。长江商学院所有的重大活动是教授投票，三分之二的票过了才能通过，院长只有否决权，包括重大项目要不要上 MBA，要不要上 EMBA 等，因为只有教授治校才有可能有世界级的教授。

长江商学院的教授群没有任何的比例，首先第一点必须是世界级的，80% 的教授都来自世界十大商学院，世界级的教授都主要集中在世界十大商学院。

长江的竞争对手主要就是世界的十大商学院。能长期留在中国的，主要可能是以华人为主，五到十年以后，长江商学院的教授绝大部分是华人，比如 70% 是华人，30% 可能是非华人。也可能将来会有变化，有一批是欧洲人，有一批是亚洲，要了解欧洲和亚洲，只有华人为主，才能长期留在这儿。比如说哈佛的波瑟教授就不可能长期待在这儿，因为他不愿意经年累月在北京吃沙尘。

长江商学院首先是非营利的教育机构，这是李嘉诚希望反馈教育的基本考虑。李嘉诚已经做了承诺，十年之内如果有任何的缺口都可以补贴，确实如此。

商学院 EMBA 这类的培训学费是很大的盈利，长江商学院收了百元，可能李嘉诚还要补贴百元支援这个学生的发展，长江商学院的标准是哈佛。世界的顶尖商学院没有一个是能挣钱的，前三四名可能学费只占营运成本的 30% 左右。

长江商学院已经做了大量的原创性研究了，包括多元化的，包括突破核心技术，如何以小搏大，后发制人。

最有意义的礼品

2005年9月25日，“2005年长江商学院EMBA/MBA毕业典礼暨学位授予仪式”在北京人民大会堂隆重举行。国务院学位办、教育部、港澳办、广东省教育厅、北京市教育委员会的有关领导、李嘉诚先生以及近千名长江师生及其亲友，参加了此次盛会。

全国MBA教育指导委员会特地发来贺信，向长江商学院表示热烈祝贺。贺信中写道：“贵院创办近三年来，充分借鉴国内外著名商学院的经验，将本土化发展与国际化发展有机结合起来，在师资队伍建设、课程设置、MBA招生与培养、教学管理等方面不断创新并取得了长足的进步。

首届MBA和EMBA学生的毕业标志着贵院在建设一流商学院的道路上迈进了一个新的阶段。”

这是长江商学院创办两年多来的首次毕业典礼，共有三百三十多位MBA和EMBA毕业生坐在庄严的人民大会堂里面，他们从李嘉诚和长江十几位教授手中接过了毕业证书。他们将以在长江商学院锻造出的“社会责任感、超团队精神、职业操守和人文关怀”的企业家精神，在长江收获的“中西贯通”的管理理论与实践，走出长江，直挂云帆，搏击风浪，去实现更大的人生抱负与社会价值。

长江商学院院长项兵博士首先致辞并宣读了长江商学院学位委员会决议，祝贺“三百三十多位长江学子顺利毕业，荣获学位。”

项兵院长激情勉励长江学子：“未来五至十年，对于中国经济发展至关重要，中国要真正诞生出一批世界级的企业还有很长的路要走。为此，长江学子们仍要为此做出更大的贡献，为中华民族的伟大复兴做出持续的努力。我希望你们毕业之后，能够做出一番让所有中国人、让母校为之骄傲的恢宏事业。因为，一个商学院的真正成功，是学生的成功，我将为你们的人生和事业的辉煌而深深祝福。你们是长江的生生不息的一分子，同时长江是你们永远的精神家园。”

项兵博士在致辞中表示，长江商学院的快速发展，离不开李嘉诚基金会的鼎力相助。除了巨大的财务捐助外，李嘉诚先生在过去的两年中曾三次亲自向长江师生传授他的商业智慧和人生真谛，对长江师生是一种莫大的鼓励。

在本次毕业典礼上，李嘉诚在向毕业生表示祝贺的同时，也再一次深情勉励莘莘学子，并发表了题为《强者的有为》的演讲。李先生与在座嘉宾分享了他所坚持和珍惜的信念。

在热烈的掌声中，长江同学从李嘉诚先生和长江十几位教授手中接过毕业证书和学位证书。“为什么我们如此深爱长江？长江是什么？”

作为EMBA毕业同学代表，神州数码（中国）有限公司执行董事、常务副总裁林杨在随后的毕业感言中动情地说道：

“我们思索，长江是一群人，有志存高远的学院管理团队，有真正中西贯通各有所长的知名教授，有来自于五湖四海的进门时已是精英、出门时更加优秀的同学。这群人，将永远把长江的事业看成是他们共同的事业，这群人，最贴切的名字就是长江人。

我们思索，长江应该代表着一个理想。李嘉诚先生一定是用他的行动在传递着他对我们的殷切期望，他关心的不是长江一时的成败，他期待长江要肩负和实现为泱泱中华民族培养世界一流企业家的大业。

我们想，这样一个理想，是李先生的理想，也是长江人共同的理想，我们应该赋予她一个神圣的名字——长江理想。

我们思索，长江也应该是一种文化。这种文化，是所有长江人共同创造的精神财富。

我们思索，长江还应该是一个舞台。今天我们虽然离开了校园，但是我们并没有离开长江。我们还是长江人，还属于长江这个广阔的舞台，我们仍将继续感受和建设长江文化，我们仍将继续努力去实现长江理想。”

现场所有的毕业学子用《长江同窗之歌》表达出他们的收获、抱负和责任，参加该次盛会的领导和李嘉诚先生与长江所有师生合影留念。

李嘉诚谆谆告诫这般可爱的学生：

人类最独特的不仅是我们有洞悉思考事物本质的理智，而是我们有遵守承诺、矫正更新的能力、坚守价值观及追求目标的意志。商业架构的灵活制度要建基于实事求是、能有自我修正挽回的机制（Check and Balance）。

我指的不单纯是会计系统，而是在张力中释放动力，在信任、时间、能力等范畴建立不呆板、能随机应变的制度。你们也许听过我说企业应在稳健中寻找跳跃的进步，大标题下的小点要包括但不局限于：开源对节流、监督管治对创意和授权、直觉对科学观、知止对无限发展……

在非学位教育方面，长江商学院的高层管理培训（EDP）课程已于2003年1月开课。课程开发紧扣中国管理企业需求，为学员开拓视野，解决企业管理上的实际困惑。已成功开设“如何突破大型企业管理瓶颈”、“中国企业国际化”等富有特色的课程，受到了企业界的好评。

2005年，长江EDP已成功开设长江传媒高级管理文凭课程（模块制）、“后EMBA课程”（模块制）等一系列最新课程（模块制）。此外，携手欧洲工商管理学院与美国沃顿商学院共同设计开发的“中国企业CEO”课程也于2006年3月正式推出。

课程将集中三大商学院的资源与优势，从全球商业运营的角度以及中国企业发展面临的复杂因素及严峻的挑战出发，培养企业家在多元化经济、政治与文化环境下洞察全球经济发展大势、把握企业发展未来的能力。课程将组织学员在中国、美国、欧洲三地学习并对知名跨国公司进行实地考察。

诞生虽然不到三年，但长江商学院已经在业界开创了许多先河。长江是国内第一所实行“教授治校”的独立商学院，也是第一所明确提出“以民族企业为最重要客户”的商学院。此外，长江商学院还在国内作为第一所中外合作办学的教育机构获得工商管理硕士的授予权；也是在亚太区拥有来自世界顶级商学院知名教授最多、教学和学术研究能力最强的商学院之一。

在努力为中国企业培养优秀企业家的同时，长江商学院还是第一所将“社会责任感”、“超团队精神”和“人文关怀”列入学生重要培养目标的商学院。长江商学院凭借全球视野，分析现有顶级商学院的优点和弱势，确定长江商学院的差别化发展之路，以更快的速度逼近她的远大目标。

2005年，MBA学费攀高的势头仍在持续，长江商学院2005年MBA学费开出了22万元人民币的价码，是国内全职MBA项目中最高的。与2004年度最贵的14.5万元人民币相比，增幅高达51%。

借助李嘉诚雄厚的基金和巨大的商业网络，长江设置了包括入学奖学金、杰出表现奖、海外学习奖学金、院长名录奖、个人实习奖学金等一系列丰富奖学金，优秀的首届长江 MBA 学生还将获得四万元人民币助学津贴。

李嘉诚遍布全球五十二个国家与地区的商业网络，还将为 MBA 毕业生拓展在媒体、电信、金融、高科技等行业的职业发展机会。对于如此高的收费，长江商学院管理学教授兼行政副院长李秀绢的解释是："长江商学院是非营利性组织，制定这样的学费并不是为了赚钱，高收费是为了体现高水平，与一般的商学院拉开档次。长江的师资是世界级的，培养的是具有国际视野及了解中国的未来商界领袖。与国外商学院五六万美元的学费比，此收费并不离谱。"

长江商学院的 MBA 设计了更短的课程，一般商学院学习 MBA 学期为两年或十八个月，长江推出了"十二加五"模式，即十二个月的课堂学习，再加五个月的论文撰写，论文撰写时期可以进行全职工作或实习项目，也就是说，两年的学习其实只需一年完成，大大降低了机会成本。

长江商学院非常注重培养学生的领导才能。第一，学生参与式地进入学校管理，不是只被动接受教育，也参与学校的管理，比如说，由学生自发组织的俱乐部，会请一些非常成功的商业人士进行交流，所以在事业方面的成功和为人方面有自己的成功之道，还有一些出访由学生自己组织活动，也就是说学生的组织能力特别强，这种学习体验是与众不同的。

长江商学院有不少中国案例是教授自己撰写的，学院有中国的企业研究中心，在这里求学的学生不仅能学到西方的管理理念，还能第一时间对中国的理论实践有更深入的了解，更能够对中国企业运作的经典案例有更加深入详尽的认知。

长江学生团队精神有自己的特点，长江商学院的 MBA 有五十个学生是非常经典的项目，这五十个来自不同的著名企业的学生本身就是一个学习交流的过程，他们之间有互动，有自我的反省，通过深度学习，跟教授、跟同学学习，拉阔视野，增长见识，提高自己的应变能力。

国内高校 MBA 的招生普遍采取联考制度，但"长江"此番采取的是国外商学院录取 MBA 生的主要考查指标，即由 GMAT 成绩、工作经验、个人综述、推荐信、面试情况等来考察学生。

究竟什么样的人才有进入长江商学院的资格？长江商学院和国际顶级的 MBA 的项目没有特别大的区别？

第一，长江要求要有三年以上的工作经验；

第二，要有一个优良的GMAT成绩，有了这两点基本上就可以申请报读长江商学院；

第三，也会看这个人的个人素质，像团队的精神以及能够有企业家的精神，其中很重要的一点，就是能够迎接挑战、敢于面对风险，能够抓住机会，即使有风险也会迎着风险而上。

长江商学院曾经招收过一个韩国学生，院方认为他是一个非常出色的学生，他自己在韩国工作很多年了，在一个咨询公司里面也做到了高级的咨询顾问，取得不错的成绩。在过去的几年里中国和韩国的经贸关系发展很快，他也非常清楚，韩国目前大约30%几的出口到中国来，韩国已经成为中国的贸易伙伴，他认为作为韩国人和中国发生关系是未来的发展方向，他就主动辞职，来中国学中文。

长江商学院的学费是24.5万元人民币，在亚洲可以说是最高的，尤其在中国，但是长江商学院会有很多的资助，让学生不会有太大的财务负担，长江商学院总共有三大类，三十二项奖学金提供给所有的申请人，一类是金额20万元人民币，这实际上是一个全奖，拿到这个奖基本上可以不交学费，名额十六个；第二类是7.5万元人民币的奖学金，名额八个；第三类是5万元人民币的奖学金，名额也是八个。

除此之外，李嘉诚基金会还提供了无利息的分期付款。学员在毕业之后，他所欠的学费在三年内还清，免收利息。而且分期付款是由基金会提供的，不是通过任何银行的，这充分显示了对自己培养的学生的高度信任。

院方坚信这个学生如果有诚信，未来职业有很好发展的话，院方愿予一个诚信的机制给他分期付款的的条件。

2005年10月，EMBA（高层管理人员工商管理硕士）是实实在在的“富翁教育”。在由长江商学院和重庆市工商联联合主办的“长江2005管理前沿论坛暨中国企业管理与融资高峰论坛”上，长江商学院院长项兵博士称，长江商学院该年的EMBA学费已达28.8万元人民币，是国内最贵的教育项目。

项兵表示，目前长江商学院聘请的大部分都是全球知名教授。请国外一流大学的一流教授上一天课，一般的报酬是两三千美元，最高可达四五千美元；而国内一些明星教授一天的讲课费也已经突破八千元人民币，甚至一万元人民币。

有 EMBA 学员曾向媒体说，他上 EMBA 的学费是 20 万元人民币，每月都飞到北京或上海，住宿、吃饭、交通费用每次都在 5000 元人民币左右，加上到国外考察的费用，全部拿下来 EMBA 文凭最少需要 60 万元人民币。

建立商业网络是一个副产品，而不应该成为只是建网络而来读书。长江商学院有 1600 多名 MBA 的校友，在各个企业都担任高层，因为学校有超团队的精神，所以他们也非常愿意与长江 MBA 同窗结成密切的商业网络，不论是职业发展也好，还是个人的发展也好，都希望有一个很好的经验，所以长江的网络是在中国高质量的网络。

2005 年 9 月 25 日，京城 9 月，秋高气爽。李嘉诚在簇拥下走进人民大会堂。77 岁的老人步伐快捷，看上去精力充沛。当李嘉诚走入三楼会场后，身穿深蓝色硕士服的 MBA、EMBA 学员们沸腾了。

在雷鸣般的掌声中，他带着粤语口音的普通话反复说着“谢谢”，走上主席台。面对这批在各个行业做出了不同成就的学员，李嘉诚先生和他们分享了自己坚持和珍惜的信念：“帮助他人对社会有所贡献，是每一个人必要的承担。”他希望强者特别要学习聆听弱者无声的呐喊，“没有怜悯心的强者，不外是个庸俗匹夫。”

与李嘉诚分享毕业典礼的兴奋，是长江商学院的学生的运气福气，亦是长江商学院学生的骄傲。因为李嘉诚是长江商学院的真正灵魂。而许多学员之所以选择长江，就是因为一个简单的原因—崇拜李嘉诚，渴望从他身上学到经世济民的真谛。

当长江商学院毕业典礼进入高潮，首批 MBA 和 EMBA 毕业生为李嘉诚先生献上了厚礼。摆放在手推车上的礼品，是一个汉白玉的雕塑，名叫“种子”。据学生们讲，它象征着纯洁的心。

“汉白玉雕成的种子，预示着李嘉诚先生是当之无愧的播种人，长江商学院是当之无愧的播种机，我们长江的学生应该成为中华民族当之无愧的优良种子。”

这一时刻，聚焦李嘉诚，发现他的眼中闪现着激动的男儿不轻弹的莹莹泪花。李嘉诚激动地说：“这是我一生中收到的最有意义的礼品。”

之所以看到“种子”深受感动，是因为他看到自己过去在长江商学院有心插下的翠柳渐渐成林成荫。更是因为李嘉诚感触自己亲手播种的颗颗种子生根发芽。

李嘉诚的成功，靠的不是旁门左道，不是投机取巧，而是：

> 赋予企业生命，在商业秩序模糊的地带力求建立正直诚实的社会良心。

李嘉诚望着商学院的学员，一字一句地说：

> 企业本身虽然要为股东谋取利益，但仍然应该坚持“正直”是企业的固定文化，也可以被视为经营的一项成本，但它绝对是企业长远发展的最好根基。一个有使命感的企业家，应该努力坚持走一条正途。

从商究竟是为了什么？利润最大化，快速地积累财富？不，李嘉诚半个世纪来持之以恒地改变了普通人的普通想法。

> 商业最大的作用是为服务人类的需求。从商的人，应更积极、更努力、更自律，建立公平公正、有道德感、自重和守法精神的社会。

从长江商学院开学的那时起，李嘉诚就在学员心中播种灌输：“我始终坚持最重要的核心价值：公平、正直、真诚、同情心，凭仗努力和蒙上天的眷顾，循正途争取到一定的成就……我们要同心协力，用积极、真心、决心，在这个世上播撒最好的种子，并肩建立一个平等及富有同情心的社会，亦为经济、教育及医疗做出贡献。”

李嘉诚相信：“有能力的人可以为社会服务，有奉献心的人才可以带动社会进步。”

在毕业典礼上，院长项兵说：“长江培养的目标，不是只讲竞争力、没心没肺挣钱的经济动物，我们的目标，是培养具有国际竞争力同时充满人文精神的世界级企业家。”

长江商学院一位 EMBA 五期的学生动情地说道：“李先生在我们心目中就是整个华人的骄傲。他让我明白了，做生意应该先做人，走正途才能发展壮大。

发展了，有了积累，就应该承担社会责任，推动社会进步。这是领袖级的商人该做的事。”

看来长江商学院确实秉持李嘉诚的经营做人理念，生命的种子确实生根发芽了。

作为长江商学院的首任院长，项兵肩负着壮大管理教育和扩张学校实力的双重任务。因此，刚刚度过了打基础的前三年，立志用九到十年把长江商学院办成“世界十强商学院”的他每一秒钟都尽力保持精神抖擞，跟那些只有工作没有生活，却还得在公众面前随时微笑的 CEO 毫无二致。他的这种高调、开放的个性色彩令长江商学院更容易引人注目。

《金融时报》在评价项兵时，曾用英国人的幽默笔调写道：“如果仅凭激情的相互感染就能办学成功的话，那么长江商学院现在就已经是商业教育领域的世界性领袖了。”但是，如果连激情都没有，或者有一点而不敢不愿表达出来，试想，又如何有决心有毅力去完成一件看起来似乎不可能的事情呢。

人文关怀

李嘉诚几乎每年都向内地捐助一亿港元以上，兴办大量公益事业。

> 我现在的事业，是有比较大的发展，但对我来说，我最看重的，是国家教育和卫生事业的发展。只要我的事业不破产，只要我的身体还好，脑子还清楚（他指了指自己的头），我就不会停止对国家教育卫生的支援。

2005 年 9 月 26 日下午，长江商学院院长项兵教授在接受《第一财经日报》采访时说：“我对美国的顶级商学院一直有三个顾虑：一是他们对新兴企业的认识、对新领域的认识不够；二是他们只懂欧洲和美国，不懂更现实地研究全球发展中国家；三是他们只懂阵地战，没有强调做人的怀柔之心。而李嘉诚先生一直在我们学院倡导要做人性化的企业家。一个人充满爱心是发自内心的，他的发展如果在这样健康的环境中，也是符合人性的、快速发展的。”

“我对他对企业家精神的强调很认可，在 2001 年创办长江商学院的时候，我们把社会责任放在第一，团队精神放在第二，我们强调学院从教授到学员，大家的交流是心对心的，我们交流的广度和深度都是发自内心的。同学的交流没有障碍，大家平等，像兄弟姐妹。”

“人文关怀是李嘉诚先生强调的，也是长江商学院的另一个特征，大气的企业家要整合全球资源，必须以人为上，要有高尚的人文精神。”从长江商学院毕业的传媒人方向明见过李嘉诚十多次。“我印象最深的是李嘉诚讲他在创业初期曾经度过一段很艰难的日子，他非常动情，这时我们看到的李嘉诚不仅仅是一个伟大杰出的商人，还是一个典型朴实、真情流露的普通人。他曾经遇到的艰难和努力，和我们很多经过创业的人一样。”

“李先生教育我们做人要有伟大的抱负，他有六点让我很钦佩：

第一，知识改变命运。李嘉诚的好学精神在许多人之上，他与人交谈时非常认真，并且把与人交谈当作学习的机会，往往有地位的人善于讲，而不懂得聆听；

第二，他的坐标感很清楚，要达到什么目标，需要有什么步骤，都很明白。他在买欧洲 3G 的时候，对我们讲，‘我有一个非常清楚的阶段，我很清楚会付出什么样的代价，我对自己有几步棋，也很清楚’；

第三，他能把家族管理的强势和现代企业管理的优点很好地结合起来。李先生的公司虽然有家族经营的模型，但是了解他公司的人，会发现在执掌公司关键部位的全是最优秀的经理人；

第四，李嘉诚非常善于把握和判断时机，他不是很轻易下决心的人，一定要掌握全面的信息，要做到知己知彼，他特别注重看对手的长处，这是他的过人之处；

第五，凡做任何事情，考虑风险很清楚，即使出现最坏的情况，他现有的企业也能够承受得住，这是他做所有投资的底线。和他的稳健投资对应的是他相对保守的财务策略，他非常看重现金流；

第六，他在商业上成功后，非常注意回报社会，公益捐助是内地企业家注重的，但是，他回报社会是通过捐赠教育的方式，他在教育的大规模的投资，是为了整体素质的提高和整体国力的增强。”

“他的演讲《强者的有为》，让我感受最深的是：一个强者的有为，首先一定要在他所致力的领域有所成就，另外，一定要把自己经济上的成就同时反馈社会，两者缺一不可，才可以成为真正的强者。”

长江商学院同学会会长张志丰对李嘉诚先生的演讲感触最深的是“我们要有诚信”，这个阵地是不能放弃的。你有了这样的风格才能够做一个伟大的事业。李嘉诚先生的捐助也打动了我：要回报社会，体现你的人生价值。

李嘉诚曾在商学院“经济沙龙”就一些人生准则和处事方法回答了记者的提问。李嘉诚当日以一问一题形式与在场一百多位师生，以及校内其他学系会场和校园网上收看直播的学生分享他多年来的一些宝贵营商经验。

人的认知力由理性和理智的交融贯通，我们永远不是也永远不能成为“无所不能的人”，“天行健，君子以自强不息”。自强不息的方法重要，君子的定义也同样重要。

相比之下，能够亲耳聆听李嘉诚的演讲要幸运得多。他不是为了表演和一百万美元的出场费，他选择了一个清静的场合，选择了每年一次在家乡汕头大学面向长江商学院三百名 EMBA 学员的交流。

一开始他就避开了炒作，避开了一些无聊的问题，避开了一些花了大价钱要来显示一番的名人的纠缠与炫耀，甚至，有意避开闻风而动的记者，而是顺着自己的心意，讲述一个真正能够打动自己内心的故事。

打动了李嘉诚自己的故事，当然也会打动了我们每一个人。当然，这并不是说管理学大师韦尔奇不够深刻。对韦尔奇来说，建立自我，追求无我的人生坐标，务须特别强调。在他看来，如何建立自我是主要的，追求无我是纯粹从属性的。他直言不讳，把社会责任当作公司最首要的目标是荒谬的，也是不现实的，更是错误的。只有获胜的、杰出的公司才能够回报于社会。社会责任非常重要，但是首先要把公司办好。

一个商人，一个商业公司，一个商业社会，特别需要建立自我，追求无我，挑战自我，超越自我的精神和文化，这是人类可以凭借穿越转型之时光隧道，领略前路光明，甚至是幽暗的丝丝光亮的希望之所在。这才是李嘉诚的人生写照。

正正当当做一个商人是不容易的，因为竞争越来越大。如果个人没有原则，从一个不正当的途径去发展，有的时候，你可以侥幸赚一笔大钱，但是来得容易，去得也容易，同时后患无穷。国内的机会非常多，循正途才是最重要的。在香港也有走偏路的商人，他们成功很快，但掉下去也很快。

我们集团在世界上有很多的行业，每个行业我都非常投入，这一点说明事业要成功，自己要投入。有兴趣力量就有了，这是我自己的经验。这点同样适用于国内民营企业，要按部就班，不要投机取巧，有困难时更要培养自己的兴趣，来为改变环境而努力。

国内的企业家应该自己想出一个办法去直接寻找市场，现时由于中间经过多重转折，我们工厂制造的产品所赚的都是蝇头微利了，出口商赚得反而更多。随着国家经济的快速增长，国内的企业家有很多的机会，但是我们的企业家要做到顶峰的话，必须要找自己的市场。如果要做一家成功的跨国世界企业，市场是要靠你自己建立起来的。

李嘉诚从十四岁就开始投身社会，到二十二岁创业时就已经过了十年非常艰苦的日子，到今天李嘉诚已工作六十多年了。

我们公司一向是以西方的经营模式来管理的。我作为公司的领导，对同事和经营的方针都会掺入一点我们中国人的人情味。当你看到员工对你的企业有贡献，同时对公司忠心并盼望在公司长期服务的，而你也感到他的品格正直，那么你就要留意他，要令他觉得前途有保障。

在信任员工的同时，亦必须有一个制衡制度（Check and Balance）。如果单凭个人的意愿，觉得某个人不错，就随便任用，最后出了问题，不只害了自己、企业，还害了这个人，如果你早有一个制衡制度，就不会出这个大毛病。

作为一家企业，买进来的便宜，卖出去的贵，赚你应该赚的利润，这一点大家都同意。作为一家上市公司，你一定要为股东创造你应该创造的利益，这一点无可厚非。但是基金会不同，基金是我个人拿出来的，每一个铜板都是抽完税后才放进去的。我最大的经济来源是从外国和香港的公司派给我的股息，然后我拿这笔钱放进我的基金会，用在医疗、教育等公益服务中，两者是没有冲突的。

在外国，一个成功的企业家非常受尊重，但是在我们过去的旧社会里，商人处于比较低的地位。在西方国家，尤其是在美国，很多成功的商人，在退休的时候都拿出非常多的钱去贡献社会，我希望在座的每个人将来都成功，并在成功之余都能拿出一笔多余的钱来奉献，做一生都会觉得永远高兴的事情。

“世界经济全球化，牵一发而动全局，金融风暴经常发生，要经常提防，信义是最重要的，所以，现在也是一样，信义二字是与人交往的准则。遵守信义可以受益终生。因此我经常教导儿子要遵守信义。”

第八章 家族传承

Li Ka-shing

▲ 2002 年 10 月 27 日，李泽钜与夫人王富信女士向九龙玫瑰堂捐献巨款。

◀ 影星梁洛施为李泽楷诞下三子，惜缘分未到未能嫁入豪门。

年近九旬的李嘉诚名成利就，却没有丝毫功成身退的意念，时时刻刻，依然是春风得意马蹄疾。就算李嘉诚对其环球商业王国在某一特定时间空间遭到的挫折曾感到倦怠，寻常人也很难在这位将要度过其九十岁生日老将脸上找到倦怠的丝丝痕迹。

早在1999年6月，搬入中环长江中心的新办公室，满面春风的李嘉诚显得精神矍铄，意气风发。这座被称为“香港世纪商厦”的智能型办公楼，主席办公室仍在装修之中，李嘉诚暂在九楼工作。布置简朴的办公室，既不显巨贾的庞大夸张，也不见富豪般的金碧奢华，更不见首富的穷奢极欲，干干净净的会议台、整整洁洁的办公桌，简简单单的家私，靠墙一尊寻常人家难得一见的高头大马唐三彩是唯一的奢华装饰。其实李嘉诚十分满意当时的工作环境。

> 离员工近，朋友来看我也很方便，每天不停地工作，很高兴。我时常问自己，究竟还应不应该搬去顶楼主席办公室？搬上去就意味着逼使自己放弃一部分工作，还真舍不得。

望着窗外起伏的太平山，面对维多利亚海港，李嘉诚多么希望朋友中有人能够直言：“楼下挺好，不要搬上去了。”以便他能顺水推舟。一个统领二十万员工，直掌数千亿港币资产的时代强人，偶尔也有面对无奈之时。

“心似百花开未得，年年争发被春催。”李嘉诚吐露了自己对商海依恋不舍的心路历程。

谁来接班？

面对新时代新经济的强劲挑战，李嘉诚却一再创下神话，属下长江及和黄集团积极拓展信息科技产业，引入高科技、电子商贸，股价亦如日中天，成为香港传统企业走向新经济的成功典范。和黄也借着科技产业的发展走出亚洲迈向世界。

李嘉诚的一举一动都成为香港乃至亚洲的关注焦点。旧臣马世民表示，李嘉诚愿意让下一代，特别是李泽钜接管更多的业务。他说：“只要他仍有力去做，他都会继续做下去、打高尔夫球，他也会参与业务以及其他的事，因为这就是他的生命。”

如今，李嘉诚胡须虽然稍见斑白，但已是名副其实的伏枥老骥，已经渐渐感到“浮云一别后，流水十年间”的岁月沧桑。

人生如客，旅居他乡，漂泊四海，冥冥红尘，世事牵连，人情缠绕，私欲横流。世间人事本由因缘撮合而成，缘起而聚，缘尽而散。唯有心中的善根，犹如不灭的阿拉丁神灯，光芒常在，闪闪烁烁，蓬荜生辉。愿把这种善根，熏染到人间每一个安详祥和和平和静谧的角落。

早在2003年5月，李嘉诚将价值二十三亿多港元的长实股票，从其私人名下转移到家庭信托基金之内，而这个家族基金的受益人除李嘉诚外，还包括他的两个儿子李泽钜及李泽楷。这对曾传因心脏原因而短暂休息的李嘉诚来说，也许意味着某种微妙的讯号，虽然，他依然强调自己还未去想退休的事情。

李嘉诚对两个儿子的培养教育可谓费尽心机，落尽心思。他要求儿子生活上克勤克俭，不求奢华；事业上注重名誉，信守诺言。他特别教导儿子要考虑对方的利益，不要占任何人的便宜，要努力工作。

从三岁起，李泽楷每日放学回家后，另有外籍私人老师补习英文，算有点根底。三岁的孩子，正是玩乐好动的好时候，他哪里耐得住好奇的个性，身在家中，心早飞到广阔的自然里，耳朵里是小鸟的歌唱，呼吸的是扑鼻的花香，眼前是色彩斑斓的世界。况且是皮娇肉贵的富家弟子。

外籍老师长着大胡子，是英国人。他高大、魁梧，说话鼻音很重，虽然人很和善，但十分尽责，对李泽楷又严厉又和蔼。他从字母开始教李泽楷，ABCD……枯燥无聊。外籍老师就尝试着教单词，他指着桌子，让他念 table，李泽楷心不在焉，想了好久才结结巴巴地说出 table。他哼哼唧唧不肯读单词，甚至恶作剧把老师的书藏起来，害得老师还以为丢了书，到处乱找。他憎恨过这个严厉的外籍教师，然而又无可奈何，只有到了美国他尝到了由于英文不好带来的痛苦和不便，才感激起那个外籍老师。

JP 摩根银行曾经很在行地预测，由于股市波动、重税、挥霍无度及投资失利等因素，现在全球前四百位超级富豪中，有八成在二十年后将地位不保。披头四成员已故约翰 · 列侬的遗孀大野洋子、美国化妆王后雅诗兰黛正是他们的前车之鉴。

一项根据过去二十年对世界富豪排行榜的分析指出，当时四百名富豪中有一百四十五人已经身亡或将家产分散与亲友，逾二百人由于投资失误而退出超级富豪榜，例如大野洋子、雅诗兰黛。此外，许多显赫家庭的成员也从富豪榜除名，如杜邦化工及洛克菲勒家族数名成员。这样的故事，就是在香港这个弹丸之地，也不时爆发豪门恩怨，分家争产之诉讼。

二十年前的富豪榜中，仅有五十位屹立不倒，包括传奇股票投资者巴菲特、迪士尼家族、福特家庭。在许多显赫世家后人出局时，有许多新晋富豪入榜，包括维珍航空老板布兰森、《哈利 · 波特》作者罗琳，盖茨更是高居富豪榜榜首。

JP 摩根指出，如果这些富豪的投资及资产能够与股市同步增长，他们就可以保持地位，可是他们不愿意将投资多元化。百年成之不足，旦夕败之有余，如《红楼梦》贾府般忽啦啦大厦倾倒，若之奈何。

在亚洲和中国，精明如李嘉诚者，能否跨越三代之劫，不单李嘉诚深思而难熟虑，就连斗零市民，亦是饭后茶余，津津乐道。

2004 年 9 月底，香港商界高层访京的活动，从公司管理层面也透露出一个明确信息：中国的家族制企业需要更强的治理机构以及更具社会变革性更具广阔全球视野的接班人管理，才能在全球化的今天得以生存和持续繁荣。

香港媒体认为，力捧第二代上位显然成了这次访京团的一大目的。事实上，这一代富豪个个面临第二代的接手问题，这次晋见国家新领导班子及与多个部门要员沟通，被不少富豪视为捧自己第二代“上位”的黄金机会，让生意王国的接班人广交各层人脉关系，为他们的未来发展铺平道路。

《华尔街日报》和《远东经济评论》都不厌其详撰文阐述过这个现实问题。文章说，那些在二次大战后创办公司的亚洲企业家现都已进入暮年，但其中大多数人仍牢牢掌握着公司领导权，没有退休的打算。比如，访京团中的一哥李嘉诚，已七十五岁，却仍牢牢掌管着他属下的两大公司——和记黄埔和长江实业。看归看，始终，这些文章都不过是雾里探花，隔靴搔痒。甚或，杞人忧天。

> 我仍然在工作，未有打算退休。我对目前的一切都很享受，所以，直到同你说话的这一刻，没想到要改变现状，我也找不出理由来改变现状。目前我做人好开心，若商业的事不做，我都要全职做基金会的事，花钱的事一定百分百投入。

2005 年 8 月 18 日，香港金融市场突然传出李嘉诚身体不适，港股应声下跌逾三百点，而其子李泽钜当天已实时否认传言，港股第二日继续下跌 109 点，报收 15038 点，长实及和黄连日下挫，分别报收 84.6 港元，及 78.15 港元，跌 1.63% 及 1.01%。

翌日晨六时许，77 岁高龄的李嘉诚，在雨天亲自驾车，离开深水湾道住所，前往附近香岛道香港高尔夫球会打高尔夫球，保镖则乘坐另一私家车尾随护送。李驾车驶出住所时，发现有记者在门外等候，面露微笑挥手与记者打招呼，并主动按下车窗说：“我让你影像，我不讲话，后面有车呀（叮嘱记者小心）。”

李嘉诚让记者拍照后，即驱车往高尔夫球会，会合一名友人于绿茵场上挥杆。期间虽然下着大雨，唯李嘉诚兴致不减，在球童打伞下，继续挥杆击球。他看来精神饱满，精力充沛，每次挥杆均有心有力，更不时与友人开怀谈笑。

直至早上八时许，李打完球后，改由司机驾车送返寓所，座驾驶离球会时，他再主动向在门外等候的记者挥手，并示意司机停车，一名保镖下车撑起雨伞，李嘉诚然后打开车门笑问：“阿哥（记者），有什么可以帮到你？”

记者表示：“传闻你健康有些问题？”李轻松答道：“对这类传闻我只讲四个字‘一笑置之’。我刚刚冒雨打完球，身体状况怎么样，大家很清楚。”记者想继续问下去，他表示：“我现在回家冲凉，之后就会如常返工。”语毕即让司机驱车返回寓所。

《华尔街日报》称，李嘉诚从未公布过交班计划，香港金融界一直在猜测他最终会把公司交给谁来打理。他的长子李泽钜现任长江实业副主席，经常被认为是其可能的继承人选。但也有很多人说，他的小儿子李泽楷在权力交接中也会扮演一定的角色。

接任问题一向棘手，然而对李嘉诚而言，这问题尤为敏感，因为他以善于把握最佳时机撮成天价买卖而蜚声国际商界，然而这种天赋却未必一定可以遗传到下一代。李嘉诚亦被视为亚洲区内其中一位眼光最远大和放眼世界的商人。

然而，跟其他亚洲富豪不同的地方，是李氏依重无血缘关系的专业精英为他管理其商业王国。虽然如此，企业观察家仍预期，不管无血缘关系的专业人员履历是何等优异，李嘉诚将来不会选择外人继承其位，势必将传位给其长子李泽钜。也许，这个交接方式绝对符合中国传统。因为，李嘉诚毕竟是中国人，更是潮州人。

事实上，李泽钜与李嘉诚目前仍一起居住，李泽钜与妻子和四名儿女独占大宅的其上层，而李嘉诚则住在中层。

2004 年 2 月出版的美国《时代杂志》以“The families that own Asia”为题，论尽日本、印度、泰菲及本港等地的富豪，更以亚洲首富李嘉诚三父子为封面，从而探讨家族企业如何面对时代变迁的挑战。文中声言访问了长实副主席李泽钜，虽则他拒认正式成为王国的接班人，但却再三强调与父Friend 过打 Band。

“我跟父亲是好拍档，在做决定的时候，我们往往会有同样想法。”李泽钜说。他强调他与父亲非常相似。他说他与其父合作无间，每每在做决定时经常会得出相同结论。他表示，现时已接手公司大部分的运作。李泽钜说，在长江中心的总部大楼内，他会跟中层管理人员在位于九楼、他称之为“工程房”的办公室内共事，而父亲则在七十楼的办公室负责集团的整体策略。

事实上，李嘉诚在接班人培训上也是煞费苦心，用心良苦。李泽钜、李泽楷长到八九岁时，李嘉诚就让他们旁听董事会。这可能是全球独一无二的创举。李泽钜也算没有辜负父亲的期望，在 1981 年中学毕业会考时获五科优秀，其中包括英语和数学两科。李嘉诚立刻把大儿子送到美国的斯坦福大学，刻意安排他攻读土木及结构工程硕士，以有助于他今后掌管以地产业为核心的李家商业帝国。

> 作为父母，让孩子十五六岁就远离家乡，远离亲人，只身到外面求学深造，当然是有些于心不忍，但是为了他们的将来，就是再不忍心也要忍心。

李泽楷在1983年中学毕业时，执意坚持自己的意愿，要选择在斯坦福大学读与家族生意毫无关系的计算机工程专业。李嘉诚顺时就势，宽宏大量地容忍了。

李家两兄弟毕业于美国的大学，李嘉诚的态度是让他们自己去打江山，于是，兄弟俩去了加拿大，一个搞地产开发，一个去了投资银行，小有成就后才回到香港。虽然李嘉诚过去总是说："谁做接班人的问题，目前不考虑，他们兄弟俩，我一样对待。"但按当时的情况来看，李泽钜起步高，跑得快，而李泽楷早已另立门户，经营着惊天动地的蛇吞象而来的电讯盈科。

按照香港人的说法，"李泽钜明显跑赢李泽楷半个马位。"大太子接班已经呼之欲出，但这未必是亲兄弟各走各路的个中原因。当然，熟知李家的人，绝不会把李泽楷另立门户看作是与父兄分道扬镳。可以肯定的是，这是李嘉诚家族承继战略的必然选择。一个在内运筹帷幄，步步为营，按部就班，再接再厉，稳扎稳打；一个在外冲锋陷阵，突破重围，发扬光大，遥相呼应，进退有据。一守一攻，铜墙铁壁；左右策应，兵来将挡；前后夹击，水来土掩。进可攻，退可守。好一个万世基业的商业王国。

在香江，曾经有报道说，李泽楷虽然可以呼风唤雨，但却有两块心病。一块就是传媒在报道李泽楷的时候，总少不了提一句"李嘉诚的儿子"。而另一块心病，则与其兄李泽钜有关。原来，好强的李泽楷从小就不满总是站在大哥后面，事事都要扯大哥"衫尾"。李泽楷勇于自己创业，不想长留父亲的公司，据说也与不想总是被其兄"压住"有关。或者，没有其兄的刺激，可能就没有李泽楷的今天。就像李嘉诚当年，如果没有其舅父庄静庵的势压住，就没有今天的李嘉诚。

而这个对李泽楷有着重大而深远影响的人物究竟有何能耐呢？李泽钜出生于1964年8月，他是李嘉诚的长子，也是李嘉诚最信任的人之一。他现任长实集团董事总经理，长江基建集团主席。很明显，自从李泽楷自立门户以后，李泽钜就成为了李嘉诚商业帝国的准接班人。李嘉诚对他也确实寄以高度期望。

李泽钜与弟弟李泽楷一样在香港名校圣保罗男女校读书，由小学直升中学。李泽钜与弟弟完全迥异，或者是长子的缘故，在很小的时候，就表现出沉稳厚重踏实诚实务实的性格。据曾经教过李泽钜中六化学的李伟棋老师回忆："他读书好用功，与其他同学一样，没什么架子。也没有人能看得出或者感觉到他是李嘉诚的儿子。"与弟弟一样，李泽钜在校内也十分低调，最活跃的校内活动也就是参加学校的合唱团。不过，他与大部分的同龄人一样，喜欢尝试新玩意儿，他的一名同班男同学说："他最喜欢玩水上活动，如滑水等。"

"李泽钜也好喜欢尝新，当'walkman'一推出市面，他就偷偷地买回来；任天堂卡片游戏机一出，他又带给我玩，所以他在我们班挺受欢迎。"一位同窗赞不绝口。李泽钜与李泽楷兄弟俩虽然读同一所学校，但或者是由于相差两个年级的缘故，他们通常是各有各玩，甚至放学后都是各走各路。

李泽钜的读书成绩显然比弟弟好得多。1981 年会考，他就曾考获五个优，其中包括英语和数学。这个成绩就连今天许多普普通通的人家的孩子来讲，也是可望不可即。李泽钜的优异天赋和灵性聪颖很得父亲的欢心和信任，因此在他中学毕业后，李嘉诚就放心地让他到美国留学，还让他义不容辞地照顾当时还小的李泽楷。

到美国后，一个埋头读书，一个四处交游。李泽楷学会了独立生活，与乃兄李泽钜反而越发疏远，这相信也是他的老父始料不及的。幸好李泽楷走的是正路，逆反心理造成今天李泽楷的自立门户，但却又给他带来新的挑战和荣耀。这恐怕是李嘉诚意想不到的另一收获。

李泽钜考入美国斯坦福大学后，潜心攻读土木工程专业。李泽钜并没像弟弟那样到处兼职，接触社会。按照他的说法，以后一辈子都要和社会打交道，那时就没时间再读书了。因此，李泽钜很珍惜在大学的时间，埋头自己的专业研究，在毕业时，他更考取了结构工程硕士学位。看来，李泽钜所走过的路，是大多数成功人士通常所行的读书工作接触社会逐步成功的老路。这其中虽有惊有奇，但风平浪静，一切都是预先设定，未曾出轨半步。

李泽钜

1986年，李泽钜刚取得土木及结构工程硕士学位，李嘉诚钦点李氏集团第二号人物，长江实业副主席麦理思作为培养这位大公子的“太傅”。毕业于剑桥经济系的长实董事局副主席麦理思，其经历资历阅历十分厚实。据麦理思说，李泽钜是个谦虚好学的好孩子，一点也不像世界级富豪的公子。作为第一任太子太傅，协助李泽钜到加拿大温哥华做170亿港元的“万博豪园”住宅开发项目。在麦理思的指点下，李泽钜就开始逐步学习和接手李氏王国的核心生意——地产业。

李泽钜在学完了第一任太子太傅真传的“十八般武艺”后，从加拿大返港，李嘉诚随即委任他为长江实业的执行董事，并且钦点李氏集团的第三号人物，主管土地开发的周年茂做第二任太子太傅。

在李泽钜成功推动长江基建上市四个月后，李嘉诚对李泽钜渐渐放心，而总市值五千亿港元的李家商业帝国的管理权会逐步交给李泽钜。而真正使李泽钜脱颖而出的，是他参与世界博览会旧址发展项目。

1986年，世界博览会在加拿大的温哥华举办。落幕之后，各国的临时展厅或拆卸或废弃。旧址为靠海的长形地带，发展前景良好，地皮为省政府所属，可以用较优惠的价格购得。最主要的是，连成一片，收购过程中不会发生任何业权纠纷。曾在温哥华生活过的李泽钜，以他土木工程的专业眼光看好这幅地皮潜值，认为将可发展综合性的高档商业住宅区。于是，他积极向父亲建议，理由如下：

一、世博会旧址附近都已经开发，社区设施，交通等有良好的基础；

二、温哥华这一区域和一般大都市不同，并没有高架公路，市容美观；

三、位于市郊，有市郊的便利而无市区的弊端，无论往返市区和郊区，同样便利；

四、位置临海，景色宜人，海景住宅当然紧俏；

五、香港移民源源不断开赴加拿大，对饱受市区嘈杂拥挤之苦而又嫌郊区偏远冷寂的香港人来说，这样的海景住宅有相当的吸引力。

六、由香港公司开发的楼盘，对人地生疏的香港人来说，更具吸引力。

李嘉诚同意了大儿子的“异想天开”，他认为李泽钜的设想与分析，尤显其独到的商业眼光与头脑。说这是“异想天开”与一厢情愿，一点也不夸张。整幅地皮，大约相当于港岛的整个湾仔区外加铜锣湾。至当时为止，香港也没有哪个地产商在如此广阔的地段发展浩大的综合物业。这在加拿大的建筑史上，亦是开天辟地头一遭。

1988 年，专为万博豪园项目成立了太平洋协和发展公司，以 32 亿加币投得温哥华世界博览会的一块面积 82 公顷的黄金地段。计划斥资 170 亿港元，向社会推出 7600 个住宅单位。如此庞大的投资，被誉为“加拿大有史以来最大的地产发展项目”。

由于投资过于庞大，非长实集团所能独力承担，李家便拉拢其同业好友李兆基、郑裕彤加盟，与加拿大帝国商业银行旗下的太平协和公司（李嘉诚占 10%股权）共同开发。决策为各大股东（李嘉诚个人及集团占 50% 股权，另 50%众股东分占），具体操作为李泽钜。

一个人凭自己的经验得出的结论当然是好，但是时间就浪费得多了，如果能够将书本知识和实际工作结合起来，那才是最好的。

李泽钜更为这宏图巨著，一手一脚策划、设计、推销。曾经在两年之间，出席大大小小公证会二百多个，与各界人士逾二万人见过面，解释推销这个庞大计划。当然，他的背后，父亲、师傅，及其他人等，一直予以最大限度的支援。

1989 年 3 月，正在进行平整工程的地盘内，发现一张措辞吓人的告示，上面写着：“加拿大同胞们，请制止癌症扩散，醒来吧！否则太迟了！政府出卖我们，鼓励华人渗透，买光我们的土地、提高我们的税。中国人口超过十亿，正像野火般蔓延！我们的前途呢？我们下一代的前途、文化和机会呢？倘若我们不制止这种癌症的扩散，我们的孩子将一无所有！政府辩称这是有利于国家，怎样有利呢？中饱他们私囊而已！谁得益呢？可以打赌不是我们！如果我们想维持一个民主国家，现在站起来、为你们的权利团结起来，否则太迟！”

这就如同两千年前的秦朝末年，陈胜吴广发起囚徒兄弟造反一样，先在地下埋下石头，上面写着天将变换的昭示，试图激起风云激荡。陈胜、吴广暗暗用朱砂在一块白绸上写了“陈胜王”三个字，塞到鱼的肚子中去。戍卒们烧饭做菜的时候，从鱼肚里发现了这块白绸布，大为诧异："难道鬼神要陈胜当王吗？"

因为这里过去是楚地，当初秦派老将王翦率六十万大军攻打楚国，大破楚军，杀楚将项燕，这里的人民很怀念楚国，痛恨秦国。为了激起人民反秦的情绪，吴广又在夜间溜到附近的荒庙中去，燃起篝火，并学着狐狸的声音叫道："大楚兴，陈胜王。"戍卒们在夜间听到"狐狸"的叫声，又看到荒庙中的篝火，更加惊异。历史上有名的"血腹丹书"和"篝火狐鸣"的故事，就是这样演义出来的。

那几位鼠目寸光的加拿大人实在没有办法将历史重演。彼时也未见有第二个、第三个人站出来。把中国十几亿人口和香港财团的温市发展计划扯在一块，自然难以理喻。但加拿大政府当时（今日如是）以宽厚待遇，锐意吸纳香港资金和人才，则属客观事实。"他们似乎完全看不见我也是加拿大公民，他们的反应太过激烈。"面对当时汹涌的群情，李泽钜既感气愤，又感无奈。

众所周知，自从1982年，当年英国首相铁娘子，在北京人民大会堂的石阶上，跌倒一跤之后，枫叶国趁香江人心不安之际，大开中门，将来自此南中国蕞尔小岛上的资金和人才，兼收并蓄，已是彰彰甚明的国策。何况，加国高层官员，早就对李氏代表的商业王国，瞩目有加，极想透过李氏投资加国，制造带头作用，吸引亚洲尤其香港的财团落脚，帮补捉襟见肘的枫叶国经济。

20世纪80年代，加拿大商人，贸易官员，上至省总理，如走马灯，穿梭进出香港中区华人行顶楼，拜望李嘉诚，为的是同一目的。据说，有个省总理当时提议和李氏合作开赌坊，当场就被严词拒绝。但加拿大官商的确有办法，1987年，终于邀得李嘉诚加入香港的加拿大会所，使驻港人员，大增亲近李嘉诚的机会。

有个加拿大商务官，对李嘉诚简直着了迷，他将一份加拿大杂志的封面（封面自然是李超人）剪下来，用相框镶起，挂在办公室朝夕仰望，又到处向人说："李嘉诚，是我的偶像！"此位洋兄朝思暮想，痴心妄想，绝不是真正爱上了李嘉诚，而是爱上了李嘉诚口袋中的钞票，如何撺掇得他的"偶像"到魁北克省投资，哪怕开一间餐馆、洗衣店之类也好，只要李氏一来，还愁其他"偶像"不跟进？如此一来，冷天冻得连手指头都分不开，却格外优惠香港移民的法语省份，自然财源滚滚，暖流洋洋，冰消雪融。

同样爱国的加拿大官员为此绞尽脑汁。外间也许少人知，枫叶国官、商人士，不少纷纷将写字楼搬入华人行，做李氏的芳邻去了。如斯情景，怎不令投资者李泽钜气愤无奈，何况他本人亦是加拿大籍华人。

据传媒估计，当地人排外还与李泽钜的另一宗生意有关。世博会旧址以太平协和的名义签约之后，李泽钜将另一间公司的 Zto 二百多个公寓，在香港推出发售，结果在温哥华当地，引起轩然大波，担心将来的世博物业，是否又只卖给香港人？

传媒大肆渲染，引起当地人的不满。他们纷纷质问政府：将来世博会的产业，是否又完全卖给香港人，让他们的家园变成华人的天堂？省督林思齐博士为平息民怨，安抚民心，要太平协和向加方保证，在这块极优惠的地皮上兴建的物业，不能只在海外发售，必须优先向当地人发售。这意味着，兴建的物业，将不可先在香港卖个好价钱。当时卑诗省总理站出来说话，要李氏保证，那幅以极优惠条件卖给他的地皮，不会实时转售图利，将来落成也不能只在海外发售。

事情越闹越大，这个由李泽钜一手搞起来的计划，反过来烧痛他的纤纤双手。不过，却为他提供难得的机会，处变不惊，尝试单独处理棘手问题。这一回，李嘉诚决心考验长子的办事能耐。李嘉诚成竹在胸，隔岸观火，撒手不管，看着儿子如何斡旋，消防灭火。李泽钜结果不负所望。他从滑雪胜地韦斯拉赶到温市，首先公开承认，他忽略了本地人士的情绪。“我未有充分关注本地人士的感受，也错误判断市场对发展计划的反应和需求。”他这样说。

李泽钜求见省督林思齐，一阵寒暄之后，李泽钜单刀直入、软硬兼施、绵里藏针。李泽钜不紧不慢不亢不卑地问林思齐：“我们确实还未正确核算世博会发展搁浅可能造成的损失，但我们确实希望这个项目能够如期进行，否则，这其中意味着什么，我想省督应该比我更清楚。”林思齐是 1967 年从香港移民加拿大的，对香港的事是再清楚不过的了。以李氏家族在香港的号召力，足以使流入加国的投资缩减 2/3！而且这更会使在香港移民潮中的受益者——卑诗省，大幅抛落其他省的后面。

求财若渴的省总督深思熟虑后，不得不向这个二十余岁青年让步，这样那样的保证也不要了，温哥华商、政界这才松了一口气。要是逼走了李泽钜，等于将进了门的财神赶出去。不得已，省督说服省议会，对李泽钜的要求做出让步，准许世博会物业同时在香港和温哥华发售——这实际上是以向港人发售为主。省议员透过当地传媒，向人们说明利弊关系，并称赞华人移民是温哥华建设的和平使者，大家应该敞开胸怀拥抱他们。

同时，李泽钜也积极配合，以争取民心，他在温哥华的一次记者招待会上煞有介事地说："这几年来我最大的收获，就是加入了加拿大籍，成为加拿大人，成为这个温暖大家庭的一个成员。我为此感到自豪与荣幸。"不知此时此刻的李泽钜，是发自内心，还是言不由衷，或是政治表态。总之，这样的一番说话，让单纯天真的枫叶国的人听起来很舒服，很开心，很踏实。风波终于平息，工程继续上马。这就是后来定名为"万博豪园"的庞大商业住宅群。

"他那时在美国、加拿大学到好多，但比其他同年纪的人也挨得辛苦好多。"李泽钜的一位朋友说。因为，他深知作为长子，摆在他面前的是，无可回避的天降大任。努力终于有了回报，1990 年，万博豪园首度开售获得成功。香港报章于 1990 年 11 月 28 日刊出《李泽钜设计万博豪园一鸣惊人》一文，对这位李家大公子推崇备至，由头赞到脚：

"对李泽钜来说，加拿大温哥华的房屋计划——万博豪园，就是他事业上的试金石。因为这个被誉为加拿大有史以来最庞大的建设计划，是由他一手策划的。由看中地盘，以至买地发展、宣传，他都参与其事，全身投入……但初挑大梁，无论如何，都会有一种无形的心理压力。

幸好万博豪园在香港刊登广告之后，初步的反应甚佳。第一期嘉汇苑，平均每平方英尺 230 加元（约合 1540 港元），这个价格，比香港很多地区都便宜。加拿大增收香港移民，港人今后到加拿大居住者必比现时为多，因此，李泽钜对万博豪园的销售前景非常乐观。

由投地到施工，这一段期间，他遇到的争议、面对的意外和困难不计其数，如果换了一个性格懦弱，信心不足的人，早已知难而退了。但他并未如此，仍然一丝不苟地去做，笑骂由人，愈战愈勇，终于成事。

为了这个庞大计划的早日完成，李泽钜两年内在港加两地穿梭来往，不辞舟车劳顿之苦。1989 年全年，他来往港加两地达 26 次之多，坐飞机如普通人坐的士一样。"

1989、1990 两年的大部分时间，他留在温哥华，监督工程，同时又兼理香港的事务，执行长实执行董事的职责，向董事局汇报万博豪园的进度。最忙的时候，三个月未见爹娘。唯有那日牵夜挂的娘亲庄月明在香港夜夜辗转反侧。

万博豪园属包容住宅、商业及公园的综合发展区，总体规划由李泽钜一手设计，建筑群的最大特色，是保留了原有湖光山色的天然美，他辟出五十英亩作为社区公园，是居家休闲的理想胜地。尤其是对于已经习惯香港寸土寸金的香港人来说，罕见的豁然开朗的自然景色，特别是风光旖旎的海天一色，更是恍若现代桃花源，梦寐以求，怦然心动。

李泽钜说："由于万博豪园这个计划实在太大，自己肩负重任，因此无时无刻不在想着计划的发展。在飞机上，即使看书，都以城市规划以及居住环境的书本为主。"那一年，李泽钜 24 岁。按照老祖宗的说法，乳臭未干。如非那次风波，李泽钜独自处事的决断才能，不致这么早这么快显露。也许就不能在 1993 年初，以未足 29 岁的年纪，坐上长实集团副董事总经理的高位。

而当时事件了结不久，他还不过是太平协和公司的董事，却由其父一手提拔，晋身旗舰长江实业董事局，更兼执行董事之职。有了加国业绩，上面的任命，老父的提携也就顺理成章。否则，岂不被人误为拔苗助长或者任人唯亲。

一切都按部就班。一切都有条不紊。一切都出人意料。没有人怀疑，一切都水到渠成。

继承父业

万博豪园使李泽钜名声鹊起。他也乘势大打社交牌，争取机会与香港商界的世叔伯认识。在 20 世纪 80 年代末 90 年代初，李泽钜频频出席各大社交场合。1990 年，万博豪园嘉汇苑公寓在港推出前，长实集团公关部精心安排，让李泽钜接受两本杂志的采访，连人带房一并推向社会，反映甚佳。这段时间其弟李泽楷专注在加拿大的事业，李泽钜毫无疑问成为香江炙手可热的焦点人物。李泽钜稳重圆滑干练的处世应变能力，甚得老父赏识，李嘉诚同意长实董事的一致要求，吸收李泽钜任长实集团的董事。

1992 年 4 月，李嘉诚突然辞去汇丰银行非执行副主席职务，正当众说纷纭、风波未息之际，超人"顺水推舟"，让李泽钜进入汇丰董事局。当然，若无万博豪园的显赫战功，很难受禄汇丰如此显赫的高位。如此显赫的位置，继包玉刚之后，便是李嘉诚，本来说什么都轮不上后生晚辈李泽钜，众人自然心知肚明，李泽钜就是李嘉诚。"生子当如孙仲谋。"大儿子接班，一步步变为顺理成章水到渠成的事实。

“试玉要烧三日满，辨材须待七年期。”李嘉诚大概不再会怀疑儿子们的经营才能和气魄，但他对儿子“好出风头”总是耿耿于怀，不知循循善诱地讲过多少次。“树大招风”“凡事低调”“木秀于林，风必摧之。”两位李公子都不知听了多少次了。李嘉诚不厌其烦，两位公子是否言听计从，自是另当别论。

李泽钜在劳斯莱斯房车里装上当时最新推出的激光影碟机，立即成为报刊争相报道评议的花边新闻。虽然其父后来为其解围，说是他要李泽钜安装的，因为劳斯莱斯是用于接载客人的，应该方便客人消遣。

大概李泽钜与父亲走得近，也渐渐察觉“树大招风”，“人言可畏”，慢慢地他也尽可能保持低调，特别是弟弟李泽楷在卫视一役名声大振，风头日劲，李泽钜在传媒中的热门地位也逐渐被弟弟代替了。不过，他的低调反而更得父亲的认同。

在其母庄月明病逝后不久，深水湾道七十九号李家大宅便转到李泽钜名下，而李泽楷在此时也自愿搬到外面住，越发显出其桀骜不驯另创天下之趋势。这点，也恰恰是李泽钜要继承父业的佐证。李泽钜多次说，他最忌讳的一词就是“接班”；最不愿听到的一词，是“接班人”。最不想听到的就是把自己与弟弟李泽楷相提并论。“父亲正年富力强，精力智力旺盛，他不会这么快退休。他让我们兄弟负一些责任，仅仅是分担父亲的部分担子，使他更能集中精力处理大事，同时，这也是对我们兄弟的锻炼，现在传媒谈接班问题，为时过早。”

李嘉诚在公开场合，也一再表白，自己的身体很好，该高的高，该低的低，吃得香，睡得好，走得快，想得开。自己很享受目前的一切，包括工作与生活。

李泽钜又说：“一个人完成学业，就需要工作。请不要把我们兄弟在父亲的公司里工作，与接父亲的班混为一谈。”作为香港首席华籍财团，又是历来十分重视家族承继的潮州人士，李泽钜所受的压力，非局外人所能体会。李泽钜害怕接班，实属真言。李泽钜无惧接班，乃是实情。

在采访中，李家一名亲友告诉笔者，李泽楷懂得如何品尝红酒和说笑话，但他从未听过李泽钜说笑话。另一名家族亲友表示，李泽钜比较沉稳和不爱冒险，在做生意方面非常强硬非常精道，而且不会错过从交易中赚取一分一毫的机会；李泽楷则比较有魅力非常疏爽，甚具企业家个性。

1993年2月中旬，长实集团董事局宣布，擢升董事李泽钜任长实副董事总经理，取代了长实老臣子周千和的位置，在长实集团的排名，除了李嘉诚之外，仅在师傅麦理思之下了。一年后，李泽钜更晋升为长实集团副主席，坐上长实系的第二把交椅。

而这一年，也是李泽楷自立门户，创办盈科数码动力之年。明显，李泽钜“上位”太快，李泽楷觉得再在父亲的王国中发展也难以超越大哥，他宁愿出来自闯天下，也不愿做哥哥的手下（因为长实集团控股和黄集团）。

1998 年 12 月 22 日，长实集团宣布，李嘉诚从 1999 年元旦起，将长实集团董事总经理位子正式交棒给长子李泽钜。李嘉诚本人将继续保留长实集团主席的职位。由此，拉开了李泽钜“太子上位”接班的序幕。

有了万博豪园的经验，李泽钜对于长实的诸多项目亦跃跃欲试。这次他的太傅是长实集团内第三号人物——主管土地发展的周年茂。周年茂是长实集团开国元勋周千和的爱子，他们与李家本属同乡，大家都是潮州人，除了同声同气外，父子二人均甚获李嘉诚信任。

然而由于周是靠累积经验而上位，属于宫廷“太子党”，而大太子李泽钜则属“学院派”，比较注重个人学历及专业背景，加上李泽钜意气风发，积极进取，而周太傅又偏向保守稳重，按部就班，个人又特别心高气傲，两人关系并不十分融洽。反而觉得与周的女助手吴佳庆还较为投缘投机。吴佳庆是美国哈佛大学城市规划硕士毕业，在 1987 年加入长实集团时，便作为周的主要助手参与长实土地发展事宜。

据说，周辅助这位太子的时间不长，眼见周揽权不放，李嘉诚一再暗示他把手中处理的事尽可能放手给李泽钜。可能是周氏已经习惯固有的工作程序，未能完全领悟李嘉诚的良苦用心，也可能是李嘉诚望子成龙心切，也可能是李泽钜初生牛犊不怕虎，挟天子以令诸侯。总之，师徒两人关系并非完全顺畅。

而随着李泽钜的地位不断上升，对长实参与的日深，周也渐渐感到自己的权势受到影响，大有被架空的感觉，结果他在 1997 年 3 月正式辞去长实的高职，结束他与李家长达 23 年的宾主情谊。当然，若加上长实开国元勋周千和的历史，又岂止一个 23 年。周的离开，对李泽钜根本没有影响，这时周的徒弟吴佳庆早已逐步接手周的工作；而更重要的，是 1993 年李泽钜晋升为长实董事副总经理时，李嘉诚已为他安排了另一位太傅——李泽钜的姨丈甘庆林。

甘庆林在没有加入长实之前，已是香港销售界的高手。他任职于著名的牛仔裤公司、美国运通公司等跨国企业，并且曾任强生家庭健康部董事总经理，对零售业拥有丰富的经验。甘庆林进入长实的头炮，便是协助李泽钜促销长实在香港天水围发展的大型楼盘嘉湖山庄，此次促销由长实集团自组销售队，这在当时也成为发展商的首创之举。也许是甘庆林的资历阅历，也许是甘庆林的能力眼力，也许是甘庆林的辈分年龄，也许是甘庆林的悟力心力，也许是甘庆林的胸怀胸襟，总之，两人相处甚为融洽，至少，未见公开争执不快。自然，甘庆林更是不遗余力，全力以赴。

现在，经过自己及三位太傅的调教，李嘉诚可说对大儿子李泽钜非常放心甚为满意。李嘉诚很谦虚而又时时难掩心中的得意之情地对报界说：

> 如果他不是我的儿子，他的表现已值一百分。但他是我的儿子，我不会打一百分，只会打九十几分。

有地产界人士指出，商界一向担心李家在香港的政治影响力太大，尤其认定两任特首董建华及曾荫权的政途，皆获李嘉诚在背后力撑，从而令李家在商场无往而不利。自由党主席田北俊与传媒茶叙时说："专业人士可能对长实有意见，工程界、法律界同他有生意来往时，李泽钜口数（算计）太厉害，压价压到别人无利可图。"

2000 年 11 月，李瑞环在香港会见各界知名人士时，信手拈来一个故事：汉朝时，京城田氏三兄弟一直和睦相处。其家中有棵紫荆树，也长得枝繁叶茂。但后来他们闹别扭，要分家，紫荆一夜之间就枯萎了。兄弟三人大为震惊，均受感动，不再分家，紫荆花又盛开如初。为此，晋代陆机作诗说："三荆欢同株，四鸟悲异林。"

唐代李白感慨道："田氏仓促骨肉分，青天白日摧紫荆。"上面讲的紫荆花，和作为香港特区标志的紫荆花是不是一个品种，从无人去考证。上面讲的故事，是体现"天人感应"思想的一个传说，未必真有其事。当今中国要发展、要振兴，必须继续弘扬中华民族的优良传统，特别要倡导和合，强调团结。香港也是如此，最最重要的是人心齐，唯团结才能发展繁荣。李嘉诚对这一掌故，感触尤深。

1996 年，对李泽钜来说是极为重要的一年。这一年，长实集团分拆旗下长江基建上市，这次行动更由李泽钜挂帅，由甘庆林充任军师。李嘉诚完全放手不管，当然，不可能完全置之不理。结果这家资产达 150 亿港元的中型企业，在上市时获得25倍的超额认购额。这样的战绩自然令李嘉诚非常满意。也就是说，李泽钜独立掌控150亿港元的庞大资产运作。孺子可教也。

李嘉诚在长江基建上市后四个月，便暗示将于1998年淡出，集团管理权会逐步交给李泽钜。李泽钜渐渐大权在握，很多决策都不用请示父亲，可以自己拿主意。老父李嘉诚亦降旨，你办事，我放心。放心去吧，无须朝奏。

就算他认为必须要请示的问题，老父也要求他必须事先做足功课，提出解决问题的办法，当然要求必须尽可能有若干个方案，并清楚地解释该等方案的利弊，自己的考虑与选择，可能产生的影响，等等。例如，李泽钜注意到长实地产的一哥地位，渐渐受到对手新鸿基地产的威胁，而这全输在楼盘的用料质素上。于是，他极力提议在楼盘外形设计及用料上做出相应改善，要求下属一定舍得花费必需的成本。

后来在香港红磡海逸豪园的外墙，便改以花岗石铺砌，摒弃沿用已久的“纸皮石”，而单位内的窗户更改用绿色玻璃，以营造豪宅豪华的感觉与气势。而这些引领风气的改变，直到现在大部分的豪宅楼盘都还一直采用。今天，当你漫步香港街头巷尾，注意到，凡是绿色玻璃大窗的楼盘，可以相信，其质素一定不错，价钱一定高得令你望而生畏。

不过，地产业与金融业一样，都必然受到世界经济大气候的影响，若对时局把握不准，必定吃亏。李泽钜毕竟是初出茅庐，又岂能是常胜将军。他就曾经促成长实集团以60.6亿港元的高价投得香港红磡海逸酒店旁边的一块地皮，每英尺的地价高达8400港元，似乎是“贵了点儿”。

而李泽钜另一次的马失前蹄，就是听信经纪而开错价。长实开发的大埔鹿茵山庄首次开售，正值1997年10月股灾之后，香港人心惶惶，楼市停滞不前之时，但李泽钜仍然执意认为自己楼盘的素质高，不肯降低售价，以每英尺接近12000港元的高价出售分层单位，而独立洋房更开价每英尺16000港元。结果由于楼市市况转坏，加之鹿茵山庄附近的交通未见实时改善，如此高价的单位乏人问津，鹿茵山庄内部认购惨淡收场，在开售前只能宣布推迟四天公开发售，最后更需减价两成促销，可惜销量仍有价无市。

生意有起有跌有赚有赔自是平常等闲之事，就算经验丰富如其父李嘉诚，也并非没试过失败挫折，何况年纪轻轻的李泽钜要面对的，多是商场上打滚摸爬了几十年的老道。不过，经过近十年的磨炼和锻炼，李泽钜已由初期凡事问父亲，说话谨慎寡言，发展到父亲不愿意多发言，而叫各大传媒的记者问儿子。

现在的李泽钜，无论是面对商场上的劲敌还是传媒的镜头，都显得胸有成竹，意气风发，挥洒自如，有时还会有出人意外的表现。从1986年开始，二十年来李泽钜在家族职场履历可谓完美：22岁进入长实集团工作，25岁出任长江实业执行董事，26岁被委任为机场咨询商务委员会委员，27岁被提拔为总督商务委员会委员，29岁升为长实副总经理，42岁出任长实集团董事总经理。

也许在中国人的“家族观”里，李泽钜更吻合“好儿子”的标准，李泽钜自小循规蹈矩。与生性叛逆的弟弟过于强调个人独立相比，李泽钜从小就遵从父亲的意愿：22岁回到长实集团工作，谨慎寡言、凡事请示协商协调。

太太王富信

李泽钜在商界的战绩可以说是有目共睹，而他的私人生活也同样备受关注。据传闻，李泽钜在大学毕业回香港后曾与旧同学聚会，并追求过一位女同学，可惜未能开花结果。李泽钜的真命天后王富信，即今天的李泽钜夫人，并非出身豪门，她与李泽钜的相识可以说是无缘相见不相识，有缘千里来相会。

王富信1969年生于香港，比李泽钜小五岁，祖籍河北，父亲王华瑞是结束生意闲居在家的纺织商。1990年，王富信正在加拿大温哥华的英属哥伦比亚大学攻读工商管理，这时的李泽钜也身在加拿大处理地产业务。在一次烧烤聚会上，王富信与李泽钜邂逅，双方都留下了美好的印象，可谓一见钟情，李泽钜返港后紧锣密鼓地对其展开追求。王富信曾回忆：“我对李泽钜的第一印象是他平易近人，人品不错，当时我完全不知道他就是李嘉诚的儿子。后来知道了，我说，哦，原来他是名人之后，但我一直没有担心过什么。”

论财富与门第，王家自然无法与李家相比，纯真的王富信，既不以金钱取人，又没有“一入豪门深似海”的忧虑，一切随缘，顺其自然。倒是苦了李大公子，风雨无阻，穷追不舍。王富信不像一般的女孩子，自身殷实的家庭成长环境，使得她对富豪子弟的玩世不恭，感触尤深，深恶痛绝。对自己才貌甚为欣赏的王富信，常有拒人以千里之外的感觉。正因为如此，王富信对身边的登徒浪子从来都是保持戒心。而这种超凡脱俗的清丽形象，愈显出王富信的可爱矜贵。流水有意，落花有心。两人拍拖也没有什么浪漫曲折的经历。

王富信的父亲王华瑞起初颇为担心，未来的女婿太富有了，难免会有公子哥儿脾气。财富第一会不会导致脾气第一，王华瑞深深为女儿的将来担忧。李泽钜初见未来岳父，是在李家旗下的希尔顿酒店。李泽钜的谦恭赢得了未来岳丈的好感。李泽钜并且真诚地向岳父大人表示歉意，说自己并不是有意隐瞒自己的李家身份，只是不希望在两人感情世界中掺杂其他的世俗因素。未来岳父的忧虑似乎烟消云散。

对儿子的婚事，李嘉诚表态道："我娶媳妇没什么规矩要守，不讲什么门当户对，最重要的是儿子喜欢，出身正当家庭，最好是中国人啦！"爱国的李嘉诚娶媳妇也要中国心。1991 年，王富信回港加入万国宝通银行工作。次年 10 月，银行总部大厦落成，邀请香港名人参加典礼。李嘉诚带两个公子齐齐亮相。

王富信以助理经理的身份，周旋于政要富商之间，其用心，只有李氏父子知道。间隙中，王富信还跑到李泽钜跟前，两人谈笑风生。嗅觉灵敏的记者，这番却掉以轻心了，仅以为王富信是出于工作的需要而如此这般。或是一个普通的虚荣心极强的女孩儿正在试图攀龙附凤呢。而且，李家公子出现在社交场合，常见有女孩凑过去套近乎。

1992 年的一天，李嘉诚透露大公子将于第二年结婚。消息传出，忙坏了记者，打听之下，方知其未来太太在外国银行任职，芳名 Cynthia Wong。后来，在众记者的合力侦破下，终于见到"白雪公主"Cynthia 的庐山真面目。真个是：蓦然回首，那人却在灯火阑珊处。

1993 年 5 月 16 日，刚刚坐上长实集团副董事总经理宝座不久的李泽钜新婚大喜。香港及外地的华文报刊均连篇累牍不厌其烦尽其所详地报道了这次豪门婚宴，渲染豪门婚宴的豪华奢侈，"一席婚宴近四万港元，一只鲍鱼两千港元"、"世界名车大博览"等。

婚礼定在天主教堂举行，新娘一家是天主教徒。李氏家族更为此捐了 460 万港元给教堂作慈善用途，一了王富信的济世心愿。在李泽钜去接新娘之际，李宅门口聚满了前来采访的记者。李嘉诚更破天荒允许记者登李家大雅之堂，参观李家大宅的花园。

这座已经转名给李泽钜所有的李宅，楼高三层，每层有二百多平方米，李泽钜与王富信的爱巢在二楼，父亲李嘉诚则住在三楼，而李泽楷早已迁出另择别巢。李嘉诚对参观李宅的众多记者说：“有人说我点菜三万八千港元一席，我真的不知道多少钱！厨师最初写给我的菜单是一万多港元一桌，我看了觉得不太好，改了几个菜，最后多少钱一桌我真是不大清楚。”

让我们用慢镜头非常八卦地仔细欣赏第一富豪儿子世纪婚礼的繁文缛节：

十时十五分，迎亲车队去接新娘，李泽钜乘坐117号车牌的枣红色劳斯莱斯。多事的记者奇怪哥哥结婚，做弟弟的也没赶回来同去接新娘。而事后李泽楷对此的解释是：“已经有好多兄弟帮忙了……而且泽钜早就叫我留在家里帮忙。”事实上，待十一时多接新娘的车队回到李宅，才见李泽楷姗姗来迟。有评论道：“大哥结婚，唯一的亲兄弟无论如何都要一早赶来帮忙，由此可见这两位公子性格差异的一面。”还好，这位评论家的笔调还算知道积点德。还好，不拘小节的李泽楷总算是西装革履，打扮一番。

下午四时半，婚礼在教堂举行，虽然李家并未发请帖邀请亲戚朋友观礼，但仍有二百多嘉宾不请自来祝贺，名人中包括郑裕彤、荣智健、何善衡、李君夏（当时任香港警务处处长）等。

婚宴于晚上正式举行，地点是李氏家族旗下的希尔顿酒店顶层的鹰巢厅。

婚后，李泽钜可谓春风得意马蹄疾，家庭事业比翼双飞。

1996年，大女儿燕宁出世。

2000年6月，次女出生。

2003年8月5日，李泽钜的第三个女儿出世，为李家带来不少欢乐。

2006年5月，李嘉诚喜上加喜，长和系股票大升之余，长子李泽钜太太王富信，在跑马地养和医院诞下逾八磅可爱男婴。第四次荣任祖父，且抱得男孙的李超人，分外高兴，亲往医院探望媳妇及爱孙。

李泽钜在妻子分娩当日陪伴左右，男婴顺产，母子平安，李开心不已，抱住刚诞生的爱儿，难掩兴奋之情，一直笑不拢嘴，而男婴则在父亲怀中睡得香甜。李泽钜向亲友表示，儿子较预产期略早出生，为他带来惊喜，他感到非常高兴。有说男婴样貌像爸爸，也有说像妈妈。

男婴出世，除了李泽钜及王富信欣喜莫名外，四度荣任祖父的李嘉诚，也异常开心，他多次联同长子李泽钜，亲手拖着三名孙女，到医院探望媳妇及男孙。至于江湖有言，王富信是因为改名王俪桥，始能抱得儿子的传言，只能是信不信由你了。

有三女一子的李泽钜夫妇，向来十分恩爱，知道妻子喜爱音乐，李泽钜百忙中都会抽空陪伴爱妻欣赏音乐会。王富信婚后一直专心相夫教子，非常贤淑，为人低调，与李泽钜十分恩爱。贵为亚洲首富之家庭一员，有人发现，王富信多次前往和黄下辖的屈臣氏购买特价货品。甚至连老公李泽钜的衬衣，也是购买特价货品。相信一次又一次地出现在特价货品面前的王富信，不是在演戏作戏扮戏。王富信亦曾经透露夫妻之间的相处之道："太太要顺从老公，老公要尊重太太。"

1997 年，李泽钜获颁香港青年杰出领袖奖。2005 年，加拿大的超级富豪排行榜，有五位华人上榜，当中仅 Michael Lee-Chin 的排位上升，其余大部分都下降。其中香港首富李嘉诚的两名儿子李泽钜和李泽楷均榜上有名，分别排六十及三十位。

由父亲李嘉诚一手悉心栽培和造就的商坛才俊李泽钜，虽然没有做出像弟弟一样的惊天动地的并购扩张，但创业难守业更难，李泽钜按着父亲安排的道路一步一个脚印，走得并不轻松，绝对没有辜负人们特别是父亲的期望。更没有辜负长和众多股东的期望。相信，将来也不会辜负历史寄予的厚望。

李嘉诚在长江集团中心七十楼，令人留下第一眼深刻印象的，是主席宴会厅侧边的游泳池，当中漂浮着几件塑胶海豚，料是供他四个孙女及孙儿嬉戏玩耍之用。顶楼亦有一部跑步机，超人早上打过高尔夫球，中午食饭后亦会跑十五分钟，然后才开始下午的工作。

李泽楷

李嘉诚的次子李泽楷，走的完全是一条与乃兄不同的新路子。李泽楷现为电讯盈科集团主席。借壳上市只有七个月的盈科数码动力，市值由 3 亿港元暴升至 1768 亿港元，成为港股有史以来最大的神话。精心塑造出这个神话的就是李泽楷。

1979 年，李嘉诚决定把李泽楷送到美国加州 Menlo Park High School 升学，当时他只有十三岁。"那时因为 Victor（泽钜）将往美国准备考大学，只好将 Richard（泽楷）都送过去，两兄弟有伴。"这是李嘉诚后来的解释。

13 岁，对于很多人来说，还远远没有到独立和父母远离的地步，很多人还是童心未泯，懵懂地偎依在父母的怀抱里。到了美国，李泽楷像他父亲当年一样，纯真的梦想一下子幻灭了。然而父亲童年梦想的破灭是因为生活所逼迫，感受到人间的冷暖，世态炎凉，饱尝苦涩才破灭的。严格说来，同父亲的境遇截然不同。父亲因为生存，他是因为发展，为了求知和磨砺。

在香港时，他想象在美国的模样，还没怎么离开过父母，他还没有体会到背井离乡的滋味。赴美前夕，李泽楷很兴奋也很落魄。他知道美国的富足和繁华，一想到就要到美国了，心底泛起向往和甜蜜。但一想到就要离开慈祥的妈妈，还有父亲，虽然父亲有时很严厉也很不近情理，就开始难受起来了，到美国的美好一下子又被冲淡了。在这种不能自已的情绪波动起伏中，他不情不愿地来到了美国。

李泽楷刚到美国时，不认识人。很多时候，把自己锁在房间里，想家人，想朋友和儿时同学，想香江和美丽的海滩。美国的学生，有歧视亚裔的恶俗，他们也不怎么理睬他，顶多好奇地望望这个黄皮肤黑头发大眼睛的小男孩。当然，他们并不知道他是亚洲首富李嘉诚的儿子。

在美国头一年的生活，可说是李泽楷一生中感到最寂寞的岁月。虽然，自三岁起，父亲已聘请老师每日为李泽楷补习英文，但因年纪尚轻，又没有语言环境的帮助，所以他的英文并不太好，到了美国后根本不能与人随意沟通。他曾形容："我的英文不算好，好似在地狱一样。"

此时，李泽楷才知道书到用时方恨少的道理。此刻，李泽楷度日如年，唯有每晚都致电回家，与母亲诉说心事。"妈咪，你在家干什么呢？我很想念你们。这里的人我都不认识，买东西又不方便。我听不懂人们说什么，就像傻瓜。我真想回家去。"李泽楷的声音有点哽咽，他有点说不下去。有时，甚至不知道自己在说什么。一个 13 岁的孩子，尤其是富家子弟，他太需要母亲的安慰。

电话那头，母亲庄月明眼泪汪汪，甚是心疼。除心疼外，作为母亲，她更受不了儿子离去的空虚寂寞。顿然离开朝夕相伴的儿子，担心儿子受冷，担心儿子肚饿，担心儿子孤苦，慈母庄月明确是深深不惯，常常凭窗远眺，日思夜想，郁郁寡欢。期待一年两三次的假期早日到来，期待每日越洋电话的凄凄之声。斗转星移，一天两天，一年两年，整整六年，漫长痛苦的岁月。此种折磨，更非寻常人所能理解。

很多次，她夜晚睡不着，就走到儿子的睡房，看看儿子的照片，闻闻儿子衣服的气息，思念儿子的痛苦压抑在心头。她想让儿子回来，母子共享天伦之乐。可为了儿子的前途，她只好压下思念，反倒劝他说："没关系，你会适应的。好好生活、学习。"

为了抚慰心忧的爱妻，李嘉诚不时抽空携妻前往美国探班。但是，刚刚接手和黄集团的李嘉诚亦是分身乏术，来去匆匆。而庄月明为了两兄弟学好中文，每星期都要他俩写中文信寄返家中，改正后寄回，李泽楷的信中时常会有那样的错误。母亲把错字改正后，要求李泽楷认真地看看，记住。

没有母亲在身边，也没有工人照料，李泽楷首要是学会如何照顾自己，尤其是一日三餐，总不能全在外面吃，所以，年纪轻轻的李泽楷，便要亲自下厨。学习炒蛋，这是最简单也最容易学会的菜了。有些日子，李泽楷甚至吃厌了炒蛋。为了改善生活，他从电视烹饪节目中学习不同菜式。美式牛扒、法国大餐，甚至拉丁美洲菜，他都学了一些。看着自己的杰作，李泽楷吃得津津有味，聊以填补离乡的愁苦。谁也想不到这位富豪的子弟，如此年轻，便有如斯这般能力毅力。

在倾诉思乡的电话里，李泽楷还自豪地向母亲汇报自己的炒菜心得，并夸耀回来后要亲自下厨，给父母弄两个拿手菜。庄月明听到这样的声音，一半是安慰，一半是酸楚。就好像马上见识到了儿子的手艺，酸苦甜辣咸，五味俱全。

往后，李泽楷自食其力的意志更强，且毫不介怀自己的身份，甘愿"纡尊降贵"，做卑微的小工，以吃苦来磨炼自己，以吃苦来消磨时光，以吃苦来忘却暂短的苦楚，以吃苦来换取自己的光明未来。在美国读书的日子，李泽楷甚少向人透露自己的身份，即使父亲李嘉诚的生意愈做愈大，且早已名满世界，但李泽楷还是希望与平常人一样，做回自己，拒绝高人一等，与众不同；他不想全靠父亲接济生活，还决定要自力更生。

很多时候，李泽楷把闲暇时间用在打工上。第一份工作，便是到麦当劳做夜间兼职。李泽楷在这里工作，一刻也不停歇。李泽楷每天晚上骑自行车走老远的路，赶到麦当劳，就开始工作。他的工作无所不包，从清洁到欢送顾客，从前台到后台，从里间到户外，永远没有偷懒的时候。老一点的员工看他是新来的，并且是亚裔人，就想办法让他多干，使唤他成了家常便饭。可以说，李泽楷在麦当劳学到的不仅是挣钱的艰辛，更多的是管理和对工作的忠诚、认真、细致和严格，对一切都一丝不苟。

在这个年龄接受力很强，他很快就会领悟到，并且深植在脑海，以后运用在工作上，对工作很有好处，就像李嘉诚少年时在茶楼里跑堂，做推销员对他的影响一样。

麦当劳的生意十分兴隆，每晚营业到很晚，待到下班时，已是深夜，李泽楷带着满身、满脸疲倦骑自行车回到住所。的确，李泽楷初步尝到挣钱的喜悦，现在他基本上不用父母给钱了，他可以养活自己。他用自己的钱，为自己买了一些日用品，甚至一些小小的奢侈品。

除了在麦当劳夜间兼职外，李泽楷也在高尔夫球场当过球童。当球童可不是个轻松的活儿，球在草地上飞来飞去，球童要不断地奔跑去捡球，帮人们送球。李泽楷在这侧面了解美国上层社会，知道他们的想法、爱好和礼仪等。更重要的是，他学会如何与人打交道，特别是与上流社会打交道。但结果得了后遗症。因为做球童时，常常背负沉重的球棒袋，结果扯伤右边肩膀肌肉，现在无论起立或坐下，他会时不时拉一拉，活动活动右胳膊，以舒缓筋骨，他并多次表示最讨厌别人打高尔夫球。别小看了李泽楷的打工生活，这对他以后的成功起着巨大的作用。李泽楷从来都不否认这一点。

对于做球童的生涯，李泽楷并不感到辛苦，反觉得从中领悟到了不少灵活变通的道理，并为日后经商打下坚毅不屈的基础，使他对做生意萌生了一种无师自通的哲学。他相信，商人最好的老师，就是经商本身，即是说：“从现实中把握现实，从战争中学习战争。”秉承乃父“师古人不如师造化”家训，却也一脉相传。

李泽楷回想那段日子，也曾提到他的“经验之谈”，指在麦当劳卖汉堡包的经历，对他用处不算很大，因为卖汉堡包没有变化，全部都是划一地做，难以靠自己的变化赚更多收入。他举例说，你总不能降低汉堡包的售价来争取更多生意吧！或者像人们所熟悉的某些地方某些城市的汉堡包，越做越小，越卖越贵。

李泽楷反而认为，当球童就不同了，在球场内，球童多，客人少，竞争很大，这工作要有相当的进取与灵活头脑才可干得好，所以可学到的东西确实很多。他说：“这份工作的收入全靠小费，所以要知所选择。你想做足整日拿许多小费，结果一天下来累得筋疲力尽……所以你会小心地选择客人，从而使自己可以不必做太多工作，但又确保多获小费！”他更逻辑地指出，拾球虽是一项极好的收入来源，但当中的要诀是你自己去选择、去决定。从当球童到升读斯坦福大学计算机工程系，这段日子李泽楷都是弃豪宅而住宿舍，过着简朴的生活。

时间会慢慢冲淡一切。随着日子的推移，他慢慢习惯了美国的校园生活，又恢复了原来的快乐和开朗，甚至和房东交上了朋友。房东是一位满脸皱纹的老太太，她很喜欢这个朴实而又性格开朗的东方小伙子，她教给了李泽楷很多生活技巧，做菜呀，清洁汽车，保养汽车，修剪草坪。

闲暇时，李泽楷也会和同学兜风，带同学来尝尝他的手艺。李泽楷在家偷偷学了母亲的几招，还做得不地道，竟然糊住了那些不擅厨艺的朋友，他们连连夸奖李泽楷的菜做得好吃。李泽楷后来返港居住，在一次招待尖牙利嘴的陈方安生时，还大获好评。李泽楷很快和几位同学有了很深的友谊，直到今天他们还来往。

父亲的教导在他身上开始潜移默化地起作用，影响着他的生活态度、为人处世。李泽楷也像父亲一样交际广泛，这一点确实很有利于他事业的发展。当年与李泽楷是大学宿舍同房的 Todd Bonner 形容：“他希望过一些平常的生活，我们能够成为好朋友，是因为他一点也不像是富家子弟。”Todd Bonner 后来加入盈科（李所创办的集团），任高级副总裁。

李嘉诚虽然很有钱，却在儿子的投资上吝啬至极。很多父母一有钱，恨不得把天上的月亮也买下来，送给儿子。吃喝玩乐任其享受，还生怕亏待他们。李嘉诚显然是个有着远见卓识的战略家，他的金钱观不同于一般的人，在对待孩子的金钱方面自然也不同。李嘉诚曾说：“1957 年、1958 年，我赚了很多钱，那年，我很快乐。”一年后，快乐换来迷惘，他想：“有了金钱，人生是否就可以很快乐呢？”左思右想，他终于想通了。

当你赚到钱，等有机会时，就要用钱，赚钱才有意义。

在滚滚红尘当中，可以辟一处地方安顿好自己的良心，身心亦自然而然舒泰些。儿子眼中的父亲是：“他知道生命里哪些事情最重要。”从对子女的教育上，或许最能看出一个人的为人和心中的想法，李嘉诚说。

世界每一个人都精明，要令人家心服和喜欢与你交往，那才是重要。我经常教导他们，一生之中，如这刻，有多十倍资金都不足以应付那众多的生意，而且很多是别人主动找自己。

世界金融波动随时会发生，要时常提防，最重要教导他们要守信。对人守信用，朋友之间有义气。今日而言，也许很多人未必相信，但实在我觉得“义”字，是终身用得着的。

众人眼中，李嘉诚是成功企业家，懂得赚钱，也懂得用钱。在两个儿子心里，李嘉诚有另一种至高无上的心灵追求。小儿子泽楷说：“我觉得我很幸运，可能是其他人想不到的，我们生活是那样简单，不是说简单就叫作非常好，而是简单原来就是非常幸福。”

“我除了想做升降机控制员……又想过当的士司机……后来又希望当赛车手……也曾想做飞机师……”说这句话的人，由小到大都很投入做自己感兴趣的事情，因为对理想的执着，他现在坐拥过千亿身家，旗下的公司是亚洲市值最大的科技公司。他就是李泽楷。

李泽楷在出席廉政公署举办的一次青年会议时，勉励一班青年人选择职业应以理想和兴趣为出发点，不应该只衡量物质。他表示：“不顾理想赚回来的金钱，即使可以买车、买楼，只会成为金钱的奴隶，我更不相信会有长远成功的‘金钱奴隶’。”

早在会议开始前十五分钟已经到达会场的李泽楷，向八百多名来自内地和港澳的青年分享他的工作心得：“如果工作时只追求物质金钱，当遇到困难，就会很容易失败；相反，兴趣可使事半功倍。”在李嘉诚的言传身教的影响下，李泽楷对待金钱有时也像父亲一样，珍惜金钱，不浪费，又知道赚钱。

李嘉诚在接受采访时忆述，有次准备如常带两子上船出海，临行前发现幼子正用花纸包紧一架玩具坦克，诚哥大感奇怪，一问之下，发现李泽楷正打算送给船上一名员工，这个职员原来曾向李泽楷诉苦，羡慕他有爸爸疼爱，有无数玩具，自己却连生日礼物都无钱买给儿子，令小小李泽楷听到之后生出同情之心，于是转赠这架坦克车。

转眼间，几年过去了，1983 年到了，李泽楷考入美国斯坦福大学学习。美国斯坦福大学是硅谷的发源地，亦是奠定了李泽楷日后走上高科技之路的地方。

大学的芸芸教授当中，对李泽楷影响最深的，可说是 Jim Clark。创意无限可以说是斯坦福大学的校魂。在计算机系读课程的一个香港学生说：“这里只要你有好的 idea，随时会有钱送上门给你梦想成真。”硅谷是藏龙卧虎之地，世界上无数精英就出在这里，受这里气氛的熏陶，李泽楷如鱼得水，他主攻计算机工程专业。

在大学同学里，有一个叫杨致远的人，他后来成了著名网站“雅虎”的老板。杨致远算得上是李泽楷的同门师兄弟，彼此十分熟悉，他后来成为李泽楷的重要生意伙伴。

李泽楷仍记得同杨致远第一次戏剧性的见面。李泽楷骑着他破旧的自行车，带着行李，在长长的林荫小道上，正是夏天，李泽楷气喘吁吁，汗流浃背，好生狼狈。学校太大，他实在找不到去宿舍的路，便停车问路。他一眼看到一个同他差不多肤色的人姗姗走来，心中一喜，便礼貌地打起招呼。那人也是一副书生气派，彬彬有礼，十分友善、和气，主动充当带路先锋，一直把李泽楷带到宿舍跟前。

开学的忙碌过后，李泽楷一直想找那个好心人，但苦于找不到。终于有一天，在相互认师兄弟的时候，一看那个他一直想结识的原来就是他的同门师兄弟。那人笑着朝他走来，边走边说：“我知道我们还会见面的。”友谊就是这样，在一个极其偶然的不经意的相遇中，建立起来了。

杨致远是个踏实肯干的人，他不务虚，崇尚实干，不善虚谈。杨致远一直认为，未来的社会是一个建立在网络上的虚拟社会，网络的出现将彻底改变人们的生活和世界的面貌。网络是个朝阳产业，在近几年里，会突飞猛进地发展，如果想事业得到提高，或者想干一番事业，网络的广阔天地必定大有可为。

网络的确是个魅力无穷的产业。杨致远想到做到，以后他成了雅虎的创办人。在学校，杨致远身体力行，如饥似渴地求知，他的言行深深地影响着李泽楷。李泽楷后来在香港成立盈科动力，“打造”数码港，跟这一阶段的求学生涯有很大的关系。后来，香港特区政府宣布批出数码港项目给李泽楷的盈科动力集团，李泽楷便找到了杨致远租用数码港，成了数码港首批租户之一。

李泽楷个性主动，使他和各方面建立了良好的关系。他在那时认识了好多后来的合作伙伴，或者是国际著名公司的负责人。他的同学都喜欢这个个头不高的亚裔学生。他平时和普通同学没有什么两样，穿普通的衣服，吃简单的饭菜，初期甚至连私家车都没有。他从来没有炫耀过自己的家底，在他的日常生活里，看不出富豪后代的一点点蛛丝马迹。

后来有人听说他是亚洲首富的儿子，极不相信，左看右看，横看竖看，怎么看也不像，他太朴实了、太普通了，如果是富豪的儿子，总该露出一点金钱的铜臭痕迹来。当年与李泽楷是大学宿舍同房的Todd Bonner形容："他并不希望自己与众不同，他希望过一些平常的生活，我们能够成为好朋友，是因为他一点也不像是富家子。"

最富有戏剧性的是李泽楷和后来与他竞争收购香港电讯的对手李显扬是校友并且志趣相投。电讯争夺战中的关键人物李泽楷和李显扬，年龄相距十岁，背景及性格却有不少雷同的地方。两人皆是家庭中的次子，最重要同样曾放洋留学开拓眼界，是斯坦福大学的校友。更奇妙的是两人皆立意脱离父业自立门户，成为独当一面的富豪。

李泽楷回想十年前初办卫星电视，人人都说赚钱难，风险高，但他总觉得办卫视"好好玩"。"当时我看见世界各地的电视台已经发展得很好，很多地方都有数十个电视台，唯独亚洲只有很少的大型卫星电视台，质素亦不高。"有见及此，李泽楷全力发展卫视，致力亚洲市场。"虽然当时好像很辛苦，但我都不觉得。""有时候成果是不会在短时间内看到的。"不过李泽楷又道："庆幸当时没有放弃，要不然卫星电视今天也不会发展到全球六十三个国家，在亚洲有一亿人收看。"

李泽楷事业发展一向顺利，似乎甚少面对失败，但他明白努力和成功不是成正比的，所以他对失败自有一套理解："只要事业是自己真正热爱的，自己选择的，纵使失败，也可从失败中找到自尊和自豪。"他认为，决定做或不做一件事之前，不应以物质为标准，还要考虑自己兴趣和理想，否则遇上不正当引诱时，便会控制不住。他再三强调："青年人即使面对引诱，更要想清楚是否正当。"

李泽楷在十年前发展卫视时不被看好，他早前又与新加坡电讯展开争夺战，以小吞大收购香港电讯，他似乎都在向不可能的高难度挑战，或许这与他坚持理想的性格不无关系，所以他不断强调理想的重要性："如果所有人都不理会理想、兴趣，世界就不会有那么多发明家和冒险家。"

1988年2月24日，和黄、中信、大东合组的亚洲卫星公司成立，宣布投资发射、操作经营第一枚为亚洲提供电讯服务的人造卫星。根据英国大东电报局香港区执行董事祁敖透露，连同购买卫星、送入轨道以及保险费用在内，成本总计1.2亿美元，三家公司各占1／3股权。

1989年初，港府决定开放有线电视频道，李嘉诚和黄系与包玉刚女婿吴光正的九龙仓系（伙拍郭得胜新鸿基系）正面角逐。港府为了平衡各财阀的利益与关系，同时又担心李嘉诚在拥有电讯卫星的情况下，可能形成电讯传媒的垄断，转手将有线电视专营权批给了九龙仓。

面对未曾预料的挫折，李泽楷另辟蹊径，采用移花接木的手法，挑战有线电视的专营权。李二公子极力游说港府放宽有线电视专营条例。1990年8月，港府同意并推出新的条例。若使用碟形天线收看卫星电视讯号，只要不涉及商业用途或再行转播，便无须申请批准及领取牌照。条例规定，只接驳一部电视机的独立卫星碟形电线可豁免领牌；若一座大厦共有卫星电视碟形天线及室内系统，则须持牌公司安装及操作。

据统计，按1990年的香港建筑实况，全港有15万座大厦符合安装标准。这对九龙仓的有线电视专营显然是一个巨大的挑战。吴光正在没有选择的情况下，不得不连施横手，禁止持牌公司进入九龙仓系拥有的物业安装碟形天线及室内系统。其实，九龙仓系在香港的楼盘又能有几多？又怎么能多过长和系？

棋逢对手，将遇良才。不甘示弱的李泽楷还以颜色，禁止九龙仓有线电视进入长和系兴建与管理的大厦架设有线电视。1990年，卫星电视正式获得经营牌照。但附有两个苛刻条件。其一，不可播放粤语节目，其二，不得收费。一家在香港注册的电视台，居然不能播放香港主要语种节目，就好像你生活在香港，不准你说广东话一样，着实荒谬，不合情理。

曲线救国。李泽楷委托公关公司搞了民意调查，百分之百的香港人支持播放粤语节目。李泽楷挟民意紧逼港府。九龙仓则以放弃有线电视，放弃投资要挟港府。无可奈何的港府只好再走平衡木，两面讨好。一方面示好李泽楷，允许播放粤语节目；另一方面示好吴光正，坚守底线，只准一家收费电视。

李泽楷得寸进尺，步步紧逼，寸土必争。吴光正针锋相对，全力反击，反守为攻。是役，香港两大财阀公开叫阵，暗中用兵，枪来剑往，明火执仗。李泽楷硬是在原本属于吴光正的滩头阵地，攻城掠地，抢得一席立足之地。亦因此，结下了长和系与九龙仓系的“不共戴天”的世仇。吴光正迄今对李家都是耿耿于怀。

当然，无论怎么讲，这位宁波姑爷吴光正绝非泛泛之流。这位在贸发局与医管局局长任内，将两局搞得风生水起的商业悍将，如无乾坤之定力，绝对不会被船王包玉刚纳为乘龙快婿的。能够将债务重重的九龙仓系浴火重生的人物，绝对是一个不容等闲视之的高手。虽然近年来旗下有线电视、有线宽带之经营手法屡遭诟病，但丝毫不影响其在商界的杰出地位。

有人说，其实李嘉诚系与包玉刚的矛盾早就始于收购九龙仓之战。当年，在李嘉诚先行收购九龙仓20%的股份，即将大功告成之际，包玉刚横刀夺爱，联手汇丰，抢走九龙仓，后来虽然得汇丰之助，李嘉诚得以完成更壮观的和黄收购，但始终对此不能释怀。

沧海横流，方显英雄本色。败也九龙仓，成也九龙仓。时移势易，岁月蹉跎，所有的一切早已烟消雾散。留给后人的，只是无尽的翩翩遐想。

1993年5月里的一个温暖的下午，加拿大海岸，海水湛蓝如墨，水面轻风微拂，晶莹剔透的黄沙在海水阳光的映衬下，显得更为柔和迷人。离岸不远处，静静停泊着一艘普普通通的白色游艇。游艇的平台上，在阳光中的照耀下，一位年轻人正在慢条斯理，同时又充满自信地向对面的一位老者比画着卫星电视未来的美妙前景。

看着对面老头的冷如冰山的面容在他的一步步诱导中开始融化，年轻人的眼中情不自禁地闪烁出令人难以察觉的欣喜目光。这个年轻人就是当时年仅29岁的李泽楷。他对面的长者就是素有“江湖老狐狸”之称的澳大利亚媒体大王默多克。

当天下午，李泽楷展开如簧之巧舌，充分利用默多克极欲进军中国大陆媒体市场的急躁心态，说动他以5.25亿美元的高价，买下了卫星电视。据行家估算，成交价是原有投资的六倍。此举让涉世不深的李泽楷净赚老谋深算的商界泰斗默多克整整五亿美元。

香港《经济日报》的评论是这样为这一交易山呼万岁的。“真的后生可畏。李嘉诚次子李泽楷，今番终于做出一出好戏，为和黄集团及家族带来近30亿港元利益。望子成龙，李嘉诚今次可以如愿以偿了。”也因此，《华盛顿邮报》

在当年的评论中这样写道："以骄横的谈判方式，以及对比他岁数大一倍的下属倨傲不逊的态度而闻名商界。"

有了这五亿美元在手，底气十足意气风发的李泽楷立即毫不犹豫地向父亲提出，名誉上他可以继续留在李氏集团下的和记黄埔，但实际上他要另立山头，创建自己的公司。李嘉诚感到十分错愕，他还一直在指望李泽楷入主和记黄埔以辅助兄长李泽钜。但面对态度坚决固执的李泽楷，深知儿子脾性的李嘉诚反思自己的安排，不由慨叹："年轻人到底有自己的理想。"最后，他无可奈何地说："如果合理，做亦无妨，我不会强迫他按照我的意思行事。"真个是仔大不由人，仔大仔世界。李嘉诚亦常常告诫两位儿子：

> 如果你不过分显示自己，就不会招惹别人的敌意，别人也就无法捕捉你的虚实。

自立门户

1993 年 10 月，盈科拓展集团成立，这是第一家不属于李嘉诚商业帝国，而属于他李泽楷个人的公司，是他辉煌事业的崭新起点。自立门户后的李泽楷，虽然一直对外宣称他的新公司发展顺利，实质上从 1993 年创立盈科公司到 1998 年提出数码港概念这中间漫长的六年时间里，他一直没有找到成功的感觉，也没有什么惊人之作，甚为寂寞。

外面的世界很精彩，但不是处处都可爱。他的盈科拓展集团，所做的业务也主要是房地产、酒店业、保险业等传统产业，与他父亲李嘉诚没有什么不同，但规模却远远不能相提并论。

李泽楷在接受香港《财经》杂志的采访时说："人才是最重要的。争取人才要有三点：一、人才不希望在一个很大、阶层很多的公司工作，因为如果他们是聪明的，不希望每一件事要批准才能做；二、人才不希望定薪制，如果做得好，贡献多，报酬方面要多于一般人，做得好的人应当有机会比同年龄、同经验的人获得高四倍甚至五倍的报酬；三、人才一定要觉得，自己做的事情，除了钱的报酬之外，还要对社会是有贡献的。"

在家族经营管理方面，李嘉诚的做法堪为表率。他的家族市值一度占香港的四分之一。在长江实业发展具有一定规模之后，李嘉诚便开始着手选拔人才和发掘人才。他打破东方家族式管理企业的传统格局，构架了一个拥有一流专业水平和超前意识且组织严密的管理内阁，来配合他苦心经营起来的庞大的李氏王国。

盈科初期的投资额约三十多亿港元，业务范围主要是发展亚洲区高科技项目，向客户提供通信技术，如铺设光纤网络等服务。后来，盈科斥资五亿多港元，收购新加坡上市公司海裕亚洲 45.7% 的股份，成为海裕的最大股东，实现在新加坡借壳上市，并将公司改名为盈科亚洲拓展。

借壳上市后，李泽楷透过海裕得到一个良机：与日本地产富商堤义明和新加坡政府联合发展白浮商业城。年底，盈科投得北京地铁工程中的一个项目，并透过海裕间接控股香港鹏利保险。这时李泽楷认为自己羽翼丰满了，一心想摆脱父亲的阴影，开拓自己的事业，但没想到刚出师不久就遭滑铁卢。

1997 年，李泽楷投资 58 亿港元在日本购买一块地皮，打算兴建盈科中心，但由于适逢亚洲金融危机，日本经济不景气，地皮价格一落千丈，盈科陷入了空前的困境。关键时刻，还是李嘉诚鼎力相助，才使它起死回生。

遭受日本重大打击之后，李泽楷开始思考盈科的出路。1998 年初，顺应全球科技之热潮，他提出了著名的“数码港”计划，把高科技和房地产相结合起来，在香港建立一个像硅谷一样的工业城，让高科技和房地产同时推进。“数码港”的提出，既为香港的科技事业描绘了一个美好的明天，又给香港的房地产注入了新的内容，极具创意。起初，港府对该计划不置可否，但在科技发展一日千里的闹哄哄的背景下，为了“科技救港”，也不得不采纳。

1999 年 3 月，港府宣布与盈科的合作方案：总投资为 130 亿港元，港府负责出地，作价 60 亿港元，盈科负责建房，投资 70 亿港元。“数码港”的推出，树立了李泽楷的“高科技”领袖形象，他的剪着平头的相片也开始出现在财经杂志的封面和报纸上。

“数码港”一反常规的不经招标而直接批地的运作，也引来了市场一片不满。多家地产商家高调质疑李家在极不公平的条件下拿到这个以科技为名的地产项目。地产商会主席何鸿燊更公开指责李家肥得连袜都穿不上，还要千方百计自肥。

1999 年 10 月，美国《时代》周刊评选全球五十位数码精英时，李泽楷名列第三十位，成为时代风云人物。

为了在短时间里让盈科走向规模化，筹集大量的资金，李泽楷着手集资事宜，他首先将集团的大部分业务从新加坡调回香港，并伺机在香港上市筹资。

1999 年 4 月，李泽楷将盈科旗下的多项内地与香港物业作价 24.6 亿港元，注入一家香港上市公司得信佳，成为得信佳的最大股东。在取得控制权后，李泽楷便将“数码港”发展权益无条件注入得信佳，并将得信佳更名为盈科数码动力，主营高科技业务，又一次成功实现了借壳上市。

5 月 4 日，当复牌后的得信佳一开盘，便得到投资者的全力追捧，开市仅五分钟时间股价就已升了 22 倍，令这只停牌前只有 0.13 港元的股票一度最高升至 3.225 港元，当天收盘价为 3.089 港元。仅这一日便收益 300 多亿港元，李泽楷创造了第一个资本神话。

李泽楷为盈动设计了一个宏伟的蓝图：一是发展“数码港”项目，二是投资互联网的基金公司，三是发展与英特尔合作的亚洲互动信息服务，因此被投资者普遍看好。

12 月 23 日，盈动股票大幅飙升，市值在一日之内暴涨了 379 亿港元，打破了港股有史以来单日单股成交额的最高纪录，28 日，盈动股价再升 22%，市值超过 1700 亿港元，成为全港第七大上市公司。而李泽楷的个人身家，亦涨升至 482 亿港元，成为全港第四大富豪，李氏家族也因此成为首个拥有千亿家财的香港家族。

在收购香港电讯前，盈动尚无任何业绩，每股净资产也不超过 0.7 港元，1999 年中期报表显示，盈动亏损了近 4000 万港元。因此，对盈动来说，提高实质业绩是非常重要的。而提高业绩，最现成的办法就是购并盈利比较强的企业，香港电讯显然是一个合适对象。2000 年 2 月 29 日，大东董事局宣布选择了盈动的“混合式方案”，大东净赚了 400 亿港元，盈动也梦想成真。

通过此次收购行动，盈动摇身一变成为一家宽带互联网供应商，不但身兼互联网内容供应商（ICP）及互联网供应商（ISP）于一体，而且手上更拥有 330 万个固定电话用户、100 万个移动电话用户、40 万个互联网用户、9 万个互动电视用户，成为亚洲区内举足轻重的互联网巨头。

李泽楷再显身手，如愿以偿，开始大发神威了：

3 月 2 日，盈动与联想结成技术联盟，合作发展专门针对内地用户而设的互联网内容及宽带互联网服务。

4月，盈动开始闯入英国广播公司的禁地，并将于夏天开始在网上播放温布尔顿网球锦标赛的精彩片段，将来更可能直播全部赛事。

4月12日，盈动宣布与澳大利亚最大的电讯集团组成策略性联盟，在亚太区拓展移动电话、互联网及电话服务。

7月3日，香港电讯股东以99.9%通过与盈科数码动力集团合并的议案。

8月18日，香港电讯与盈动正式合并，组建电讯盈科，市值超过5500亿港元。

要风得风，求雨得雨。李泽楷踌躇满志，全力打造全球科技领袖的新形象。随着李泽楷盈动收购成功以及李泽钜的接班逐渐步入正轨，李氏家族的影响力如日中天，进一步扩大，在新千禧年，李嘉诚所控股的上市王国总市值已达27287亿港元，单是在香港就有7840亿港元，加上李泽楷电讯盈科5500多亿港元的市值，总和达13000亿港元，一度高占香港股市总市值的28%。

李家王朝雄踞亚洲，对港股的影响力惊人，2000年，美国《福布斯》杂志推出新一轮全球十大富豪排名榜，李嘉诚以126亿美元的个人身家入选，晋身全球十大富豪。

李泽楷成功了，成功得风风光光，漂漂亮亮，潇潇洒洒，洋洋得意。然而在这场辉煌的光环背后，是120亿美元巨额贷款和庞大债务的阴影，这是亚洲历史上最大的一笔商业贷款。李泽楷陷入了进退维谷的艰难处境，他首先要面对的是那120亿美元的债务，这也许是李泽楷起初大笔一挥时所料不及的。其次，面对着电讯盈科的这一大摊子，怎样管理也成了一个大问题。更让人始料不及的是，鲸吞电讯的兴奋还没有完全减弱之时，随着全球网络泡沫的破灭，在整体经济环境不太景气的情况下，科技概念突然间遭到了无知的网民的唾弃。

一日之间，电讯盈科股价开始如开闸的水库，洪水猛泻。市值5500亿港元的大帝国转眼之间，蒸发掉了4000亿港元。电盈股价也从高位27港元插水般回落至1港元。小股东个个怨气冲天。而且，李泽楷的互联网战略遭到挫折后，电讯盈动基于传统电讯业发展互联网业务的打算也可能是一步一厢情愿的理想棋。

屋漏偏逢连夜雨。就在这个时候，港府面对世界贸易组织的压力，不得不全面开放香港固定电话市场，原香港电讯 330 万庞大的固定电话网络瞬间遭到了其他电讯商的蚕食。

在此情况下，李泽楷遭受的压力可谓是够大的了。这次蛇吞象，再次引起一个新话题，那就是让李嘉诚气结的李氏家族会否垄断香港电讯市场的大问题。这是因为，李嘉诚旗下的和黄已经在港经营移动电话及长途电话服务，且占有市场庞大份额。香港电讯是本地市场占有率最高的固网。在李氏父子分别掌控两大电讯网络后，人们有理由产生这样的担心。但是，在一个自由经济健全的法制社会，人们又有什么理由产生这样的担心？

香港中文大学副教授邝启新信誓旦旦地预料，估计李泽楷成功收购香港电讯后，垄断的情形肯定比以前严重，这一结果会造成长途电话费用与固网费用上涨。

事实上，随着香港加入世贸，受相关条款的制约，港府不得不强硬推行开放电讯市场，最直接的后果就是电讯准入门栏大幅度降低，造成竞争加剧，各营运商纷纷削价揽客，长途电话费、移动电话费、固网电话费大幅度下调。从另一侧面也反映出，要想垄断香港电讯市场，已经几无可能。

香港电讯市场在上述交易完成后，其服务价格未见上升，而是随着电讯市场的更加开放而进一步下降。其中最便宜的电讯商之月费较合并前下降了 1/3。

在这场世纪收购战中，瓜田李下的李嘉诚自始至终都强调未曾参与其事。更未就盈科数码动力借贷一事做任何工作，比如信誉担保等。李嘉诚强调，电盈是电盈，和黄是和黄。虽然不会老死不相往来，但绝对不会联手抬价。故此，当时任中国银行总经理刘金宝随口说出与超人聊天时曾提起过贷款一事时，李嘉诚及时否认，并强调他本人也是在盈动决定收购香港电讯一小时前才知悉有关决定，与公众知道的情况差不多。当然，说归说，信不信由你。

看来，刘金宝还是缺乏一点点儿政治智慧，否则，怎么会正当壮年之时，要在铁窗下呻吟。在这个问题上，再次显示出李嘉诚的心思缜密与头脑。因为，儿子收购香港电讯，必然会引发市场垄断的担忧，只有未雨绸缪，将这一担忧化解到最低限度，以免无谓的争论非议，徒增运作困难。

梁洛施

在商场呼风唤雨的同时，在情场上也是多姿多彩。李泽楷的绯闻史中，交往时间最久的莫过于日本NHK首席新闻主播真正加留奈。1992年，加留奈因访问李泽楷而闯入了他们的二人世界。加留奈本人是哥伦比亚大学新闻系硕士，刚毕业即任NHK首席新闻报道员。当时，李泽楷的工作基地是新加坡，加留奈为了亲近爱郎，放弃了NHK的工作，转阵新加坡ABN。两人的恋情在1998年宣告结束。

1999年，李泽楷与林慧仪传出恋情。林慧仪从澳大利亚留学归来，出任盈科市场经理，被誉为“盈科之花”。两人对感情事一直保持低调，直至1999年6月恋情曝光。可惜林慧仪的爱情至上却遭遇了李泽楷的事业第一，两人最终分手。

2006年，李泽楷交上香港维他奶后人、中英混血女友、法学硕士罗爱欣，两人高调谈恋爱，大方出席公开场合。2008年两人分手，有人传言起因是梁洛施的介入。

梁洛施原名梁乐瑶，为香港知名歌手、影星。1988年6月23日，梁洛施出生于澳门，祖籍广东中山，为中英葡混血儿。梁洛施出生不久，父亲即过世。她从小跟着母亲与姐姐相依为命，家庭经济全靠母亲一人支持。不富裕的家庭经济与成长环境，使梁洛施12岁即踏入娱乐圈，期望借此改善家庭经济状况。15岁时，梁洛施加入英皇娱乐唱片公司。16岁出道，在多场演唱会和影视作品中亮相，并获得多项“新人大奖”。梁洛施和李连杰、杨紫琼等合作了好莱坞大片《木乃伊3》，而就是这部电影，改变了梁洛施的人生轨迹。

2007年《木乃伊3》拍摄期间，李泽楷前往片场看望朋友杨紫琼。据传杨紫琼在其中牵线搭桥，让李泽楷与梁洛施认识。两人可谓一见钟情，关系快速发展。

2008年3月，和李泽楷热恋中的梁洛施致函老东家英皇娱乐，声称自己无意继续履行合约。英皇于是上诉法院索赔，之后双方庭外和解，而梁洛施和李泽楷的恋情也大白于天下。早在梁洛施与英皇为合约打官司之时，就传出李泽楷将以一亿港元为女友“赎身”的消息。

2009年4月底，不到21岁的梁洛施在加拿大多伦多为李泽楷诞下一名男婴。梁洛施透露初为人母的心情：“我第一眼看到他，感觉很奇妙，这是一个新生命，是我们的第一个贝比，这是我人生最快乐的一刻！”李泽楷也同样兴奋地说：“ETHAN（儿子李长治英文名）为我带来从未有过的喜悦！”

2010年6月底，梁洛施在旧金山又为李家生下男双胞胎，荣升为三个儿子的妈妈。

李嘉诚的长子李泽钜，1993年组建家庭后连生三胎都是女儿，直到2006年才有男婴出世，这是李嘉诚的第一个男孙。

少女的心，秋天的云，感情的事说变就变。2月26日，梁洛施在媒体刊出声明，宣布与李泽楷分手。“新的一年开始，我祝各位百尺竿头，更进一步。踏入2011年，我本人亦走进人生的一个新阶段，我和李泽楷先生分手了。我们曾经拥有一段美好岁月，我们的孩子会共同抚养。他们健康快乐地成长，是我俩的共同目标。借此声明，望能结束外界对我无休止的猜想，臆度。”

究竟是何原因导致两人瞬间分手？外界传说纷纷。2月27日媒体披露，梁洛施与李泽楷分手的导火线，是17日《壹周刊》刊登了梁洛施与一名男子在多伦多深夜约会的照片。事件曝光后，梁、李二人引发争执，李泽楷一直不知梁洛施曾在去年圣诞与其他男士约会，因此深感不悦。

另一原因是，李泽楷比梁洛施年长一倍，双方育有三子却未成婚，梁洛施在李家无名无分，长期独自在国外带三个小孩生活，不能返港拍戏，生活苦闷，感到沮丧。李泽楷希望梁洛施低调在外国生活，不想她复出拍戏。梁洛施却不愿默默牺牲，虚度青春。两人想法各走极端，争吵不断。

第三个原因是，其实李嘉诚一直不同意梁洛施做自己的儿媳妇，因为“门不当户不对”。梁洛施则希望通过生儿子作为嫁入李家的砝码。但李嘉诚态度坚决，梁洛施觉得没有盼头了，只好兵行险招，挟三仔以分手逼李家就范。

第四个原因是，李泽楷一直无意结婚，但作为大家族的子嗣，传宗接代的重任无法推卸，李泽楷认为只要有了儿子，就可以不用结婚。因此，梁洛施成了他生子的“工具”。

第五个原因是，梁洛施再度怀孕，得悉是双胞胎，李泽楷本打算安排梁洛施秘密回港待产。但是行踪外泄，梁洛施索性高调到红馆看郑秀文演唱会，让传媒拍照，大有让全世界人都知道的姿态。此举令李泽楷很不高兴，他一直希望女友低调待产，经此风波，李泽楷再次安排她出国，改到美国分娩。

第六个原因是，据知情人透露：“原本在李泽楷的计划中只想生一个小孩，而双胞胎儿子却是个意外，让李泽楷很是错愕。”原来，这对双胞胎儿子竟是梁洛施“设局”怀孕而来的。梁洛施在李泽楷不知情的情况下偷吃排卵药与多子丸，怀上了双胞胎。梁洛施原以为可以借再添两子坐实豪门，怎料却弄巧成拙，使得十分大男子主义的李泽楷感觉受到了别人的操纵与玩弄，导致感情急转直下。外传李泽楷得知梁洛施偷吃排卵药后，非常不高兴，刻意冷淡，拒绝与梁洛施见面。

3月1日，为止息各种传言揣测，李泽楷也发表公开信的声明。“目前梁洛施宣布了分手的消息，这是一件伤心的事，但我们会努力照顾我们的三个儿子，为他们寻找最佳的成长环境。我们明白外界对我们的关心，但这是一件伤痛的私人事宜。我希望外界对此理解和尊重。”

父子三人

当比尔·盖茨以数百亿美元的家产和一本《未来之路》成为全球明星企业家的时候，亚洲的一些经济评论家认为，香港以李嘉诚为代表的那些靠地产、航运、港口致富的传统型富豪家族企业，将很快被高科技时代所淘汰，至少，其头顶的光辉将不再耀眼。

但真实的情况并非如此。事实上，李嘉诚家庭作为昔日传统产业的代表，以自己的成功实践给世界提供了一个由旧经济向新经济转型的经典案例。李嘉诚、李泽钜和李泽楷父子三人，俨然成为亚洲高新科技产业的新霸主，并创下了一系列的“商界神话”。

从长远的角度来说，如果要想成为一个好的企业家的话，那么这个企业家必须是一个好人，只有好人才能够成为成功的企业管理者。坏人可以在短期当中成功管理企业，但是不可能长期成为成功企业的管理者，这是我的观点。一个公司最重要的因素是各个层次的领导，而不仅仅是首席执行官，不仅仅是一把手。

李嘉诚之后驾驭长和的幸运者是谁？人们翘首以盼，拭目以待。李光耀在墨尔本的华商大会上曾讲过："要从家族管理过渡到专业管理并非易事。这与根深蒂固的文化本能相抵触。那些无法在这方面向前跨越的华资企业，将无法在环球市场上竞争。"

从某种程度而言，对于由市井起家，身经百战的李嘉诚来说，正如其自己所言，生长于荆棘中的小树是绝难拔起的，对于苦心经营了半个多世纪，在激烈的竞争中崛起的李氏王朝来说，也许没有任何一场商业的挫折能给王朝带来真正致命的打击。

当全球对3G一片悲观失望之际，李嘉诚不慌不忙地从困境中悄悄走出。然而，李氏王朝的命运依然将在未来的某一个时刻面临重大的挑战和考验。3G势将给李嘉诚本人，给全球精英带来一个革命性的世纪神话。前天有许多人怀疑这一点，昨天或许仍有人怀疑，今天已经没有人怀疑，明天，那些惭愧的人将发自内心深处地为李嘉诚为3G山呼万岁。

长江中心大楼顶层是李嘉诚办公室，而李泽钜则留守九楼长江实业大本营。俗话说，创业难，守业更难。这位由李嘉诚一手培养和造就的商界希望之星，正按着父亲安排的道路一步一个脚印地小心谨慎地往前走。所幸的是，李泽钜做得还很让老爸满意。有时更是十分满意。长和系内不少投资的策划都是由这位行事低调的李泽钜一手一脚搞出来的。长和系的大部分决策，李嘉诚已经不再参与，有时只是听听决策过程的汇报。李嘉诚已经把大部分精力放在了第三个儿子身上。如是，将是长江和黄股民的万幸，将是香港的万幸。

与作为亚洲新经济风云人物的弟弟李泽楷张扬的风格截然不同，李泽钜更多地承袭了父亲低调及沉实稳重的风格。虽然，与乃父相比，按中国人的思维逻辑，有时仍显得不够稳重，似乎缺点儿举重若轻的气度，缺点儿玉树临风的风度。除了为自家企业的项目宣传之外，李泽钜的照片甚少见诸媒体。这绝不是李泽钜担心僭越。李泽钜是一个极有分寸的人，他恰如其分地把握着这种社会分寸。

李泽钜在长江实业稳扎稳打的时候，李泽楷在20世纪90年代把电视和数码业务做得风生水起，不仅极大地拓展了李氏家族生意的领域，甚至可以说再次擦亮了李氏的金字招牌。

比如，卫星电视的妙笔生花。比如，盈科数码的翻云覆雨。比如，电讯盈科的气吞山河。左膀右臂，一守一攻，谁说不是李超人的匠心独运？又有谁敢说，千亿帝国后继乏人？又有谁能说，李嘉诚忧心忡忡？李嘉诚着力栽培家族事业接班人，可谓用心良苦。

在父亲的提携下，1994 年 1 月李泽钜开始担任集团副主席。在这期间他还曾任香港丰汇银行非执行董事、长江基建主席、和黄集团执行董事、港灯集团董事等。踏踏实实，稳稳当当。李泽钜和弟弟李泽楷的作风大相径庭。发展不忘稳健，稳健不忘发展。李泽钜所要明白的一点，就是父亲为长江实业所指定的发展方略。

话说 2005 年，李嘉诚在一次不经意的谈话中表露，自己在海外的投资将交由次子李泽楷打理，而香港的长实和黄则会交给长子李泽钜主理，从而为百年后的家业做了一个明晰的交代。彭博通讯社就借势说三道四，说李泽钜虽然接管超人香港上市王国，但对公司就贡献不大，这篇完全外行的文章引起金融圈哗然。有中环友批评这篇文章太过片面，无理由找个美国新安东尼奥基金经理发表意见，为什么不找个本地基金经理，会对长实业务更加熟悉。

“其实，李泽钜每年公布业绩后都会主动向各大投资银行分析员做 Briefing，提供公司最新动向，解答分析员关于公司的问题，小超是个好内敛之人，即使做事亦不会过分张扬。因此，公司做好多事亦无人知，但亦无什么需要告诉人。”一名熟悉李泽钜的金融圈人士说。他更笑言，其实如果“笨伯”多做功课，都知小超除主力地产外，长和系过去赚钱之交易，他都摆好多心机下去，好似长建在澳大利亚电力同基建项目便搞得有声有色。

2004 年 5 月，李嘉诚将价值 23 亿多港元的长实股票，从其私人名下转移到家庭信托基金之内。这对传因心脏原因而休息的李嘉诚来说，也许意味着某种微妙的讯号。虽然，他依然强调自己还未去想退休的事情。这自然令人们想到在 1799 年的“葡月事件”中的拿破仑。他史无前例地在巴黎市中心用大炮痛击王党分子后，并留下豪言壮语：

待到一切平定，我自会收剑入鞘。

对两个儿子，李嘉诚有如下的评语：

> 我的两个儿子都很上进，热爱香港，大儿子李泽钜跟着我，现在是上市公司的负责人，和公司的员工相处得很愉快，他热心环保，常常说如果我们再不注意环保，香港会变成怎么样。他的生活很简单，这条路他走得很稳定。
>
> 小儿子李泽楷和世界很多在新科技领域极有成就的公司和人物往来密切，过去几年，放了大量时间和不少的投资以及心血在发展高新科技事业上，以他的工作表现和经验，可以在很多国家，尤其是西方国家找到发展空间。
>
> 他是成熟和热爱香港的，顶得起压力，我对李泽钜跟着我的步子，以及李泽楷发展高新科技的投入和将来的工作，都有充分的理由放心。有一句老话说富不过三代，我希望我和我的后代能够打破这个宿命。

李嘉诚很少谈二儿子李泽楷。他解释两父子并非关系不好，只是“我自己太恶”。李嘉诚今日坦然对其退休安排做出回应，表示自己虽然还没有考虑过退休，但未来长和系资产将交给大儿子李泽钜，而且目前李泽钜为首的管理团队已经运作得很好。他认为即便自己明天就去旅行两个月，李泽钜的团队都可以应付自如。

他表示，两个儿子的业务互相独立，没有冲突，并称赞幼子李泽楷目前的一些企业也做得非常好，自己会“全力协助”。李嘉诚进一步透露，对目前李泽楷正在谈的项目会给予支援，尽管他的公司与长和系毫无关系，但在李泽楷洽谈成功之后，会提供资金给他发展业务，资金量甚至会是李泽楷目前资产的“数倍”，并指李泽楷对父亲的安排也很满意。

对于传闻他与李泽楷不和，李嘉诚直指：“传闻错……无话说？　（李泽楷）就想啦，我还不骂死他”。他说李泽楷其实经常回家吃饭，平时也会不时互通电话。李嘉诚在会上坦言，他作为人父较古板，“我这个爸爸太现代，一稍有不妥我势指责他，而骂完又系无事”。他说自己一向如是。然而，在儒家的文化之中，对于这个一手缔造了偌大帝国的年近九旬老人而言，还有什么比他视野中两个儿子的身影更加重要的呢？李嘉诚已经以一种符合儒家礼仪的，近乎至臻之美的方式培养了两个虎视群雄的儿子，却依然无法百分百确定王朝未来的命运。

当然，就算李嘉诚是名副其实的商圣，也无法完全有能力经营百年后的世界。李嘉诚可以影响一两代人的营商头脑，但未必能完全左右人们的行为。李嘉诚对李泽钜与李泽楷赞誉有加：

> Victor（李泽钜）22岁已加入长江工作，由低做起……Victor及Richard（李泽楷）都是我的儿子，某程度上都是受到我的影响，他们两个都是很有原则，遵守合约精神来营商的人。Victor作为这样庞大机构的负责人，任何人如果懦弱无能、没有主见，绝不能担此重任。

李嘉诚一直对自己的两个儿子李泽钜、李泽楷寄予很大的希望。

> “泽”这个字是我们家族的辈序，我替他们取名时，希望他们能做到钜大，足作楷模。

2005年9月李嘉诚在北京接受《香港商报》访问时透露，会将香港的上市公司交给长子李泽钜打理，他个人在海外的投资则归次子李泽楷所有。换言之，李泽钜会接掌以长实及和黄为首的九家香港上市公司，目前这批公司总市值超过6300亿港元，而单计李嘉诚直接持有的四家公司股权，价值已高达920亿港元。

“富的人很多，但贵的人不多。我认为真正的富贵在于，将自己所赚到的钱反馈于社会的内心。有再多的财产，没有志气，那才是最穷的人。”

第九章 收购香港电讯

L i K a - s h i n g

▲ 2004 年 6 月，李嘉诚先生参观汕头大学艺术学院的作品展览。

▲ 李嘉诚的足迹遍布祖国大江南北，他的爱心与奉献精神传递到祖国的山山水水。

1990 年，庄月明不幸病逝，李泽楷陷入万分悲恸之中，最后没能拗过父亲的规劝，尤其是看到父亲悲伤失魄的凄苦，终于答应留在香港帮助父亲打理家族产业，李泽楷进入和黄集团，由老臣马世民辅佐李泽楷主理和黄。

李嘉诚安排李泽楷进和黄的意图十分明确，作为李家长实系产业的两个集团，长实集团与和黄集团，一个是旗舰，一个是驱逐舰，安排老成持重稳健可靠的长子李泽钜进入长实集团，挂帅中军；而善于谋变求新不安现状的次子李泽楷则披甲和黄，充当李家事业的前锋，以确保李嘉诚商业航空母舰以海外为目标拓展投资的航向，确保家族事业保持未来强大竞争优势并持续扩大的核心产业基础上的业务多元化扩充。

对于个性叛逆、充满闯劲的李泽楷来说，这个集团既符合他专业的背景，又符合他探索高科技领域的性格，因此这样的安排在李嘉诚看来是一个近乎完美的持续性发展战略选择。保守点看，双剑合璧，可以确保家族基业固若金汤。

李泽楷在和黄事业发展顺风顺水的时候，却突然选择了自己创业，凭借出售卫星电视积累下来的四亿美元的本钱，李泽楷成立了盈科数码，李泽楷的构想是把这个公司做成亚洲最大的互联网公司，日本的软银 CEO 孙正义成了李泽楷追赶的目标。

对于李泽楷当年离开和黄集团，也有人认为是李泽楷在家族事业中发展不过李泽钜所致。两兄弟的关系由于性格关系，对公司未来发展策略各有主张，作为长子的李泽钜一开始就理所当然地占据了家族生意接班人的有利地位，所以在李泽楷看来，只有出去创业才能有所成就，才能够无拘无束地随心所欲地开创自己喜欢的事业，身为和黄集团董事经理的李泽楷永远都要受长实集团董事总经理李泽钜的制约与过问，因为和黄集团是长实集团控股的公司。

从创建盈科数码开始，李泽楷便正式与家族事业渐行渐远。也是从这个时候开始，李泽楷非常反感媒体说他是“李嘉诚的儿子”。

李泽楷认为借助全球科技热潮，通过盈科数码创造亚洲互联网的神话，绝对有机会使自己在事业上赶父超兄。李泽楷接受媒体采访时透露，在他准备创业的时候，李嘉诚曾经以和黄行政总裁的职位挽留他，但是李泽楷拒绝了父亲的好意，“我要摆脱父亲的荫庇。”

李泽楷在得到数码港的科技园区开发权后，采取借壳上市的办法，创立盈科数码动力，以及其后收购香港电讯，其中所采取的一系列经营策略战略，就是他这一经营新理念的具体体现，也是他个人风格能力魄力的展现。

被李泽楷选中用来上演股市神话的得信佳是一家默默无闻的上市企业。在前联交所行政总裁袁天凡的一指禅神工鬼斧运作之下，使得被借壳的得信佳公司，在消息没有确定前，股价已由 0.04 港元反弹到 0.6 港元。

在正式公布借壳恢复挂牌的当天，得信佳股价十五分钟之内猛升至 3.22 港元，升幅达到了惊人的 23.6 倍，立刻从仙股变身为一家市值千亿的明星企业。虽然得信佳在当天收盘时的股价回落到 1.83 港元，不过仍升值 13.4 倍，创下香港股市的单日升幅纪录。得信佳市值由 40 多亿港元飙升至 600 亿港元，一天增加了 500 多亿港元，成为全港第十一大上市公司。

其实整个借壳计划酝酿一月有余。在前联交所总裁袁天凡和百富勤总经理梁伯韬的金手指协助下，李泽楷以香港数码港发展权益无偿注入及总值 24.6 亿港元的地产项目为代价，换取得信佳 75%股权并握有一批可换股债券。同时得信佳向市场发售 57.59 亿股新股。借壳完成后，得信佳更名为盈科数码动力有限公司，简称盈动。

1999 年 12 月 23 日，对盈动股东来说，无疑是一个难忘的日子，该股票之前在美国场外交易所作价突然急升逾一倍，至 2.75 美元，加上市场传出盈动与美国微软正研究互换股份、并将使美国科技股重振纳斯达克市场，在种种传言刺激下，盈动激升 4.55 港元，收报 15.6 港元。盈动市值也由前日的 920 亿港元，一跃上升至1299亿港元，一日之内急涨379亿港元，排名也跃至第八，已逼近其父李嘉诚旗下的长江集团。

加入抢购战

1999年，就在全球科技浪潮热火朝天之际，英国大东电报局控股的香港电讯传出卖盘走资的消息。李泽楷则不失时机地借力而上，展开一场蛇吞大象的世纪收购战。

12月20日，英国《太阳报》爆出一条消息，新加坡电讯计划斥资90亿英镑（1125亿港元），向英国大东电报局收购香港电讯54%股权，每股收购价17.16港元，较该股20日收市价22港元，大幅折让22%。

新加坡电讯为何如此重视香港电讯？一方面，香港电讯拥有330万本地电话用户，固网市场占有率达90%以上；国际电话市场占有率约50%，每年长途电话通话量达35亿分钟；移动电话客户近100万，市场占有率23%；还为45万客户提供网上服务，市场占有率达30%，互动电视客户9万户，光纤覆盖率达80%。香港电讯的盈利丰厚且稳定，它的总股本为119.6亿港元，每股净资产为3.18港元，这几年，每股盈利均在1港元左右，市值高达3000亿港元。另外，香港电讯可以享用大东的最新技术，是目前除日本、新加坡外，拥有最先进电讯技术的亚洲企业。

另一方面，新加坡电讯虽然资金充裕，技术先进，但亦如香港电讯一样，面临市场太小的问题。由于政府开放电讯市场，令新加坡电讯失去四成市场。新加坡电讯无意收复国内市场，但希望拓展国际市场，特别是亚洲市场，尤其是中国这个最大的市场。而要进入中国市场，最佳捷径就是以香港电讯为桥头堡。

在获得大东初步答允可以积极考虑之后，新加坡方面则积极进行前期疏通工作，总理吴作栋即致电香港特首董建华，就合并一事“打招呼”；新加坡电讯高层则亲自赴港，同香港电讯高层见面，表示收购股份将低于50%，并在星港两地设立总部。

新加坡电讯在提出收购前，还曾知会北京，并郑重其事向中方承诺，集团与重组后的新香港电讯将会全力支援中国的电讯工业发展，包括技术和资金。

李泽楷说："其实收购香港电讯的第一步不是我走出来的，是我的几个同事走出来的。"

47岁的袁天凡早年为汇丰银行的投资银行家，33岁便出任了香港联交所总裁，多年来在香港市场上以财技高超著称，李嘉诚对其能力极为欣赏。艾维朗在1993年到1997年间曾担任过香港电讯管理局局长，为香港电讯业放松管制、打破垄断建功不菲。还有盈动下属PCC公司的行政总裁伍清华，先后担任过香港电讯的董事总经理和数码通的行政总裁，在电讯公司管理和宽带业务方面极具实力。

袁天凡坦称，新加坡电讯收购香港电讯的消息传开后，盈动确实有所顾虑。"但想的还不是太多，只是觉得香港人应当做些什么。"公司高层进行了商议，最初的想法是约请第三方参加，争取能够联合收购香港电讯。在具体建议中，本来打算先由盈动与香港电讯合并，同时由盈动与某第三方（比如中国电讯）事先签订协定，如收购成功，后者以收购价格收购香港电讯全部移动电话业务及固网业务之50%。

正在周游世界，视察另一项收购的李泽楷给出了明确的授权：如果能以此条件找到任何一个合作方，可全力操作。李泽楷、艾维朗、袁天凡都曾多次强调，盈动能赢，赢在管理层，赢在公司不但只爱财更爱才。

一直期望着跨出国界扩大经营规模的新加坡电讯，就是在此时此刻，眼睛紧紧盯上香港电讯的。

在世纪末的新经济浪潮中，英国大东早已大规模调整战略，将主要资源致力于投资欧洲互联网骨干网。香港电讯被迫选择了相对保守的丢卒保车的发展战略，在市场日渐开放、竞争日趋激烈的香港，盈利空间江河日下，今不如昔。

在此次香港电讯收购案中，高盛担任新加坡电讯的财务顾问。1月25日，消息被英国媒体提前披露之后，这家老谋深算的投资银行集中了五六十人，通宵达旦工作，生怕"夜长梦多"，节外生枝。谈判从1999年10月开始秘密进行。先期达成的共识为：新港共融，中华一体；两地设双总部双总裁，但控股公司总部设在新加坡。2000年1月25日，这个消息终于被媒体广为泄露。

表明看似风平浪静。似乎是一场正常的普通的商业并购。但是，在近两三年来新加坡和香港两地公开竞争亚洲金融中心、信息中心地位的大背景下，长期掌握在英国人手中的香港电讯即将落入新加坡之手，不可能不在几乎每人都享用过香港电讯服务的港人平静的内心掀起阵阵涟漪。

当此之时，李泽楷的盈动粉墨登场了。瑞士华宝德威公司的执行董事何思望觉得："应当找一个本地的收购者。第一，它要有足够的规模；第二，它一定要有足够的声势；第三，它一定要有相当的决心并能够行动迅速。"

华宝亚洲公司的投资银行家们开列出一个候选名单，排在第一位的就是盈动。二月初，从欧洲飞赴香港的华宝电讯专家与在港同事们一起，专程造访了盈动。

对盈动来说，最初的设想还是十分十分的谨慎保守，只是寻求一个合作方联合收购，因为他们毕竟形单影只，知道自己口袋里有多少钞票，有自知之明，知道蛇吞象的艰难与不可想象。初步分析，大东急于"嫁女"，志在套现，拍屁股走人。当时，盈动虽然市值已超过 2000 亿港元，但这是全部家当，手头的流动资金却十分有限，要向大东收购香港电讯，首先要准备充足的现金。

投石问路，盈动先是探询了持有香港电讯一成股权的中国电信的态度。中国电信明确答复，该公司仍决定继续原有战略，全力倾注于发展国内移动电话市场。潜在合作者既然没有兴趣，投资银行家们又开始为盈动安排跨国合作。

春节过后的八日至九日，一批国际电讯业投资家相继来到香港，与盈动高层进行了两天闭门会谈。在一轮轮会谈中，专擅财技的袁天凡与擅长电讯事务的艾维朗、伍清华等人聚在一起，与投资家们分析研究香港电讯的资产现状和收购可能。

柳暗花明，盈动管理层在仔细的分析研究之后，兴趣越来越浓，信心越来越足，调子越来越高，口气越来越硬，胆子越来越大，步伐越来越快。

纵使没有合作伙伴，盈动也完全有可能独自完成吞并香港电讯。盈动管理层此时所看重的是，作为世界上电讯业最发达的城市之一，香港电讯近年来投入数十亿美元，已经完成了全部网络改造，其资产与盈动的互联网业务正具有极大互补性。借此强大的网络，香港电讯的移动电话和固话业务可以与盈动的互联网业务有效结合。盈动和香港电讯的合并，完全可以实现一加一等于三的规模效应。

2 月 10 日，李泽楷正式做出全面收购香港电讯的商业决定。瑞银华宝与中银国际被正式聘为财务顾问。翌日，星期五，正是香港电讯独立董事开会的日子。讨论的主题就是新加坡电讯收购事宜。就在这天上午，盈动正式致函大东，表示有兴趣参加竞价。大东决定推迟与新加坡电讯洽谈的收购计划。

同日，资本市场对李泽楷表达了最积极的回应。仅在开市之初，连日低迷的香港电讯股便连升三成，带动包括盈动在内的蓝筹股持续攀升。至下午收市，港股劲扬 535 点，成交 329 亿港元。

香港电讯收购战公开打响了。次日，《信报》发表社论："新贵再胜老店．电讯花落谁家？"一场看不见战线但却硝烟弥漫的新经济与传统经济的世纪争夺战，就此轰轰烈烈拉开战幕。

在此后的日子里，盈动的收购部署在精心设计、高速运行、全力推进中。2 月 13 日，李泽楷等人迫不及待地与刚刚抵埠的英国大东总裁见面交心。14 日，盈动配股集资，在科网热潮的刺激下，市场反应出乎意外，极为热烈，成功集资 78 亿港元。15 日，盈动向英国大东董事局提交了非正式的收购建议书。

尽管两个买家争相购买香港电讯对大卖主是件好事，但英国大东不可能无限期地等待。它在欧洲正在进行重大的并购行动，因此，为逼使买家尽快报出理想价格，大东明确表示，一切行动都得遵循确实的时间表。

大东董事会通知星、港两买家：英国时间 2 月 25 日星期五为最终截止期。两公司必须不迟于这一天正式提出自己的报价。然后，大东在 28 日星期一召开董事会，选定最终的买家。

这期间的日子，被后来直接在伦敦参与谈判的盈动执行董事钟楚义描述为"在黑暗中作战"。因为新电讯和盈动谁也不知道对方的出价。实质上，大东为自己的利益着想，又通过各种途径将双方报价不经意泄露出去，逼使对方加价加码。

在极短的时间内确定出既能够取胜对方，又符合自己股东最大利益的报价，对于争购双方的财技与实力都是极大的考验。最为关键的是，对新加坡电讯而言，从某种意义上说是个国家行为，并不存在资金问题。对盈动而言，短时间内筹集上百亿美元的巨额资金，已然成为收购能否成功的关键。

新加坡电讯可谓亚洲市场上运行最有效率的国有电讯公司，其 CEO 为 43 岁的李显扬，新加坡前总理李光耀的次子，所选投资银行顾问也是华尔街最资深的大家之一美国高盛。盈动则是香港最大、亚洲第三大的互联网公司，以李嘉诚次子李泽楷为主席，所选财务顾问更是各有千秋各擅胜场——华宝德威在国际电讯业合并方面屡有斩获，建树良多；中银国际则在香港市场占尽地利之先。

就在盈动董事局为筹集巨款现金四处奔波的时候，却传来早已相过亲的新加坡电讯向大东正式“提亲”的不利消息。此时，大东主动出售控股权，非但不先找第二大股东中国电信，连招呼亦没打一声就同新加坡电讯“谈婚论嫁”，而这个新加坡电讯的大股东竟是新加坡政府，精明的李泽楷断定，这笔生意肯定不获中国政府的认同。

稍后，李泽楷又拜访香港电讯的非执行董事、东亚银行副主席兼总裁李国宝，宝哥哥亦全力支持盈动加入抢购行动。中国电信和李国宝的鼓励，给李泽楷壮了胆。他决定当回王老虎，“拦途抢亲”，“横刀夺爱”。

兵贵神速，事关紧急，事不宜迟，刻不容缓。李泽楷即刻同有“盈动猎手”之称的执行董事钟楚义飞往伦敦，求见大东董事局，以现金加换股的方式并购香港电讯。

可是，欲擒故纵的大东高层对李泽楷非常冷淡，只派一位非执行董事虚与委蛇。明眼人一看就知道，大东老板们冷落李泽楷，并非不欢迎王老虎李泽楷“抢亲”，恰恰相反，李泽楷来得不早不迟，正是时候，正是求之不得。

他们怠慢李泽楷，无非是为了吊他的胃口，将香港电讯吊高来卖。由伦敦回到香港正是农历新年前夕，李泽楷马不停蹄，即刻飞往北京。此行除了中国电信高层引荐之外，还有李国宝陪同。他们在北京会见了中国人民银行行长戴相龙，希望给予支援。戴相龙和中银行长当即做出了积极乐观的答复。

中国电信对大东在未知会的情况下与新加坡电讯“谈婚论嫁”的做法非常不满，暗示盈动可以考虑做王老虎，动手动脚抢。事后曾有舆论推测，李此举意味着北京已无条件支持盈动收购行动，从而成为整个收购行动能否成功的关键。事实上中国官方自始至终对收购都未公开表态，盈动亦强调其收购纯属商业行为而非爱港爱国的政治行为。

军师袁天凡在回应舆论分析时称：李泽楷北京之行的目的是亲自评估盈科拓展集团进军中国市场的前景，了解中国进入世贸组织的进展，入世后对盈动未来业务的潜在影响，以及盈动收购香港电讯后进一步踏入内陆市场的可能性。

“这是任何大型机构着手进行一项重要投资前必先完成的商务考察。”农历新年期间，李泽楷再次飞英，仍然不得要领，大东依然半推半就，避实就虚，却暴露了行踪，暴露了目标，收购一事已是司马昭之心，路人皆知。

2 月 10 日，李氏家族拟收购香港电讯的消息，在伦敦市场传开。翌日，香港各大媒体大肆转载。盈动、长和系及香港电讯等几家股票受此刺激，大幅上扬。2月12日，盈动发表声明，承认正评估投资于香港电讯的各种可行性，并已委托瑞银华宝及中银国际两家投资银行协助评估所有可行方案。

中午11时，李嘉诚否认长实或和黄会伙拍盈动投资香港电讯，澄清有关“父子携手”阻挠新加坡电讯与香港电讯合并大计的市场传言。他对盈动拟收购香港电讯不予置评，声称自己也是通过传媒知悉事件，同时也否认与政治因素有关，只强调长和系“绝对不会有份”，也无计划收购或与香港电讯合作。

在李嘉诚发表声明之后，盈动和香港电讯两只股继续狂升至两成，结果，两只股于下午开市时双双停牌。

虽然李嘉诚否认自己插手，但市场普遍将盈动加入抢购战视为星港两个李氏王朝的正面对撼，因为这两个家族有太多的相似之处：

一是两家都姓李；二是两家都是父子三人；三是两个主角李显扬和李泽楷都是家中的孺子，都是斯坦福大学出身，都是以网络科技为核心动力的新经济的领军人物，更奇妙的是两人都立志脱离父荫，自立门户；四是两人背后都有强大的后援支持；五是两人都是野心勃勃桀骜不驯的初生牛犊；六是两人的收购行为都被解读为爱国举动。不同的是，香港的李氏家族，商业色彩稍浓些，而新加坡的李氏家族，政治色彩更强些。其实，还有一个众所不知的特殊情况，两家是同宗同源同祖的大唐李氏后人。

盈动加入香港电讯抢购战的消息曝光之后，盈动除股票狂升外，也获大多数香港媒体几乎是一面倒的支援，有传媒把李泽楷的行动称为“香港电讯业保卫战”。

《明报》发表社论，看好李泽楷。理由有四：

一是盈动已成功地站稳香港网络科技股龙头地位，股价几个月内升了十倍，有条件用批股及换股等方式收购香港电讯；

二是中资是香港电讯的主要股东之一，对新加坡电讯入主香港电讯旗舰多少有些顾虑与戒心，这就让与中资关系良好的李嘉诚父子在争夺中占尽天时地利人和。

三是新加坡电讯和港电讯有共同弱点，合并无助提高效率，而盈动长于发展互联网业务，但欠缺宽带网络和客户基础，与香港电讯合并，正可以互补不足，精明的大东不能不看到这其中的商业要素。

四是盈动近水楼台先得月，具有新电讯所不具备的区位与人气优势。总之，盈动具备新加坡电讯所不具备的天时地利人和诸要素。

2 月 12 日，李泽楷携三位助手钟楚义、艾维朗、胡雪姬急匆匆飞往狮城，欲亲自向新加坡电讯解释，并探询合作收购香港电讯事宜的可能性。

李泽楷这样做是理智的。新加坡电讯“提亲”在先，盈动横刀夺爱在后，虽说在商言商，最好还是不要伤了和气，先礼后兵才师出有名。毕竟，盈动的母公司——盈科拓展仍在新加坡上市，盈动以后的互联网业务进入新加坡市场，仍需要倚重新加坡政府，绝对不能得罪。否则，以新加坡这样一个带有明显东方特色的混合体制的国家，真要给你穿小鞋，那可是要吃不了兜着走。

再说，盈动现时要独自鲸吞香港电讯这个庞然大物，似乎是有心无力，若能有新加坡电讯合作收购，岂不两全其美！既可以减少自身的压力，又可以变相减弱互相竞争抬高竞价的被动，更可以达到强强联手的协同效应。

新加坡人可能亦看到一个事实，自新加坡电讯公布有意与港电讯合并之后，双方股价均表现牛皮，2 月 8 日，港电讯股更被狂沽。而市场传出盈动有意收购消息后，盈动股则激升，一跌一升，在某种程度上也反映市场不欢迎新加坡收购香港电讯。

盈动在决定加入收购战之后，的确经高盛公司安排，与新加坡电讯有过几次意向性接触。最后一次是在 2 月 23 日，大东所规定的截止期的前两天，李泽楷与袁天凡曾专程前往新加坡，放下身段，与李显扬商讨联合收购事宜。

那天晚上分手时，李泽楷非常诚恳地告诉李显扬，希望今夜得到你们的回答，不管多晚都可以。态度之诚恳，言辞之谦恭，连李显扬也觉得不好意思。李袁二人当夜留宿新加坡，一夜无回话，这里的黎明静悄悄，次日飞返香港。

二李为何不能在香港电讯收购战中联手？一山不容二虎，这或许是最好的答案。据袁天凡介绍，如果未来公司不能由新加坡电讯控股，趾高气扬的李显扬断然声称根本无可能考虑合作，尤其不能与香港的盈动合作。此外，互联网与电视互动业务属于盈动长项，盈动自然要求控股管理，这一点也极难让李显扬接受。

当然，目空一切的李显扬不愿意认真考虑与盈动合作还有另一个原因——他对自己在收购战中取得胜利更有信心更有把握。原因是很明白的：新加坡电讯是一个盈利水平很高的传统企业，立于实业基础之上，更有官府撑腰，手中拥有大把资金；而盈动虽然总市值与香港电讯相当，毕竟是目前现金流有限的互联网公司，囊中羞涩，要拿出所需资金的十分之一都困难重重。

英国大东出售香港电讯的期望是更多套取现金，因此在收购中除了需要斟酌如何对香港电讯定价，更考虑实收现金多少。

大东电报局成立于1869年，至今已有129年的历史。在19世纪，大东是世界最大的电讯公司，拥有大规模舰队，在世界各地铺设海底电缆。1896年，全球每三海里海底电缆，大东便占有一海里。在英帝国全盛时期，大东电报局控制了印度、非洲、澳大利亚、新加坡等国和地区的电讯市场。

1998年1月，特区政府宣布提前六年收回香港电讯的国际电话专营权，但给予电讯商67亿港元的巨额补偿。至此，除了固网市场尚有90%占有率外，香港电讯其余的专营权全部丧失。

其次，开拓中国内地电讯市场遥遥无期。香港主权回归中国前后，大东高层深信中国对入世的承诺，一厢情愿地觊觎中国电讯市场的开放。

香港电讯因其曾具有特殊的垄断地位且长期居于香港蓝筹股公司之列，这家建立于1925年的电话公司，长期以来为英资所掌握。1987年上市之后，控股权自始至终都掌握在英国大东公司手中。

1988年，大东配售香港电讯一千万股予广东省邮电局；1989年，又把两成股权转让给“中资”中信泰富；1994年，香港电讯换上首位华人大班张永霖。凡此种种示好之频摇橄榄枝，阶级立场十分坚定的北京依然故我，不为所动。

1997年，香港主权回归中国以后，中信泰富的股权转至另一“中资”光大，再转手中国电信，大东再让出5.5%的股权予中国电信，并协议让其股权逐步增至三成，成为主要股东。

1997年6月，中国邮电部及所属中国电讯总局与英国大东在北京签署协定，收购了香港电讯5.1%的股份。该协定还确定，未来将以大东投资中国电信（香港）为条件之一，使大东放弃香港电讯的控股权并转让给中方，直至双方权益持平。

然而，由于电讯的敏感性，中国电讯市场始终不让外人染指。至此，大东高层彻底失望，继而对失去专营权的香港电讯亦是心灰意冷。此外，由于信息科技的进步，互联网方兴未艾，大东的重心也开始转向。大东行政总裁华莱士表示，出售电讯五成四控股权，只是配合集团的全球投资策略。

基于上述三个方面的理由，大东董事局做出了出售股权，拍屁股走人的决定。

获胜

逼上梁山，盈动高层连夜开会，兵分三路，全力“扑水”融资。

2月14日，盈动透过BNP百富勤、中银国际和瑞银华宝，在市场配售2.5亿股，集资58.75亿港元，另额外发行8500万股超额配股权，令最高集资额达到78.72亿港元，即10亿美元，令盈动手上的现金达到30亿美元。

其次，联络海外财团，洽售香港固网等业务。市场一度传出所罗门正式代表美国AT&T与盈动接触，共同入股香港电讯，但未有最后决定。李泽楷透露，盈动的两个策略性股东美资CMGI及日本光通信各向其注资5亿美元，其中CMGI的注资，是为大东套现手上部分盈动新股之用。两家公司的注资，成为盈动逼退新加坡电讯的另一强力后援。

在配股集资的同一天，中国银行、汇丰银行宣布牵头组织银团贷款50亿美元（约390亿港元），作为盈动收购香港电讯的部分现金。

当三方面的资金落实之后，盈动于16日向大东正式提出一项新的收购方案：以盈动新股加3港元现金，换一股香港电讯股。然而，胃口极大的大东无动于衷，仍不松口。为了增加现金比重，李泽楷唯有寄望银团将过渡性融资增加至100亿美元。经过连日频扑，由中国银行、汇丰牵头的100亿美元贷款有了眉目。

从2月22日开始，资本市场上已经在流传，盈动为收购将争取百亿美元的银团贷款。百亿美元是个极限，以盈动当时的盈利能力，没有人能相信单凭盈动自家的锅碗瓢盆能够获取如此巨额贷款。

然而，2月24日，令市场意外的是，当李泽楷与袁天凡回到香港后，盈动筹集贷款已经获得可靠承诺，总额是130亿美元。承诺贷款包销的贷款银行包括汇丰银行、中国银行、法国巴黎银行和巴克莱银行四家。其实，就市场而言，这不是贷款给李泽楷，而是贷给李嘉诚。很显然，李泽楷的老爸若非李嘉诚，香港电讯的主人肯定不会是李泽楷。

为了争取时间，李泽楷兵行险招，于2月25日差遣财务顾问瑞银华宝前往伦敦呈献最新方案，而自己则留在香港，与汇丰、中银、法国国家巴黎银行和巴克莱银行四大银行保持联系，期望尽快落实贷款之各项细节。

在充裕的资金保证下，盈动又向大东大胆提出两个收购方案，其一是纯粹以股换股，每 1.1 盈动股换 1 股香港电讯，估值约 2963 亿港元；其二是现金加股份，每股香港电讯可获 0.711 股盈动，加 7.19 港元，估值为约 2800 亿港元。此两方案令唯利是图的大东高层怦然心动，私底下各大股东更是笑不拢嘴，立即将盈动的新方案暗中通知新加坡电讯，诱使对方加码。国人常常指责自己的同胞没有商业道德，其实，洋人做生意亦个个都是唯利是图。

原本香港时间 2 月 28 日上午，大东董事会已接纳了盈动提出的收购方案，盈动以为胜券在握，通知传媒将召开新闻发布会和证券分析员会议，香港电讯亦宣布停牌，并表示 48 小时内可达成收购协议。

然而，下午三时五十分，盈动突然通知，临时取消记者会，证券分析员会议亦押后……峰回路转，原来当天下午，新加坡电讯总裁李显扬亲自飞往伦敦，递交最新的收购协议，除一股新加坡电讯换一股香港电讯不变外，另提高现金收购比例，由原先的 60 亿美元（约 466 亿港元），大幅度增加到 119 亿美元（约 925 亿港元）；同时，引入传媒大亨默多克的新闻集团作为策略性股东，虚张声势，希望挽回危局。

默多克在星港双方决战时刻高调加盟新加坡电讯，是对曾经掠走自己 4 亿美元的李泽楷使出的绊马索，也是对新加坡电讯注入一支强心针。他以 10 亿美元购入新加坡电讯 4% 新股，并提供宽带互联网络，弥补新加坡电讯之先天不足，成为新加坡电讯的第二大股东兼策略性伙伴，从而大大加强了新加坡电讯向盈动争夺香港电讯的筹码。

智者千虑，必有一失。李显扬引入默多克新闻集团的这一画蛇添足的做法，还未等香港电讯反应过来，一直紧紧盯实此次交易的北京，就通过非官方管道向大东表达了强烈的不安与反对。

北京担心未来主力发展互联网业务与电子互动媒体业务的香港电讯，若然有从事新闻媒体的集团介入，其传媒色彩将更浓厚，使得香港电讯摇身一变成为一家完全外资控制的传媒集团，虽然在北京眼中默多克是个大好人，但还是担心爱耍小孩子脾气的新加坡介入不利于香港的稳定和谐。

盈动的贷款筹集是从中旬开始酝酿的，但真正向银行提交贷款建议书为 22 日清晨，至 24 日午夜拿到 130 亿美元贷款承诺，仅仅用了 48 小时。袁天凡说，他们之所以行动偏晚，是因为确有把握拿到钱，担心行动过早消息会泄露。而盈动真的如此迅速地筹得资金，甚至连其财务顾问华宝都感到吃惊。

在此次银团贷款中，中国银行承诺的包销贷款额为40亿美元。如此巨额贷款，在中国银行历史上还是第一次，此事最终由总行最高层拍板决定。某种意义上讲，就是由北京拍板决定。

2月20日，盈动执行董事钟楚义飞赴伦敦，与财务顾问华宝德威一起直接参加收购谈判。到伦敦时间的2月25日星期五，财务顾问已经确切地看到盈动手中现金准备文件齐全，粮草齐备，正式出价。

星期天下午五点左右，钟楚义与财务顾问已经得到了初步回答：大有可能与盈动达成协定，只是还需要推敲一些技术细节。此时是香港时间周一凌晨一点，李泽楷及盈动高层仍在灯火通明的办公室焦虑地等待消息。虽然胜券在握，依然忐忑不安。

伦敦传来的好消息着实让这班香港莽汉感到欣慰，但大东召开董事会的时间是周一下午三点，亦即香港时间午夜十一点。在最后决定之前，没有人能够放下心头大石。

新加坡电讯为此役倾全力而为，志在必得的决心显而易见。星期天，李显扬亲自飞赴伦敦参加谈判。2月26日，英国《每日邮报》（The Daily Mail）刊登一则消息，新加坡电讯有意赴港控告汇丰控股，指其作为香港电讯独立股东的财务顾问，却又借钱给盈动收购香港电讯，有利益冲突之嫌，显然希望兵行险招，为盈动收购增添不明朗因素，扭转改变大东董事的意向。

翌日，香港媒体纷纷发表评论为自己人说话，指新加坡电讯胡搅蛮缠，输打赢要，意图阻挠汇丰借钱给盈动，也有指新加坡电讯施缓兵计，力挽颓势。而汇丰控股并没有被新加坡电讯吓住，并私下表示，如果新加坡电讯入禀法院，汇丰会反击对方“诽谤”。不过，为了不给新加坡电讯指摘借口，瓜田李下的汇丰干脆于26日辞任香港电讯独立董事，与香港电讯实时楚汉分界。

看来，汇丰在此问题上确实有点心虚与底气不足。汇丰控股在为盈动筹组100亿美元贷款中，的确起了举足轻重的作用，非但参与牵头，而且借出40亿美元，数额与中国银行相若。

障碍已经消除，一切似乎雨过天晴。2月28日周一凌晨，英国的诸家媒体同时报道说，新加坡电讯有了新的同盟军——默多克所率新闻集团将以10亿美元现金，购入新电讯4%的股份，成为其策略性股东，并变相加入香港电讯收购战。已过收购报价截止期，新加坡电讯一方的筹码在新闻集团加入后又增加了。

当日下午三点，大东正式召开董事会。此时正是香港时间晚间十一点，李泽楷、袁天凡、艾维朗守候在盈动总部焦虑地等待消息。新加坡的最终报价虽然不得而知，但从其最后邀默多克入伙的行动来看，总价格和现金比例显然会高于盈动。大东的老爷们究竟会选择谁呢？直到凌晨一点，李泽楷等人不得不若有所失地离开公司。

在伦敦，大东的董事会则开了整整五个小时，会上不免唇枪舌剑。这在大东历史上可谓极其罕见。晚八点，大东董事会终于决定，选择盈动作为香港电讯的唯一买家，并及时通知盈动谈判代表。

钟楚义一看此时是香港凌晨四时，但他毫不犹豫地拨通了李泽楷家中的电话。他回忆说："Richard（李泽楷）第一句话就问，你亲眼看到大东主席在协定上签字了吗？我说，是的。"虽然大喜过望，仍可见李泽楷十分清醒理智。

"在这么短的时间内组织这么多资源来收购香港电讯，在香港只有两人能办得到，李嘉诚，或者李泽楷。"此言不是无的放矢。

从对香港电讯价值判断的重新认识到决策单独收购，从五分钟内成功配售78亿港元到48小时内获得130亿美元贷款保证，从体察大东用意从而设计最大限度套现方案到在最后一刻决定不再加价，都清楚地表现了盈动的技术实力、融资能力、财技和投资判断。

2000年2月29日，香港电讯的大股东英国大东最终决定将所持54%的股权转让给盈动。举世瞩目的香港电讯争霸战终于尘埃落定，成立仅十个月的盈科数码动力（盈动），一举击败了财雄势大的新加坡电讯，鲸吞具有百多年历史、资产比自己大一倍的巨无霸香港电讯，缔造了香港经济史上的又一神话。

香港盈动公司与大东电报所达成的协议主要包括：

一、大东的股东以每股香港电讯换取新的盈动公司1.1股。或大东的股东以每股香港电讯换0.7116新盈动公司股份和0.929美元。

二、盈动将持有新公司38.5%股权，中国电信、Intel和CMGI成为新公司的小股东。

三、如同意换股，大东将持有新公司最多不超过20.9%股份，而大东将另外出售4%的新公司股权。

四、大东所持有的电盈股份一年内不得出售，一年后不得一次性抛售。

五、大东在新公司获两席董事代表。

一家上市仅十个月、尚无重大实质性业务发展的互联网公司，史无前例地借收购进入了上游产业电讯业，成为亚洲仅次于软银（Soft bank）的第二大网络公司，而且在香港上市公司中跃居市值第三位。盈动创造了真正的神话！

2月29日晚上，在香港九龙一家并不起眼的杭州菜馆天香楼，盈动为自己的成功举行了小型酒会，所有参与过此次收购的人，包括盈动的秘书和司机，都参加了酒会。意气风发的李泽楷诚心诚意地给每个人敬了酒。

3月1日，新加坡电讯虚张声势，正式发表声明，正寻求法律意见，研究是否控告汇丰。不过暂未发出律师信。声明说，汇丰作为香港电讯的财务顾问，参与了新加坡电讯收购香港电讯的谈判，掌握了许多机密的收购资料，在关键时刻，竟然放弃代表香港电讯的财务顾问，改为帮助新加坡电讯的对手盈动争夺香港电讯的控制权。新加坡电讯的发言人说，像汇丰这样国际规模的金融机构，应有崇高的专业操守与职业道德，让人无可指责，而非仅是履行法例及监管规则的基本要求。

对于新加坡电讯的声明，汇丰银行主席艾尔敦做出回应。他说："汇丰至今未有收到任何新加坡电讯或其他法律顾问发出的讯息，故难对事件做出评论。"不过，他强调，汇丰在盈动交易过程中，绝无出现利益冲突的情况。艾尔敦非常幽默地说：我们非常理解此时此刻李显扬先生的心情。他表示，外国收购案例时有银行同时出任财务顾问及贷款银行，基于银行内部有严格的分工限制，不会出现利益冲突问题。

新加坡电讯最终没有入禀香港法院。他们这样做亦不失明智，明知难以达到目的，又何必被人视为气量狭小，贻笑四方呢。

2000年3月29日下午，香港电讯召开独立董事会，审议盈科数码动力对香港电讯的收购建议。会议开了两个多小时，结论是全票通过，将正式向所有香港电讯股东提交建议。在围绕香港电讯而展开的香港盈动与新加坡电讯之间的收购大战结束一个月之际，香港电讯董事会向盈动发出了通行证。

盈动和香港电讯合并后，市值接近6000亿港元，超过李嘉诚的和黄及长实，成为香港第三大公司，市值仅次于中国电讯和汇丰。合并后的新公司，易名PCCW-HKT。这一世纪之役，非但令盈动由一个虚拟的科技概念公司摇身一变，成为一个有经常盈利的科技实体，成为香港第三大财团，成为亚洲最大的电讯企业，亦令李泽楷的身家由 482 亿港元增至 623 亿港元，成为香港第二大富豪。

大东电报总裁华莱士说，大东对于电讯嫁个“好人家”的要求可算是异常苛刻，但盈动提出的建议可让电讯正式冲出亚洲，双方亦可集结对方资源，优劣互补，令其成为亚洲电讯的龙头企业，故才会不情不愿地采纳盈动的收购建议。

还有一点也许是李泽楷始料所未及的，他在政治层面上成了保卫香港电讯主权的“爱国英雄”。新加坡收购香港电讯，关乎香港荣辱，遭到香港市民及香港电讯不少股东的反对。盈动加入收购并成功击败新加坡电讯，玉成弹丸之地的香港人的夜郎心愿。因此，李泽楷被视为保卫香港电讯业权的“少年英雄”。

李泽楷获胜后，首先向香港电讯 13000 名员工大派定心丸，现阶段不会亦无意裁员。他还在各报刊登一整版由他亲自以中英文签名的广告，保证：“我与盈科数码动力所有员工都殷切期望，能和你们（香港电讯员工）共同努力，展开工作，实践我们的梦想，共创未来。”

从表面上看，中国政府并没有直接出面干预，也没有直接插手，但是，以盈动、大东和新加坡电讯三方面的反应来看，“中国”因素在这世纪交易中显然起了决定性作用。新加坡电讯总裁李显扬更直言不讳地声称，他不是败给李泽楷，而是输给中国政府与香港特区政府，因为李泽楷能够成功收购，全仗北京和香港特区政府的支援。

在“太傅”袁天凡眼中，李泽楷又是一个什么样的人呢？袁天凡称，作为一个企业家，李泽楷的国际视野及人脉关系，相信很少人能与之匹敌。他亦是少数有梦想的生意人，是天生的企业家。“无论他是否出身豪门，按他的发展路向，最终都会向企业家的方向进发。”

袁天凡形容李泽楷是一个永远坐不住的人，能量亦十分高，所以每做一件事，很快便觉闷。容易闷的人，好快会放弃（出售）已拥有的一切，然后再创造新梦想。他亦指李泽楷胸襟广阔，可接纳很多能人。虽然有许多人觉得李泽楷具备的企业家特质与其父李嘉诚相似，但经验老到的袁天凡却不做回应，只轻轻点出，李嘉诚是一个赏识自己的人。

电盈风波

光阴似箭，时间不知不觉间过去了五年。2006 年 6 月 19 日，电讯盈科放出消息称，正考虑出售核心的电讯和媒体业务，这些资产估价在 366 亿港元左右。澳大利亚的麦格理集团和美国的新桥投资两大收购方先后浮出水面，报出了五六百亿港元的巨额价位。

消息一出，立即遭到电讯盈科第二大股东中国网通的强烈反对。20 日，网通以前所未有的强硬语气申明：不愿意看到由香港人拥有和管理的电讯盈科公司或其主要资产的状况发生任何变化。亦不希望有关国家安全的核心资产落入外资控制中。网通的声明，将事件再度提升到相当敏感的国家政治层面。

"电盈的举动有违我们当时投资的初衷。"网通新闻发言人表示。随后的 6 月 21 日，网通打出了政治牌施加压力：电盈作为香港主导的电讯企业，应对社会发展及员工负责任，网通担心出售电讯资产会对社会构成不稳定。其实，网通绝对有途径绕过李泽楷，变为电盈的大股东。只是虽然有那么大的胃口，但却没有这么大的能量。

美国保险集团持有盈拓价值 11.7 亿美元的可换股债券，若网通说服美国保险集团出售，并行使换股权换成新股，会导致网通在电盈股权，由目前的两成增加至 23.7%。由于摊薄效应，李泽楷持股量会下降至 23.1%，自然会失去大股东地位。

但吃了哑巴亏的网通，相信不肯在电盈身上再投入更多资金，"网通最初花 79 亿港元入股电盈，一直捆绑至今，如果再枉花国家的钱，实难向中央交代。同时，网通还要为发展 3G 预留大量资金，除非不用钱，否则不会加码投资电盈。"

不过，该声明丝毫没有影响电盈出售的决心。初生牛犊，何怕之有。电盈甚至绝情地表示，经过研究相关法律，没必要在网通的同意下才能考虑出售资产。言下之意，出售资产不关北京事，卖不卖是我自己的事。但是，北京并不这样认为，收购该项资产，唯因我们才能玉成其事，且该项目十亿美元之友情注资，已是伤痕累累，如今一句话令人心寒的关卿鸟事，焉能让人心服口服？一时间，昔日的亲密伙伴剑拔弩张，顿成陌路。

李泽楷的这步棋可谓大大伤害了网通的感情。2005 年 1 月，在当时网通上市公司CEO田溯宁的操作下，网通十亿美元购入电盈两成股份，当时双方喜笑颜开地结成了战略合作伙伴，欢天喜地共同携手拓展内地和国际电讯市场。

对网通而言，入股电盈不是一个简单的交易，它看中的是战略投资者的身份。电盈为香港第一大固话运营商，并控制香港手机运营商SUNDAY，市场占有率在60%以上。在网通一贯主张的泛亚化国际路线中，香港是一个重要的战略要塞；更重要的是，电盈的掌舵人是李嘉诚的儿子，搭上电盈，就等于搭上了李嘉诚的3G王国，日后在内地庞大的3G市场，可以借力发威。

而电盈希望进入内地市场开拓的互联网业务，与网通不谋而合。但如今，电盈要出售的电讯和媒体业务恰恰是网通最看好、最想合作的部分，更重要的是，在这桩买卖上李泽楷居然未能礼节性地知会网通，还与北京大人玩起了文字游戏，以一句“建议交易不会涉及收购本公司的股份”把网通晒在一边，甚至也没有在董事会上议论过，以致作为董事之一的网通，只能是在媒体公布后通过报章才了解事件进展。

2005年双方达成的认购协定中有一个“若干不出售契约”。依此约定，电盈用一个稍有智商的人都不会讲出口的理据辩解到，出售股份只涉及资产不关乎股权，因此网通无权干涉，只不过需要在出售资产前咨询一下网通董事的意见，并按照联交所的规定发布通告便可以了。

而一个值得关注的细节是，电讯盈科在19日的建议交易公告及网通的声明，均未提前知会对方。摆明车马互不信任互不尊重。

电讯盈科的股权结构为：李泽楷26.5%，网通20%，其余为公众持股。网通的强烈反对显然成了电盈出售资产的无形阻力，也及时提醒李泽楷转让股权非同小可。令任何有兴趣者都望而却步，都必须考虑其中无形的政治因素。有兴趣者皆以电盈与中方的关系为投资潜力，若然这种关系已成负资产，又有谁愿意飞蛾扑火，自讨苦吃？

多种迹象表明，该事件已引起了政府相关部门的高度重视。在海外的诸多评论中，网通的态度某种程度上讲就意味着代表北京的意思。只要北京不点头，这桩交易就没法考虑。

尽管李泽楷依然强硬，但竞购方已经纷纷向网通递出了橄榄枝。其中，竞购方之一麦格理集团有意邀请网通加盟，共同完成对电盈资产的竞购。

按照网通此前发布的公告，其短期内并没有继续增持或者出售电盈股份的意向，网通同时硬邦邦地扔出一句冷话，不希望看到电盈资产结构发生变化。

而美国新桥投资亦制定一个中方能够接受的方案，希望与香港商人组成财团共同竞投，以获取网通的接纳，打破目前的僵局。新桥亦尝试联手香港富豪，包括中信泰富主席荣智健、恒基地产主席李兆基等大腕。当然，相信没有人愿意捡这个烫手山芋。就算愿意，也一定先要问过李嘉诚。

事件出现了一个戏剧性的僵局，正像车尔尼雪夫斯基的名著：怎么办？李泽楷之父李嘉诚显然不希望此事僵持下去，一则伤害多年来精心发展的与北京的私谊；再则也不希望电盈这样趾高气扬的明星姐如同某位喜欢高调的星姐出现高调宣布出嫁时，又妾身不明，豪门难入，无人问津的窘境；三则是希望儿子金蝉脱壳后能够生生性性，重投怀抱，助己一臂之力；四则也是希望痛痛快快抛出电盈股权，解除多年来的李家垄断之嫌。

虽然李嘉诚本人在此事上确实也不太赞同儿子的鲁莽做法，但苦于无法劝说其改变想法，只能挺身而出，但又不能抛头露面。

电讯盈科股权收购案终于取得突破性进展，投资银行家梁伯韬筹组的收购财团成员包括西班牙电讯（Telefonica）与李嘉诚旗下基金会决定入股电盈。而通过动用旗下李嘉诚慈善基金会资源，李嘉诚也技术性地避开相关监管条例，帮助李泽楷渡过难关。

同时，网通集团也宣布，在西班牙电讯从梁伯韬手中取得电讯盈科 8% 股份后，由在电盈持股近 20% 的网通集团出面与西班牙电讯公司组成合资公司，双方注入所持电盈股份，未来该公司将持有电盈约 28% 股份。

这一结果表明，李嘉诚、西班牙电讯、网通集团三方在电盈收购事宜的技术层面上达成一致。由李嘉诚基金介入，避免父子关联交易形成的垄断嫌疑，由网通出面避免西班牙电讯介入形成的外资入股，由西班牙电讯介入避免网通的全面收购。一个四赢的绝妙好桥就这样有惊无险地设计建造出来了。

对于李嘉诚基金会为何会参与此次电盈股权的交易，李嘉诚基金会发言人称：李嘉诚基金会一直都有选择性地投资于香港或海外的公司及项目，为基金会增加资本回报，以支援其长远公益事业的目标。此次购入的电盈股份，基金会将会做长线投资。一直以来，电盈与和记电讯间的激烈竞争，这次交易完成后，李嘉诚基金会相对只是一个较小的投资者（持股 12%），因此不会改变香港本地电讯市场的竞争环境。

2006年7月9日，梁伯韬通过旗下Fiorlatte Limited，提出收购盈拓所持有的电盈全部股权，约占电盈22.65%股权，收购价为每股6港元，交易总额约91.62亿港元。

西班牙电讯将收购电盈8%股权；李嘉诚基金会有限公司将收购电盈10%股权；而李嘉诚（加拿大）基金会将收购电盈2%股权；梁伯韬本人将持有余下2.65%电盈股权，加上此前其拥有的0.7%股权，梁伯韬将合计持有电盈3.35%股权。

李嘉诚基金会购入电盈共12%权益，所需约48.5亿港元，这使得其成为电盈收购案中最大的单一资金来源。

虽然，电盈股权买家财团成员终于尘埃落定。不过，梁伯韬的声明还指出，完成交易的先决条件，包括盈拓小股东表决通过与Fiorlatte的交易；终止或撤销盈拓目前向小股东提出的私有化方案；以及取得包括香港广播事务管理局等所有必需的监管机构的准许或豁免等。

7月10日，香港电讯盈科主席李泽楷宣布，在新加坡上市的盈科拓展的所有电盈股票，相当于电盈的22.65%股权，以每股6港元作价卖给花旗环球金融高级顾问梁伯韬名下的公司。

梁伯韬证实，由他全资拥有的公司斥资91.6亿港元收购电盈股权，纯属商业交易，是个人长线投资。梁伯韬说，李泽楷将在梁伯韬首次付款后，辞去电盈主席之职。

李泽楷宣布抛售电盈股权后不久，新加坡交易所节外生枝地通过逼使梁伯韬交代资金来源与组合，知道李嘉诚基金将参与该项交易后，即裁定在新加坡上市的盈科拓展在表决出售所持的22.65%电盈股权予梁伯韬的交易上，盈拓大股东兼电盈主席李泽楷作为关联人士无权投票，换言之，电盈的命运将会由盈拓小股东决定。

由于新加坡交易所追查梁伯韬收购资金来源，梁伯韬在9月时不得不承认，他所支付的5亿港元订金，是李嘉诚借予他投资的资金，但在10天后已经归还。根据新加坡交易所规定，李泽楷未能交出证明李嘉诚不会参与梁伯韬的财团，即证明李嘉诚可能涉及该项交易，亦因此与李泽楷成为关联人士，所以，梁伯韬作为买家，与李泽楷有联系的话，则李泽楷在股东会中便不能投票。

梁伯韬动用李嘉诚提供的备用款项作为收购电盈股权的临时资金，引起社会上颇大争议，9 月 23 日，梁伯韬就事件发表书面声明，重申他本人已充分遵守相关法例及规例，当财团组成时亦将清楚交代财团成员的身份。

立法会议员涂谨申则称，由于传媒在不同时段询问梁、李等人，他们当时说李嘉诚不涉及交易，亦不代表有人讲大话，“可能李嘉诚只是口头说，梁伯韬若筹不够钱，便借给你，而当梁未提出要求时，李嘉诚确实没有借钱给他呢！”就算是借贷，也未必就可以说李嘉诚有参与收购。

11 月 10 日上午，李泽楷对外称，他可以证实梁伯韬背弃当初约定（指不将电盈股权卖给李嘉诚），但也无可奈何：“他向我承诺财团组成不包括我父亲在内，至于他何以食言，这个你要问他。我们的承诺只是口头协议，没有书面作实，所以我将股权出售给他的交易，不会因此告吹。”

根据梁伯韬之前发表的声明，香港证监会已经裁定，并没有足够证据证明上述有关人士及电盈第二大股东中国网通在电盈股权交易有一致行动，因此无须提出全面收购。李嘉诚通过旗下两个慈善基金会购入电盈股份，因为基金为信托持有，李嘉诚本人并不直接过问有关交易与日后之运作，因此不会抵触相关条例。

唯一贯对李家横挑鼻子竖挑眼的立法局议员刘慧卿表示，李嘉诚基金会入股电盈无疑引起市场关注，因为李嘉诚旗下公司在本港已有经营电讯业务，是次入股电盈虽符合法规，但难免令人担心造成垄断市场之嫌并影响市场自由竞争。

事实上，从梁伯韬开出收购电盈的方案，亦以网通最终可成为大股东的卖点，换取网通对方案的首肯，在这个利害层面上，挑通眼眉的李泽楷自然知晓个中奥妙，但问题是他是否甘心在这一刻放弃利益，交出权力，以换取与网通继续合作，还是静待时机，善价而沽，再售电盈股权，力求全身而退。

不过，迫在眉睫的还有第三个难题。因为交易告吹，网通未能成为大股东，电盈由原本仅有的“大陆概念”变成“负大陆概念股”。

香港电讯业目前仍处低谷，电盈业务继续遭受同业围攻，其市场份额被日益蚕食，股价每况愈下，2006 年上半年，电盈纯利跌至 7.96 亿港元，比上年同期大减一成六。盈利失色，主要是电盈最值钱的电讯业务，优势渐失所致。显然，这只被誉为“生金蛋的肥鹅”，早已风光不再。

信息产业部电讯经济专家委员会委员、北京邮电大学教授舒华英，谈及香港电盈交易风波时表示，当年李泽楷以“蛇吞大象”的方式收购英资香港电讯，就是借助了中资背景财团的鼎力支援，已显示出中央政府对香港电讯这个基本网络的高度重视。多年后的今天，香港与内地的关系更加密不可分，两地电讯互联互通，早已水乳交融，结算也基本等同内地，如果还认为电盈交易是“纯商业行为”，就更说不过去了。

盈科拓展于11月24日召开特别股东大会，表决电盈私有化计划，如果私有化计划失败，盈拓会再召开股东会。因此，电盈股权交易案中最重要一环就是盈拓小股东会否支援出售电盈议案，由于李泽楷已被禁止在有关决议上投票，因此小股东们的态度将会决定电盈股权交易的命运。

不少香港投资行人士都认为，西班牙电讯只是出于暂时帮网通持股的目的，在梁伯韬的财团中扮演一个助人为乐的过渡性参与者角色。至少要等到11月底盈科（亚洲）拓展有限公司小股东就李泽楷向梁伯韬表决通过之后，梁伯韬才能根据之前与西班牙电讯达成的协议把股权转让给西班牙电讯，而后网通和西班牙电讯的合资计划才能执行。

一旦上述交易完成，该合资公司将成为电盈的大股东，届时，网通会履行电盈大股东的权利义务，但强调绝对不会谋求控制电盈董事会。

西班牙电讯于2005年6月份花费2.4亿欧元购入网通3%股份，9月增持至5%。该公司表示，为持有网通5%的股份总共花费了4.183亿欧元。按照网通目前1048亿港元的市值粗略计算，西班牙电讯完成增持需要动用的资金将超过50亿港元。

西班牙电讯“义助网通”持股电盈的背后深意，是未来有权将其持有的电盈8%股份转换为中国网通上市公司的股份，间接进入中国大陆市场，这是与电盈事件同期出台这个补充协议的缘故，明修栈道，暗度陈仓，这是西班牙电讯神秘出手的真正原因。

不过网通集团表示，集团最快可于两年后与西班牙电讯进行换股，但公司目前暂未有此考虑。网通强调，进行换股需具备三项条件：首先要取得中央政府批准，其次是不能与中国入世条款相抵触，最后有关换股交易亦需要获得本港监管当局审批。

李嘉诚的参与收购对李泽楷不但有情绪及面子上的影响，对交易还有实质性的负面作用。持有电盈23%股权的是新加坡盈科拓展，李嘉诚与李泽楷的父子关系令这宗交易变成关联交易，持有盈拓75%股权的李泽楷，遭新加坡监管当局裁定，不能在11月24日的股东大会中投票，如果小股东反对交易，售股计划便会告吹。

但是，李嘉诚效应却令电盈在香港的股价上涨——11月10日虽出现回吐，但收市仍报5.02港元，较11月7日收市的4.78港元上升5%。而对中小股东来说，由于电盈的股价上升，令梁伯韬提出的收购价变得相对没有吸引力，潜在增加否决出售股权的可能性。

电盈股权的新安排，对网通集团最为有利，因为集团无须花费一分一毫，即可以控制电盈——控股权是网通最大的一个诉求。网通自2005年成为电盈第二大股东后，市场一直传闻李泽楷希望网通高价向其收购电盈股权，他套现后专心投资多媒体业务，但网通一直不肯出高价，令李泽楷把心一横，改为将电盈资产拆细出售予外资。

西班牙电讯购入电盈8%股权后，会与网通持有的20%股权注入一家合营公司中，与网通各占合营公司28.6%及71.4%权益，新公司将持有电盈28%股权，成为单一最大股东。李嘉诚基金持12%，则会是第二大股东，梁伯韬持有余下股权，加上在市场增持部分，合共会持股4.1%，李泽楷则仍然保留3.5%股权，成为小股东。交易完成后，李泽楷会退出不再担任电盈主席，改由梁伯韬出任。

此番李嘉诚出手，稳妥摆平了各方利益。不过，李嘉诚要顺利接盘电盈，也并非易事。首先的一道关口是，要在11月24日在新加坡的股东大会，获得盈拓小股东的表决通过。

11月17日，李泽楷在以书面回应立法会议员的信件中表示，他与梁伯韬财团签订协议前，基于对父亲与梁伯韬过从甚密的事实，已清楚地问明梁伯韬，李嘉诚究竟是否参与该交易，得到的答案是否定的，而他更不止一次向梁伯韬提问有关李嘉诚是否参与的问题，梁氏的答案同样是没有。

11月21日，梁伯韬在公开声明中反驳道，是李泽楷主动要求他考虑收购盈拓持有的22.65%电盈股份，并提议他可透过私募基金融资。同时为了他有更多时间筹集资金，李泽楷也提议可于18个月内以分期付款方式支付交易金额，并称不会过问其资金来源。

梁指出，由于募集资金遇到困难，因此考虑出售部分电盈股份给策略性投资者和其他长期投资者。他于完成交易前一个多月已知会李泽楷有关的融资困难问题，并表示李嘉诚旗下的慈善基金有兴趣购入电盈股份，但李泽楷回应称，不希望有这种情况出现。

梁伯韬指出，在知晓李泽楷不希望李嘉诚介入后，即向李泽楷提出三个方案：其一是由李泽楷建议买家人选以取代李嘉诚慈善基金；二是由李泽楷提出其他收购方案；第三便是取消该交易。不过，李泽楷却没有接纳上述方案。

李泽楷对其父李嘉诚的慈善基金加入梁伯韬收购财团，参与收购电盈表示高度不满。11 月 23 日他居然公开表示，希望新加坡上市公司盈科拓展的少数股权股东投票否决出售所持电盈 22.65% 股份（他也是盈科拓展的主席）。

李泽楷在交易的关键时刻，又突然高调向外界表示："如果盈拓小股东投反对票，我会很开心。"间接公开拒绝父亲在事件中拔刀相助，令李嘉诚无法收购电讯盈科的股份，更令父亲李嘉诚在事件中扮演了一个非常尴尬的角色。

与此同时，李嘉诚在盈科拓展股东大会前，仍亲自致电游说盈科拓展的三大小股东，劝说他们支援通过该宗交易，包括持股 7%、原本已确定反对交易的前中策集团主席黄鸿年及其相关人士，一家欧资大行的高层李氏，以及一家投资基金，只要这三个小股东愿意配合，交易就可望获得通过。

11 月 24 日，电盈在新加坡上市的母公司盈科拓展举行特别股东会，小股东以七成六反对票，否决了主席李泽楷以 92 亿港元出售 22.6% 股权予梁伯韬财团的建议，翌日，电盈复牌股价大跌半成。

随后，电盈发布通告称，因出售股权盈拓独立股东大会上未通过，故出售事项将不会进行，而主席李泽楷原定向股东派发的特别股息，现在不会予以支付。该集团表示，李泽楷将会继续担任公司主席，在其继续带领下，各董事有信心将会贯彻实践新的业务策略，发掘商机，全力为公司及股东争取最大利益。

另一方面，电盈的第二大股东网通（China Netcom）对于盈拓股东否决出售电盈股权后的发展表示强烈关注。持有电盈 20%的中国网通说，它尊重股东的决定，但对于这家香港固网与流动电讯公司的前途感到担心。

李泽楷出售股份一事，其父李嘉诚迟迟未开腔，传媒原预算在业绩发布大会中做出提问，但李嘉诚事先吩咐员工张扬，不会就私人问题做出回应，一反过去多年业绩发布会内、对传媒提问无所不答的习惯。对于突然不愿对私人提问回答，李嘉诚强调："一个公司 Result（业绩）记者会，没有道理连私人事也说，若要讲，二三个小时也说不完，所以也不说。"

然而，传媒当然不会放过机会，一再提及李泽楷及梁伯韬的问题。对于梁伯韬，李嘉诚的回应只有寥寥数句：“他是我好朋友之一，相识多年，我的答复只能这么多，我对他个人有信心。”及后又表示：“到此一秒钟梁生未接到我的钱，不要低估别人的能力，但他的财政来源（收购盈科股份）我就不知道，即使是好朋友也不会每事也谈。”

记者多次问到盈科，他强调：“盈科的事情我不想在此说，反正公司绝对不会参与，刚才我也说，我私人问题不回应。”不过，记者一再追问，李嘉诚无奈回应：“儿子持有大堆（盈科）股份，当时又没有人认为有关；今天我儿子卖股票，就问我会不会买。”他一再强调：“儿子已经40岁，就算是14岁，许多时他的事情我也管不了，所以不能代他答 Yes or No。”

李泽楷在交易告吹后所面临的最大难题是如何修补与网通之间的合作关系。一般相信，彼此若冰释前嫌，将会是电盈股民之福，因为内地2008年将发出3G牌照，网通夺牌呼声甚高，届时电盈若能与网通谋求合作，有机会变身“大陆3G概念股”，前景乐观。当然，李泽楷要得到网通“谅解”，非付出相当大努力不可。

事实上，市场一向认为，在电盈事件上，网通有过一段不愉快经历。事缘两年前，网通以每股5.9港元，溢价两成的高价，斥资78亿港元现金入股电盈两成，旨在协助当时背负巨债的电盈减债。

网通此举无可否认是电盈的“及时雨”，不单只为电盈注入资金，还给予电讯一个“大陆概念”的憧憬，但两年后，网通最终换来在电盈投资上账面亏损了约14亿港元，以及在电盈股权的交易中被晾在一边，被牵着鼻子走。

由于网通备受“委屈”，因此市场人士相信李泽楷能够成功与网通修好之一个最有效的做法，是设法玉成网通当上电盈的大股东好梦。在这个做法上，李泽楷可以在市场逐步减持盈拓股权，令网通及相关人士成为电盈最大股东。

面对电讯收益下降，李泽楷唯有大力吹嘘 NOW 希望增添新财路，不过未见其利先要付出昂贵代价。

开台两年多的 NOW 仍“流血”不止，2006年上半年便蚀了1.8亿港元，远多于2005年同期的1.1亿港元。就算 NOW 已取得未来三年的英超播映权，但证券界认为以超过10亿港元抢到的播映权，随时得不偿失，拖慢转亏为盈的时间。

摩根大通的研究报告估计，NOW 短期对电盈的盈利构成影响，因此调低电盈2007年及2008年的盈利预测两成及9%，以反映因英超赛事令节目成本大幅上扬。

不过，李泽楷还有一招可破困局，就是凭借电盈持有62%权益的盈大地产浴火重生。他曾高调表示有兴趣发展地产项目，除了贝沙湾，电盈最值钱的资产便是在本港拥有逾八十个机楼，当中十个更位于市区，由于盈大拥有优先发展权，目前已紧锣密鼓重建机楼，当中上环和风街的项目已计划预售，将于2008年年底落成。若成功改建成住宅所得的收益相当可观。

2006年上半年，盈大纯利有7亿港元，在电盈同期7.9亿港元盈利中，贡献逾4亿港元，由此可见，盈大若加速发展地产项目，可为母公司部分解困。

李泽楷执意出售电讯盈科事件，令北京极为不满，更被指酿成中央输、香港输、电盈输、网通输、小股东输、李嘉诚输、李泽楷输、香港电讯业输的八大皆输局面。

就在股东会召开前一天，英国《金融时报》引述消息人士说，北京国务院港澳办公室主任廖晖曾亲自介入该宗交易，指示电盈第二大股东的中国网通反对当初李泽楷把资产出售给外国财团。

至于电盈交易流产引出的另一后遗症——跨媒体拥有权的限制，立法会信息科技及广播事务委员会副主席单仲偕说，其实过去几个月李泽楷都已是拥有跨媒体了。只因为他正在出售电盈，还可当作过渡性安排。如今他不出售电盈了，政府必须正视。政府广播事务管理局已要求李泽楷提供资料，证明他是否“不符合资格持（电视）牌人”。

一场电讯资产争夺战高潮迭起，继而演变成一场跨媒体拥有权争论，再带出全城茶余饭后最八卦的“父子恩怨”话题。相信只有李泽楷本人才最清楚他此刻内心深处的真正感受。

至今仍未交代过为何要“积极干预”儿子卖盘的李嘉诚，旗下李嘉诚基金会发言人表示，会以平常心对待这个结果，对基金会而言，这项投资做到或做不到亦很平常。

就是这样，政治牌、商业牌、人情牌，交互由各方打出，才令一头雾水的盈拓小股东否决以每股6港元出售市价约5港元的股权。其实，整个交易的关键是李泽楷不能投票，如梁伯韬并非动用李嘉诚的资金或引入李嘉诚基金会，整个交易并非没有成交可能。

电盈交易最终难产，事件之所以并未完结，一是李泽楷还会不会再卖电盈的问题悬而未决，若答案是肯定的话，他会卖给谁？或者说谁会来买？又或者更准确点来说，谁才有资格来买这被北京视为国家战略资产的电讯公司？二则事件令特区政府陷入另一难题——如何解决目前香港法例对跨媒体股权的限制？

由于电盈旗下持有收费电视NOW；而李泽楷刚在月前透过离岸基金，以2.8亿港元（约3900万美元）收购香港最有影响力的财经报纸之一《信报》，如今他若继续留任电盈掌门人，便违反了现行《广播条例》中不能持有跨媒体的限制，除非得到特首及行政会议的特别批准。但政府会不会批出豁免？理据又是什么？

电盈卖盘事件，从头到尾令北京极之不满也是公开秘密。中央由始至终的立场都没改变过，那就是“电讯是战略资产，不是数码港地产项目，不是随便想卖给谁就卖给谁。”中央这一立场从来没改过，李泽楷对此是知道的。

当年李泽楷在北京支援下“蛇吞象”击退新加坡财团，成功收购了香港电讯（电讯盈科前身）后，一次跟随香港富豪团访问北京，当时的总理朱镕基接见代表团时，一见到年轻的李泽楷，众目睽睽下竖起大拇指夸奖他“做得好，年轻有为呀”，称赞他为国家保住了香港的电讯资产没有落入外国人的手中。

北京人士说，后来电盈经营出现困难，股价大幅下滑，也是在中央的支援下，中国网通才入股，以期促进电盈在国内发展业务。如今李泽楷先是未与北京打招呼就决定出售电盈资产给外国公司，继而暗指北京出手干预，破坏自由经济体系，陷北京于不义，令北京相当失望，有官员生气地指这是“不负责任”。

好在北京领导层明察秋毫，知道李嘉诚是李嘉诚，李泽楷是李泽楷。

其实，网通入股后，对电盈在内地发展并没有太大的实质好处，内地项目发展并不理想。这也是李泽楷心灰意冷想退出的主要原因之一，甚至是在今次事件中有意无意怠慢网通的主要原因之一。不管怎样，在商言商，若两大股东心存芥蒂，则对公司未来运作肯定不利。李泽楷在电盈一役上，的确令其与内地的关系蒙上了重重阴影。

由于网通是大型国有企业，在涉港的重大事务上必然要听从中央政府的指令，而网通发表的反对外资控制电盈的声明，突出的是政治而非商业考虑，结果引致国际媒体（例如《金融时报》）因此质疑北京政治干预香港商业运作。

国际媒体的质疑，令特区政府非常尴尬亦十分无奈，因为香港的电讯法例和监管规则并没有禁止外资入股，只有本地广播牌照对外资设有限制，其他所谓战略行业，如银行、航空、货柜码头、公共交通等，都欢迎外资控股。

尽管从国际惯例来看，限制外资至少是不十分友好的国家资本进入某些敏感的行业，已是一个十分通行惯常的做法，如美国、印度对李嘉诚资本的种种设限与排斥。

经过电盈交易风波，外国投资者很自然会问，香港是否在法例以外另有一套“潜规则”，限制外资入主敏感行业？否则何以网通如此排拒外资，独钟情于李氏家族？

如今，梁伯韬入主电盈触礁，新加坡盈科拓展的小股东否决了售股交易，李泽楷淡出电盈的如意算盘暂时打不响，但事情肯定不会就此了结；李泽楷既无意长期管理电盈，必然会继续千方百计找出售股权或资产的机会。

李泽楷一直给人的印象是反叛、独行独断、努力摆脱父荫，外间一直揣测他和父亲关系不睦。他早前发表对父亲出手感到“遗憾”的言论，甚至明言“很不满意这个结果……小股东反对出售资产，我会好高兴”，在外人眼中更是活脱脱的悖逆父意的离经叛道的宣言，但实际上，他的出发点可能是实实在在为老父着想。

由放售电盈资产开始，李泽楷都是独行独断，及后引来中方强烈不满，他也意料不及，但也努力企图自己收拾残局承担后果。对于父亲介入，他就曾私下埋怨父亲不应不考虑香港人对李家财雄势大的忧虑与嫉妒，父亲的介入只会令事件更不明朗，更复杂，制造更多垄断的误会与联想。对于父亲真的出手，其实他最介意的不是“没面子”，而是担忧此举势必更进一步强化家族垄断左右香港的形象。

当然，李泽楷突然反口的真正原因，也可能出自过去数月全球股市呈现大升浪，股市资产价格三级跳，适巧李泽楷洽商出售电盈股份就是在6月底至7月初，当时股市处于调整市，市况在谷底徘徊，恒指约在16000点附近上落，时至今日，恒指劲升3200点，更创出19250点的历史新高，全球经济表现较数月前的预测为佳，本港第三季经济增长高达6.8%，超出市场预计。同时，电盈收费电视业务发展取得突破，夺得英超联转播权。

股市狂升与电盈业务有突破性发展，看在李泽楷眼里，自然有点不舒服，反映其看错市，低位出售电盈股份，若然终止原先交易，重新洽商出售，以当前市况，每股出售价格肯定不止6港元，基于此，可知李泽楷出售电盈股份上变卦的因由何在了，这样输打赢要亦有损电盈股东的利益。

在这一秒钟

2006年3月23日在香港长江集团中心九楼举行的“2005年长江实业、和记黄埔业绩发布会”上，李嘉诚妙语连珠，使得会场上时常响起阵阵笑声，再次展示了他超人的智慧和幽默。

在这次发布会上，李嘉诚的一句口头禅恰恰从一个侧面印证了这一点。这句口头禅就是：“在这一秒钟。”李嘉诚在回答记者的许多提问的时候，总喜欢带出这句口头禅。

例如，有记者问到有关赫斯基能源公司会否出售权益的问题时，李嘉诚的回答是：“在这一秒钟，我是绝对不想卖的……”立即引来了记者的一阵笑声，有人说：“这一秒钟你绝对不想卖，那下一秒呢？”李嘉诚认真地回答：“说实话吧，到现在这个钟点、这一秒钟，我还丝毫没有一点出手的决定。”

关于公司经营财务方面的问题，由于李嘉诚对集团的运作了如指掌，所以基本不用看资料，就可以向记者提供很多投资项目的准确数字，并给予具体的解释。

在回答“3意大利”延期上市，公司是否因此扣减霍建宁的工资时，李嘉诚看了看这名跟随自己多年的爱将，肯定地回答：“不会！”他表示：“现在我们秒秒钟都可以去IPO，关键是要选择一个市道适合的时候，现在是我舍不得呀！”话语之间又将时间精确到了秒。

有人问他有无考虑什么时候退休？他笑言：

> 我身体一直很好，媒体老是传我这传我那。我没有大病过，现在日日都返工，连伤风发烧都返工。所以我无意淡出长和系。

也有人问和黄会否增加派息？李嘉诚回答：“赚钱少了当然不能够增加派息。”

当被问到李泽楷的新女友、今年会否成家、未来儿媳妇是外国人？李嘉诚说:“我没见过他的新女友，你问他啦。中国人有很好的人，外国人也有，这没什么特别的。今日不再讲这个问题，这个话题好像很私人，今日是业绩发布会哦。”

在整个发布会上，李嘉诚对每个媒体的记者都抱以和蔼亲善的微笑，还总不忘问:“你是哪家报社的？”一次，一名记者报了家门后，李嘉诚还开玩笑地说，“我来回答你的问题，你们可要公正报道呀。”

会议期间，李嘉诚忽然把头从一侧转向另一侧，微笑说：“不好意思，刚才只顾回答那边的提问了，现在要回答这边的问题了。”这一微小的动作变化，立即引起摄影记者的关注，镁光灯几乎同一瞬间闪亮起来。

与李嘉诚一脸和蔼形成对比的是现场保安人员的一脸严肃。连记者换电池的一些小动作，他们都很高度紧张和关注，不敢放松丝毫的警惕。

2006 年 10 月，李嘉诚接受《朝鲜日报》访问，又一次提到“退休”问题。李嘉诚谓:“我身体健康没有任何问题，难道年龄能成问题？退休，想都没想过。”

年近九旬的李嘉诚，身体极好，天天打高尔夫，食欲甚佳，食量甚至多过其长子李泽钜。早餐就算两只鸡蛋也吃得津津有味，相比李泽钜则只吃一只，火腿十片八片轻松自如。到外地时，全份英式早餐都可风卷残云，一扫而光。

老人家还说自己不能长时间不吃至爱的巧克力，过时过节收了很多送来的巧克力，吃得开心，但还是吃不完，转送给同事。即使如此，其胆固醇甚低，当中那低密度胆固醇（俗称坏胆固醇）水平，即使再高一倍，还属健康水平之内。这番本钱，岂不羡煞旁人。

平时行路，毫无龙钟姿态，步履稳健，精神炯炯，头脑精密，对数字尤其清楚；其体重更是自 1967 年以来，上落差距只在五磅，维持在 145 至 150 磅之间。四十年体重不曾变化，你说，不是超人，又是什么。

其实，李嘉诚的健康之道，离不开运动，每天都打高尔夫球。话说一次在深水湾球场对开碰上别人一桩交通意外，为赶时间打球，索性下车步行，身手敏捷得似只马骝，轻轻一跃，翻过路旁石墩，前往球场。

他后来笑说当时有记者在场，可能眼睛只盯着车轮，却没有把握到机会拍下照片。不然的话，作为一个特写镜头，说不定还可以拿个新闻摄影大奖呢。石墩近马路一边有三英尺高，另一边更有六英尺高，难怪李超人讲过，话如果有个年轻人检查身体，有这么番手下结果与矫健身手，都要讲声恭喜。数年前曾经有过脚痛，影响他打球，改而游泳。痛患痊愈后，又如常打球。

> 从 2008 年开始，要把精力多放在李嘉诚基金会的活动上。打算每月抽三日全天做基金会的工作，然后每天抽出八个小时左右参加基金会和慈善奉献活动。

根据超人自己讲，现在已经每日花四小时在基金会工作上：“我每天十个小时的工作时间中，六个小时在长江集团，其余四小时全都投入到基金会。”

之后李嘉诚又再度显示自己的富贵心得：

> 富的人很多，但贵的人不多。我认为真正的富贵在于，将自己所赚到的钱反馈于社会的内心。有再多的财产，没有志气，那才是最穷的人。

不和?

其实，香港一直以来都有关于李氏父子关系的八卦新闻。早在 2003 年 9 月，坊间仅仅因为李泽楷自立门户，就流传着李嘉诚与其子李泽楷关系不和的种种传言。

在一年一度的香港书展上出了一本《神话背后——李泽楷》，大爆李嘉诚次子李泽楷的私人生活，更有不少家庭生活独家照片，并添油加醋地指父子不和。“超人”李嘉诚曾不屑一顾地说这本书不值一提，还指该书作者最终损害的是他自己。他不忘不失时机地教训爱看这类八卦书的人：“看一世，你有什么进步？如果我小时很喜欢看这些书，我没有今日。”

李超人说有人想害那作者，并说：“外面看来，好似我有些损失，但最大的损害是他（作者），是他自己本人。”他提到书中那些独家家庭照时说：“那本书其实没什么，书中有些相片，根本是新华社替我出过一本书，我送过一些给朋友。”他更谓：“出本书的人敢不敢讲他那些所谓资料的正式来源？（本书）是不值得一提，是赚钱而已。”

问他会否追究，李超人却将话题转到香港传媒身上：“我很希望香港传媒以后水平高些，等有一天我在香港将……我拿我的……其实我应该收版权费用。”看他欲言又止，莫非他确实有兴趣撰写拨乱反正的自传？

李泽楷亦打破沉默，首度就一本以他为题材的传记式故事书《神话背后——李泽楷》引起他与父亲李嘉诚关系不和传言一事发表意见。

李泽楷强调自己并不认识该书的作者，更强烈否认自己向该书提供任何资料，批评该书“全无根据，穿凿附会。”“这本书，一如其名，只可当作是神话、漫画、小说来读，因为大部分内容与事实不符。”他以肯定的语气说。他批评该书作者这种极不负责任行为，让他和家人都受到伤害，令他感到十分困扰及遗憾，不得不做出澄清。他说，“爸爸培养我自立，同时对我的事业，由始至终给予根本性支援。”

李泽楷高调批评该书内容不实。李泽楷还指出，该书作者里写他及他与家庭成员之间的关系，全凭想象。“我看书里的李泽楷，像我自己在看着另一个人。”李泽楷说。被问及书内的照片是否由他提供时，他说：“书里面的照片，不少在坊间的报刊已经刊登过，大部分都是源自已经出版的画册，有部分是他做客时，和同事及朋友的私人照片，其实很多人会有这辑图片，但我正追查其来源。”

李嘉诚与其儿子李泽楷的关系，多年来都是城中街谈巷议的热门话题，当然，更多的只是捕风捉影的主观臆测。而今次电盈交易的戏剧性过程，表面上似乎也在添油加醋地渲染了某些街谈巷议的虚无缥缈的道听途说。

回顾过去二十年，虽然李泽楷一直都在努力摆脱父亲的影子，但每次儿子有难时，李嘉诚还是及时出手帮忙。

当中较明显的是李泽楷自组盈科脱离和黄后，1997 年投资日本东京地铁失手一事。当年李泽楷以 80 亿港币投资东京地铁站地产项目，成为日本十年来单一外资投资者最大交易，不料遭遇金融风暴。就在最为难之际，李嘉诚的和黄集团决定以 29 亿港币买下地皮 45% 的权益，并再给盈科 1.7 亿港币管理费，令李泽楷幸免灭顶之灾。

李嘉诚的第二次出手，是收购香港电讯一事。1994 年，李泽楷在完全没有任何物业资产作抵押的情况下，短短数天内能从四家银行得到上百亿美元贷款，与其说是李泽楷创造了神话，不如说贷款各方是出于对李嘉诚神话的高度景仰与充分信任。

2001年1月，盈科股价由半年前18港元一直下滑至3.9港元，在市场上引起极大怨言。话说某日中午十二点半，大批记者正在港岛香格里拉酒店等候，准备采访时任新加坡副总理李显龙。此时，李嘉诚及李泽楷父子突然出现。他们穿过酒店大堂，径直乘扶手电梯往下层中餐厅夏宫共进午餐，父子共赴饭局的场面令记者们骚动起来。据该酒店大堂职员说，李嘉诚每月到这里吃饭只会在五十六楼的法国餐厅用餐。

果然，这场半年来不见的世纪午餐没过几个小时，下午就传来盈科股价止泻回扬的消息。这场父子午餐更惹来李嘉诚操纵股市的猜测与指责。

这其中，老父李嘉诚让自己欣赏的资本运作高手袁天凡过档电讯盈科，助李泽楷早日解脱百亿美元的沉重债务；当李泽楷推出贝沙湾地产项目时，李嘉诚更将自己旗下最得力的售楼猛将赵国雄派往数码港坐镇指挥，凡此种种，都显示出老父李嘉诚的良苦用心。

过去，李嘉诚为帮助两个儿子铺好政经高层人际网络，每次与重要人物见面时，总会带着他们一同赴会，但出售电盈纷争之后，李嘉诚却罕有地只携同长子李泽钜出席。另外，在政协副主席霍英东去世后，李嘉诚在致送的花牌上，也只是写着他和李泽钜的名字。外界认为，这反映了李氏父子的关系“在最近一段日子确实不太协调。”

“李泽楷在电讯盈科股权出售这宗交易上处理得太草率太仓促了。他既想不到办法收拾残局，又认为要父亲出手很没面子，所以两父子近几个月都没怎么联络了。”

1990年1月1日，庄月明因心脏病突发抢救无效突然身亡。一位当年参与该事件报道的媒体朋友透露，母亲的去世，加深了爱母至深、伺母至孝、崇母至敬的李泽楷对父亲的不满，李泽楷一度私底下埋怨父亲只顾生意，对母亲疏于照顾，致使母亲身心失和，延医失救。“其中最明显的例子是，庄月明去世后，李泽楷就从家搬到了酒店。”

在李泽楷眼中，母亲庄月明绝非尘世间一般的女人可比。自母亲离世至今，李泽楷一如其父，每年元旦都会去拜祭她，风雨无阻，从未间断。当然，未必与父同行。年届不惑，依然孑然孤身，无意婚娶，亦被解读为对母亲的爱迄今难以释怀使然。

近年来，李嘉诚与红颜知己周凯旋之间的频密交往，也令本来就有误会的父子关系更是街谈巷议的话题。以至后来，凡是李泽楷的记者招待会，细心的秘书私下要先与记者通通气，希望他们不要提问周凯旋，也不要提问有关李嘉诚的事项。

当然，这一切都是外人想当然的不着边际的猜想揣测。“有很多事，单凭自身显示其是非；有很多事，须靠空间判定其对错；有很多事，更需时间证明其正确；更有很多事，唯凭历史才可肯定其价值。”

这种商场上的风风雨雨，尤其是父子别扭，使人很自然想起了黑格尔的一段令人深思的哲学话题：“历史上，常常由于人们的活动超出了他们企盼的收获——也就是超出他们直接认识和渴望的东西——而产生附加的结果。他们虽然满足了自身的利益，却仍然有某种进一步的东西伴随、隐藏在这些活动之中，尽管他们未曾意识到、也未曾在他们的规划中考虑到这点。”

其实，直到2008年3月和黄业绩会，李嘉诚还形容三父子感情好，“闹又有、批评又有，作为爸爸的，笑笑口都有，很正常！”

作为企业家，我们都知道寻找正确的资本投资的重要性，而社会资本像其他资产一样是可以量化的，社会资本包括的同理心、同济心、信任与分享信念、社区参与、义务工作、社会网络及公民精神等，这些全属可量化和有效益的价值，是宏观与微观经济层面之间最重要的联系。同济心是人性最坦率及强而有力的内心表达，能建造、能强化、能增长及治疗和消除痛楚，我们都应乐于参与投资。

有能力选择和做出贡献是一种福分，而这正是企业家最珍贵的力量。

“今天的年轻人受到上天的厚待，拥有比以前充实的条件和丰盛的生活，因此更应珍惜和重视一切发展的机会、肩负起我们丰厚的文化传统、人文精神和道德的责任，让新科技与传统的智慧互动起来，为人类创造更美好的生活，为我们中华民族开创无限的未来。”

第十章

TOM上市

◀ 李嘉诚摄于长江集团中心。

▲ 2001 年 2 月，李嘉诚在教育部及甘肃省领导陪同下，参观本书作者母校兰州大学。

1999年12月7日，李泽钜花了近2000万港元，如愿以偿地买到了他想要的功能变量网站名称：TOM.com。

成功卖出功能变量网站名称的是美国的VORTEXX公司创办人TOM Meyer先生，他当年注册这个功能变量名称时花了仅数十美元。在进账2000万港元的同时，这位精明的美国人还以每股1.78港元的低价，获得了650万股TOM.com公司的股权。

12月16日，李嘉诚的TOM.com网站正式推出，其注册用户在短短两个月里迅速超过四万人，在李嘉诚的超人力量运作下，TOM摒除了多项创业板的上市限制，迅速招股上市。

作为香港创业板第一只公开发售的互联网股票，TOM.com借李嘉诚之名，发售之日达到前所未有的火爆场面。到交表的最后时刻，由于上万市民赶着交表，旺角、尖沙咀等地交通大乱，香港特区政府不得不派出五百名警察协助维持秩序，TOM.com几乎一夜成名，创造了香港证券交易史上空前的辉煌。

当时由梁伯韬坐镇的BNP百富勤，替TOM.com做上市举荐人。由于只安排了十家银行收认购表格，结果制造出万人空巷抢购的极为壮观的轰动场面。

2000年2月18日，TOM.com在香港公开招股，只因李嘉诚三个字，香港万人空巷排队认购，超额认购669倍，冻结资金509亿港元，首日挂牌就飙升了335%。再加上当时市场气氛炽热，TOM.com上市前已传出暗盘价至少12港元，比招股价 1.78 港元高出七倍，而以此暗盘价计算，公司市值更高达 340 亿港元，一时轰动全城。

此外，股价能长期企硬于招股价之上，亦令 TOM.com 成为创业板神话。股价之坚挺，除令散户受惠外，亦令公司可多次配股，及以发行新股为收购代价，不断攻城掠地，先后收购台湾《计算机家庭》及《亚洲周刊》五成股权，令 TOM.com 在科网退潮后，能摇身一变，旋即成为泡沫破灭后依然有实质业务支撑的媒体股。

也许是出自名门，身世不凡，新生的“汤姆叔叔”受到了比盈科数码动力还多的特殊关爱。香港创业版特意为它预留了 8001 的贵族身份证号码。

TOM 上市时，确实是有很多项不符创业板上市的规例而要求豁免，而且结果获得批准。但这问题要深入分析及了解其真相后，才能做出公允的评论。

当时创业板刚刚成立，有关方面希望做旺市场，于是接受了 TOM 等公司的申请，这完全是一种具有搞活市场目的的策略性技术性安排，而这一安排自始至终都未影响到联交所之公正与独立。

创业板委员会负责人罗嘉瑞当时已就市场质疑做出明确解释：

1．联交所的决定基于善意，基于有利于创业板的整体发展，基于有利香港证券市场的整体发展；

2．联交所这一决定，不仅有法可依，而且也绝对有例可循，因此绝对不是针对 TOM 的特殊关照与安排；

3．李嘉诚没有在此过程中运用其影响力或做过一些不恰当的事，以影响联交所的决定，则 TOM 获得豁免是不应受到批评的，因为这对李嘉诚先生不公平，对罗嘉瑞以至联交所也不公平，对香港社会也没有好处。

4．希望香港社会能从市场角度考虑任何一家公司上市的安排，而不是刻意从政治立场考虑问题。联交所的责任在于维护香港证券市场的公平公开公正，而不会也无意考虑商业决定的政治后果。

5．上述决定是联交所独立而不受任何外界因素制约的集体议定之结果，绝不是某一个人的偏袒之见，联交所的规范公正透明运作，已获各国投资界企业界高度肯定，本人从未怀疑联交所会违背惯常的公正公平原则。

联交所一路绿灯，先后豁免了 TOM 没有经营超过两年，上市申请没有满二十五个交易日等例外，将它的公众股以最快的速度推到了世人面前。

2月23日前后，香港上演了万人空巷认购“汤姆”的场面。全城共有40万人参与认购，在一个派表格的地点，人龙排出足足四公里。1.78港元的招股价，被“一级半”市场狂炒到了10港元一股。

TOM招股截止日，近30万市民申请和递交表格，结果场面一片混乱。香港证券与期货事务监管委员会发表声明，批评有关机构预先没有妥善安排。证监会对保荐人、收款银行和有关公司在收取申请表格方面安排欠妥才造成混乱场面，并对此表示失望。该会主席沈联涛随后亦也说，如果在整个事件中证监会有错误，他愿意承担错误，绝不推卸责任。

证监会已经要求保荐人就这次认购过程提交报告。而香港联合交易所也发表声明，对这次的安排表示“极度关注”，其实就是高度不满。联交所的声明也要求TOM及相关方面提交详尽报告，能对这次事件予以合理的清晰的令人信服的解释。不过，这已经是饭后茶余，画蛇添足，燥热的人们早已无心过问了。

招股截止的TOM.com，因为只在十家汇丰银行分行收取认购表格，结果旺角的分行，排队的人群多达5万人，荃湾也有12万人，而观塘的分行则也有4万人左右。

整个认购表格呈交过程不仅要出动五百警员维持秩序，而且一些地区必须加派警员协助。汇丰银行旺角分行早至凌晨五点，就有人开始排队。到上午十一点半，人龙已开始从弥敦道蜿蜒至亚皆老街，再延伸至上海街。

全城抢购

由于人多混乱，为策安全，警方不得不封锁多条行车线，造成九龙交通大混乱。银行本身上午无法照常营业，而附近其他商铺的生意也受到影响，商户叫苦不迭，怨声载道。由于各个收取表格的银行分行出现长龙，为了满足这些申请者的要求，十家分行的截止时间都不同，其中旺角分行从中午十二时延长到一时五十分才截止。这次交表混乱与认购之疯狂，引起了各界对包销商的强烈不满。

证监会发出的声明指维持公平有序的过程是保荐人、收款银行和有关公司的责任，它们应该做出更妥善的安排。负责安排上市的梁伯韬更成为众矢之的。

“记得当时李生打电话同我讲：‘Francis（梁伯韬英文名），不是你的错，你不必太介怀，估不到那么多人慕我的名而来！你不必担心生意，大把都有，不要理人家讲什么，我觉得你做得很好。’”梁伯韬忆述。

梁伯韬动情地讲道：“李先生同我讲：‘我好感动，见到电视访问一位认购 TOM.com 的散户，问他这家公司叫什么名？他说不知道。问他这家公司做什么？他又说不知！但问他为什么来买？他说因为李嘉诚！’”

香港媒体更以大篇幅报道香港市民争购 TOM.com 的新闻，多家报章的社论也批评了港人的这种近乎疯狂有欠理智的羊群投机行为。《信报》的社论以“靠炒秉性难变，改善程序可为”为题，指出“深深根植于香港商业文化中的炒快赚钱和有便宜不执输心理已是难改的本性。”社论形容当天的“混乱场面实在贻笑国际，有损香港金融中心的声誉。”

香港《经济日报》引述消息说，公开发售接到大约 46 万份认购表格，等于 100 个港人中有 9 个人申请，而一半以上认购三万股以下，估计会有近千倍的超额认购，冻结的资金大约是 1114 亿港元。而国际配售部分则有约一百倍超额认购。

又是李嘉诚。仅仅是因为相信李嘉诚。仅仅是因为李嘉诚这三个字。无怨无悔，执迷不悟，奋不顾身。

李嘉诚的长江实业和和记黄埔持有 TOM.com 约 40% 的股份。由于 TOM.com 是在营业记录不满两年的情况下在创业板上市，引起一些媒体说三道四，TOM.com 因为李嘉诚的关系而得到许多特权。针对这个敏感问题，联交所实时发表声明澄清立场，解释有关条例，以证明它没有偏袒任何机构。

李嘉诚家族控股和参股的上市公司超过八家，总市值超过 2.5 万亿港元。而 TOM 主要股东之一周凯旋的财富，因其持有的 TOM.com 股价飙升而身价暴涨，使她的财富在一周内增加超过 100 亿港元，跃升香港富婆榜第二位。

周凯旋透过两家各占九成股权的公司，持有 9.2 亿股 TOM.com 股份，因此，其个人实际拥有的股份数目为 8.28 亿股，TOM.com 股价开市后飙升近两成，若以收盘价港币 14.3 元计算，上述股权的市值便达 118 亿港元。

在香港，超人的名头几乎和丰厚的股市收益等同起来。成千上万的香港散户支持李嘉诚名下的企业，因为他们相信，李嘉诚投资的企业在任何时候都能赚得丰厚利润。

李嘉诚自称：

我从来不仔细计算我有多少财富，但是我的所有投资都极保守。

我不欠别人一分钱，因此睡觉睡得好。

李超人并非浪得虚名。在一些投资者看来，李嘉诚在香港金融市场呼风唤雨的能力就像一位点石成金的白袍大法师，让那些顶礼膜拜者死心塌地地追随盲从。香港人乃至全球许多地方的人，包括美国华尔街的金牌经纪对李嘉诚的崇拜几乎达到了登峰造极不可思议的程度。在他们心目中，李嘉诚就是成功的化身，李嘉诚就是财神爷的化身，他的手指拥有招财进宝的神奇功力，拥有点石成金的魔幻定力。他似乎拥有战胜一切困难破除一切魔戒的秘诀，紧跟李嘉诚的步伐，就一定能够享受到挥洒财富的无穷无尽的快乐快感快慰。

TOM股票2000年3月1日正式挂牌上市，但TOM的整合运作早在上市前就已经开始。最初，TOM的行动也只限于互联网：2000年1月31日，TOM首次进行了收购行动——入股OneAsia.com，收购行为花费420万美元并兼有换股形式，获得31%的股权。

2000年2月14日，它又与华夏旅游网络有限公司（华夏旅游网络），组成新合营公司itravelLimited，推出旅游网站GOCHINAGO.com。

直到2000年7月收购鲨威体坛，这多少让TOM开始在内容方面有了实质的可以感觉到的色彩与略微沉重的分量，自然也就可圈可点。因为，这毕竟是从虚拟的网络世界转化为实实在在的内容的一个重要步骤。

2000年9月4日，TOM以每股5.69港元的价格花费6168.6万股股份及现金共计3.744亿港元收购了163.net。

与橙携手合作，为橙WAP用户独家提供多元化信息服务及全球首创安全网上付款系统；与All Asia Financial携手开发投资网站AAStocks.com，为华语地区提供有实力的股票市场投资网上分析服务。之后，购得She.com35%股权；与美亚机构和上海信息产业有限公司合资成立上海美亚在线宽带网络有限公司。这一系列进军内地互联网、在京推出十二个简体版信息娱乐频道在内的扩建活动，迅速增强了TOM的实力并丰富了它的内容，使TOM有了可具操作的实质性的内容。

至此，TOM.com开始了打造门户网站的征程，发展以资讯娱乐为主的互联网内容业务，目标是“将中国带到全世界，亦将全世界带到中国。”直到现在，这个目标还依然刻写在 TOM.com 的许多新闻资料页面上。

但在大环境惨淡、纳斯达克崩盘的情况下，即使是李超人，有时也是回天乏术。2000 年半年度的总结会和王兟的走马上任是 TOM 事业发展的分水岭，TOM 开始进行调整，把目标定为：做跨媒体平台，而网站仅仅是其中一部分。至此，TOM.com 的互联网色彩开始减弱。但是，李嘉诚始终没有忘记自己当初对 TOM.com 互联网业务的期望，在许多场合多次提到："只要把网络与传统业务结合好，最保守估计不到两年，TOM.com 就会进入香港上市公司前十名。"

李嘉诚的眼光没有错，转机开始于 2001 年 10 月。TOM.com 互联网集团开始把工作的重心大部分转移到短讯上面，2002 年 9 月，TOM 互联网集团取得了 1400 万港元的毛利。

TOM.com 互联网业务蛰伏一年多之后，迅速崛起，除了业内外熟知并幕后操盘的李嘉诚外，还有两个人不得不说，正是王兟和周凯旋游走于 TOM.com 的整个发展过程之中。

周凯旋，香港市场的另类不愿显山露水的资本高手。周的公开市场身份是 TOM.com 的第二大股东，最高曾拥有近 33% 的股权，2003 年 7 月股份摊薄后约为 16%。第一次走向 TOM.com 的台前是 2003 年 9 月 15 日的一份澄清公告。在内地提起周凯旋，知道的人可能不多。但在香港，则无人不晓，但亦无人能晓，无人能知。1999 年互联网热兴起，据媒体报道，正是听从了周凯旋的主意与强力推荐，李嘉诚在 2000 年 3 月力推 TOM.com 上香港创业板，也正是此举，在香港市场公开捧红了周凯旋。周氏一夜之间，在香港资本市场成为炙手可热的风云人物。

李周两人合创 TOM.com 时，周仅以 400 万美元入股，结果上市以后身家飞升至最高的 127 亿港元。从此周凯旋也牢牢控制住了 TOM，成为 TOM.com 的实际操盘手。曾有 TOM 内部人士表示，"TOM 事无巨细，几乎所有的决定权都在周凯旋手中，包括公司最早成立的提议、创始工作，以及高层重要人物的任免。"

对 TOM 有超凡品牌影响力和最终决定力的李嘉诚，却一直退在更深的幕后，并不直接对 TOM 的业务亲手指点，但周凯旋则截然不同。据透露，有接近周的人说，"TOM 发展的每一步，都与周凯旋息息相关。在做完了北京东方广场的项目后，周凯旋一直把 TOM 作为自己的事业来做。"拿到东方广场 4 亿港元酬劳的当天，周凯旋把香港最繁华的中环地区每家店铺都逛了一遍，“每一件昂贵的商品我都买得起，但我没买。”周凯旋至今不忘当时那一霎那的感受：“心里觉得很富有。”

东方广场项目完成后，周凯旋声名鹊起，集团提升她做公司董事，但周凯旋却主动放弃，这令董建华觉得很奇怪。周凯旋解释说 :“外表很光荣其实是你自己心里的包袱，一个很大的负担。对我来讲，最重要的是从这个项目中得到应得的报酬。”周凯旋其实乐于接受自己的女性角色，

她说：“女人最大的悲哀是什么？就是你不想承认你的性别。我很开心我是一个女人，我只适合做一些女性的工作。很多女人觉得，她们生活在一个受歧视的社会里，所以她们花很多精力去克服这些歧视，大大小小的事情都去努力争取。但如果你心胸宽阔一点，你不认为这是歧视。我差不多是隐形人，但太多人看着我。这是我自己选择的人生，我要为此付出代价。”

TOM分拆

2003年3月10日纽约时间上午十点，3月11日香港时间上午10点，TOM互联网集团分别在两地正式挂牌交易，成为中国首家在纳斯达克和中国香港创业板同时挂牌上市的互联网企业。此次上市净融资额约为1.7亿美元。

TOM Online互联网集团的前身是TOM.com互联网事业集团。TOM Online（简称TOM）1999年12月16日成立，在开曼群岛注册，2000年1月18日，网站TOM.com正式开通。2000年3月1日在香港联合交易所的创业板上市。

TOM Online在上市计划书中表示，除去因上市产生的开支，上市融资的资金中将有8000万美元用于未来的收购及战略联盟。互联网分析师吕伟刚表示，“TOM.com是一家具有收购经验的公司，而且在互联网行业也曾经有过实战经验，希望TOM Online能够延续下去。”

在3月16日的TOM Online全新品牌形象发布会上，TOM Online将会收购什么样的公司、有没有目标成了媒体提及最多的问题。

2003年3月11日晚八时，香港中环。与李嘉诚事业总部长江大厦隔街相望的旧中银大厦十二层Cipriani俱乐部，是日刚刚在纳斯达克和香港创业板两地

同时挂牌的又一家李氏旗下和记黄埔系公司的TOM互联网集团在此举行上市庆祝会。

各方鱼贯的感谢发言后，最后一位致辞的是持有TOM互联网集团20%股份的周凯旋，与平素在公开场合低调、内敛的风格不同，周第一句话直指在座诸位心中的遗憾：“我知道大家的快乐是没有达到沸点的快乐，因为我们的股票在上市第一天就跌破了发行价。但是，我想说无论如何我们胜利了，为结果而努力的过程我们享受到了。”

千千万万的股民是否也享受到了？当然，他们所享受的可能是完全不同的感觉。顶着众多光环上市的TOM互联网集团上市第一天即跌破发行价，TOM互联网集团甚至专门给前来就此事询问的媒体发邮件解释。

实际上，周凯旋坦诚的一番话给予了TOM互联网集团上市相当中肯的评价，尤其是对于TOM互联网集团母公司——TOM集团而言，山重水复，一切才刚刚开始，当然，这种安慰的同时，也是一种极大的期望。

接近TOM大股东李嘉诚和周凯旋的内部人士透露，虽然四处收购收得“名声大噪”，但互联网业务却一直是TOM最高层难以解脱的魔戒。李嘉诚时时挂记着，一定要给投资者一个合理的满意的至少是可以期待的交代。至少，要让投资者看到自己名下的公司未来的希望所在。

对于TOM Online而言，许多人都寄予了太多太多虚无缥缈美好曼妙的愿望。只因为是李超人的公司，明知这是一只现阶段“每日都在亏损的股票”，仍对其追捧有加。此一时，彼一时也。这样的神话时代也许真的一去不复返了。

时针指向2003年3月11日上午十点。TOM Online在香港联交所第一天挂牌就跌破了招股价。TOM Online的招股价是1.5港元，首日收盘于1.4港元，跌了6.7%。不由让人大吃一惊，更不由令人莫名其妙。究竟怎么了，这毕竟也是李嘉诚的“孙子”啊。只能感叹时运不济。

周凯旋在TOM成功之后依然保持着优异的投资战绩。早在2002年初，TOM集团董事局就对是否投资IVR（交互视频）业务做过讨论，但考虑到无线音讯服务是全新业务，当时无法判断市场的前景，而且当时TOM互联网业务还有较大的亏损。

如果参与风险投资，显然会加深整个集团的营运压力。之后，作为第二大股东的周凯旋便决定自行投资成立雷霆无极主攻IVR业务，没想到一炮而红。

雷霆无极于2002年7月31日成立，并从10月开始为中国移动用户提供试验性的IVR服务。在台湾，IVR用户是短讯用户的十倍。因此，2003年5月刚推广到全国市场的IVR发展前景被认为将不亚于短讯市场，估计市场规模每年可以达到25亿元人民币。截至2004年6月30日止，该公司半年内在该业务获得税后纯利约632.5万元人民币，其市场份额更是占到整个市场的50%以上。

2003年9月27日，TOM集团公告称，将通过全资子公司Bright Horizon以象征性的一美元现金支付，以及TOM集团旗下Holdco股份支付1850万美元，收购属于TOM集团第二大股东周凯旋的雷霆无极全部股份。

IVR是一种新兴的无线增值服务，雷霆无极根据通话时间向使用者收取内容费，中移动有权就所提供的IVR服务保留雷霆无极所收取内容费的15%，并向使用者收取全部通话费（只有聊天及交友等服务雷霆无极有权分享25%的通话费）。

“周凯旋的每一步棋都踩在资本市场和产业的点上，无怪乎连李嘉诚都对她青睐有加。”有媒体如此评价。

如果说周凯旋使TOM发端于青萍之末，那么周凯旋起用当时仅有26岁的王雷雷负责互联网业务，致使TOM终于异军突起，现在看来对多数渐渐失望的股东而言，则不能不说是一个“意外的惊喜。”

1996年毕业于清华大学电子工程图像专业的王雷雷甚有家世渊源，其祖父曾任中国电子工业部部长，王本人在TOM内部更有拼命三郎之称，王的后天努力促使其在2001年初发现了短讯业务机会，使得TOM成为第一个吃到“短讯”螃蟹的门户网站，同行的评价是王趁他们不注意抓住了短讯这个天赐良机。

事实上，王雷雷的最大贡献是使得TOM成为中国移动最重要的SP合作伙伴之一。2003年，TOM第二季度线上业务纯利1018万港元，是上市以来首次赚钱。王雷雷也因为业绩突出被提升为TOM集团非执行董事。TOM内部高层人士透露：“这是大股东们盼望已久的。虽然在短讯上面TOM依然是后来者，但专注使TOM还是跟上并有惊无险地赢了这一局的较量。”

TOM互联网集团2002年收入增加78%达到2.56亿港币，亏损收窄49%至0.91亿港币，在TOM集团里面的收入占到了其总收入的16%，位居出版（46%）、体育及娱乐事业（23%）之后，超过户外传媒集团（15%）。其中80%来自短讯业务。

2003年3月，TOM短讯业务收入（毛利）超过了预期的2003万元人民币，整体业务收入达到3000万人民币左右，收入与三大门户站到了同一起跑线上。TOM集团高层表示："TOM互联网集团是TOM最具增长潜力的部分，其对TOM集团的贡献越来越突出。"

TOM互联网集团开始秘密推进"蓄谋已久"的战略计划：全年收入超过四亿港元，三年内建设TOM门户，挤下网易，跻身三大门户，与新浪、雅虎、搜狐并驾齐驱。这是来自TOM最高层的指示之一，据TOM互联网集团高层透露，李嘉诚一直将建设门户作为TOM互联网集团的目标之一来要求互联网集团业务的发展。李嘉诚自始至终相信，以TOM雄厚的资金实力去抗衡难解虚拟的网络，哪里会有败下阵的可能，除非网络世界不在。既然资金紧绌的新浪等能够如常运作，资金充裕的TOM没有理由做得差过新浪。

TOM高层透露："2001年TOM、263、FM365新三大门户，最终只有TOM在阵地上坚持下来，却不知道能不能真的实现。"经过三年几近疯狂的收购，它的行业布局已基本形成：拥有14家公司，在60座城市开展业务。

汉高祖刘邦曾经这样总结他从一介流寇成为大汉王朝开国皇帝的原因："运筹帷幄之中，决胜千里之外，我不如张子房；筹集钱粮，保证大军的物质供应，我不如萧何；指挥军队，战必胜，攻必取，我不如韩信。这三个人，都是人中的英杰，但是我能用他们，这就是我为什么能够夺取天下。"

李嘉诚的用人之道，与刘邦有着异曲同工之妙，这就是他为什么能够开创自己前无古人的商业帝国。对投资者而言，又一个"产业嫁接资本市场"的典型——李嘉诚家族资本故事又开锣上演。只不过，这一次，李嘉诚不会公开露面，也不需要露面，一切荣耀从此归于身边的周凯旋。

李嘉诚的和黄已经开始在香港运营3G业务，TOM Online会不会参与其中呢？王雷雷表示，TOM Online是中国移动的第一家彩讯合作伙伴，在3G这个新业务上同样也要先入为主，TOM Online已经开始与运营商共同测试一款在韩国风行的3G手机游戏了。

"一旦时机成熟，和黄在3G上所积累的经验和资源与我们的增值服务将会产生协同作用，TOM Online的爆发力无可限量。"王雷雷不无得意地说。言下之意，TOM Online参与李嘉诚和黄集团的3G业务是必然的选择。

李嘉诚亲身经历了香港的三次产业转型，每一次他都跟上了社会动荡变化的前进脚步，从经营塑胶花，到发展房地产，再到移师港口，再大步转向信息、生化等新兴产业。每一次转变，他都不是邯郸学步、照葫芦画瓢，而是洞察先机、独辟蹊径，以全新的思维、超人的理念和崭新的模式，以灵活的头脑和多变的手法，拓展一个个陌生的新领域，并让这个令人眼花缭乱的过程给历史留下了不尽的联想，给现实留下了无穷的遐想空间。

因此，他时时站在历史风云变幻的风口浪尖，他屡屡成为新产业的“领军者”，不仅享受到成功开辟新业的精神乐趣，而且收获到新兴产业结出的一茬茬丰硕成果。

过去十年中，李嘉诚的长江实业股票的年平均回报率为16%，和记黄埔为20%。但是，“认为李嘉诚名下的公司的股票就一定赚钱，这是错误的。”凯基证券联席董事邝文彬对《环球企业家》说，“目前，投资环境比较审慎，投资者需要看到实在的盈利模式和盈利记录，对TOM这类憧憬股票，热情不会很高。投资者基本上都是短线操作的思路。”

李嘉诚一向珍视自己在投资者中的声誉日隆的口碑。当年，TOM.com公开招股曾导致香港出现交通阻碍、商铺经营混乱的局面。据说，李嘉诚因之大为感动，亦由此，李嘉诚从内心深处想到，绝对不能让投资者失望。

我可以输掉身家，但绝不能让投资者输掉自己的血汗钱。

当然，李嘉诚更加不希望输掉投资者对自己的固有信心。现在，李嘉诚要想打一场名誉保卫战，短期内消除因科技股崩盘造成的市场上的负面看法并不容易，当务之急是消除他在投资者心目中业已产生的某些印象：比如，被指责利用超人的概念从股市套取更多的资金。

从来都注重自己名声更甚于长远的战略利益的李嘉诚，为急功近利的市侩的香港金融市场树立一个正面的榜样。其实，李嘉诚旗下的多数公司，包括TOM在内，在投资信息的收集发放过程上，比一般公司做得更透明更好更出色。但是，就因为他是李嘉诚，就因为他是商圣，就因为他是超人，市场才对他有更高的人格标准，更高的社会期望，更高的道德要求，更丰厚的利润回报。甚至，更高的价值判断。自然，更多些近乎尖刻的噪音。

李嘉诚认为：“投资不是简单的买入卖出，它是一个收集信息的过程。”

遵循信息背后揭示的市场规则并加以运用，比一两个聪明人握着一大笔资金，拍脑袋空想更为可靠。

> 很多人把投资股市比喻成买彩票或者是赌博，然而，如果一个投资者清楚自己究竟在做什么，他就不是在赌博；如果你是把一笔钱投入一笔交易，然后一无所知，只会祈祷，那才是赌博。
>
> 只有用心关注、研究和比较投资的远期结果，努力找到一个或是一系列有实际意义的投资方法和策略，才算完成一次高明的投资。

多年的风雨之后，李嘉诚已经成为一代投资宗师，近年来，他在亚洲商业圈的表现证明其投资理念明显升华，达到了无可比肩的层次。2007 年 10 月，当人们还在为股市暴升而热血沸腾之时，李嘉诚已经不失时机地从香港股市抽身而出，而未过两个礼拜，香港股市便由高位的 32000 点跌到 26000 点。凡此种种，都达到了别人难以理喻的神乎其神的境界。

当面对股市的险风恶浪，有人鼓励小股民跌点买点，跌多点买多点的时候，李嘉诚不仅仅是出于职业道德与社会良心，而是出于对千万莽撞的小股民的真诚关爱，呼吁他们务必注意风险，并且不失时机地抛售手中持有的大批股票，以引起股民对市场风险的高度警惕。

“好的实业家是一个好的投资家，好的投资家更是一个好的实业家。”王兟这样的职业经理人在 TOM 的出现体现了李嘉诚的思路。

2000 年前后也正是中国 IT 业疯狂的年份，一批网站新秀应势而起，不只包括新浪、搜狐等品牌，包括他们的创始人王志东、张朝阳等顿时也声名大振。正是这个时候，TOM 走进了李嘉诚的计划之中。一切都似乎是水到渠成，没有应景应时的刻意安排的丝毫痕迹。

一直让管理层放心不下的是网络广告的增长。由于内容和定位上与三大门户的区分，数码产品、手机、快速消费品、汽车厂商正在将注意力投向 TOM，非常看好 TOM 所聚集的年轻人的消费意识、消费能力的增长。“网络广告队伍 2003 年第二季度开始建立，2004 年也许会有所突破。”

为广泛传播 TOM 互联网集团的全新品牌形象，TOM Online 以上市为契机，陆续在北京、上海、广州等地进行大规模广告宣传，并全面启动以王力宏为形象代言人的主题宣传广告。

谈及 TOM Online 的股票表现不好时，王雷雷表示，一周的股价表现算不上什么，我们注重长线的走势，当初我们处于低谷的时候没有人相信我们能取得如此成绩，没有人相信我们能够梅开二度，并走上纳斯达克。

诚如周凯旋所说的那样：“无论如何，我们胜利了。我们享受了追求结果的过程。”就像周在采访中表示的那样：“我做生意的常用方法是超越界限思考，别人有框框，你不一定要参加他的游戏，你一定要有玩自己游戏的自信心。”

在周凯旋看来，雷霆无极的收购是一次关联交易，“这是没有任何人可以抹杀的。但关键的是 TOM 集团收购雷霆无极的目的为何：是股东要从公司拿取资金，还是以此作为公司业务的加速器。”

周凯旋认为，IVR 业务的成长空间及现实表现是此次收购合理性的最好注脚。当然，TOM 顺利上市，不仅需要周凯旋这样看待 IVR，还需要说服全球的投资人认可。投资银行、会计师事务所和律师事务所对 IVR 的强调当与此有关。

2003 年 3 月 17 日，上市归来的 TOM 互联网集团发布了全新品牌形象，宣扬时尚标签，正式确立面向个人用户的“明日生活现在式”与面向企业用户的“明日在线今日再现”标志语，并签约偶像派歌星王力宏出任 TOM 互联网集团形象代言人。

根据 TOM 方面提供的数据，截止到 2003 年 12 月 31 日，TOM 互联网集团 IVR 无线音讯互动服务排名第一，占据近 60%的市场份额，WAP 和彩讯业务名列第二，短讯业务位列第三。

趟出了一条路

对于 TOM 集团来说，TOM 互联网的案例为其后集团的一系列运作“趟出了一条路。”

2003 年 11 月间，TOM 集团总裁王兟在北京表示，TOM 集团的最新定位是多元化经营的媒体控股公司。而且，这家创业板公司已不复用旗下业务的具体行业划分事业群组，而是按照其发展阶段重新定义了 TOM 集团。他并强调，集团始终遵循李嘉诚先生当初所确定的建设门户网站，借助门户，拓展媒体，由虚到实，多元发展的网络战略。

王兟当时称，继 TOM 互联网集团的分拆上市后的就是一系列成熟业务的渐次分拆上市，“下一个分拆会是印刷出版业务。”在其公布 2003 年全年财报时，王兟评价目前 TOM 集团拥有的互联网、户外广告、印刷出版、体育和电视娱乐五类业务中，“互联网业务高速成长，户外广告的收入平稳向上，印刷出版平稳运营、体育推广已经从 2003 年 SARS 的打击中逐渐恢复过来，电视娱乐预计三年内实现运营的收支平衡。”

他回忆说，在 TOM 集团早前以“跨媒体”的名义频频收购的时候，媒体和分析师质疑最多的就是 TOM 集团的整合能力，但 TOM 互联网集团的分拆上市似乎使外界看到了分的魅力。“整合的效果就是数据。”

实际上，自 2003 年 11 月 4 日 TOM 集团与三联书店签订合营协定，组建北京三联世纪文化传播有限公司之后，关于 TOM 集团在媒体产业的下一步收购动向就始终是一个焦点，而王兟此次回避“继续分拆其他业务上市”的态度表明，TOM 集团显然并不认为现有的这些就是终点。

周凯旋回忆说，当初负责东方广场项目时，早与代表股东之一高盛的王兟相熟。周说，四年前与王兟洽谈合作时，花了很多时间在阐述 TOM 的远景，包括公司不能抱着单单活在李嘉诚的光环与效应的心态，正当两人准备告别，王兟转身开门，周凯旋再问王兟是否明白她的想法时，王兟轻轻说了一句看来很有分量的话：“穷人家的孩子要有志气。”结果打动了周凯旋的心，委予重任。

“很多人都觉得我是一个幸运儿，发展很顺利，其实，这都是表面现象，其中的甘苦只有自己心里最清楚。但我这个人性格中最大的一个特点就是很有韧劲，认准的事情很难动摇，有一种不屈不挠克服一切困难也要把事做成的强劲。因此，当我已经认定了一条最适合自己发展的道路后，便会非常投入，一步步朝着自己的目标接近。”

几年投资做下来，王兟见过的企业多了，他更想做的是能够亲自运作一个企业。而此时和黄集团所属的 TOM 公司也在物色一个投资业务主管。在周凯旋的引荐下，李嘉诚的幸运目光落到了王兟身上。对王兟来说，TOM 这样一个有 150 亿港元市值的上市公司是一展雄心的理想舞台。他毫不犹豫地加入 TOM，担任首席投资官，不久又接任首席执行官兼执行董事。

王兟回忆李嘉诚先生第一次找他谈话印象深刻：“李先生特别强调经营一

家上市公司，要懂得开源节流，务实求进；投资者的利益分分钟不能忘记，要为股东带来回报。同时，李先生也鼓励我们在看准方向时就大胆去做，不要迟疑、不要拖延。”

王兟一上阵就把并购作为重头戏，在短短12个月内实施17项并购，价值总额达22亿港元，并购涵盖户外广告、体育推广、台湾的印刷媒体和大陆的广告公司。包括收购鲨威体坛网站100%股权；并购163网站，将其六百万注册用户收编到TOM旗下。

“成功的并购必须有远见、有企望；必须把握这个行业升级换代的瓶颈；必须有大量的实干经验。对网络公司而言，必须具有可操作的实质意义。”

王兟在这些并购行动中，充分贯彻执行了李嘉诚一贯的经营理念，采用了自己最娴熟的资本运作手法，尽量用公司股票，而不是现金来收购一个又一个有发展潜力的资产。这不仅把公司市值发挥到淋漓尽致，而且也为日后的产业整合策略做好了前瞻性的战略、策略与技术性铺垫。

虽然TOM网站的浏览量在不断增加，但是，在李嘉诚心目中，没有盈利的企业运作，很显然这并不意味着完全成功，至少，暂时不能看作是成功。

当然该项投资是战略性的。互联网业也是一盘生意，必须有保证盈利的商业模式，否则难以生存。TOM要站住脚必须要有大的收入来源。当时的TOM和所有的网络公司一样，单靠网络广告作为盈利模式。

王兟就与董事会及经营团队讨论两个问题：一是网络广告到底有没有高增长性？二是聘用一批全新的员工团队来扩充网站内容，从成本和效率看，是不是最好的方法？显然答案都是否定的。那么怎么办？只有与传统媒体结合，走网上网下互动的跨媒体广告经营模式。

TOM确定了自己的发展方向：由一家纯网站转型为跨媒体公司，和市场上占领导地位、经济收入良好的报章、杂志、电视节目、户外媒体等传统媒体合作，在经济上联合搭建一个跨媒体的平台。广告客户要打广告，公司可以从电视、报纸、杂志、户外媒体到互联网提供一揽子计划。这种模式所产生的连锁效应是，公司内部营运的现金流量自然而然会持续不断地提高。

王兟决心使TOM成为大中华地区最大的媒体公司，他依然运用资本运作的方式，开始第二波的并购投资行动。这次目标瞄准了包括香港、台北在内的中国排名前二十位的城市的强势媒体，他们在本身领域不是第一，就是第二。

在短短的几年里，TOM通过收购手段，除了开拓户外广告和体育推广业务，更多的注意力是放在出版媒体方面。

在香港，收购了《亚洲周刊》50%股权。不过，这项收购后来被证明是错手捡了一块鸡肋。在台湾，接连收购了四家出版集团，包括PChome出版集团、城邦文化事业股份有限公司、尖端出版有限公司和商周媒体集团。它们每年的杂志和图书的发行量达3500万份，至此TOM已成为台湾最大的杂志及丛书出版集团。在中国内地，TOM与三联书店合资建立了出版机构，全面参与出版发行业务；与重庆《计算机报》组建合营公司。

当然，完成这一连串收购行动只是TOM的出版媒体发展策略的第一步。王兟说，TOM要建构的是大中华最大中文出版媒体平台。

TOM在多年的摸索中走出了一条独特的网络商业运作之路。当许多人还在对“网络泡沫”的破灭不知所措时，TOM已经在坚定地贯彻跨媒体策略。而这个由TOM首先提出的商业模式后来逐渐受到认同，现在几乎成了业界的主流与共识。

2004年初，TOM集团宣布2003财年全年盈利。王兟和他的伙伴们通过几年的努力，靠连环收购起家的庞大的TOM传媒集团，终于取得里程碑式的胜利。

对于企业来说，有出色的管理人员支撑是制胜的重要条件。企业应以优厚的条件吸引大批有能力的人才来壮大自己，才有可能获得成功。孙子在《始计篇》中说：“将者，智、信、仁、勇、严也。”

周凯旋说，TOM在李嘉诚光环下，一定要加倍努力，才能凸显本身价值，为集团增值。她说在王兟、汤美娟、王雷雷等领导下，她很放心，现在公司的成本结构很精简，每个员工都努力工作，都明白穷人家的孩子要有志气，不应有搭便车或者大树乘凉的心态。她笑言，TOM对和黄的贡献，比和黄给TOM为多。

TOM在线在北京举行真心英雄颁奖礼，嘉许奥运金牌运动员。长实主席李嘉诚更透过录像，向刘翔颁奖。周凯旋说，拍摄短片的主意是她提出，李嘉诚立即答应，更找来前广播处长张敏仪拍摄短片，并实时空运到京。李嘉诚并透过视频祝贺刘翔：

你跳一个栏，我的心跳便加速，到最后一个栏，我的心几乎跳出来，每一个中国人都为你高兴。

李嘉诚又对刘翔说，2008年一定会到北京来看他比赛。

半年以来，TOM集团以股票和可转换债形式共计获得21.9亿港元，此次TOM互联网的上市再次填充了公司的现金储备。

诚如王兟自己分析的那样，“市场总有一个供求平衡的尺度。”就像TOM互联网集团的分拆上市选择了中国概念迅速升温、互联网概念回归的双重时机一样，渐次分拆旗下不同资产上市之于TOM集团是趋势而为的时机选择——市场有需求的时候总能卖到好价钱。而正是这一分拆引来了意想不到的闲言碎语。

红颜知己

“一个只有几页的网站上市两次，可谓创纪录。”对此评说，周凯旋不屑应对。一边上市一边打官司，“这符合她的性格。”周凯旋的两场官司始于2003年的9月和2004年的2月。

香港海港中心二十九楼，在周与董建华表妹张培薇合资拥有的维港公司总部，一间不到十平米的办公室，周凯旋两度和与采访者面对面，轻声细语地坦然述说自己的故事。

周凯旋的办公室显然有些拥挤狭促，装修也略嫌平淡，甚至谈话若是时间过长或过于激烈，都容易让人感觉缺氧而局促不安。但周凯旋却安之若素，习以为常，引以自豪：“我们只是富人的亲戚，来不得排场。”只是偶尔，周也会非常细心地问起，与她谈话是否给人比较闷的感觉。在这过程中，你可以感觉体会到，她时时刻刻都很会为他人着想。

其时周凯旋正在打两场官司，周要告香港两家传媒诽谤。从2003年9月开始，对周将自己创办的从事IVR无线语音增值服务的雷霆无极公司，以1.5亿美元的代价卖给TOM集团并将之打包入TOM Online融资上市一事，市场出现不同的解读。

香港《××日报》称“周凯旋如意算盘打得响？”而另一份媒体《××周刊》则认为是“最离谱关联交易。”

周对此感到愤怒，认为有损个人声誉，是可忍孰不可忍。周的一位下属认为，老板向来爱憎分明，从来都是眼里容不得半粒沙子，何况这种捕风捉影式的猜测与谩骂式的先入为主的妄下结论。

根据公告，TOM 集团将 TOM Online 分拆上市融资约 1.9 亿美元，其中 1850 万美元会是收购周凯旋 100%持有的 PUCCINI 旗下雷霆无极公司 IVR 业务的初步代价，目前该公司 2003 年的净利润为 310 万美元。

按照协定，TOM Online 根据该公司 2004 年盈利的 7.7 倍最高不超过 1.5 亿美元的代价实行 100%收购。支付方式是一半现金一半股票。

于是，香港《×× 日报》和《×× 周刊》便著文，质疑周凯旋作为大股东透过关联交易有可能损害小股东利益，有损人肥己之嫌等。

2002 年 7 月，周凯旋投资一百多万美元成立北京雷霆无极有限公司。周透过 PUCCINI 公司持有其 100%股权，该公司是中国移动五家无线音信服务内容供应商之一。所谓无线音讯服务，是指用户利用手机，打一个电话号码便可取得话音信息，雷霆无极实时提供天气、交通等信息，同时亦可让用户利用手机的话音聊天室结交朋友。

中国移动 2003 年 12 月先在九个省市推出此服务，至 2004 年 5 月扩大更至全国。雷霆无极已拥有 150 万名注册用户，在五家供应商中市场占有率最高。而据信息产业部估计，该无线音信服务日后每年收入可达 25 亿港元。

周凯旋显然不能同意所谓套现圈钱的任何不实质疑。周凯旋强调，在 2002 年中，TOM 集团董事会否决了投资 IVR 业务的决定，盖因公司内部已经暂停了孵化器投资计划，甚具投资眼光的周凯旋最后唯有决定自己投资，不料两月之后，公司就开始盈利，此亦可以看出周凯旋的投资眼光。

不仅如此，周凯旋再三强调，整个收购计划实际上对她“不公平、不合理”。周与 TOM 集团达成的协定是：两年后付款，一半现金一半股票，且这一半现金必须再低息借给 TOM，股票则要做托管代理直至所有交易代价付清。如果公司两年内没有盈利，TOM 有权再卖回给周凯旋。

周凯旋说：“我实际上一毫子也没有得到，TOM 等于是零收购。”且中间的市场波动与风险却要由周凯旋而非公司承担。最后根据投资行建议，周凯旋接受了一个现金一美元加 1850 万美元股票（约 2.1%～3.7% TOM Online 的股权）的交易。“我只希望 TOM 好，”而且，“我不太为自己辩护”。

至于原因，周凯旋又讲述了一个经典片段：当年TOM刚上市的时候，只因为李嘉诚三个字，香港万人空巷超额660倍认购，李嘉诚为此动容。李嘉诚对周凯旋说："凯旋，这个公司一定要做好。""一定要做好。"这无疑是巨大的挑战与压力，亦是李嘉诚对投资者的承诺，亦是周凯旋的压力所在。超人在新经济领域的扩张脚步不曾放缓。但是，他亦非常谨慎行事，把企业做到有实际的盈利能力，能够给每一个投资者一个满意的交代。

没有人知道周凯旋到底有多少生意，就连最刁钻的记者都问不出她到底投资了多少家公司，"我也经常会拿我信得过的人的名义去做些其他的事。"周凯旋说。如果需要将她的影响力和操控力放在一个实体里面来探究周凯旋的话，唯一的选择只能是TOM。

我们已经看到，无论是幕后的李嘉诚，还是台前的王雷雷，无论他们能对TOM施以怎样的影响力，TOM的命运还是牢牢掌握在周凯旋的手中。

有人说过："周凯旋有两点是惊人的，一是慧眼识金；另一个是锲而不舍。"执着是很多成功人士共同的特质，不过也容易让人理解为固执，所以周凯旋说："要想成为优秀的人，就应该'聪明如狐狸，单纯似鸽子'。"

周凯旋曾经说过她不喜欢香港的记者，因为"香港记者现在越来越只关心我穿什么牌子的衣服了。"显然周凯旋更希望她的形象是商业的、中性的，而不是女强人、女富豪，甚至，不是许多人心目中的某一集团、某一人物的代言人。

无疑，对性别的关注淡化了她成功故事的传奇色彩，淡化了她为此所做的努力与付出，甚至在相当程度上歪曲了她原本的内心世界。

也许这些都是周凯旋不愿意看到的。但是，作为一名女性，周凯旋无疑已经赢得了这个崇尚财富与权力的男权社会的敬畏，甚至发自内心的崇拜。这是并不久远的历史，甚至尚且完全还在人们的视线与记忆中。

很显然，周凯旋的巨额财富的原始积累得益于两个人：一个是香港最有权力的男人——董建华；一个是香港最具财富的男人——李嘉诚。但是，许多人往往只看到了表面，而想当然地忽略了周凯旋自身的能量。

她是非常孤芳自赏的聪明能干的女人，当然也是一个非常乐意与人平等沟通的人，更是一个非常非常有投资眼光的女人。但她也是为数不多的只愿意和他们进行股权合作而非持打工姿态的女强人。

二十年来，她保持了自己独立性，她随时准备从容地合作，也随时准备潇洒地退出。她非常执着但绝对不固执，她非常超前但绝对不浮夸，她非常富有但绝对不奢侈。

TOM 的跨媒体收购战车，一路从专业网站到户外广告，从报纸、杂志到电视，直到今天尚未见稍有停止的收购步伐中，周凯旋偶露身影，都是在最重要的决策关头才会无限风光在险峰。

周凯旋认为自己与李嘉诚展开全面的生意合作是 TOM 的诞生和上市，最初 400 万美元的入股在 TOM 上市三年市值高达百亿美元后，周凯旋坐拥近 25 亿港元的身家，最高峰时身家高达 127 亿港元。

周凯旋投资了十几家公司，主要在内地，从物流软件到无线增值业务甚至医疗服务。周目前公开的职务是李嘉诚基金会董事、中华关怀集团董事长。

透过 TOM，周凯旋真正得以进入李嘉诚的财富体系，周凯旋发现自己迈入了其人生更高层次的台阶。可以说，李嘉诚改写了周凯旋传统的生意思维，让周第一次领略到了资本财技的变换无穷的近乎夸张的巨大魔力。对于这一点，相信无论是香港普罗大众，还是周凯旋本人，都一定会认同的。

周凯旋每次谈起李嘉诚，语气中都充满了溢于言表的尊敬与景仰。周凯旋说，李嘉诚做生意是一个不断下棋的动作，“我们一定是在某一个地方，已经布好了棋子，你们（传媒）就是太性急，不等我们把棋一步一步的下完。”言下之意，你们这些俗不可耐的井底之蛙太过于短视近视浅视。通常，最初的每步棋子，未必所有的人看得明白，只有结果出来或接近结果时，人们才恍然大悟，惊呼妙哉妙哉。所以，诸葛亮只有一个，事后诸葛亮却有九十九个。

周凯旋很留意和黄 3G 在内地的发展，甚至有意将和黄 3G 与 TOM 的彩信接轨。周说，TOM 目前的布局，兼顾了现在和未来的市场，比如在资料移动处理方面，TOM 互联网业务可以透过中国移动和中国联通，在无限增值业务上透过短信、彩信以及 IVR 业务，继续取得领导地位；透过和黄 3G，TOM 作为内容提供商，双方势必存在协同效应和合作空间。

另一方面，周凯旋又特别强调 TOM 作为媒体的一面。“从某种意义上来讲，TOM 只是披着互联网外衣而已。”周凯旋说。TOM 真正做的却是一盘传媒的生意，“我们内部从来没有所谓的转型之说，TOM 从一开始就是目标明确，可是我们在 2002 年收购城邦的时候，有媒体说 TOM 在转型，其实是不准确的。”

TOM 通过上市融资收购了大批的公司，平均记录是每个月收购 1.4 家公司，最终构筑了庞大的媒体机器，业务横跨互联网、户外广告、出版、体育推广及娱乐。

TOM集团CEO王兟在比较TOM和三大互联网公司时说："我们是跨媒体模式，究竟谁最成功，几年后才见分晓。当然，究竟谁最有实力，究竟谁最有前途，事实上现在已初见分晓。

在TOM的宣传书中，已经将自己描述为"首家在价值三百亿美金的大中华媒体市场中实践融会媒体事业的公司，至今并无真正的竞争对手。"至少，在李嘉诚的视野中，在周凯旋的眼界里，暂时还没有真正意义上的对手。

著名媒体人王长田认为，跨媒体的概念很容易搭建，但各媒体运营特性和用户特征各有不同，要真正让客户满意形成一揽子服务，操作起来其实很难。

周凯旋不失时机地驳斥了外界关于TOM跨媒体收购下整合营运、缺乏协同效应的说法。在周看来，TOM所收购的公司都有一个共同的特点：就是财务管理和会计方法粗放。

而TOM透过财务管理和成本控制，"每一家公司在整合后其营运成本至少下降了25%。"周凯旋很兴奋地说："王兟应该写一本书。"如果需要的话，TOM可以帮他出版。

周凯旋对出版业也寄予厚望。在周最得意的两百天重整台湾出版市场战役里，通过收购城邦集团，TOM一夜之间坐拥台湾35%的图书市场和40%的消费杂志市场，并成功挖得詹宏志出任TOM出版事业首席执行官。周凯旋说："我们对出版事业有很大的憧憬。"因为这是集团脚踏实地走路以来迈出的最大的一步。

周凯旋的出版策略是分三步走：第一步整合台湾出版市场；第二步将台湾和香港的内容逐步引入内地市场；第三步则是取得正式批准在中国内地设立中外合资公司投入出版及发行业务。在这一系列的大动作中，我们发现，李嘉诚的影子无时不在，无处不在。TOM的老板是周凯旋，周凯旋的老板是李嘉诚。

近距离接触周凯旋，人们越来越能感觉到其有"报业老板娘"的气势。周凯旋真的能够如人们想象成为华人世界的"格雷厄姆（美国女舞蹈家）"，缔造一个真正属于她自己的绚丽多姿变幻无常的人生传奇吗？

"周至少搭起了一个跨媒体的架子，但是距离成为真正的华语世界的媒体大亨，周凯旋还需要时间。"一位香港分析师如是说。

TOM的媒体帝国梦想，周凯旋万里长征才走了第一步。这也许是一个永远也说不清楚，永远也听不明白的传奇故事。其实一点儿也不传奇，一切都在公开进行，一切都很透明。或许，一切都很自然。当然，并不是所有的人，能够明白能够通透所有的奥妙。最多人们只不过是消闲式阅读其中的花絮而已。

“我自己觉得自己很复杂，你们（传媒）一分钟、一小时，怎么可能完全去了解一个人？我自己都不了解自己。”对于接受访问，周凯旋觉得颇为勉强，一度质疑这种访问有何意义？

今天的香港，已经很久没有诞生震撼人心扣人心弦令人振奋的传奇——再大的财富也在万马齐喑万马奔腾万马奋蹄万马嘶鸣的尘埃落定中，逐一失去最初的原始的未经雕琢的神秘光环——往日的喧嚣，甚至突然间的异常爆发，甚至离奇般的瞬间沉默，也必然归于平淡平静平常平实平凡平民，旧式的传奇亦势将成为秋风瑟瑟中的随风飘逝的薰衣草花絮般的断断续续的追忆与不尽的惆怅。

周凯旋很香港，也很李嘉诚，但她自有她的点金术，和非凡的女人心境女人胸怀女人情感女人世界女人思维。她的点金术，如同李小龙的拳道，简单，直接，意在成效不在招式，既不是武当的，也不是少林的，或许，也不是峨眉式的。

不按牌理出牌，没有人知道，她的牌理是什么样的。被周凯旋选中参与早期 TOM（即 TOM 集团互联网事业部）工作的大陆老牌明星朱时茂，在接受访谈时仍记得周老板：思路清晰，聪明过人。当然在男人的眼中，是不可否认的光彩照人。

如她自己所说，美丽的外表下，既是一个单纯明眸皓齿的鸽子，也是一个狡猾的眼神多变的狐狸。在广州、青岛、昆明、郑州等城市大街上等车的年轻人，不一定知道身边的路牌广告是周凯旋收购到 TOM 集团的；163.net 电子信箱每天收发着数以百万计的 e-mail，用户不一定知道这家公司是周凯旋委派王兟收购的，羊城报业、三联书店、华娱电视、雷霆无极游戏……这些实体每天每夜都在相当程度上流转着周凯旋的钱，在不同程度上开始日益深入地直接地影响着人们的生活方式与思维观念。

周凯旋有一段时间喜欢的投资是古董。当然，这部分通常都属于自己个人的投资。

以自己的名字命名慈善基金会，并不像周凯旋的惯常作风。面对这个话题，周凯旋忽然显得有些黯然却又不失决绝，“这个问题我其实思考过很长时间，但我想过，如果连我自己都不敢拿出勇气来，她们怎么接受我的帮助？她们怎么在以后有勇气去面对别人的目光。”

这就是周凯旋，你还有疑惑么？

事实上，周凯旋一直所刻意展示出来的，是一个中性的商业人物，以周凯旋本人的名义为女性号召，周凯旋基金会堪称是她唯一的特例。然而，性别特征在周凯旋的生命历程中每时每刻，每地每方，所具有的普通的也是特殊的人文含义，是谁也无法抹掉的。当她扎着马辫、穿着束腰外衣与蓝色短袜上学的时候，路人看到的是香港最著名的拔萃女书院的天真烂漫纯洁无瑕的小女生；当她在澳大利亚新南威尔士大学的时候，同学们看到的是豆蔻年华丰姿绰约风情万般的华裔女留学生；当她在20世纪90年代，一周一次，往返于北京—香港的时候，北京的生意人看到的是香港来的精明强干漂亮典雅的打工妹；当她身着深色套装，神态自若气定神闲地出现在李嘉诚身边时，香港的人们看到的是一个资本运作的成功者。

好奇多事的香港人，也许会问，她应该是谁？

周凯旋到现在还在忿忿不平：“那时候我也是为董先生这样的大公司做事情啊，但他们就是觉得那时候来北京的香港人，是在香港混不下去才来大陆的‘矮仔’，你知道吗？香港骂人的话：矮仔——他们就是觉得我低人一等！”“矮仔”是北京留给周凯旋最大的伤痛，商业文明早就相当发达的香港，女性身份也是不折不扣的名副其实的劣势。

文明是什么，文明是一个美丽的光环，透过这个光环，可以看到阳光，可以看到月光，也可以看到历史沉淀的阴影，也可以折射文明意外的甚至不属于文明的社会渣滓。

香港著名的商界政界女性，十有八九都是在原姓名上冠以夫姓的四字姓名，而从未公开婚姻状况、三个字姓名的周凯旋在其中显得尤为醒目。香港人偶然会问到，周凯旋究竟姓什么。不过，没有人够胆直截了当地问周凯旋。不过，答案不言而喻。虽然，曾几何时，周凯旋也曾渴望能有这样的机会。

万众瞩目是商业成功人士难逃的窠臼，周凯旋清楚地明白这一点，她说：“有什么办法呢？这就是我选择的人生道路的代价。”

有人说，一个人的能量决定于经常在他周围的是什么人。或者周凯旋的经历可以作为这一理论的一个佐证。而关于周凯旋的新创富传奇却刚刚开始。对于香港，周凯旋的财富传奇将独一无二——因为她的最大财富来自于新经济体系，并将延续在一个叫做跨媒体的未来。

而唯一让采访双方心绪变得有些复杂的在于周凯旋最初的背景。在香港，她的名字永远只是荣幸而又不幸地与李嘉诚紧紧联系在一起。她是李嘉诚的“长期生意伙伴，”TOM 集团的成功运作，已经令到这两位强人的命运不可分割地联系在一起。

周凯旋总是被香港传媒称为“李嘉诚背后的女人。”她为此一度感到愤慨——经过近二十年的打拼，白手起家，坐拥数十亿港元的财富绝对“说得清楚道得明白。”

同样，在内地，这位 TOM 跨媒体集团真正的女掌门人，不是因为幕后指挥 TOM 收购战车而掀起“华人媒体帝国”的惊世猜想，仅仅因为早年创业的“东方广场事件”就已经被演化成一个具有“谜一样的人生，谜一样的财富，谜一样的女人，谜一样的心性，谜一样的手腕，谜一样的眼神”的“谜一样的传说与传奇”的谜一样的人。

这个谜，似乎成了一个历史性的难解难分的谜，并且构成了演绎这部世纪神话不可分割的组成部分。“春来谁作韶华主，总领群芳是牡丹。”诚如周凯旋所说，她的财富绝对不是谜一样，而是说得清楚道得明白。人生几何，仅仅若此，似乎已经如愿以偿了吧？还是留给周凯旋一点私人的空间吧。还是不要用庸人俗人的眼光去看待周凯旋。

2006 年 8 月，李嘉诚去罗马公干，红颜知己周凯旋相伴同行，两人更趁私人闲暇，在大街小巷漫步购物，不时十指紧扣，充满甜蜜温馨。

彼时和黄公布中期业绩，3G 电信业务上半年税前亏损达 120 亿港元，未如理想，为了挽救这间一手创办的公司，李嘉诚在业绩公布后三天，即亲到位于罗马的 3G 意大利总部开会，更计划与当地第三大电信商温迪（Wind）洽谈合并大计。

周日，罗马上午七时二十分，李嘉诚飞行十二小时后抵达。同行的除了保镖，还有其红颜知己周凯旋。汽车驶抵酒店后，周凯旋随即下车吩咐侍应将行李送上房间，而笑容满面的李嘉诚，则走到柜台前办理入住手续。两人所住的威斯汀艾克塞西尔酒店建于 1904 年，是罗马最高级的酒店，双人房一晚最少也要四千多港元。至于李周是否选择价格昂贵的总统套房，则是无人知晓。

歇息四个多小时后，两人便十指紧扣由酒店大堂徐徐步出，漫步罗马阳光街头。李嘉诚只穿恤衫西裤，没打领带，而周更只是牛仔裤便服，十分轻松。

他们放弃预先租用的贵宾车，步行到酒店附近的波哥塞公园。这座公园有著名的美术馆，珍藏品包括大卫像雕刻。他们没有入内参观，享受在没人认识的街头散步，彼此手拉手，边行边喁喁细语。路过街头一间成衣店时，周更兴致勃勃地一手将李拉到窗前细看，本来略带倦容的李超人，亦被她逗得开怀大笑，在橱窗前细意观赏。

他们在公园附近走了一阵，却突然下了一场“阳光下的骤雨”，但无损二人行街的雅兴，更增添了这一行程的丝丝浪漫。细心的李嘉诚，更亲自为女伴担遮挡雨，雨中漫步，浪漫至极。三名随行保镖则一前二后地保护主人。

两人返回酒店后，休息了一阵，便到附近的 Eden 酒店午膳。该酒店的顶楼餐厅是饱览整个罗马市中心的好地方，一顿午餐每位大约 3300 港元。

一小时后，两人乘车直驶西班牙广场，在游客最多的街头下车，尾随的保镖大为紧张，引来不少路人驻足观看。下车后，两人开始四处溜达，笃信佛学的李嘉诚更拉着周凯旋的手，走到广场内的 Basilica 教堂参观。

这座 1612 年开始建造的教堂，有不少珍贵壁画，其中在教堂正中的一幅天使画像，似乎最合李嘉诚心意，先是仔细端详，用心欣赏，而后不断地教导周凯旋“站过，站过”，她在画前摆出一个“回眸一笑，风情万般”的姿势，李嘉诚更亲自为她蹲下拍照留念。不过，周似乎不大认同李的取景角度，不断向李嘉诚提出反建议，“这样拍才好！”途人看亦不禁哑然失笑。周边的洋人好奇地看着这对不很年轻却很浪漫的东方人。

拍照过后，周凯旋便拖李氏的手，走遍广场内的大街小巷购物，一时走进名牌 Prada 的店铺，细意挑选新到的冬装，一时又到一些不知名的小铺挑选饰物，虽然最后空手而回，但周凯旋仍表现兴奋雀跃。

正当两人打算返回酒店之际，李嘉诚忽然在 Swatch 专门店驻足，原来已身为爷爷的他，希望挑选礼物给小孙儿。周不时提供自己的意见，并仔细检查每样货品。店员说：“他们一进来就说要买三只童装表，但捡选后又突然改变主意，改买新款的。”最后两人购买最新出产的“可爱大头童”手表，以及一套价值 95 欧元的彩珠项链、手链连耳环，李嘉诚还亲自排队结账。

离开该店时，周凯旋更实时拿出计算机，帮他计算兑换金额，看看大概值多少港币。“他常在这里购物，每一次都会来我们这里，有时买很多东西，但此次只买了领带。他应该是富豪，是日本人。”Puma 运动服装店却有眼不识泰山，不知这位豪客是何方神仙。

“那个客人应该很富有吧，三个保镖一直站在门外保护，他试了很多对球鞋，那个女的还半蹲在前，不断拿出不同的款式给他试穿，试了十多对呢。”店员还说李很有礼貌，经常面带笑容，非常享受这种普通游客购物的悠闲自在感觉。

好多人都好有兴趣知道，李嘉诚 shopping 时究竟是用卡还是用现金，原来李超人最喜欢支付现金，去买 Swatch 同买 Puma 波鞋都是给现金，而且还亲自排队付钱。

话说李超人一上飞机，即刻换套睡衣，然后就问空姐拿份《信报》，一边吃午餐，一边看报纸，吃完午餐后就开始埋头大睡。至于精神爽利的周小姐，享受完午餐后就换上睡衣，不过没睡觉，反而看套《达芬奇密码》。

据空姐讲，超人该程飞机差不多睡足八小时，每一次机师广播话“航机遇上气流，请扣上安全带”时，周小姐都第一时间离开座位，帮熟睡中的超人检查安全带是否扣好，认真体贴，并不停地为超人拉起盖在身上下滑的毛毯。

合组城邦

这是个讲究包装的时代。不论是脸谱，不论是产品，也不论是企业。也不论是个人形象。不善包装，在某种程度上就意味着甘于平庸。政治人物依靠包装粉饰太平，影视明星仰赖包装装点门面，就连商业行为，更需要包装来哄抬身价。

TOM.com 以 13 亿新台币，投资詹宏志主导的 PChome 集团与城邦出版集团，轰动两岸三地出版界。与其说 PChome 与城邦集团所占新公司的 49%股权，价值 13 亿新台币，不如说是詹宏志的个人包装魅力，价值 13 亿新台币。

此次收购变卖，向有“趋势专家”之称的詹宏志詹老板除了和壹传媒大股东黎智英接触，洽谈接收事宜，更积极地和香港富商李嘉诚接头，延续出版势力。詹宏志如此的“两面手法”，脚踏两条船，而且是两条不同航道互相碰撞的船，在香港媒体引起轩然大波。以至于有人怀疑其人格与精神健康问题。其实，很简单，这不过是商业运作的需要而已，用对手的敌人来威胁，绝对好过自己口干舌燥地哄抬物价。

詹宏志在台北的记者会上也不讳言“和TOM.com拍拖已有四个多月”。詹宏志并解释：“我最主要的工作，就是尽可能地找合作对象，所以，至少和国际对象谈合作谈了一百次以上。”言下之意，并不认为这是什么严重的两面手法。说得好听一点，这是多元化多视角多选择多比较，其中最实质的问题是，多赚钱，其实，李嘉诚很欣赏詹宏志的鬼才。

话说“在商言商”，詹宏志分头与素有“肥佬黎”之称的黎智英，及外号“超人”的李嘉诚合作，原本基于利益考量，没什么值得大惊小怪。倒是由此可以看出，在这个讲究“包装”的年代，詹宏志被塑造成“出版界之神”，登高一呼之下，光是形象，还是可以卖个大价钱。

尽管黎智英频抛“求爱”的眼神，频频聚会饮台式酒，聪明的詹宏志还是小心应对，有时甚至表现出很清高，好歹自己是个文化人，与黎智英之流的商人还是有区别的嘛，况且目前还在与李嘉诚周旋，怎么随便就失了自己的身份呢。

詹宏志“文人”出身的气息，和习于大开大阖、横冲直撞的黎智英，始终有那么点两个世界两个层次的味道。因此，虽然黎智英开出的条件十分优厚，但每逢谈到合作，詹宏志总是显得顾虑重重，不敢立即答应。

正当黎智英与詹宏志的接触告一段落，李嘉诚的好朋友周凯旋伸出了温柔的玉手。身为李嘉诚的高级幕僚，周凯旋完全能当机立断决定不少重要事项。2001年5月，TOM动用3.9亿港元（约合13亿新台币），入股台湾PChome及城邦文化，合组新公司，显示超级富豪李嘉诚的传媒王国已伸展到彼岸。香港媒体也形容：“TOM.com简直是为周凯旋量身定做的。”由于周凯旋十分欣赏詹宏志，在她的大力推荐下，双方开启了合作的大门。

了解内情的人士曾透露，李嘉诚一度担心壹传媒接收150名《明日报》编采人员后，战力会大增，当时人尚在新疆的周凯旋，立即打了通电话给詹宏志，表明金援两亿港元的意愿，詹为免事情过于复杂化，遂婉拒好意，由这不难看出詹宏志在周凯旋心中的分量。

黎智英和李嘉诚争相和詹宏志握手，抢夺出版版图，当中还牵扯出一段小恩怨。原来，壹传媒常有意无意间道听途说地报道李嘉诚与周凯旋的小道消息。李嘉诚非常反感壹传媒的这种先入为主的捕风捉影式的以论求据的负面报道手法。

双方合资的新公司，将于 8 月 1 日成立，由詹宏志出任执行长。虽然双方不断在香港与台北的记者会上，宣示这是“正在发生的中文新势力”，并对两岸三地的中文市场前景看好，但圈内人不免质疑：詹宏志能坐稳执行长的位置吗？

这一怀疑很快得到了验证，2005 年 6 月 14 日，詹宏志由于种种原因，宣布辞去在 TOM 集团与城邦集团的职务，仅象征性地保留了城邦集团名誉董事长和董事会成员虚衔。据说其中的一个不能公开的原因是詹宏志胆粗粗天马行空地闭门草拟了《李嘉诚传》。不知这位热钱傍身的詹大哥，怎么想到与我这样不名一文的草民争食？

曾有人以好命来形容詹宏志，说他走到哪，财神就跟到哪，即使历经一次《明日报》的失败，理了个平头，依旧能精神抖擞地迅即爬起，将 PChome 与城邦集团高位出手，堪称为一大赢家，就连员工在事前几天也只知道要换大股东，却不知大股东是谁。

好多员工还忧心忡忡地以为是远在天边，近在咫尺的随时大刀阔斧宰人不手软的黎肥佬呢。

事实上，有学者分析超人这次举动，不单将内地港台的媒体成功连合；推动两岸三地的民间互动，有助中华民族的统一；更令辖下的网站，与传统媒体结合，创造无限商机，建立三赢局面。

另一方面，壹传媒主席黎智英近日亦进军台湾传媒界，诚哥今次行动，有人指是冲着肥佬黎而来，要与肥佬黎明火执仗地火拼。不过，商界消息人士否定此说，指如此这般妇人之见，无疑是过高地抬举了肥佬黎。而且，李嘉诚不希望自己的投资，打上任何，哪怕是一点点政治烙印，尤其是在自己并不擅长的两岸政治空间。

李嘉诚以 TOM 名义，与詹宏志旗下的 PChome 及城邦文化合组新公司，这项投资不但是 TOM 上市以来最大宗的交易，亦是诚哥首度大规模投资台湾的具体动作，当中是否涉及敏感的政治问题？

市场意见纷纭，看法南辕北辙。“今次这个纯粹是商业决定，我不觉得有任何政治成分，所谓两岸三地等因素，不一定是政治，可以看成大家都是中国人，拥有共同的中文市场，只要做得好，有基础，经常都可以出现合作机会，好似PChome与城邦，就是一个很理想的合作物件。”TOM掌舵人王兟接受访问时，三言两语就否认了敏感的政治传闻。

对于这次牵涉港、台两地的交易，不少人甚感兴趣。今次的合作，在李嘉诚点头后，全凭周凯旋一力促成。

王兟指出：“五年来，PChome已经由一份杂志发展到十六份杂志，并且成为台湾最大的杂志出版集团，加上拥有十八个出版社品牌城邦，我觉得今次的合作，可以令TOM发展成为大中华地区中文媒体平台这个目标上，得到不少好处。”

两年前被委任为CEO时，王兟曾向东家李嘉诚立下军令状，在接手TOM后的第二年就实现盈利，如今他仍为该目标忙得不亦乐乎。2002年11月6日，TOM公布第三季业绩报告，亏损由去年同期的7678万港元收窄42.51%至4413万港元，2003年营业额达15亿港元，现金流为正。

内地政策的不确定性及互联网业务本身的敏感属性，当然是TOM走向内地感头痛的一个最大问题，然而就在最敏感的期刊出版发行上，王兟爽快回答，TOM与三联出版社合资是一次“全面意义上的政策突破。”

TOM也在不断尝试其他的管道。据称，TOM已经有四十六本书和五本杂志通过内容特许给内地出版商，2002年版权收入估计有80万美金左右。据《TOM有限公司2002年的目标和策略》称：“能够为所收购之业务进行整合及增值，实现TOM向融合媒体与科技的媒体企业的战略转型。”

但TOM的整合成本巨大——从体育推广到户外媒体再到印刷出版媒体，转型也未可轻言，1.25亿元人民币收购广州鸿翔只是TOM进军内地音像娱乐市场的第一步。

2003年2月对于汤美娟来讲，是一个很特殊的月份：2月14日刚被任命为中国平安保险（集团）股份有限公司（以下简称平安）的首席运营官，其权势仅次于平安集团董事长兼总经理马明哲。

汤美娟是在2000年接替平安第三任副总赵卫星（主管财务）成为平安的首席财务官，主管平安的上市、融资和公司其他财务事务。但两周后，汤美娟戏剧性地被宣布免职，她仓促离开了工作两年多的平安。

汤早年毕业于香港大学，取得专业会计师资格，长期供职安达信公司。

1996年成为安达信最年轻的合伙人，离职去平安之前，负责中国金融服务方面业务。

3月17日，汤美娟空降到李嘉诚旗下TOM，获任首席财务官。汤美娟在香港说：“能够为TOM效力，我深感兴奋。集团具远见的策略、团队的业界精英及稳健的理财策略最令人印象深刻。我坚信TOM将实现其宏大的抱负，而我亦希望参与其中，分享这份成功。”

入主华娱

2003年7月2日，TOM宣布，与美国在线时代华纳旗下的特纳广播系统亚太有限公司（特纳广播）就“华娱电视”建立策略性合作。TOM将以每股2.535港元发行约2100万新股，收购华娱电视64.1%股权，成为华娱电视的最大股东。特纳广播则将继续持有35.9%的股权。

这也是继2002年夏天在电视市场，TOM加入香港亚洲电视股权收购战失败后，李嘉诚取得的一场新的突破性进展。

华娱电视是一家二十四小时普通话娱乐电视台。2001年10月，它成为首家在中国内地获得有线电视落地权的境外电视频道，抢入珠三角。2003年4月，该电视台宣布，获得了内地有限度落地权。

7月2日，TOM仅以680万美元得到华娱电视64.1%的股权。这个价格使得TOM首席执行官王兟在新闻发布会上自始至终保持了掩饰不住的喜笑颜开的童真。更令王兟开心的是，TOM终于首次进入电视领域。之前收购亚洲电视（亚视）的无功而返是王兟不愿想起的滑铁卢，也是王兟执掌TOM后一系列重大收购的首次遇挫。而今不同了，坐拥华娱64.1%的股份，而且有管理权，颇有塞翁失马的非凡得意。

特纳广播系统给了TOM一个极低的入场费，从结果上也看得出来，王兟把李嘉诚一贯主张的谈判技巧发挥得很好。然而，就在王兟兴奋未消之际，另一种说法充斥着各媒体，这让他似乎不是滋味。“这次TOM收购华娱股权的背景与三年前华纳收购华娱时惊人地相似。”好像TOM真的走上了一条别人曾经失败的老路子。

华娱是个到哪都烫手的山芋。李嘉诚能否例外？更让TOM难堪的是市场居然不敢肯定这一点。7月4日，也就是TOM收购股权后开市的第一天，TOM股票便跌至2.225港元，跌幅达9.18%。证券商对TOM股票的盈利预测也不乐观。据许多香港证券商对TOM股票给出的买卖建议显示：积极卖出指数最高，积极买入指数最低。显然，大多数民意并不看好这项收购。

但是无论如何，李嘉诚染指电视传媒的决心信心不会有丝毫的改变。又谁能想到，这一收购，不会在可见的将来，成为另一个赫斯基？“股价大跌主要是由于TOM第二天配售股份所致。从TOM收购华娱这个交易本身来看，依靠TOM股东强大的资金注入，不太赚钱的华娱在短期内还不会成为TOM的财务负担。”道亨证券的一位唐姓分析员说。

华娱电视2002年收入仅为45万美元，公司利息、税项、折旧和摊销前亏损1700万美元。该数据与TOM承诺的年投入现金额相当。截至2002年3月，TOM拥有3.2亿港元现金，现金与贷款比率为35%。

7月2日，王兟并未就如何为华娱电视未来资金需求提供融资发表评论，称如果华娱电视财务表现得到改善，公司实际现金投入可能会少于三千万美元。虽然王兟表示，这次收购是一项好的投资项目，但国际评级机构标准普尔的判断却也出奇地与市场反应一致。

7月4日标准普尔将TOM的投资评级由持有降至“不宜沾手”，该行还将其六至十二个月目标价由2.2港元下调至2.1港元。降级的直接依据是TOM刚从华纳手中购得64.1%股权的华娱电视。

而这一切又缘于TOM与时代华纳的协定对TOM的未来有很大不确定性。因为在华娱电视财务状况得以扭转后，TOM可能会不得不放弃对该电视频道的控股权。这是根据7月2日的交易协定得出的结论，华娱电视的老东家华纳还享有在七年内随时购回华娱部分或全部股权的专利。这就是说，如果TOM在七年内经营得当，将华娱电视扭亏为盈，也很可能是在为他人做嫁衣裳。反过来讲，如果经营得不好，对不起，这个包袱你先替我背着。

市场进一步质疑，聪明的王兟，怎么签订了这样一个混账协议？怎么心甘情愿地为别人养子？“再说TOM并不具备整合华娱的实力。时代华纳解决不来的本土化问题，王兟同样很难解决。”

北京一位传媒界资深顾问认为，六千至八千万的目标广告收益，对华娱而言就是挂在树枝顶的苹果，需要跳得很高，甚至下面要铺垫很多才能摘到。况且 TOM 自己还在亏损状态，又能跳得多高呢？

收购行动完成后，TOM 将拥有华娱电视的管理权，控制该电视台的日常营运，包括业务发展、节目制作、广告销售和市场推广。而特纳广播将管理华娱电视的节目内容准则。

就华娱电视来说，它只是在香港有合法运营牌照，主要市场还是在广东，广东是中国经济最发达的地区，岭南文化的宽松与柔性、和谐和包容、多元与立体的特质也很适合媒体的发展，所以，和广东的这份情缘还会一直延续下去。

据称，华娱电视在广东的收视人口触及率占 47%，高于凤凰卫视的 44% 和默多克旗下星空电视的 25%。

李嘉诚正式入主华侨娱乐电视广播有限公司（华娱电视），被认为是他在内地电视市场扩张的第一个强有力的支撑点。但是，人们担心，这个支撑点或许建在美丽炫目的沙滩上。

李嘉诚一只脚已踏入内地控制严格的电视业。话虽如此，这种严格控制，在互联网时代，又能严到什么程度，又能严到什么时候？没人能够回答这个问题。

TOM 集团第二季度财报显示，华娱电视上半年营收 1130 万港币，而此前华娱曾表示今年的营收目标是 600 万美元，照此看来，华娱现在只实现了营收的四分之一，华娱电视如何能完成全年的目标？

王兟不得不解释：因为我们是从去年起才接手华娱的，当时预期是今年收入 500 万美元，华娱方面的高管给自己定的目标要高一点。但毕竟是接手华娱的第一年，从 TOM 集团的角度来讲，如果今年华娱实现 400 万至 500 万美元的营收，集团就已经很满意了。

而且在上半年里，华娱的很多广告时段已经被海润（广告公司）以比较低的价格卖出去了，虽然折扣比较大，可是华娱也要接受，这也影响到了华娱现有的广告价位，让新主人调不起价来。但在下半年，在合同到期之后，很多广告时段会空出来，这对 TOM 来说是很好的机会。

不能否认，TOM 又为自己增加了一个财务包袱：负担华娱电视三十个月内所有集资所需，上限为 3000 万美元。这个承诺和华娱电视惨淡的经营现状，让 TOM 在 2004 年转亏为盈的目标变得遥不可及。

“TOM 陷入了一个收购怪圈：要获利，收购行动不能停止。而股本不断扩大，股价持续低位的现状又使 TOM 越来越难在收购行动中占得先机，给股东的回报也越来越低微。这种担心不是没必要的。”

利用资本市场完成收购，扩大商业帝国并获得进一步扩张运作的充足资金，这是李嘉诚数十年来风行的金科玉律，也是 TOM 集团一贯秉持不二的经营手法。

在其从 2000 年下半年开始的收购狂潮中，TOM 一直充分利用股权转让、发行新股、配股集资等方式，实现它以“收购创造收入”的理念。据统计，在 TOM 已经进行的收购中，现金支付不超过 40%，其余均采用溢价发行 TOM 公司股票给被收购公司股东的方式。

伴随一次次收购增发，TOM 的总股本从三年前的 4.5 亿股，已经扩大到近 37 亿股，比起上市初扩大了接近 7 倍。被 TOM 收归旗下的传统媒体，亦为 TOM 贡献了其最需要的业务收入。这种以收购换收入的方式最初确实非常有效。

一系列利用发行新股收购的传统媒体给 TOM 公司赚得不少商誉，并保证了 TOM 公司现金流的顺畅和资本结构的平衡。市场也认可这一时期 TOM 的收购行为。

从 2001 年 8 月 20 日开始，TOM 连续公布了七个收购项目，TOM 的股价也从历史低位 1.625 港元，一路拉高，冲破了 4 港元的天花板，市值最高时达到 132 亿港币。

随着 TOM 股本的不断加大，股份不断摊薄，2002 年下半年，TOM 股票从年初的 4.77 港元高点跌到 2 港元左右，此后一直徘徊在二、三港元的价位，无力上冲。股价的持续低迷，给 TOM 公司用股票做收购代价的收购政策带来巨大的阻力。随着一部分作为收购代价的股票禁售期将近，TOM 的股价持续面临着不断增大的沽售下挫的压力。

不断扩大的股本还是 TOM 盈利路上的一个隐患。有分析家认为，TOM2002 年下半年将获微利，2003 年开始步入盈利正轨。道亨证券的唐姓分析员认为这个预测：“有实现可能，但盈利后，不断摊薄的股价对 TOM 的影响就会显现。目前 TOM 股票的市盈率已经高达 97 倍，盈利后还可能达到百倍，过高的市盈率对股东来说风险很大。”

TOM 的首席执行官王兟在谈及回报股东问题时，曾对记者说：“一家公司经营再好，它不考虑股东回报，不利用机会做好资本运营，就不对。不管你是国营还是私营，不管是上市还是不上市，你都义不容辞地需要给股东创造价值。”TOM 的年报显示，2002 年股东最后的权益结算仍然亏损。

风光无限

跑马圈地的收购政策，为 TOM 集团建立一个集互联网、户外媒体、出版、娱乐四大业务为一体的媒体帝国立下功劳，现在却成为 TOM 公司的发展瓶颈。

超人李嘉诚的讲话在媒体圈内投下了一颗“炸弹”。当有记者询问近期他投资台湾媒体的情况时，李嘉诚称对台湾媒体的投入仅限于一些技术类、IT 类的专业杂志，实际上他对中国内地的媒体产业更感兴趣。

只有科技使我们拥有无限的发展空间。

李嘉诚的战略眼光体现在每时每刻的每行每业。

著名的摩根士丹利全球投资报告，经过对十一种产业建立有世界级竞争能力的大企业所需年限做了统计分析，发现大众传媒所需年限仅为八年，其收益远远快于医药、银行、电力、能源等其他产业。

但是同发达国家的同行相比，中国传媒业的国际竞争力就尚显得稚弱。据知，美国时代华纳拥有 1500 亿美元固定资产，其与美国在线合并后，新公司的市场价值高达 3500 亿美元，而中国最有实力的报业集团的固定资产也不过 20 亿元人民币。

1999 年，中国电视剧出口的数量达 1000 万美元左右，却只相当于美国大片《泰坦尼克号》发行收入的两百分之一。

也正是这样的差距，给了人们以想象的空间。维亚康姆中国区总裁李亦非认为，中国是世界上最后一块没有被开发的传媒市场。中国经济连续保持高增长，导致市场对传媒的需求有了质的飞跃。

这个飞跃本身使国际大传媒公司与中国有了合作的机遇，来到中国的跨国传媒公司都想抓住这个机会。李嘉诚亦非对此毫不讳言。

随着TOM对内地日常生活的大界面的介入，这些注入网络时空的新观念新思维，很快就成为行业内最有活力的群体，成为吸引网民最有效的载体。TOM在这方面，绝对有进一步发挥发展的空间，无论是资本运作，还是协同管理，还是战略视野，内地任何网络都难望其项背。

当资本和媒体产业结合之后，重新适度的改造，甚至是李嘉诚式的蜻蜓点水，都完全有可能会成为新的人生起点，新的投资热点，新的无限遐想，新的迷人风光。

“要在商场上获得成功，首先要学会处理自己的金钱，明白金钱得来不易，非要好好地爱惜它，保管它，切忌花天酒地，花个精光，否则它不会和你久处。因为金钱本身也好像有灵性似的，你不理会、不爱惜它时，它会无情地和你分手。”

第十一章

商界的领袖

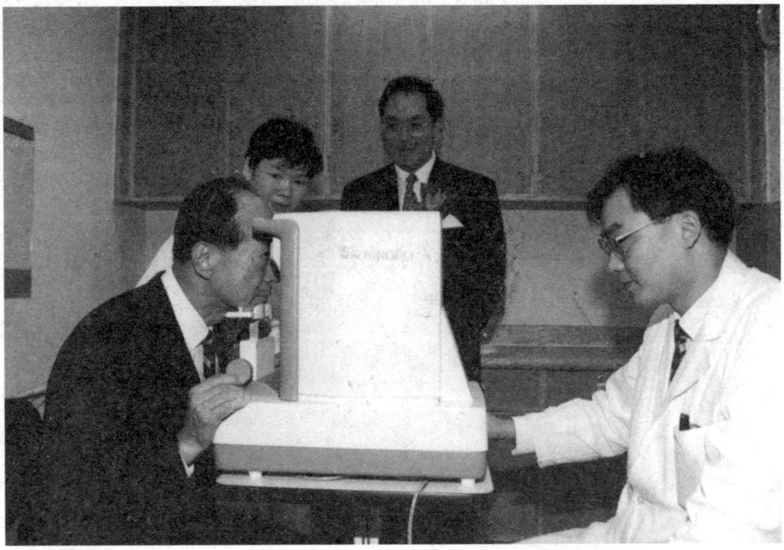

▲ 李嘉诚在香港中文大学校长李国章（中）陪同下，试用由他捐献的医学设备。

◀ 李嘉诚捐建香港中文大学的物理治疗楼。

18 世纪初叶，面对拿破仑的空前胜利与横扫欧洲的辉煌，伟大的法国文学家司汤达终于发出由衷的感叹：“经过多少世纪之后，凯撒与亚历山大终于后继有人了。”

今天，当我们面对商圣李嘉诚的辉煌，却是苦苦思索，试图能够让我们在更为广阔的历史视野中探索思索，希望能够发出同样的感叹。唯一遗憾的是，前无古人，当然，不敢说，后无来者。

> 我常常想能列出我个人认为成功一生缺一不可的素质，坚毅、勇气、有志、有识、有恒、有为、诚恳、可靠、有礼、宽容、公平、正义、洞察、智慧、尊重、正直、和善、大方……世界越变越复杂，反复如汪洋，对一些人来说生活是艰苦的，但对更多人来说生活尽是迷惘，今天我们确实需要很多生命的坐标。

无论李嘉诚是否以超人自居，他的所作所为早已超越了单纯的商业社会角色。用时下流行的话说，他自始至终地追求第一与完美完整，在每一领域里都追求最强最好，不仅要在地产业超越百年老店英资置地，而且他把公司包装上市，他收购英资，在市场上最重要的领域里他无可替代地超过了英资。

不断挑战自我，永不放弃学习，使得李嘉诚在众多的领域里都能进入出神入化的最高境界。

到 20 世纪 80 年代到 90 年代，李嘉诚的发展已超越商人一词的简单狭隘的社会含义，在传统产业里称雄的同时，李嘉诚也能在新经济新科技里呼风唤雨，更在新兴科技领域长袖善舞。

知止

1808 年，在法国埃尔富特，拿破仑前来向“心中偶像”歌德告别时的一句话已成为历史名言：“无论民族也好，个人也好，抱着幻想的时候就是幸福的时候。此刻我也抱着幻想离开你们，我的幻想是：你们会怀念我。”

李嘉诚的路还在继续，还在延伸，还在放大。当然，还在拓宽。他几乎一直在捕捉先机，发出时代的先声，引领时代的风气。他对产业趋势的判断和市场时机的把握非常准确，从塑胶花到房地产，再到石油、电讯以及对数码港、中药港计划的热衷，每次都不仅适应产业趋势的变迁，而且推动了社会的潮流滚滚向前。

到后来，李嘉诚不仅富可敌国，而且与一个地区一个国家一个民族的经济、民生和社会发展有了难以割舍的直接联系。1999 年，李嘉诚在汕头大学校友会成立典礼上，引用清人曾国藩的话，鼓励汕头大学同仁有志向上。

> 士人第一要有志，第二要有识，第三要有恒，有志则断不甘为下流。

传统文化中的那种知足、守常、中和、中庸、自立、忍辱、自给，也在这里给李嘉诚带来了超越时空的发挥挥洒洒脱的空间。

当孙权问庞统：公平生所学，以何为主？

庞统回答：不必拘执，随机应变。

当某人问李氏：先生生平所学，以何为主？

超人答曰：何以拘囿，造化乃师。

在李嘉诚宽敞明亮的办公室，隐隐约约体现着“知止”的仙道境界，这成了李嘉诚左右自己世界最基本的信条。

李嘉诚之所以在经商、为人、处世等方面均高人一筹，止学功不可没，止功深不可测，止道妙不可言，止术出神入化。原来这句话出自《道德经 · 下一章》“知足不辱，知止不殆，可以长久。”

2007年底，李嘉诚在长江中心自己的办公室接受台湾《商业周刊》专访。

“你好，我是李嘉诚，请指教。”在记者抵达之前，他已在会客室等候，见记者抵达，立即站起，掏出名片，双手分发给他们。身上总穿着蓝黑色西装套装搭配白衬衫，领带永远是蓝白色系斜纹款，“这样比较简单。”他说。鼻梁上的黑框眼镜，年龄超过十岁，最近因为近视增加，换了镜片却没换框。事实上，打从1972年长江实业上市记者会开始，他的眼镜样式从没变过。

李嘉诚的办公室就像他的打扮一样简单。没有任何奖杯、奖座，没有文件、照片，没有音响与电视，甚至连一本衬托学识的书籍都没有。唯一能证明这间办公室主人确实是李嘉诚的，只有一座小小的“李嘉诚公仔”，那是同事送他的生日礼物。

“他的两手间原本是一个玉质的秤，但它太容易被打坏了，我把它取了下来。”李嘉诚解释说。他似乎刻意让办公环境不带个人感情，假设另一人宣称这是他的办公室，似乎也无不妥。简单到令人怀疑平日究竟有无使用。“我每周来这里上班五天半啊！我一向桌上不会留纸，今日事、今日毕。”他笑着解释。

一个小线索证明他确实高度使用办公室。右手边的手提电脑，是他随身使用、掌握讯息的利器。左手边的桌上型电脑，桌面显示长江集团旗下和记黄埔股价，电脑下方放置一张纸片，以细字列出数十档他常看的股票名称。李嘉诚的每一个动作，一出手就是上亿，被香港股民视为重要指标。

除了两台电脑，李嘉诚办公室唯一能象征其非凡身份的“家具”，是六部电话。座位后方共四部。第一部，只有最亲密的朋友与家人，才能连上线，当然也包括他的三个小孙女；第二部，直通和记黄埔总经理霍建宁；第三部与第四部，供集团开会使用；左手边两部，也就是第五部，直通秘书室；第六部，可拨打长江大厦所有分机。七人座位、六部电话、两台电脑，构成他的工作蓝图。长江集团近年重要决策，就在这里决定。

小会议室直接通向他的办公室，办公桌的整洁引人注目，那上面从未杂乱过。从他在仓库里隔出的那间小办公室开始，他就保持着这种整洁，这给予他更开阔的空间感，他总是期待更大的空间。

虽然他的办公室功能性远超过抒情性，但墙上三幅名家字画，却悄悄透露他的内心世界。

第一幅是张大千画作，名为“李白诗意”，山林氤氲，绿彩泼墨，水气弥漫、浑然天成。题字来自李白诗作《山中问答》：“问余何事栖碧山，笑而不答心自闲，桃花流水窅然去，别有天地非人间。”这代表心境很宽。他说。这幅画在他办公桌正前方墙面，抬头可见。

第二幅位于橱柜前方，是八大山人的画作。李嘉诚说，八大山人画作一般是不开心的，唯有这幅画是开心、自在的，“光这一点，就值得挂在这里。”

第三幅是书法，挂在他右手侧墙上，离他最近。诗句为清代儒将左宗棠所作，字为名家所写：“发上等愿，结中等缘，享下等福；择高处立，寻平处住，向宽处行。”

字句的意境深远，李嘉诚很有所感。他说：“发上等愿、择高处立，连小孩都懂，也是我多年前就做到的，这不稀奇。”

然而，为什么“择高处立后，要结中等缘？”“结中等缘是不一定与同一个阶级、社会地位的人来往，这不容易。”至于享下等福，就更不易。富贵后，能过朴素简食。勤俭两字，是左宗棠家训强调的重点，譬如他说，虽大富大贵，亦靠不住，唯勤俭两字可以长久。这样的信念，无时无刻不体现在李嘉诚的生活中。

相较于广受中国文人欢迎、棱角分明、张狂跋扈的北宋苏东坡字体，李嘉诚似乎更偏好元代书法家赵孟頫的圆润平和稳妥实在，字体反映他内在性格，“不疾”却能快速达到目的，这是经商处事的境界。

《商业周刊》编辑团队与李嘉诚五个小时的谈话中，身为长江实业与和记黄埔董事会主席的他，没有任何一通手机、电话响起，没有任何人急忙闯入，打断记者的谈话，没有突如其来的行程，缩短与会时间。他眼神聚焦，专注倾听记者的问题，不疾不徐地回答。领着读者，进入他“不疾而速”的传奇人生。

据说，跟李嘉诚交谈一次，你的国学就能够日进半尺。当然，更多的人士希望有机会日进斗金。在全球华人圈，李嘉诚这个名字等同于财富，等同于运气，等同于摇钱树。

虽然没有受过高等教育甚至中学校门口也是来去匆匆，就被逼行走江湖，更没有很好的社会关系，但他总能看得比别人远，料得比别人透，走得比别人快，做得比别人高，想得比别人全，看得比别人开，算得比别人精。

有“股神”称呼的沃伦·巴菲特对商圣李嘉诚赞不绝口：“李嘉诚是商界的领袖，所有赚钱的人都想效仿他。按照李嘉诚所说的话做人、做生意，即使不能成为富豪，也绝不会是个穷人。”

股神的这句中肯实在的话语，或许将是保证本书畅销的最有说服力的佐证。也许，巴菲特的如斯话语，便是作者营营役役两千多个日夜，想寻找的答案，也正是本书所要寻找的唯一答案。然而，当作者面对李嘉诚时，只有一个答案，这就是用知识改变命运的代表者——商圣李嘉诚。

> 在我个人经验里，我发觉恒心与关怀都是没有年龄和区域限制的，今天的我，还是努力地去克服我面对的困难和做到我想做的事，这是我们要时刻对自己保持的高度要求，不单是为了我们本身、为了我们的下一代、为了我们深爱的祖国大地、亦是为了我们彼此共存的世界做出贡献和创造更光辉的未来。

香港作家杨兴安曾先后担任金庸、李嘉诚的私人秘书。他说：“金庸与李嘉诚这两位卓越人物有许多不同的地方，但是有三个共同点：超人的记忆力，而且精力过人；有明确的人生方向与目标；个人生活简朴，这大概与他们都是白手起家，深知创业艰难有关。”

说到精力过人，在李嘉诚身上表现得更为明显。他每天工作十多个小时，应付不同繁重公务，而且有时下班后也要工作，每次往汕头大学都是忙到凌晨两三点，但在人面前，从来都是精神抖擞，也从来不表露半点疲态。80多岁的老汉，依然雷厉风行，大步流星，就是二十出头的小青年，追赶起来也是气喘吁吁。

作为一代改革家的邓小平超越一般人的地方，就在于他能够举重若轻，不仅是站在中国看世界，而且是站在世界看中国。不仅是站在中国的今天看历史，更是站在历史的高度看今天的中国。于是，落后就要挨打这样简单通俗的道理，就成了推动中国三十多年来高速发展的唯一强劲动力。

也许，今天这样解读历史过于简单化，但是，历史的演绎发展变化，却往往不以每个人的个人意志为转移。尤其不是哲学家的逻辑推理所能解释得通的。

历史就是历史。同样，现实就是现实。同样，作为李嘉诚，他能够超越一般人的地方，也恰恰在于他的眼光永远都不完全局限在香港，不完全局限在中国，不完全局限于华人，而是放眼整个世界。

放眼整个变动的世界之昨天，今天，抑或明天。李嘉诚属于历史，而不仅仅属于现实。李嘉诚属于世界，而不仅仅属于中国。

我来自潮州

多少人，会苦苦思索着李嘉诚的成功秘笈，并试图亦步亦趋。对此醉心不已的作者，也会远赴李嘉诚故乡潮州探幽察微，试图能为读者说出个一二三来，倒是在潮州开元寺内，一句佛谒，令我豁然开朗。

“居敬存诚虑灵不昧，历劫魔难道心坚固。”

如果哪位读者还想穷根究底，还得亲身往开元寺，细细研读大悲殿的那句句佛谒：“恪守良知时刻护持，以心为镜了然人生。”也许，大智若愚的李嘉诚却是承受着故土开元寺神灵的庇佑。

> 14 岁，穷小子一个的时候，我对自己有一管理方法很简单，我知道我必须赚取足够一家勉强存活的费用。我知道没有知识我改变不了命运，我知道今天的我没有本钱好高骛远，我也想飞得很高，在脑袋中常常记起我祖母的感叹：阿诚，我们什么时候能像潮州城中某某人那么富有。我可不想像希腊神话中伊卡罗斯（Icarus）一样，凭仗蜡做的翅膀飞翔而堕下。
>
> 我知道要成功，怎能光靠运气，欠缺学问知识，程度与人相距甚远，运气来临的时候也不知道。还有一重要小点，我想和同学分享，讲究仪容整齐清洁是自律的表现，谁都能理解贫困的人包装选择不多，但能选择自律心灵态度的人更容易备受欣赏。
>
> 22 岁我成立公司以后，进取奋斗的品德和性格对我而言层次有所不同，我知道光凭能忍、任劳任怨的毅力已是低回过时的观念，成功

也许没有既定的方程式，失败的因子却显而易见，建立减低失败的架构，是步向成功的捷径。

多少年多少人，都不厌其烦地问着同一个既简单又复杂的问题，李嘉诚为什么能成功？其实答案很简单，或许因为“我来自潮州”。

国际汉学界的一代宗师饶宗颐更信手拈出“信用”二字，认为潮商承祖训“民无信不立”运用于经商，而形成的商业道德。这是他们成功的最大关键，尤其值得继承、传扬。潮汕人亦以精明、精于算计著称。

汕头市经委一名年轻的观察者王立新做了一个比较：上海人也精于算计，但他们是越算越小，潮汕人是越算越大。客家人也精于算计，但多算计人事，长于从政，多高官政要，潮汕人长于经商，多工商巨子。

2005 年，李嘉诚先生为《写给年轻人的简明世界史》一书所作的序言“上一堂不一样的历史课”中强调：

你千万不要认为历史是陈旧和与生活脱节，阅读历史也不仅是“以史为镜”而已，要知道我们是活在这“镜”内，往事和未来同样是一条走不完的路。处身在这诡谲多变的全球化世界，我们要懂得如何比较历史，观察现在与梦想未来，才可清醒地回应物质丰盛灵魂分裂的挑战。

一些学者也注意到这种非常现实的客观区别。汕头大学一位教授分析说，潮汕人具有典型的海洋性格。他们捕鱼、晒盐、海上冒险，甚至不乏海盗、鸦片、走私贸易者。这位教授发现，如果潮汕人是《白毛女》中的杨白劳，就不会去死，而选择逃跑。因为黄世仁要的是债而不是要你的命。王立新则径直说，潮汕人性格豪爽的一面，海洋打开了他们的视野。

《孙子兵法》强调：“善用兵者，修道而保法，故能为胜败之政。”可知在战争中，“修道而保法”是赢得胜利、避免失败的保障。对投资者来说，“修道而保法”同样是拓展业务，赢得利润，减少失误，避免风险的良策。

怒海求生的潮汕人甚至能立刻创造生命的奇迹与辉煌，至少会让生命的色彩更为斑斓绚丽。尽管有时会较常人辛苦十倍。

2003年7月1日，李嘉诚出席香港回归六周年纪念酒会，面对数十名追访的记者，虽多次表明不想回答问题，但不时也答一两条问题待记者交功课，李嘉诚最后更因其座驾迟迟未到，亦慷慨地向记者“送大礼”，驻足与记者谈足四分钟。

李嘉诚甫离开会议展览中心，面对记者第一句便说:“对不起，我今日不讲话，我赶时间。”又多番推脱：“我什么都不讲，影像就尽管影啦！”

多番推脱不回答问题时，李嘉诚也不时追问身旁的保镖，座驾是否已抵达，可惜仍未见踪影，面对记者提出各式各样的问题，李嘉诚仍笑容满面、从容不迫，被问及他对楼市的看法时，一向对传媒应付自如的李嘉诚更发挥其幽默本色。他笑说：“如果你们大家行家，答应是last question（最后一条问题），我就答复你，同不同意？”在场十多人哪里甘心，齐齐沉默。李嘉诚随即说：“哈哈！不同意？我就不能回答你们了，对不起呀！”虽然如此，他还是体谅追访记者的辛苦，亦一偿记者们的心愿，讲及其对楼市的看法，令众记者有功课交。

当你面对李嘉诚的时候，你会发现，他是一个非常专注地倾听你的问题的非常谦和的聆听者，甚至抱以肯定的神态，在回答时，总是面带微笑地看着你。比起媒体塑造出的那个精明强干、无所不能的超人形象，眼前的李嘉诚显得非常单纯，似乎是一个虚怀若谷的虔诚的聆听者，关注别人的感受有甚于自己。

许许多多世界政要赞美潮人的要点大同小异：融入居留区域的能力、工商成就、因保持了自身的传统而对所在国文化多元化的杰出贡献。始终保持谦逊的态度，不沉迷虚妄的名誉地位，并深明功成身退的哲理，有上有下于是“曲”，进亦为民，退亦为民。

在50年代创业时，全靠自己努力、求知找到出路，不是靠机遇。后来公司越做越大，机遇也就多了。你找机遇难，它找你容易。但你首先要充实自己，机遇来时才可以抓住它。

长实一位高层赞叹道：“李先生是多间公司的主席，他从其他公司收取的酬金，不论多少，全部拨归长实。他每年在公司实际所得只有五千港元，而不是每家公司五千港元。即如在长实多过5%股份投资的公司，他所得的酬金全数拨归长实，其他福利津贴全无，所有豪华汽车、游艇，都是私人的，甚至午餐，除了应酬宴客之外，也是由他个人支付。”

> 有志则断不甘为下流，有识则知学问无尽，不敢以一得自足，有恒则断无不成之事。成功的关键，在于我们能否凭着我们的意志，凭着我们的毅力，运用我们的知识、我们的原创力将之融入我们的生命，融入我们承传的强大文化，使之转化成为我们的智慧，使之转化成为我们的力量。

孙子认为，利用精心构思的计谋，迅速而有效的攻击所取得的胜利，是赢得战争的最佳方式，即智取；依次为利用谈判调解等方式达到目的；进行战争，向一个有充分准备的城市（对手）进攻。

孙子的思想影响了全球对谋略的重视，在现代商业竞争中，对商业策略重视、制定、运用的人比比皆是。然而，真正能够在长期竞争中立于不败之地，将策略游戏玩得得心应手的人却寥寥无几，李嘉诚便是其中之集大成者。

李嘉诚在平衡企业发展与控制风险的思考中制定了一系列重大策略。

1. 通过“跨行业收购或投资”、“调整收益回报期不同的业务单元”、“投资收益回报稳定的业务单元”三个子策略形成风险分散、整体收益稳定的业务多元化策略。

2. 以拓展业务全球化策略降低战略业务单元的风险。在此行动中，和黄货柜码头业务扩展到全球三十多个港口，地理上大范围的策略性业务布局，使得码头业务总体风险下降至最低，保证了其长期为集团提供稳定的现金流量。

3. 始终坚持稳健的财务策略。李嘉诚在1977年后即着手控制长江实业的负债比例，与同业相比，大部分时间都维持在一个较低的水平，近年基本控制在30%左右，其他核心成员企业在同业中负债率都较低。

由此，李嘉诚有足够的实力在适当的时机进行收购或增加业务单元的投资，为其实现总体策略提供动力。如1979年收购和黄，1985年和黄收购香港电灯。

上述几项策略互为犄角，形成了一个战略系统，是为长江集团发展的策略基石。此外，李嘉诚的策略还包括地区性的业务转移以及明显带有中庸思想烙印的不为最先的行为方式，等等。

简言之，深得“上兵伐谋”精义的李嘉诚数十年苦心经营的长实巨舰，在其“风险分散与积极发展相结合”的大策略理念中，历经风浪而弥坚，成为全球商界之楷模。

李嘉诚与巴菲特谁略胜一筹？如今都不能肯定说是巴菲特，那么，五年之后呢？五年之后的答案应该是显而易见的了。

首先，巴菲特通过 Berkshire Hathaway 投资那些成熟的旧经济公司，而李嘉诚通过长江实业投资房地产和电讯行业。两人都强力反对负债经营，巴菲特避开日常的管理工作，李嘉诚却在公司的日常运作中同经理人紧密合作。

巴菲特很少与合作伙伴共同投资，李嘉诚则拥有很多合伙股份和很多少数股东权益。巴菲特从不支付现金股息，而李嘉诚每年都在提高长江实业的股息。

李嘉诚在出席汕头特区建立二十周年庆祝大会时讲道：

> 全球化竞争是压力重大的事，必须靠大家有意志、有理念和逻辑思维去营运，贡献心力，才可争胜其中。

李嘉诚又以自己的出身勉励其他人。他说：

> 可能大家都不知道我自小离开潮汕的时候，无论用当时或现在的标准来衡量，亦是一贫如洗。但到今天，常常环绕脑海中最繁重、最费力的工作仍不会耗尽我勤奋的心；最困难、最费神的事，亦不会影响我求知的志向和解决困难的决心。
>
> 我深信，成功之路是从自己做起，我们潮汕人凭传统节俭、积极进取和不屈不挠的毅力走上正确的去向，一定会为地方、为省、为国家创造幸福、富裕和繁荣。
>
> 关于名，最好多看老庄的学说，一向不尚虚名，实至名归的荣誉，才最值得珍惜。
>
> 关于利，当今世上，很多事情非财不行，用正当方法得到金钱，做有意义的事，便是正确的价值观。

李嘉诚认为："一个成功的管理者，态度与能力一样重要。"

> 首要任务是知道自我管理是一重大责任，在流动与变化万千的世界中发现自己是谁，了解自己要成什么模样，是建立尊严的基础。自我管理是一种静态的管理，是培养理性力量的基本功，是人把知识和经验转变为能力的催化剂。

他指出，商场每一天如严酷的战争，这条路并不好走，但真正好的管理者，应该建立一个"没有傲心但有傲骨的团队，在肩负经济组织其特定及有限责任的同时，也要努力不懈，携手服务贡献于社会。"

最大的快乐

在传统的中国社会，重农抑商。在现实的中国社会，尊商贱农。历史上，这些观念的形成当然是与一些不法商人的种种不当牟利有关，以致形成"无商不奸"的偏见。今天，却完全是因为扭曲的金钱至上的价值观念。但是，当把这种观念绝对化之后，对国家和社会的发展却产生了极大的害处。

"如是我闻，一时，佛住舍卫国祇树给孤独园。一晚夜深时分，有一天神，体放光芒，照遍祇园，到访佛陀，顶礼佛后，站在一旁，向佛请教曰。"

"众天神与人，渴求诸幸福，请佛为宣说，最上幸福义。"

"佛陀答曰：

（一）远离愚痴人，常与智者交，尊敬值得尊敬者，是为最上的幸福。

（二）住在合适处，往昔会行善，现今又行于正道，是为最上的幸福。

（三）博学技艺精，善守诸戒律，处世能言兼善辩，是为最上的幸福。

（四）养亲爱妻儿，谋生不伤人，从事正当的职业，是为最上的幸福。

（五）慷慨兼正直，乐助诸亲友，行为无可责难者，是为最上的幸福。

（六）避恶戒除恶，远离麻醉品，坚持德行不放逸，是为最上的幸福。

（七）谦虚与恭敬，知足并感恩，有机会听闻佛法，是为最上的幸福。

（八）忍耐与服从，遇到修行僧，能适时研讨正法，是为最上的幸福。

（九）克己修净行，觉知四圣谛，现世能体证涅槃，是为最上的幸福。

（十）遇事遭变故，不动不忧伤，内心离垢得安稳，是为最上的幸福。

成就的人天，无往而不利，所到之处皆安乐，是为最上的幸福。”——《幸福经》

李嘉诚，或许有着至高最上的幸福。

2002年2月24日，刚刚被美国《福布斯》杂志排名为全球华人首富的李嘉诚，面对记者关于“你最大的快乐是什么”的提问，不假思索一脸真诚地回答：“在没有人认出的情况下，一个人到公园去转转。”

曾有人问李嘉诚：“君以为一生之中，最快乐的赚钱一刻是何时？”李嘉诚道：“开一个临街小店，忙碌终日，月落打烊时，紧闭店门，在昏暗灯下与老伴一张一张数钞票。”李嘉诚作答时，一脸真诚，全无半点玩笑之意。一旁聆听之人也不无动容，纷纷点头称是。李嘉诚的这份快乐，难道真是旁人所能真正体味个中滋味？

一个简单平常到不能再简单平常的小小愿望。谁要以为李嘉诚这是故作矫情或玩笑调侃，那么不妨再听听世界头号富翁比尔·盖茨的由衷之言。那是在2000年9月，在回答与李嘉诚遇到的记者提出的同样问题时，盖茨说：“我最大的快乐，就是在没人干扰的情况下，和妻子孩子一起到一个小餐馆吃顿便饭。”

而英国王妃黛安娜生前也会对人讲：“我的最大快乐，就是不需要特意化装，没有狗仔队的盯梢，舒舒服服地逛一天商店。”

加拿大著名记者 John Demont 对李嘉诚的为人推崇备至。“李嘉诚这个人不简单，如果有摄影师想为他造型摄影，他是乐于听任摆布的。他会把手放在大地球模型上，侧身向前摆个姿势。”

“他不摆架子，容易相处而又无拘无束，可以从启德机场载一个陌生人到市区，没有顾虑到个人的安全问题。他甚至亲自为客人打开行李箱，让司机安坐在驾驶座上。后来大家上了车，他对汽车的冷气、客人的住宿，都一一关心到底，他坚持打电话到希尔顿酒店问清楚房间预订好了没有，当然，这间世界一流的酒店也是他名下的产业。”

法国著名作家福楼拜说：“快乐好似生命上的温度计，快乐多，生命中的乐趣也更多。”

快乐，是一种身心愉快的状态，追求快乐，是人的本能，是人的天性。也是，人之幸福的根本。

李嘉诚信奉亚当·斯密在《国富论》中这样一个重要论点，人以自私为出发点对社会的贡献，要比意图改善社会本身的人的贡献大。这样的自私自利确实有几分现实环境的而非虚妄的现实与可爱了。因为如此，自利在给别人带来利益，自己的利与别人的利加起来，就给这个社会制造源源不断的财富。社会总资产增加，国家人民自然富强。

李嘉诚很有上一辈儒商的风范，原来，逢有国家领导人来港及下榻其酒店，他必主领其儿子亲自迎送，礼仪周到，因此今次曾庆红来港入住海逸，也不例外。这使得作者，不由想起很久很久前所经历的那一幕。一天下午两点多，在中环长江中心楼下，作者恰巧碰见李嘉诚送当时的政务司司长陈方安生离去，从时间推断，两人应是刚刚一起午膳。由此证明，李嘉诚与陈方安生的关系显然不同一般。

盖茨曾经说过："我不是在为钱而工作，钱让我感到很累。我只是这笔财富的看管人，我需要找到最合适的方式来使用它。"这就是盖茨对金钱最真实的看法。事实上，钱既不会改变他的生活，也不会使他从工作上分心。盖茨经常告诉那些向他求经的朋友："当你有了一亿美元的时候，你就会明白钱只不过是一种符号而已。"盖茨在生活中遵循他的那句话："花钱如炒菜一样，要恰到好处。盐少了，菜就会淡而无味；盐多了，苦咸难咽。"

如果说法国人是以"拿破仑"这个名字作为白手起家的典范的话，那么中国人也可以以"李嘉诚"三个字为自豪。然而，这并不能由此就说，二者是同一人，或者完全可以比较。正如李嘉诚自己所说：

> 不敢说一定没有命运，但假如一件在天时地利物理等方面皆相背，那肯定不会成功的事，而我们贸然去做，至失败时便埋怨命运，这是不对的。

李嘉诚认为：

> 强者的有为，关键在我们能否凭仗自己的意志坚持我们正确的理

想和原则，凭仗我们的毅力实践信念、责任和义务，运用我们的知识创造丰盛精神和富足的家园。我们能否将自己生命的智慧和力量，融入我们的文化，使它在瞬息万变的世界中能历久常新。我们能否贡献于我们深爱的民族，为她缔造更大的快乐、福祉、繁荣和非凡的未来。

几年前，李嘉诚在接受香港媒体采访时说：

就我个人来说，衣食住行都非常俭朴、简单，跟三四十年前根本就是一样，没有什么分别。

李嘉诚住的房子，仍是1962年结婚前购置的深水湾独立洋房（近年已原址扩建），三十多年一如既往。李嘉诚有两艘游艇，已用了多年，现在已算不得奢华。最有目共睹的是李嘉诚的衣着：他常穿黑色深蓝色西服，并不刻意讲究什么名牌。

李嘉诚自己曾说："衣服和鞋子是什么牌子，我都不怎么讲究。手上戴的手表，也是普通的，已经用了好多年。"李嘉诚不抽烟、不喝酒，也极少跳舞，唯一的嗜好，是打高尔夫球。李嘉诚为公益事业一掷千金，但是他的个人生活却是如此俭朴，确实令人深思，也令相当相当多的人汗颜。

庄子说，看到鱼从容地游，鱼是很快乐的。而惠子却不以为然，说庄子你又不是鱼，你怎么知道鱼乐不乐呢？庄子说，你不是我，又怎么知道我不知道鱼之乐呢？其实庄子不必钻进逻辑的圈子玩捉迷藏的文字把戏，只要菩提心在，人乐鱼乐，鱼乐人乐，人鱼共乐。

古人有训：成由节俭败由奢。勤俭是中华民族的传统美德，勤俭可以积沙成塔，集腋成裘。

话说早年超人现居的深水湾大宅装修时，帮李嘉诚搞装修厨具的正是旗下公司丰泽电器橱柜部，伙计见大老板要装修，当然有多贵就用多贵，介绍当时价值八十万的Leicht橱柜给超人。谁知超人李听完后，竟然反问伙计："是不是有只英国牌子便宜点？"

负责的伙计即刻领悟，介绍便宜一大截但都要价值二十万的英国橱柜给大老板，超人马上拍板赞成："好啦，这只就可以啦！"李嘉诚的节俭作风，又见一例。

诚然，李嘉诚的财富并不是单靠节俭积攒而来，更多的是靠诚实经商赚来的，但我们仍然不能排除节俭在早期财富积累上的重要地位。

> 过去六十多年的工作，沧海桑田，但我始终坚持最重要的核心价值：公平、正直、真诚、同情心，凭仗努力与蒙上天的眷顾，循正途争取到一定的成就，我相信，我已创立的一定能继续发扬；我希望，财富的能力可有系统地发挥。
>
> 我们要同心协力，积极、真心、决心，在这个世上散播最好的种子，并肩建立一个较平等及富有同情心的社会，亦为经济、教育及医疗做出贡献；希望大家抱慷慨宽容的胸怀，打造奉献的文化，实现我们人生最有意义的目标，为我们心爱的民族和人类创造繁荣和幸福。

李嘉诚是不会轻易失手的，就算从另个角度看，他的投资记录中亦有不如意的地方，也只是少有人记得罢了。

20 世纪 80 年代，他投资于加拿大的赫斯基石油公司，多年来业绩就没好转过，高峰时每日亏损 500 万美元，直到近年来，能源短缺，油价飞涨，才为李嘉诚带来理想的投资回报。而他在英国的首笔投资项目 Rabbit 公司就以失败告终。

感知世界

难道李嘉诚真如所说是亚洲投资界的超人吗？事实上，大多数的亚洲企业大亨，无论他在本国是多么叱咤风云，他也逃离不了一个命运：不过是家族企业的再延续。但是，李嘉诚却是个的的确确的例外。

这倒不是因为他掌控着香港的经济——经营世界上最大的港口，以及拥有着最大的移动电讯运营商的头衔。而是因为，唯有他能够在他的领域中频繁地被世界所感知，唯有他能够在不是他的领域中频繁地感知世界，甚至进而影响全球这一行业的未来。不仅仅是，世界知道他的存在。更重要的是，他知道世界的存在。

电讯业中有一时刻也许最可以说明什么。2002 年 8 月 9 日，李嘉诚两个控股公司之一和记黄埔，与新加坡的一家合伙公司——新加坡科技电信媒体公司一道以 2.5 亿美元收购环球电讯。

更重大的影响，李嘉诚也许会在是年秋季实施，一旦和黄开始将它的 3G 手机服务全面推广到英国、意大利、瑞典、澳大利亚、以色列、奥地利以及中国香港，世界都要为之一震。

要知道传统的欧洲电讯公司面对萎靡的市场环境，只有止步不前，一再拖延发放 3G 牌照。而投资者也开始担心这项技术会不会在还未投产之前就先夭折。然而这一切在李嘉诚看来，虽然困难重重，步履维艰，却没有外界想象的那么糟糕，失败论还为时尚早。

李嘉诚在 3G 手机上的大手笔引致了截然相反的两种反应。市场中大部分非亚洲的基金经理们指责李的动作未免太大，同时他们强调目前和黄的股票几乎降至 2000 年初最高点的一半。而标准普尔干脆宣布，他们对和黄以及它的母公司长江实业的前景表示担忧。

李嘉诚的投资思路是：不同的业务有着不同的回报期，对当前经济状况敏感度也不同。通常回报期短的业务，对当前经济状况较为敏感，这些业务的好处是在经济好的时候抓住时机获得较丰厚的利润，而现金流量也比较连续，例如：零售和酒店。

领袖管理团队要知道什么是正确的“杠杆”心态，“杠杆定律”始祖阿基米德（Archimedes）（公元前 287 年至公元前 212 年）是古希腊学者，他曾说：“给我一个支点，我可以撬起整个地球。”支点是效率和节省资源策略智慧的出发点，试想与海克力士（Hercules，希腊神话中最勇武的英雄）单凭个人力气相比，阿基米德是有效得多。不知从什么时候开始，把这概念简单扭曲为叫人沉迷四两拨千斤、教人以小搏大。

聪明的管理者专注研究精算出的是支点位置，支点的正确无误才是结果的核心。这门功夫倚仗你的专业知识和综合力，能否洞察出那些看不见的联系之层次和次序。今天我们看见很多公司只看见千斤和四两的直接可能而忽视支点的可能性，因过度扩张而陷入困境。

2001 年 3 月 23 日，李嘉诚在公司业绩的记者会上，回答新加坡记者的问题时，说出自己是新加坡的永久居民，结果被一些香港报章说是“李嘉诚爆出拥有新加坡居留权。”

由于李嘉诚过去几年曾批评香港的营商环境问题，也觉得自己和公司经常受到香港媒体和一些政客攻击，因此他前天虽然是在新加坡记者几次提问关于在新加坡的投资后，透露自己是永久居民，对新加坡政府有好感，却引起香港人猜测，李嘉诚是否以此来表明自己不满香港的投资环境及特区政府。

事实上，李嘉诚拥有新加坡的居留权并不是什么突发新闻。早在 1990 年，新加坡和香港报章都曾经做过类似的报道。《南华早报》当时报道，李嘉诚是在同另外十位港商联合投资发展新达城后，获得新加坡的永久居留权。该报也猜测，包括邵逸夫、李兆基、郑裕彤等在内的其他港商，也都已经得到新加坡永久居留权。

当时，外国投资者要在新加坡投资一百万新元，就有资格申请新加坡的永久居留权。不过，李嘉诚更早在 80 年代就已成为新加坡永久居民。70 年代，他曾经在新加坡开设规模不大的纺织工厂。而到 80 年代因为中英开始谈判香港问题，在香港形势不明朗时，也盛传李嘉诚准备移师新加坡，放弃香港。但是后来李嘉诚照例否认这点。

这几年来，虽然批评香港的营商环境日益政治化，但是李嘉诚也一再强调，他对香港深具感情，以香港为家，对香港是“有爱心无野心”。李嘉诚多次重申，即使是少赚钱，但只要稍有盈利，能够向股东交代，而又能够为香港创造就业机会，他仍然选择投资香港。

但是，他对新加坡也非常友善。他的长子李泽钜曾在 1995 年说过，他们多年来在新加坡的投资一直“非常愉快”，不过，过去的许多投资都是私人投资。

李嘉诚除了参与新达城的财团在 1988 年成功标下新达城的地段之外，他也曾透过一家公司，在 1990 年以 2.18 亿新元竞投白沙浮的地段，但并不成功。而他在新加坡的第一个大规模房地产发展项目，是 1997 年最后一季开始出售，位于玛丽蒙路的彤轩。之前一年的下半年，李嘉诚以 6.828 亿新元，投得了碧湾景地段，发展旭日湾。2000 年 2 月，他的公司又以 3.15 亿新元，买下 12.66 万平方英尺的集体出售地段经禧阁。长实董事赵国雄曾说，他们希望争取新加坡房地产 10% ～ 20% 的占有率。

除了商业上的联系，李嘉诚也是于 1996 年开幕的华裔馆国际董事局海外董事。他在 1996 年曾经捐款 100 万新元。

李嘉诚与新加坡领导人关系良好，当年李泽楷的盈科动力与新电讯争购香港电讯的事件发生后，他在吴作栋总理 4 月访港时，还偕同两个儿子到总理下榻的酒店与吴总理会晤。李嘉诚会后在酒店楼下等车时，接受新加坡记者的询问。他当时只说；“他（总理）是好朋友。”

2000 年 8 月，同样是在长实业绩公布的记者会上，被问及是否会入股新电讯，李嘉诚答说，新电讯是一家很好的公司，如果新加坡政府有意出售新电讯的股权，适逢良机，他会像进行其他一般投资一样考虑入股。

2005 年 1 月 28 日，李嘉诚掌控下的长江实业将 2.14 亿股中国人寿股票全部卖出，这是中国人寿三大战略投资者在禁售期届满后，一个多月来又一次大规模的抛售行动。

此前，新世界发展主席郑裕彤于 2004 年 12 月 21 日以每股 5.35 港元的价格，售出 1.07 亿股中国人寿股票，套现 5.7 亿港元，获利 1.9 亿港元。

李嘉诚的这次投资收益不菲。有消息称，长江实业是以每股 5.15 ～ 5.3 港元的价格将人寿股票悉数售出，由机构投资者接盘。长江实业此次售股套现 11 ～ 11.35 亿港元。

以人寿 2003 年年底上市时的每股认购价 3.65 港元计算，在持股一年多后，长江实业获利 3.21 亿至 3.53 亿港元，回报率超过 40%。当然，与亚洲股神李兆基持股至 2007 年狂翻十倍的神机妙算相比，显然还是大为逊色。

2003 年年底，中国人寿正式在境外上市。李嘉诚、郑裕彤和恒基地产主席李兆基这三大香港富豪罕见地同时出手，竞相认购中国人寿。

业界认为，与郑裕彤减持套现的目的相同，李嘉诚减持中国人寿也应是出于战略调整的考虑，“是获利回吐和调整资金的双重需要。”而且，和记黄埔仍持有 2.14 亿股中国人寿，并未完全卖出。亦由此，可以看出，李嘉诚处世之老到，在考虑自己之投资利益的前提条件下，尽可能照顾合作伙伴的感情，尽可能把握必需的感情投资，以做长线打算。

大鱼未必一定能够钓到，但是，线一定要放长拉长。因为，只有这样，才有可能才有机会钓到大鱼。

在事业上谋求成功，没有什么绝对的公式，但如果能依赖某些原则，能将成功的希望提高很多。

幸运？

李嘉诚的发家秘笈却充满了神奇与争议，尤其是对西方投资者，李嘉诚除了正确地预见到香港政府会对楼市采取的政策之外，准确预见香港及内地经济发展之起伏波浪外，就是把握住人们对大势的心理导向，从而成功地占领了香港地产界的重要一席。

幸运，也许是对李嘉诚成功的最好解释：在正确的时间里，做了正确的选择与决策，做了恰当的事。自然，有了恰当的回报。听起来很简单。讲起来似乎更容易。

20 世纪 80 年代到 90 年代，在香港谁拥有实有资产，谁就有了通往财富的门票，因为当时的政策是限制性地进行房地产开发。到了 1997 年许多其他亚洲巨擘由于他们手中持有的货币不断贬值，而纷纷“倒下去”的时候，李嘉诚却因为港元保持着相对坚挺而依然风生水起。

但是，幸运绝对不是李嘉诚的全部。在香港的实业大亨中，李嘉诚是最知道何时出击海外、何时转向新领域的一个。没有人能够像他一样，善于发现和聘用全球最好的职业经理人。同时他的投资记录也是其他很多亚洲实业巨头难以企及的。而每一个与他共过事的人更是会为他具有的灵敏投资嗅觉而竖起大拇指。

李嘉诚是典型的亚洲资产交易商，他所做的就是寻找市场最佳切入点，像一只猎鹰极富耐心地等待着猎物的出现，当猎物真的出现的时候，它会迅雷不及掩耳地出击将其捕获。收购环球电讯就是如此，李嘉诚甚至没有动用他的其他电讯资产，2002 年 1 月提出第一个开价，随即收回，之后卷土重来，更以新的低于前次三分之二的价格叫板。遗憾的是，美国政府从中作梗，功败垂成。

尽管顶着“资产交易商”的投机帽子，同时这顶帽子也适合大多数亚洲商人，但是戴在李嘉诚头上还是太小了，因为他所做的不仅仅于此。的确，他的一项令全球瞠目结舌的著名的交易为他赢得了举世无双的赞誉：1999 年 9 月，和黄瞅准时机成功地卖掉橙——一家英国手机运营商，从而净赚千亿港元。

然而，成功的背后是，他知道在什么时间，什么地点，用什么方法，如何建设一项能够为股东赚钱的事业。橙的案例中，他用了数年的心血来整合这家公司。也许这就是那些始终看好李嘉诚的人乐观的所在：李嘉诚会在 3G 上扭转乾坤，李嘉诚的眼光与运气一定不会有错。

> 一个生命的过程难免会有老化凋谢，健康自然而然会有问题，思维也可能会僵化，人要在精神好的时候多做事。年纪大时，要将重担逐步交给年轻一代，这是很自然的事。
>
> 成功的现代企业，在做出重要决策前，都会经过高管理层详细研究，充分咨询了解，集思广益，掌握全面情况后才能做出适当的决定，不会因个人意向而影响大局。

总之，研究评价李嘉诚倒是该借鉴一下一贯评价“明星”基金管理人的那种苛刻口吻。“不管出于什么原因，他们有了一段时间的出色表现，之后利用他们的名声开始折腾更大的投资，直到有一天，他的业绩如其他所有人一样陷入低谷。”让这些明星大跌眼镜的是，摆在他们面前的是，一个又一个眼花缭乱的投资高潮，而他们所希望看到的幸灾乐祸的低谷却遥遥无期。

不管长实的未来发展出现什么样的局面，也不管李氏父子未来将有何作为，李氏王朝的兴起与发展已经向世人证明，李嘉诚已成为企业家的楷模，成为华人的范例，成为商界的青铜镜，成为世人心目中的商圣。

李嘉诚的投资思维模式讲究“不为最先”，最新最热的时候先不进入，等待一段时间后，市场气候往往更为明朗，消费者更容易接受，自己的判断决策也会比较准确，这时候采用收购的办法介入，成本最低。

1986 年，李嘉诚财团趁石油价格处于低潮时期，收购加拿大赫斯基石油公司 52% 的控股权。其中李嘉诚家族占 9%；和记黄埔和嘉宏国际占相关权益的

Uni0nFaith 占 43%，共耗资 32 亿港元。

1986 年，李嘉诚进军北美能源业的同时，并没有放过欧洲能源市场。同年 12 月初，李嘉诚私人斥资港币 1000 万元，收购英国伦敦上市的克拉夫石油公司 4.9% 的股权。

和黄前高层马世民说，李嘉诚的成功在于一来懂得掌握时机，趁低吸纳；二来速战速决，在最有利情况下达成交易。李嘉诚开会快，决策快，雷厉风行。

> 我开会很快，四十五分钟。其实是要大家做功课。当你提出困难时，请你提出解决方法，然后告诉我哪一个解决方法最好。

他每次开会前，会接触和了解有关事务，仔细研究员工们的建议，加上各部门同事各有自己的知识和专长，所以当下属提出有用的建议时，很快便得到他的接纳。系内各种会议，不是为了了解情况，分析进展，掌握动态，而是为了决策。因为，所有的分析了解准备功夫，应该在会前做足做好。他提到一次行政会议，他在两分钟内批准了所有同事的建议，“全世界没有一个行政人员能这么快取得总裁的批准！”

李嘉诚又讲了一个生动的比喻：

> 我是杂牌军总司令，难道我拿机枪会好得过那个机枪手吗？难道我可以强过那个炮手吗？总司令懂得指挥就可以了。

与李嘉诚比起来，他的同时代人物们同样优秀，我们说过那是一个成就了众多巨人的时代。霍英东智慧出众，包玉刚勇冠三军，郑裕彤胆略过人，李兆基严谨慎重，郭得胜雷厉风行，何鸿燊风流潇洒，林百欣持之以恒，邵逸夫专心致志……各有千秋，各有所长。

在李嘉诚身上，很难发现他属于哪一类人，具有哪一类性格。他是平凡的、普通的，然而也是集大成的，是众人的综合。

究竟何许人也?

2001 年 5 月 17 日，对于汕头大学商学院师生来说，是他们独自享有的期待许久的难忘时光。李嘉诚以主讲人的身份来到他们中间，登上了该院首次开办的经济沙龙讲坛，与师生们共同分享他那传奇、丰富的人生经验和成功之道。

一个小时的精彩对答，李嘉诚诙谐风趣幽默自然的话语，令在场的每个人感触良多，也让人再次领略了李嘉诚那博大的胸襟和超人的人格魅力。副省长李鸿忠、市委书记李统书参加了这场题为“公司战略”的经济沙龙讲座。

李嘉诚刚上讲坛，便开门见山地说：“我喜欢这种面对面的交流形式，同学们有什么问题就提出来，我答不出来的会说 sorry 的。”轻松亲切的开场白令会场的气氛顿时活跃起来，在座者都十分珍惜这难得的机会，踊跃提问，从企业的战略调整，经营管理策略到如何把握好机遇、学习先进知识，乃至如何把握人生机运等，同学们的问题像连珠炮似的一个接一个。面对同学们旺盛的求知欲望和好奇心，李嘉诚始终保持和蔼可亲的笑容，真诚地将他那丰富的人生阅历和从商之道与大家共享。

他说，面对知识经济的浪潮，企业应未雨绸缪及时调整经营策略，新的经济形势给新兴行业发展提供了无限商机，同时也给传统产业的发展创造了条件，如果传统产能糅合 IT 技术，那么其发展前景会更加广阔。对于一个企业来说，关键是要有一套完善的管理制度。在用人方面，要知人善任。

> 亲人不代表是亲信，如果一味地任人唯亲，那么事业是不会有发展的，就我个人的经验来说，最重要的是要以诚待人，虚心听取别人的意见，充分调动员工的自主性和创造性，如果每个人都信任你，帮助你，那么你的事业就成功了。

李嘉诚还回忆了他刚刚创业时那段艰辛历程，道出了一个既简单又深奥的人生哲理：一个人只有不断地努力、掌握新知识，充实自己，不断地求知、求新、求变，才有可能把握住发展的机遇，到达成功的彼岸。

李嘉诚殷殷寄望在座的天之骄子要奋发图强，学好本领，尤其是要学好英语、会计法律等方面知识，努力成长为对国家民族有用的人才。

李嘉诚老而弥坚，喜欢谈论全球化的影响，听起来似乎高谈阔论，又似乎真知灼见，更似乎感同身受。他时刻相信无线信息传输将成为推动未来经济发展的重要驱动力量之一。

> 要让不同业务的管理层自我发展，互相竞争，不断寻找最佳发展机会，从而带给公司最大利益。完善治理守则和清晰指引可确保创意空间：企业越大，单一指令行为越不可行，因为最终不能将管理层的不同专业和管理经验发挥。

李嘉诚似乎总是知晓，如何透过深邃迅捷的眼光来剖析这些复杂多变的新事物，在投资过程中，他很少动摇迷茫于一时的冲动或盲从。而瞻前顾后这一似乎不甚褒义的词，倒是可以在一定程度上概括李嘉诚的投资心得心境心智心机，而且越是近年越是这样。

倘若不去探询那个富于权势权谋的李嘉诚与内心单纯率直的李嘉诚之间的社会文化关系，你很难真正理解眼前这位慈祥老人与他缔造的庞大商业王国，更难理解现实中的李嘉诚与漫漫历史长河中的李嘉诚间的令人苦苦思索的层层迷雾。

纵然异想天开想拨开这重重迷雾，相信也只能是班门弄斧，纸上谈兵。在模式化的商业偶像与一个普通人形象之间，他左右摇摆，若隐若现。在凡人与圣人之虚拟得近乎模糊的关系之间，他若即若离，若有还无。后者使他更有凡灵的超人魅力，更有一般商业社会意义上的感召力与投资方面的影响力，以及资本运作方面的决断力与明辨力，这充其量不过是财富的魅力。但前者却使他有足够的力量发挥这种无处不在无时不有无人不知的绝世魅力，这则是财富之外的财富的感召力与影响力。这在很大程度上则是绝无仅有的。

在过去半个世纪，这位亚洲最富裕的中国人、潮州人，正积极致力于使自己成为亚洲最伟大最真诚的慈善家。因为他的每一项义举都是无任何先决条件的义不容辞的毫无矫揉造作的慷慨。他不仅创办了汕头大学与长江商学院，他的“李嘉诚基金会”正在日益深远地持之以恒地不遗余力推动中国的教育与医疗进步，他把无限夕阳余晖投射到全球一望无际的天地里。

迄今，尚无一人，甚或一个机构或团体可以超越李嘉诚为中国教育、医疗及其他慈善事业所做的杰出贡献与无远弗及的影响。哪怕仅仅是文字上的甚或口头上的相提并论。在谈起他探望过的那些患者伤者残者时，他情绪激动，眼眶泛红，尽显真情。此情此景，任何人都会被感染到，都不会怀疑他的真心真诚真情。因为，他根本就无须矫揉造作来吸引镁光灯。

他说过去几年中最兴奋的时刻，是得知他的基金会赞助的一项医疗项目在五年内使107万白内障患者重见光明。因为他，让你激动不已，回味无穷。因为这，让你实实在从内心深处切实感受到成功的满足。

在仔细阅读李嘉诚过去十年间的各式演讲稿与专访后，另一个李嘉诚的形象不断凸显出来，他是如此好学不倦，从哲学、宗教到全球化科网，他似乎了然于胸，他似乎行行精通。他的讲演和缓平稳却充满朝气充满智慧充满幽默充满理想，不能不承认，在那些质朴的欠缺一点修饰的词句中，每个人都会读到可能散发出的人性光辉与人格魅力。

当然，你也可以不以为然，你甚至可以认为这篇篇文稿都是身旁幕僚文胆的杰作，其中可能包括杨兴安这样的文人墨客，所以不足以反映李嘉诚的真实的全部思想。从来都没有人怀疑拿破仑一次又一次的辉煌，不是出于自己之手，而是幕僚的功劳，是火炮的威力。他是一个伟大的投资者，还是一个时时刻刻都被运气的光环笼罩的总是顺风顺水的杰出的普世凡人？

对于一个喜欢用长远的十年二十年战略眼光来看待问题看待现实看待未来的人来说，对他的衡量也最好采用更纵深更久远的战略眼光，至少应该有社会的视野，历史的深度，发展的高度，几个特定的年代与对应的历史背景并不能完全说明一切。这就是数十年来，人们对有关李嘉诚的东西笔耕不辍，连篇累牍，然而无一能够说明，李嘉诚究竟何许人也。很多的作品，看过后给人留下的印象不外乎：李嘉诚是个有钱人。

李嘉诚很喜欢历史，但并不完全看重历史，至少，并不看重自己的历史。天意弄人，李嘉诚对往事不堪回首。

回想起来，其实我不喜欢做生意，我本来希望创业后尽快赚取足够应付我与家人往后十年的生活费，便回到学校念书。可惜事与愿违，因为一位客户的公司突然倒闭，我不但收不到应得的钱，也要赔上工厂过去所赚取的盈利和重返校园的愿望。

但我后来想通了，事业成功，一样可以把所赚到的金钱一部分捐出来帮助有需要的人，工作便变得更有意义，于是我决定发展自己的事业，在空余时间才自修。

正因如此，李嘉诚对历史的变迁、社会的变革有着超人的体验与感受。当然，也有着超人的令人难以想象的发挥与创造。李嘉诚认为：

在这种大转变中若要定出正确航道，需要在政治、社会、经济及环保等方面有创新、多层次、多角度的意念和方法，也许要重新评估固有的观念。

不论政府、立法部门或私营机构都要知道。无论决策的理念多么崇高或具有理据，但如果罔顾决策的实际后果，都可能对别人带来不堪设想及难以补救的影响。

对于任何从事经济行业报道或者研究的人来说，李嘉诚是一个巨大的实实在在的无法回避的客观存在。对于任何像《上海滩》上许文强那样叹世界闯江湖的年轻人来说，李嘉诚是一个无法漠视的标杆与偶像。对于任何梦想发达而自己对创业一窍不通的人来说，复制李嘉诚是一个最好不过的手段，一条最好不过的捷径。然而，半个世纪来，又有谁可以步其后尘？又有谁人可以成功？皮毛而已。

2001 年 4 月 20 日，李嘉诚在出席香港总商会 140 周年庆祝晚会时，曾发表了“装备自己，挑战未来”为题的讲词，当中重点提到香港要时常保持及捍卫各种优势，必须重视及考虑四大重点。

现今世界经济严峻，成功没有魔法，也没有点金术，人文精神永远是创意的源泉。企业领导必须具有国际视野，能全景思维，有长远眼光，务实创新，掌握最新、最准确的资料，做出正确的决策，迅速行动，全力以赴。

> 领导全心努力投入热诚，是企业最大鼓动力，与员工互动沟通，对同事尊重，才可建立团队精神。人才难求，对具备创意、胆识及审慎态度的同事，应给予良好的报酬和显示明确的前途。

李嘉诚在超过两千字的演讲中表示，香港占有不同优势，包括百多年来工商贸易活动为香港带来较高的储备、较内地超前的国际视野与管理方法、中国内地为香港提供无限的投资商机、完善的金融制度等，但面对全球经济一体化的压力，以及不同国家及地区的挑战，很多人都会感到自己的生活、投资及职位愈来愈不受保障。

李嘉诚指出，要时常保持及捍卫香港的各种优势，香港必须重视及考虑四点：

第一，重视教育质素，年轻人要扩宽国际视野和加强高层次的思维技巧，应付不断转变的社会。他特别提到香港劳工密集的工业早已北移，出现“有工无人做，有人无工做”的错配现象。但日本因国民教育政策得宜，工人水平很高，令贫富悬殊程度亦较世界很多国家为低。

第二，香港的生产成本仅低于日本而高踞亚洲最前列，虽有国际机构来港开设办事处，但亦有部分机构迁离香港，将后勤工序移往内地或海外，香港必须研究对策。中国内地入世后，无疑是香港的“大宝藏”，香港应运用近水楼台的优厚条件与内地相互配合。

第三，港人需不断加强危机意识，“不能因为长期生活在比较富裕的情况下形成自我膨胀心态，忽视其他地方的潜力和优势只会僵化自己。”

近年内地一些大城市迅速发展与扩张，给香港未来发展带来了实质性的危机与机会，香港需要思变求变，保持强势的进取的心态，让其他地区的潜力，化为自己的“东风”，与竞争对手并驾齐驱。

第四，香港需要解决人才缺乏的问题。要知道由内地及海外引入优质专业人才，不一定打击香港员工，就如其集团下的企业，全球共有员工二十万名，超过一半是外籍雇员。他奉行的宗旨是唯才是用，不同国籍的员工均合作无间，非常愉快。

长实拥有遍布全球的写字楼、商场、住宅与酒店，却没有一个地产项目与小小的玩具礼品搭上边。但是玩具城总建筑师刘军说，其实这是李嘉诚第二次进入玩具礼品业，第一次是在遥远的50多年前的塑胶花时代。他的意思是，长实刚刚创业的时候，也是一家生产塑胶花的玩具礼品公司。事实上，长实这次并非只是重返玩具业重温旧梦这么简单。

我不是个伟大的人

“我不是个伟大的人。”在评价自己时，李嘉诚保持着一贯的谦虚，他的真诚表情使人相信，这种谦虚完全出于天性出于率真，其中甚至蕴含着对自己纯真的想法。几代华人商人在李嘉诚的鼓舞下成长，他为所有后来者树立了一个无法超越的人生坐标。但是，一个平常心确实失去了。在这方面，李嘉诚更属于他那一群人，更属于他那一时代。或许，更属于特立独行的李嘉诚自己。今时今日，难道不是这样吗。

此时，似乎德国文学家歌德的一番话，做了一个非常好的注脚。“拿破仑摆布世界，就像洪默尔摆布钢琴一样。在任何时候他都胸有成竹，应付自如，无论演奏的是快板还是慢板，是低调还是高调。”从内心来讲，李嘉诚未曾想过摆布世界。甚至，未曾摆布哪怕是一个普通人的命运。

意大利文艺复兴时期的哲学家皮科根据《圣经》进一步演绎道：“上帝认定人是本性不定的生物，并赐他一个位居中央的位置，又对他说：亚当，我们既不会给你固定的居处，亦不会给你自己独有的形式或特有的功能，为的是让你可以按照自己的愿望，按自己的判断取得你所渴望的住所形式和功能。”

谈论索罗斯、李嘉诚、盖茨，用完全世俗的简单对比已难以认识，亦只能是隔靴搔痒。他们不仅强力有效地驱动驱使当代社会的普通大众，而且引导并规定了大众们的生活内容。甚至非常武断地规限了人们的生活生存方式。就如同李嘉诚，作为一个香港人，如果你试图将你的生活与李嘉诚完全割裂，那几乎是痴心妄想。就像一个内地人，看起来似乎与李嘉诚相隔十万八千里，但是也可能感冒，你会选择白云山板蓝根，因为口渴上火你会选择加多宝，因为洗头你会选择飘柔，因为做生意你会选择盐田港进出口等，原来这些资本的背后，都有李嘉诚的影子。

是否扭曲了人们的生活方式，则是淹没在现代化洪流中的人云亦云，或者莫衷一是。正像美国的男人们为盖茨所苦，李嘉诚的声威余烈也使政客们的装模作样和普通人生活的微小成功黯然失色，甚至耿耿于怀。

1988 年 4 月，李嘉诚联合新世界发展主席郑裕彤、恒基兆业主席李兆基以及李嘉诚持有股份 10% 的加拿大帝国商业银行，在加拿大成立协和太平洋公司，获得加拿大温哥华世界博览会旧址的发展权。

1988 年 6 月，李嘉诚将扩张的目标回首注目于腾飞之中的亚洲地区。李嘉诚联合香港商界巨亨李兆基、邵逸夫、周文轩、曹文锦等，投标获得政局稳定、深具潜质的亚洲四小龙之一——新加坡的展览中心发展权。

1989 年，李嘉诚统率和记黄埔成功收购英国 Quadrant 集团的蜂窝式移动电话业务，成为和记黄埔通信业务进军欧美市场的起点。

1990 年 6 月，和记黄埔又以 1.6 亿港元收购美国通信器材制造业 AT&E 集团的可换优先股。

李嘉诚潇洒自如地挥舞着集资收购战的魔棒，进行了一系列的收购行动。统率李氏王国内外并举、纵横驰骋的李嘉诚，为他呕心沥血的大半生所奠定的宏伟基业，在激动人心的全球大商战中进行着令人为之振奋的全面的眼花缭乱目不暇接的操作。

英国军事战略学家克劳塞维茨曾经赞美过拿破仑：“拿破仑的幸运和大胆使过去人们惯用的一切作战手段都变得一文不值，许多第一流的强国几乎被他一击即溃。”

多年来，李嘉诚不仅仅是香港的焦点，也是全球的焦点所在，他的一举一动牵动着香港股市的起伏，牵动着英国股市的脉搏，牵动着全球股市的风向。李嘉诚打一个哈欠，香港股市都会伤风感冒。

> 下一个世纪的企业家将和我完全不同，因新世纪企业家的成功取决于科技和知识，而不是钱。

李嘉诚始终清醒超凡。自始至终，他都知道自己正在做什么，将要做什么。2001 年 10 月中旬，他个人首先荣获香港特区最高荣誉——大紫荆勋章，然后其旗下两大财团和黄与长实被《亚洲周刊》评为“2000 年国际华商 500 强”冠亚军。

更重要的是，在全球经济形势明显下滑的大背景下，李嘉诚却频频出手，从香港到泰国，从亚洲到欧洲，从能源到地产，从电讯到港口，掀起一连串的投资行动，引起全球广泛关注，有经济分析员甚至将之概括为“超人逆市投资策略”。当然，绝不仅仅是投资策略那么简单。亚洲已经习惯了李嘉诚的风卷残云之势。唯有欧洲人在那里不厌其烦大惊小怪地高呼：狼来了，狼来了。围绕着李嘉诚四周，通常都有很多孔明式的人物，不过，大多数都是事后诸葛。

人退我进，人弃我取，这是李嘉诚成为超人的诀窍之一。低谷过后是高峰，在低潮期以低价入市，到高峰期再以高价脱手，这是李嘉诚积累财富屡战屡胜的显而易见的招数。在香港，市场人士往往把李嘉诚入市视为大市反弹的讯号和标志。

20 世纪 80 年代中期，中英就香港前途展开谈判之际，香港资本市场受英资出走影响，为悲观情绪所笼罩。业界人士认为，长袖善舞的李嘉诚，经历过多次经济低潮，对市场起伏有着异常敏锐的触觉。这次，他再度出击，涉及领域之广，投资地域之宽，都是前所未有的，极有可能是为迎接新的高峰埋下伏笔。

李嘉诚曾透露，他赚钱之道的三个秘诀：

1.30 岁以后再重理财。20 岁以前，所有的钱都是靠双手勤劳换来，20～30之间是努力赚钱和存钱的时候，30 岁以后，投资理财的重要性逐渐提高，到中年时赚的钱已经不重要，这时候反而是如何管钱比较重要。

2. 要有足够的耐心。理财必须花费长久的时间，短时间是看不出效果的，一个人想要利用理财而快速致富，可以说是一点指望也没有。理财者必须了解理财活动是马拉松竞赛，而非百米冲刺，比的是耐力而不是爆发力。要想投资理财致富，你必须经过一段非常漫长时期的等待，才可以看出结果。

3. 先难后易。每年年底存 1.4 万元，平均投资回报率有 20%，即使经过了 20 年后，资产也只累积到 261 万元，此时仍然距离亿元相当遥远。只有继续奋斗到 40 年后，才能登上亿万富翁的台阶，拥有 1.0281 亿元，但赚第二个一千万要比第一个一百万简单容易得多。

2000 年，《时代》杂志和美国安永会计师事务所组成的一个专家小组，已就谁是千禧年企业家做出裁决，李嘉诚夺得千禧年企业家荣誉。由比尔 · 盖茨到亨利 · 福特总共有十五位著名的企业家入围被评估，李嘉诚独占鳌头。李嘉诚并非承继万贯家财而是白手兴家。李嘉诚控制着约 250 亿美元的庞大财富，三个商业王国加在一起便使其成为千禧年最伟大的企业家。

在面对超人的魅力时，投资者更应保持一颗平常心，冷静地对待。多少年来，人们只是关注到李嘉诚要风得风，要雨得雨，又谁能想到，李嘉诚求仁得仁？财富没有遮住求得财富的人的双眼，却遮盖了那些试图求得财富的人的双眼。

虽然超人的确具有超人的能力，但风险无时不在，商业竞争风云变幻，李嘉诚也绝不可能是一位让所有的投资者都能百分百摇出钱来的摇钱树。

连年的烽火硝烟，李嘉诚必然要演一出过五关斩六将的电讯影剧，但关云长并不是人人做得到的，马到关前，雪拥蓝关，80多岁的李超人宝刀未老，依然血气方刚，大喝一声，顶盔挂甲，抡刀上阵，左挑右刺，前冲后突，大家虽然不能执鞭坠镫，有幸当一回摇旗呐喊的看客，精彩之处击掌频呼“好”。

知人善任

今日的世界是一个瞬息万变的世界，今日的世界是一个突飞猛进的世界。当然，今日的世界是那些善于敢于弄潮者的冒险家的乐园。贯穿在这种划时代的大变革之中的世界经济，也呈现出愈来愈激烈的商业竞争态势，而这种激烈的商业竞争，实际上是企业与企业之间的人才和智慧的竞争。李嘉诚正是其中主宰和操纵这些竞争的一指禅。李嘉诚指出，他是一个“很进取的人”，从他所从事行业之多便可看得到。但是，他强调：

> 我看重的是在进取中不忘稳健，原因是有不少人把积蓄投资于我们公司，我们要对他们负责任，所以在策略上讲求稳健，但并非不进取，相反在进取时我们要考虑到风险和公司的承担。

李嘉诚透露，他的原则是：

> 在开拓业务方面，保持现金储备多于负债，要求收入与支出平衡，甚至要有盈利，我讲求的是于稳健与进取中取得平衡。船要行得快，但所面对的风浪一定要挨得住！

李嘉诚做出重大决策时最看重的是数位，最强调的是事前准备，做足功夫。他指出：

> 每一个决定都经过有关人员的研究，要有数位的支援。我对数位是很留意的，所以数位一定要准确。每次一开会就入正题，没有多余的话。

李嘉诚不仅要求员工这么做，自己也身体力行。

> 我虽然是做最后决策的人，但每次决定前我也做好准备，事先一定听取很多方面的意见，当做决定和执行时必定很快。

2003年长实卖楼6188套，面对近年楼市不景气，再遇到世纪SARS来袭，成绩依然超额完成。集团地产的统军、执行董事赵国雄，加入长实只有六年多时间，已成为集团其中一大要员。2003年与他相关的新闻有两千宗，SARS期间更是日日见报。“公司不可以停下来，单叫手下工作不公平，做领军的人，要准备与下属一起行动。于是我便日日落卖楼处，与员工一起中招，他们条气都顺。”人称“长实楼神”的赵国雄细说他崛起的传奇。

1978年年末，赵国雄从加拿大毕业返港，当时人才市场比现在更差。那时他还未想好事业方向，更抵不住母亲的“唠功”而到恒隆集团辖下的石油气公司任职助理经理。“知道自己没什么权力，便专攻招聘分类小广告，心想有识之士不稀罕这些工作，中奖机会便大点。见石油气公司请人，便胆粗粗走去见工。”

接见他的是恒隆前主席陈曾焘。主席问他对这份工有没有兴趣，换来赵国雄一句“不知道，有的做便做住先啦”，结果陈先生拧拧头，他立刻说：“你请我就做。”在恒隆，他一做便是十五年。在石油气公司做了三个月，觉得工作没有前途，打算转职到唱片公司做市务推广，因为工作勤奋，得到集团董事唐耀德挽留，更建议他到集团租务部工作，开始踏足地产界。成功除了要自己争取，赵国雄相信际遇亦同样重要。“在集团工作后来才知他们登错广告，原本的招聘广告面积要大数倍。”意外出错的广告，却带领未来楼神意外走进地产界，冥冥中注定了他吃这一行饭。

1979年7月开始，赵国雄负责在恒隆中心的物业管理，第一日返工便碰上塞渠。“那时我一掀渠盖，成万只蟑螂涌出来，立时毛管直竖，附近又多食肆，人人都鸡飞狗走，第一堂便要学习控制场面。”

自言喜欢创意创新，地产事业带来的成就感，令赵国雄埋首工作二十多年。他解释在不同的场地环境，有不同的经营方法。后来在集团发展停了下来，赵国雄便跳槽到另一间地产商工作。当时信和集团主席黄志祥叫我过去帮手，于是便跳去信和工作。在信和只工作了三年，因为与老板观点合不来，便毫不犹豫决定离开。“他是一个好领导，思想周密又勤力，看事很准确，而且要求很高，所以常常被他闹到蒙，眼看合约快到期，便想离开。”

因觉写求职信老土，便向长实董事洪小莲毛遂自荐。洪小莲更慧眼识金，把他引荐给李泽钜，亦顺利通过李嘉诚一关，于1997年过档长实。离开信和时，赵国雄依照李超人的指示，交代清楚信和的工作才离开。走后，仍然与黄志祥保持良好之私人关系。他深信香港地产行头很窄，日后有许多合作机会，结果这段良好关系便为信和及长实带来朗逸峰楼盘的合作机会。

在长实，他才真真正正第一次卖楼，第一个楼盘便是马鞍山翠拥华庭。面对楼价下滑，欠缺信心等市场先天不足因素，却被他杀出一条血路。“我的优点是面皮厚，所以我卖楼便扮鬼扮马。”他解释从前卖楼是高档玩意，随时代改变，地产业都要走近群众，赵国雄只是走快人一步，每次卖新楼盘都有新gimmick（花招）。

每次有新意思，身为高层却身先士卒走在最前线，赵国雄更乐得成为镁光灯的焦点。“最初的百变形象，不可能只叫同事去做，他们不肯亦不懂去做，所以我便要示范，当他们见我都可以走出来表演，大家感觉轻松，慢慢便成为公司的风气。”地产都是服务行业，他认为没必要高高在上，最好做到卖楼都可以娱乐大众，创造气氛，策略亦要跟着顾客的需求去走，例如2001年，他设计出新的供款计划，计划的灵活性便是带领买家“上车”的主因。

李嘉诚的真诚与善待下属，令下属对他忠心耿耿。在长江实业发展具有一定规模之后，李嘉诚便开始着手选拔人才和发掘人才。他打破东方家族式管理企业的传统格局，构架了一个拥有一流专业水平和超前意识而且组织架构极为严密的现代化内阁，来配合他苦心经营起来的庞大的李氏商业王国。正如一家评论杂志所称道的："李嘉诚这个内阁，既结合了老、中、青的优点，又兼备中西方色彩，是一个行之有效的合作模式。"

李氏王国的业务包括地产、通信、能源、货柜码头、零售、财务投资及电力等，十分广泛。而围绕在李嘉诚身边协助他经营的得力助手，计有长江实业及和记黄埔董事局副主席麦理斯、长江实业副董事长兼总经理周千和以及董事周年茂、霍建宁、和记黄埔董事兼总经理马世民，以及长江实业董事洪小莲，等等。

曾经由李嘉诚指定为长江实业的专门人才而被送往英国攻读法律的周年茂，当年三十余岁，是周千和的儿子，1983 年就被李嘉诚选为长江实业董事和公司指定发言人。书生型的周年茂是经营地产的老手。

曾经在 60 年代末期，也就是长江实业尚未上市之前就作为李嘉诚的助手，跟随李嘉诚长达 21 年之久，为李嘉诚立下汗马功劳的精明能干的女强人洪小莲，作为长江实业的董事，深得李嘉诚信任。

不仅如此，深悉"古为今用，洋为中用"的李嘉诚，从古代圣贤的做人风范中，不断学习和领会待人接物的正确态度。60 年代初期的李嘉诚开始注意回避东方式的家庭化的企业管理，并在当时就开始大胆起用洋人。李嘉诚高薪聘请了一位美国人 Erwin Leissner 出任总经理，负责日常行政。

这之后不久，又聘请了一位美国人 Paul Lyons 为经理，配合原来的二百余位基层管理人员实行企业的国际化管理，自此长江实业的管理格局更加系统兼具效率。可以说，李嘉诚今时今日取得如此巨大的成就，与他集中西方企业管理的精华，大胆起用外籍人士是紧密相关的。

李嘉诚财团今日成为纵横东西的跨国财团，一定程度上便是他周围这些外国人既出谋献策，又充当宪兵在前方冲锋陷阵的结果。在总结自己的用人心得时，李嘉诚曾生动地说：

知人善任，大多数人都会有部分长处，部分短处，好像大象食量以斗计，蚂蚁一小勺便足够。各尽所能，各取所需，以量材而用为原则。又像一部机器，假如主要的机件需要用五百匹马力去发动，而其中的一个部件则只需半匹马力去发动，虽然半匹马力与五百匹马力相比小很多，但也能发挥其作用。

英国经济学家约翰·梅纳德·凯恩斯，在其划时代的巨著《就业利息和货币通论》的结尾写道："经济学家以及政治哲学家之思想，其力量之大，往往出乎常人意料。事实上统治世界者，就只是这些思想而已。"

李嘉诚的成功，也是他知人善用的成功。广纳天下之才而以诚相待的李嘉诚，用思想也用行动成功地证明了古代思想家荀子所说过的一句至理名言："每一个凡人，其实都可以成为伟大的禹。"

香港"十大打工皇帝"2000年度的年薪总和高达4.6亿港元，平均年薪超过2000万港元。当中，香港首富李嘉诚的部下就占了六位，而且位居冠亚的霍建宁及袁天凡，收入更超过1亿港元，在经济如斯不景气，仍能坐享富贵，不愧为打工皇帝。

李嘉诚旗下企业负责人被列入打工皇帝的还有和记黄埔执行董事、长江实业副主席、香港电灯主席和长江基建副主席麦理思；长江实业副董事总经理、和记黄埔执行董事、长江基建董事总经理、香港电灯董事的甘庆林；和记黄埔副董事总经理、香港电灯董事、长江基建执行董事周胡慕芳，以及和记黄埔财务董事、长江基建执行董事、香港电灯执行董事、长实非执行董事、TOM主席陆法兰。

另外的四位打工皇帝是突然辞去移动电话商Sunday董事总经理职的何力勤，年入2900万港元；业务主要在印尼及菲律宾的第一太平执行主席彭泽伦，年薪2400万港元；恒基地产副主席、恒基发展副主席、恒基中国执行董事、中华煤气非执行董事林高演，年入2250万港元；汇丰控股主席庞约翰，年入1803万港元。

高居打工皇帝榜首的霍建宁一人兼任和记黄埔董事总经理、香港电灯主席、长江基建副主席、长江实业执行董事，总收入为1.35亿港元；麦理思是李嘉诚的左右手之一，身为长实副主席，主要负责集团内的管理及房地产管理，甚少公开露面，年入7850万港元；年收入3800万港元的甘庆林是李泽楷的姨父，2001年他在长实的董事酬金，较前年的1350万港元，增加约30%，可能是因为他担任总裁的长江生命科技发展理想；陆法兰年收入2200万港元，她是TOM从虚拟的网络业务转变为实质的两岸三地传媒王国的功臣，在幕后协助行政总裁王兢的就是她。

人们赞誉我是超人，其实我并非天生就是优秀的经营者。到现在我只敢说经营得还可以，我是经历了很多挫折和磨难之后，才领会一些经营的要诀的。

参考书目

李嘉诚传	夏　萍	作家出版社	1993 年
李嘉诚画传	卢琰源	新华出版社	1996 年
李嘉诚全传	陈美华	中国戏剧出版社	2004 年
香港海港及土地发展一百六十周年	何佩然	商务印书馆	2004 年
香港华资财团	冯邦彦	三联书店	1997 年
香港英资财团	冯邦彦	三联书店	1996 年
香港史话	林友兰	香港上海印书馆	1978 年
香港旧事见闻录	陈　谦	香港中原出版社	1987 年
香港家族史	何文翔	三思传播公司	1989 年
李兆基博士传	梁凤仪	三联书店	1997 年
香港史略	元邦建	中流出版社	1988 年
香港富豪列传	何文翔	香港明报出版社	1993 年
霍英东传	瞿　琮	红旗出版社	1996 年
李嘉诚成功之路	方式光	香港出版公司	1992 年
香港超级富豪列传	郭　峰	香港文艺书屋	1980 年
香港豪门的兴衰	齐以正	龙门文化	1986 年
香港巨富风云录	王　希	香港明报出版社	1994 年
李嘉诚的商业智源	梁小刚	中国社会出版社	2004 年
李嘉诚经商手段与孙子兵法	林　冲	中国电影出版社	2003 年
李嘉诚做人经商之道	方　军	中国华侨出版社	2003 年
李嘉诚的超人胆识	黄永军	线装书局	2003 年
孙子兵法与市场谋略	唐突生	青岛出版社	1994 年

李嘉诚经商自白书	达　人	群言出版社	2004年
《孙子兵法》与企业经营战略	曹凤高	武汉大学出版社	1994年
孙子学文献提要	于汝波	军事科学出版社	1994年
香港人之香港史	蔡荣芬	牛津大学出版社	2001年
谋略大典	苏晓东	黄山书社	1994年
孙子兵法	曹书印	陕西人民出版社	1994年
孙子兵法与现代经济运筹	李鼎文	江苏人民出版社	1995年
孙子兵法与经营谋略	赵瑞民	黑龙江人民出版社	1995年
孙子兵法与三十六计	孙道明	广西民族出版社	1995年
《孙子》古本研究	李　零	北京大学出版社	1995年
孙子兵法与经营艺术	张志祥	军事科学出版社	1995年
商战谋略	张　平	中国物资出版社	1995年
老子·庄子·孙子·吴子	黄寿成	辽宁教育出版社	1997年
孙子兵法与商政谋略	王建民	蓝天出版社	1997年
孙子商法—孙子兵法与商战谋略	姜瑞清	人民中国出版社	1998年
孙子兵法与现代经济决策	傅文章	中国农业出版社	1998年
孙子兵法经营管理新解	张　广	黑龙江人民出版社	1999年
孙子兵法与商战	阮其山	上海古籍出版社	1999年
孙子兵法与现代企业竞争谋略	李永山	河北教育出版社	2000年
梁漱溟全集	梁漱溟	山东人民出版社	1993年
三松堂全集	冯友兰	河南人民出版社	1986年
中国哲学史	冯友兰	北京中华书局	1984年
心体与性体	牟宗三	台北正中书局	1968年
五十自述	牟宗三	鹅湖出版社	1989年
生命的学问	牟宗三	台北三民书局	1970年
读经示要	熊十力	台北明文书局	1984年
中国学术思想史论丛	钱　穆	台北东大图书	1975年
朱子哲学思想的发展与完成	刘述先	台湾学生书局	1982年
中国历史精神	钱　穆	台北东大图书	1981年
马斯诺心理学	（美）弗兰克·布戈尔	上海译文出版社	1987年

美国人和中国人：两种生活方式比较	许烺光	华夏出版社	1989 年
血酬定律	吴 思	中国工人出版社	2003 年
经济史中的结构与变迁	（美）道格拉斯	上海三联书店	1994 年
就业利息和货币通论	（英）凯恩斯	商务印书馆	1983 年